本项目由深圳市宣传文化事业发展专项基金资助

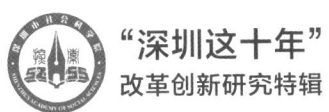

"深圳这十年"
改革创新研究特辑

新时代深圳民生幸福标杆城市建设研究

倪士光 等 著

中国社会科学出版社

图书在版编目（CIP）数据

新时代深圳民生幸福标杆城市建设研究／倪士光等著.
—北京：中国社会科学出版社，2023.1
（"深圳这十年"改革创新研究特辑）
ISBN 978-7-5227-1027-3

Ⅰ.①新… Ⅱ.①倪… Ⅲ.①城市建设—研究—深圳
Ⅳ.①F299.276.53

中国版本图书馆 CIP 数据核字（2022）第 214218 号

出 版 人	赵剑英	
责任编辑	马　明	
责任校对	王佳玉	
责任印制	王　超	

出　　版	中国社会科学出版社	
社　　址	北京鼓楼西大街甲 158 号	
邮　　编	100720	
网　　址	http://www.csspw.cn	
发 行 部	010-84083685	
门 市 部	010-84029450	
经　　销	新华书店及其他书店	
印　　刷	北京明恒达印务有限公司	
装　　订	廊坊市广阳区广增装订厂	
版　　次	2023 年 1 月第 1 版	
印　　次	2023 年 1 月第 1 次印刷	
开　　本	710×1000　1/16	
印　　张	23	
字　　数	343 千字	
定　　价	158.00 元	

凡购买中国社会科学出版社图书，如有质量问题请与本社营销中心联系调换
电话：010-84083683
版权所有　侵权必究

作者简介

倪士光，清华大学深圳国际研究生院教授，清华大学心理学系博士；深圳人文社科重点研究基地"民生幸福标杆研究中心"负责人，深圳新一代互动媒体技术创新重点实验室副主任，清华大学深圳国际研究生院积极心理计算与严肃游戏实验室PI，北京师范大学心理学部心理与行为大数据研究生项目执行负责人。兼任中国心理学会积极心理学专业委员会委员、中国社会心理学会心理健康专委会副主任委员、深圳市积极心理学协会副会长。

主要从事积极心理学、人工智能心理学、心理与行为大数据的教学研究。在 Psychological Assessment, Journal of Positive Psychology, Journal of Experimental Social Psychology 和《心理学报》《心理发展与教育》等期刊发表 SSCI/CSSCI 文章六十余篇，累计他引两千两百多次，中文 CNKI 被引 H = 21，Google Scholar H = 15。开设"数据思维与行为""人工智能伦理"和"互动媒体心理学"等研究生专业课，获评清华大学教评前5%，入选2021年教育部课程思政教学名师和教学团队。近三年主持完成国家社科基金重点项目和一般项目、教育部社科规划项目、广东自然科学基金面上项目，以及深圳市政府重大调研课题等三十多项。

内容简介

本书围绕"深圳市率先建成民生幸福标杆城市"的超大型城市民生幸福标杆治理主题，贯彻循证社会科学范式，提出深圳"民生风车"模型，围绕问题层—理论层—动力机制层—评估层—案例层的思维逻辑，建立了一个幸福政策体系的"13331"的全面质量分析框架，即一个问题研究（现实、政策和理论问题）、三个理论研究（学科比较、学术文献综述和政策文本分析研究）、三个民生幸福动力机制研究（经济发展、公共服务和社会治理研究）、三个评估评价研究（民生幸福标杆指数、民生幸福满意度评价和心理与行为大数据研究）和一个案例分析研究。通过多中心的证据获取，系统地描述、分析和评价近十年深圳市民生幸福标杆城市建设的过程，提出了深圳未来幸福之城的组织诊断。

《深圳这十年》
编委会

顾　　问：王京生　李小甘　王　强

主　　任：张　玲　张　华

执行主任：陈金海　吴定海

主　　编：吴定海

总 序 一

突出改革创新的时代精神

在人类历史长河中，改革创新是社会发展和历史前进的一种基本方式，是一个国家和民族兴旺发达的决定性因素。古今中外，国运的兴衰、地域的起落，莫不与改革创新息息相关。无论是中国历史上的商鞅变法、王安石变法，还是西方历史上的文艺复兴、宗教改革，这些改革和创新都对当时的政治、经济、社会甚至人类文明产生了深远的影响。但在实际推进中，世界上各个国家和地区的改革创新都不是一帆风顺的，力量的博弈、利益的冲突、思想的碰撞往往伴随着改革创新的始终。就当事者而言，对改革创新的正误判断并不像后人在历史分析中提出的因果关系那样确定无疑。因此，透过复杂的枝蔓，洞察必然的主流，坚定必胜的信念，对一个国家和民族的改革创新来说就显得极其重要和难能可贵。

改革创新，是深圳的城市标识，是深圳的生命动力，是深圳迎接挑战、突破困局、实现飞跃的基本途径。不改革创新就无路可走、就无以召唤。作为中国特色社会主义先行示范区，深圳肩负着为改革开放探索道路的使命。改革开放以来，历届市委、市政府以挺立潮头、敢为人先的勇气，进行了一系列大胆的探索、改革和创新，不仅使深圳占得了发展先机，而且获得了强大的发展后劲，为今后的发展奠定了坚实的基础。深圳的每一步发展都源于改革创新的推动；改革创新不仅创造了深圳经济社会和文化发展的奇迹，而且使深圳成为"全国改革开放的一面旗帜"和引领全国社会主义现代化建设的"排头兵"。

从另一个角度来看，改革创新又是深圳矢志不渝、坚定不移的命运抉择。为什么一个最初基本以加工别人产品为生计的特区，变成了一个以高新技术产业安身立命的先锋城市？为什么一个最初大学稀缺、研究院所数量几乎是零的地方，因自主创新而名扬天下？原因很多，但极为重要的是深圳拥有以移民文化为基础，以制度文化为保障的优良文化生态，拥有崇尚改革创新的城市优良基因。来到这里的很多人，都有对过去的不满和对未来的梦想，他们骨子里流着创新的血液。许多个体汇聚起来，就会形成巨大的创新力量。可以说，深圳是一座以创新为灵魂的城市，正是移民文化造就了这座城市的创新基因。因此，在经济特区发展历史上，创新无所不在，打破陈规司空见惯。例如，特区初建时缺乏建设资金，就通过改革开放引来了大量外资；发展中遇到瓶颈压力，就向改革创新要空间、要资源、要动力。再比如，深圳作为改革开放的探索者、先行者，向前迈出的每一步都面临着处于十字路口的选择，不创新不突破就会迷失方向。从特区酝酿时的"建"与"不建"，到特区快速发展中的姓"社"姓"资"，从特区跨越中的"存"与"废"，到新世纪初的"特"与"不特"，每一次挑战都考验着深圳改革开放的成败进退，每一次挑战都把深圳改革创新的招牌擦得更亮。因此，多元包容的现代移民文化和敢闯敢试的城市创新氛围，成就了深圳改革开放以来最为独特的发展优势。

40多年来，深圳正是凭着坚持改革创新的赤胆忠心，在汹涌澎湃的历史潮头劈波斩浪、勇往向前，经受住了各种风浪的袭扰和摔打，闯过了一个又一个关口，成为锲而不舍的走向社会主义市场经济和中国特色社会主义的"闯将"。从这个意义上说，深圳的价值和生命就是改革创新，改革创新是深圳的根、深圳的魂，铸造了经济特区的品格秉性、价值内涵和运动程式，成为深圳成长和发展的常态。深圳特色的"创新型文化"，让创新成为城市生命力和活力的源泉。

我们党始终坚持深化改革、不断创新，对推动中国特色社会主义事业发展、实现中华民族伟大复兴的中国梦产生了重大而深远的影响。新时代，我国迈入高质量发展阶段，要求我们不断解放思想，坚持改革创新。深圳面临着改革创新的新使命和新征程，市委市政府推出全面深化改革、全面扩大开放综合措施，肩负起创建社会主义现代化强国的城市范例的历史重任。

如果说深圳前40年的创新，主要立足于"破"，可以视为打破旧规矩、挣脱旧藩篱，以破为先、破多于立，"摸着石头过河"，勇于冲破计划经济体制等束缚；那么今后深圳的改革创新，更应当着眼于"立"，"立"字为先、立法立规、守法守规，弘扬法治理念，发挥制度优势，通过立规矩、建制度，不断完善社会主义市场经济制度，推动全面深化改革、全面扩大开放，创造新的竞争优势。在"两个一百年"历史交汇点上，深圳充分发挥粤港澳大湾区、深圳先行示范区"双区"驱动优势和深圳经济特区、深圳先行示范区"双区"叠加效应，明确了"1+10+10"工作部署，瞄准高质量发展高地、法治城市示范、城市文明典范、民生幸福标杆、可持续发展先锋的战略定位持续奋斗，建成现代化国际化创新型城市，基本实现社会主义现代化。

如今，新时代的改革创新既展示了我们的理论自信、制度自信、道路自信，又要求我们承担起巨大的改革勇气、智慧和决心。在新的形势下，深圳如何通过改革创新实现更好更快的发展，继续当好全面深化改革的排头兵，为全国提供更多更有意义的示范和借鉴，为中国特色社会主义事业和实现民族伟大复兴的中国梦做出更大贡献，这是深圳当前和今后一段时期面临的重大理论和现实问题，需要各行业、各领域着眼于深圳改革创新的探索和实践，加大理论研究，强化改革思考，总结实践经验，作出科学回答，以进一步加强创新文化建设，唤起全社会推进改革的勇气、弘扬创新的精神和实现梦想的激情，形成深圳率先改革、主动改革的强大理论共识。比如，近些年深圳各行业、各领域应有什么重要的战略调整？各区、各单位在改革创新上取得什么样的成就？这些成就如何在理论上加以总结？形成怎样的制度成果？如何为未来提供一个更为明晰的思路和路径指引？等等，这些颇具现实意义的问题都需要在实践基础上进一步梳理和概括。

为了总结和推广深圳的重要改革创新探索成果，深圳社科理论界组织出版《深圳改革创新丛书》，通过汇集深圳各领域推动改革创新探索的最新总结成果，希冀助力推动形成深圳全面深化改革、全面扩大开放的新格局。其编撰要求主要包括：

首先，立足于创新实践。丛书的内容主要着眼于新近的改革思维与创新实践，既突出时代色彩，侧重于眼前的实践、当下的总结，同时也兼顾基于实践的推广性以及对未来的展望与构想。那些已经产生重要影响并广为人知的经验，不再作为深入研究的对象。这并不是说那些历史经验不值得再提，而是说那些经验已经沉淀，已经得到文化形态和实践成果的转化。比如说，某些观念已经转化成某种习惯和城市文化常识，成为深圳城市气质的内容，这些内容就可不必重复阐述。因此，这套丛书更注重的是目前行业一线的创新探索，或者过去未被发现、未充分发掘但有价值的创新实践。

其次，专注于前沿探讨。丛书的选题应当来自改革实践最前沿，不是纯粹的学理探讨。作者并不限于从事社科理论研究的专家学者，还包括各行业、各领域的实际工作者。撰文要求以事实为基础，以改革创新成果为主要内容，以平实说理为叙述风格。丛书的视野甚至还包括那些为改革创新做出了重要贡献的一些个人，集中展示和汇集他们对于前沿探索的思想创新和理念创新成果。

第三，着眼于解决问题。这套丛书虽然以实践为基础，但应当注重经验的总结和理论的提炼。入选的书稿要有基本的学术要求和深入的理论思考，而非一般性的工作总结、经验汇编和材料汇集。学术研究需强调问题意识。这套丛书的选择要求针对当前面临的较为急迫的现实问题，着眼于那些来自于经济社会发展第一线的群众关心关注的瓶颈问题的有效解决。

事实上，古今中外有不少来源于实践的著作，为后世提供着持久的思想能量。撰著《旧时代与大革命》的法国思想家托克维尔，正是基于其深入考察美国的民主制度的实践之后，写成名著《论美国的民主》，这可视为从实践到学术的一个范例。托克维尔不是美国民主制度设计的参与者，而是旁观者，但就是这样一位旁观者，为西方政治思想留下了一份经典文献。马克思的《法兰西内战》，也是一部来源于革命实践的作品，它基于巴黎公社革命的经验，既是那个时代的见证，也是马克思主义的重要文献。这些经典著作都是我们总结和提升实践经验的可资参照的榜样。

  那些关注实践的大时代的大著作，至少可以给我们这样的启示：哪怕面对的是具体的问题，也不妨拥有大视野，从具体而微的实践探索中展现宏阔远大的社会背景，并形成进一步推进实践发展的真知灼见。《深圳改革创新丛书》虽然主要还是探讨深圳的政治、经济、社会、文化、生态文明建设和党的建设各个方面的实际问题，但其所体现的创新性、先进性与理论性，也能够充分反映深圳的主流价值观和城市文化精神，从而促进形成一种创新的时代气质。

王京生

写于 2016 年 3 月
改于 2021 年 12 月

总 序 二

中国式现代化道路的深圳探索

党的十八大以来,中国特色社会主义进入新时代。面对世界经济复苏乏力、局部冲突和动荡频发、新冠肺炎病毒世纪疫情肆虐、全球性问题加剧、我国经济发展进入新常态等一系列深刻变化,全国人民在中国共产党的坚强领导下,团结一心,迎难而上,踔厉奋发,取得了改革开放和社会主义现代化建设的历史性新成就。作为改革开放的先锋城市,深圳也迎来了建设粤港澳大湾区和中国特色社会主义先行示范区"双区驱动"的重大历史机遇,踏上了中国特色社会主义伟大实践的新征程。

面对新机遇和新挑战,深圳明确画出奋进的路线图——到2025年,建成现代化国际化创新型城市;到2035年,建成具有全球影响力的创新创业创意之都,成为我国建设社会主义现代化强国的城市范例;到21世纪中叶,成为竞争力、创新力、影响力卓著的全球标杆城市——吹响了新时代的冲锋号。

改革创新,是深圳的城市标识,是深圳的生命动力,是深圳迎接挑战、突破困局、实现飞跃的基本途径;而先行示范,是深圳在新发展阶段贯彻新发展理念、构建新发展格局的新使命、新任务,是深圳在中国式现代化道路上不懈探索的宏伟目标和强大动力。

在党的二十大胜利召开这个重要历史节点,在我国进入全面建设社会主义现代化国家新征程的关键时刻,深圳社科理论界围绕贯彻落实习近平新时代中国特色社会主义思想,植根于深圳经济特区的伟大实践,致力于在"全球视野、国家战略、广东大局、深圳担当"四维空间中找准工作定位,着力打造新时代研究阐释和学习宣传习近平新时代中国特色社会主义思想的典范、打造新时代国际传播典范、打造新时代"两个文明"全面协调发展典范、打造新时代文化高质量发展典范、打造新时代意识形态安全典范。为此，中共深圳市委宣传部与深圳市社会科学联合会（社会科学院）联合编纂《深圳这十年》，作为《深圳改革创新丛书》的特辑出版，这是深圳社科理论界努力以学术回答中国之问、世界之问、人民之问、时代之问，着力传播好中国理论，讲好中国故事，讲好深圳故事，为不断开辟马克思主义中国化时代化新境界做出的新的理论尝试。

伴随着新时代改革开放事业的深入推进，伴随着深圳经济特区学术建设的渐进发展，《深圳改革创新丛书》也走到了第十个年头，此前已经出版了九个专辑，在国内引起了一定的关注，被誉为迈出了"深圳学派"从理想走向现实的坚实一步。这套《深圳这十年》特辑由十本综合性、理论性著作构成，聚焦十年来深圳在中国式现代化道路上的探索和实践。《新时代深圳先行示范区综合改革探索》系统总结十年来深圳经济、文化、环境、法治、民生、党建等领域改革模式和治理思路，探寻先行示范区的中国式现代化深圳路径；《新时代深圳经济高质量发展研究》论述深圳始终坚持中国特色社会主义经济制度推动经济高质量发展的历程；《新时代数字经济高质量发展与深圳经验》构建深圳数字经济高质量发展的衡量指标体系并进行实证案例分析；《新时代深圳全过程创新生态链构建理念与实践》论证全过程创新生态链的构建如何赋能深圳新时代高质量发展；《新时代深圳法治先行示范城市建设的理念与实践》论述习近平法治思想在深圳法治先行示范城市建设过程中的具体实践；《新时代环境治理现代化的理论建构与深圳经验》从深圳环境治理的案例出发探索科技赋能下可复制推广的环境治理新模式和新路径；《新时代生态文明思想的深圳实践》研究新时代生态文明思想指导下实现生态与增长协同发展的深圳模式与路径；《新时代深圳民生幸福标杆城市建设研究》提出深圳民生幸福政策体系的分析框架，论述深圳"以人民幸福为中心"的理论构建与政策实践；《新时代深圳城市文明建设的理念与实践》阐述深圳"以文运城"的成效与经验，以期为未来建设全球标杆城市充分发挥文明伟力；《飞地经济实践论——新时代深汕特别合作区发展模式研究》以深汕合作区为研究样本在国内首次系统研究飞地经济发展。该特辑涵盖众多领域，鲜明地突出了时代特点和深圳特色，丰富了中国式现代化道路的理论建构和历史经验。

《深圳这十年》从社会科学研究者的视角观察社会、关注实践，既体现了把城市发展主动融入国家发展大局的大视野、大格局，也体现了把学问做在祖国大地上、实现继承与创新相结合的扎实努力。"十年磨一剑，霜刃未曾试"，这些成果，既是对深圳过去十年的总结与传承，更是对今天的推动和对明天的引领，希望这些成果为未来更深入的理论思考和实践探索，提供新的思想启示，开辟更广阔的理论视野和学术天地。

栉风沐雨砥砺行，春华秋实满庭芳，谨以此丛书，献给伟大的新时代！

2022 年 10 月

目　录

第一章　问题提出 …………………………………………………（1）
　第一节　研究现状和趋势 …………………………………………（2）
　第二节　研究意义和价值：三个"进一步" …………………（12）
　第三节　重要概念界定 …………………………………………（13）
　第四节　民生幸福发展的三阶段类型 …………………………（15）
　第五节　民生幸福标杆的实践路径及其动力机制：
　　　　　深圳风车模型 …………………………………………（18）
　第六节　民生幸福标杆的过程研究模型与研究框架 ………（20）
　小　结 ……………………………………………………………（22）

第二章　积极心理学视角下民生幸福的理论渊源 ……………（24）
　第一节　背景 ……………………………………………………（24）
　第二节　民生幸福的理论基础 …………………………………（25）
　第三节　民生幸福的测评工具 …………………………………（29）
　第四节　不同地区和国家民生幸福政策 ………………………（37）
　第五节　社区心理韧性 …………………………………………（41）
　第六节　民生幸福政策发展趋势 ………………………………（44）
　第七节　将民生幸福政策理解为一种积极的可持续性
　　　　　幸福方法 ………………………………………………（51）
　小　结 ……………………………………………………………（55）

第三章　基于CiteSpace的国内外民生幸福政策研究
　　　　（2012—2022）………………………………………（56）
　第一节　背景 ……………………………………………………（56）

第二节 数据获取 …………………………………… (57)
第三节 数据分析 …………………………………… (58)
小结与展望 ……………………………………………… (80)

第四章 基于三维分析框架的民生幸福政策体系研究 …… (82)
第一节 背景 ………………………………………… (82)
第二节 民生幸福政策三维分析框架 ……………… (84)
第三节 政策文本选择及编码 ……………………… (88)
第四节 三维分析框架下量化分析结果 …………… (89)
小　结 ………………………………………………… (96)

第五章 深圳市十年民生财政支出对民生幸福影响
　　　　机制研究 …………………………………………… (97)
第一节 引言 ………………………………………… (97)
第二节 深圳市民生财政支出现状 ………………… (99)
第三节 深圳市民生财政支出成效分析 …………… (105)
第四节 民生财政对个体幸福感的影响 …………… (108)
小　结 ………………………………………………… (113)

第六章 深圳市社会治理质量对民生幸福影响
　　　　机制研究 …………………………………………… (115)
第一节 背景 ………………………………………… (115)
第二节 文献回顾 …………………………………… (117)
第三节 社会治理质量提升居民幸福感的实证分析 …… (121)
小　结 ………………………………………………… (131)

第七章 深圳市公共服务体系对民生幸福影响机制研究 …… (133)
第一节 中国基本公共服务均等化与民生幸福 …… (133)
第二节 深圳基本公共服务均等化与民生幸福 …… (136)
第三节 深圳基本公共服务均等化的制度基础 …… (138)
第四节 深圳公共服务优质均衡化的制度构建 …… (141)

第五节　深圳市2017年度社会建设实绩考核 …………… (142)
小　结 ……………………………………………………… (152)

第八章　基于层次分析法的深圳市民生幸福标杆城市指标体系与评价研究 ………………………………… (153)
第一节　背景 ……………………………………………… (154)
第二节　指标体系的构建 ………………………………… (155)
第三节　层次分析模型的建立 …………………………… (158)
第四节　实证分析 ………………………………………… (164)
第五节　2021年深圳市民生"七有"领域指数的四象限评价 …………………………………………… (171)
小　结 ……………………………………………………… (180)

第九章　深圳民生幸福标杆建设满意度与幸福感评价研究 ………………………………………………… (182)
第一节　研究对象与方法 ………………………………… (184)
第二节　幼托服务 ………………………………………… (186)
第三节　基础教育 ………………………………………… (192)
第四节　劳动就业 ………………………………………… (198)
第五节　医疗服务 ………………………………………… (203)
第六节　养老服务 ………………………………………… (209)
第七节　居住状况 ………………………………………… (214)
第八节　社会福利与社会救助 …………………………… (219)
第九节　城市安全建设 …………………………………… (225)
第十节　民生福祉总体满意度 …………………………… (230)
第十一节　主观幸福感 …………………………………… (232)
小　结 ……………………………………………………… (236)

第十章　基于地铁微博情感分析的深圳民生幸福标杆大数据研究 ………………………………………… (241)
第一节　背景 ……………………………………………… (241)

第二节　国内外相关研究 …………………………………（243）
　　第三节　技术路线图 ………………………………………（248）
　　第四节　数据爬取 …………………………………………（249）
　　第五节　情感计算和分析 …………………………………（250）
　　第六节　情感的地理特征 …………………………………（255）
　　第七节　词云分析 …………………………………………（260）
　　小　　结 ……………………………………………………（263）

**第十一章　深圳市民生幸福领域标杆案例
　　　　　（2012—2022）** ………………………………（265）
　　第一节　深圳市民生幸福的前提保障 ……………………（265）
　　第二节　深圳市民生幸福案例纳入标准 …………………（269）
　　第三节　深圳的"幼有善育" ……………………………（270）
　　第四节　深圳的"学有优教" ……………………………（273）
　　第五节　深圳的"劳有厚得" ……………………………（277）
　　第六节　深圳的"病有良医" ……………………………（280）
　　第七节　深圳的"老有颐养" ……………………………（285）
　　第八节　深圳的"住有宜居" ……………………………（290）
　　第九节　深圳的"弱有众扶" ……………………………（293）
　　小　　结 ……………………………………………………（297）

附　　表 ……………………………………………………（299）

附　　录 ……………………………………………………（306）

参考文献 ……………………………………………………（334）

后　　记 ……………………………………………………（348）

第一章 问题提出

民生幸福的评估，就是对我们整体生活的总体评价，通常包括生活质量（Quality of Life）、生活福祉（Living Well-being）、幸福感（Happiness）、个人福利（Personal Welfare）和生活满意度（Life Satisfaction），这些不同概念取向的研究已经在美欧发达国家积累了较多成果[①]。从最早期的生活质量研究强调外在因素，尤其是社会、经济等物质因素，至后期研究开始重视个体的内在因素如美德、人格特质或社会关系质量，这种研究历程也反映了社会经济发展水平逐渐提升后，在生活质量上人们开始从物质层次的提升转为精神层次的提升。深圳的经济发展在我国，将会率先整体迈入新兴发达地区（新兴经济体水平），非常有必要从社会发展的层次上提升生活质量。生活质量的主体通常是市民个体，需要通过代表性样本的测量反映区域的生活品质程度，所以涉及一座城市的区域社会群体或整体社会的生活质量，即社会质量（Quality of Society）。

本章内容主要从问题综述的学术视角，分析民生幸福的研究现状与趋势，特别是阐释了政策研究、理论研究和评价研究等三种研究类型的进展，以期在操作主义范式指导下，更好地描述问题现状，阐述研究路径，举出多中心证据，进而更好研究深圳这十年在民生幸福领域的探索、实践和经验。

---

① 本书遵循操作主义研究范式，不会过度咬文嚼字，或以本质主义的思维刻意追求这些概念之间的异同。因为学界通常交替使用生活质量、幸福感、生活福祉、生活满意度和个人福利等概念，均为民生幸福的范畴。

第一节 研究现状和趋势

在民生幸福政策实践与研究领域，我国及深圳市的研究现状表现为"四个共识"，在研究趋势上，表现为政策层的"三个需要"、理论层的"三种理论"和评价层的"三个转变"。

一 研究现状：四个共识

第一，从民生"改善扶弱"到民生"优质均衡"，我国逐步建立了民生幸福政策的顶层架构。

党和国家历来高度重视民生幸福，无论是在计划经济时期还是改革开放时期，都把改善民生作为社会主义发展的重要任务。党的十六大之后，党和政府更加重视民生领域，开始调整失衡的经济—社会政策逻辑，把政策中心和财政支出向弱势群体倾斜。[①] 2007年，党的十七大提出加快推进以改善民生为重点的社会建设，首次明确了"学有所教、劳有所得、病有所医、老有所养、住有所居"五项改善民生目标。[②] 党的十八大以来，习近平总书记围绕民生幸福展开多项重要论述，提出了系列新思想和新要求，逐渐形成了习近平民生幸福观的基本框架，[③] 明确提出以人民为中心是新时代中国特色社会主义思想的基本方略和原则，"增进民生福祉是发展的根本目的"。在2017年党的十九大报告中，习近平总书记进一步提出"幼有所育、学有所教、劳有所得、病有所医、老有所养、住有所居、弱有所扶"（简称"民生七有"），作为我国新时代民生事业发展的出发点和落脚点，明确了民生建设的七个基本

---

① 李迎生、刘庆帅：《生命历程理论视野下我国社会政策的创新发展——围绕民生建设"七有"目标的分析》，《江苏行政学院学报》2021年第1期。

② 胡锦涛：《高举中国特色社会主义伟大旗帜 为夺取全面建设小康社会新胜利而奋斗——在中国共产党第十七次全国代表大会上的报告》，《人民日报》2007年10月25日第1版。

③ 窦孟朔、张瑞：《论习近平的民生幸福观》，《科学社会主义》2015年第5期；刘开法：《习近平的民生观研究》，《前沿》2013年第6期。

领域。① 2019年党的十九届四中全会上进一步明确要健全民生幸福标杆的国家基本公共服务制度体系，推动国家改革发展成果能够公平地惠及全体人民，同时显著地增强"民生三感"（指人民群众的获得感、幸福感和安全感）。为实现上述目标，一方面，需要加强普惠性、基础性和兜底性民生建设；另一方面，需要满足人民多层次多样化的需求，而且要创新公共服务提供方式，鼓励社会力量更广泛地参与。② 在2021年公布的《"十四五"规划和2035年远景目标纲要》中，党和国家制定了2025年民生福祉达到新水平的具体目标和2035年远景目标。③ 经过多年探索，中央政府逐渐形成了成熟的民生政策框架，民生思想理论逐步清晰，明确了七个民生领域，正在健全民生服务供给体系，提出了民生福祉发展目标。可见，在"温饱—小康—富裕"的中国现代化进程中，我国民生领域先后形成了温饱目标下经济民生工具为主导、小康社会目标下共建共治共享为主导、共同富裕目标下现代国家治理为主导的三个组合形态与阶段。④ 但是，如何实现民生发展目标，在发展中保障和改善民生，则需要各地区的实践探索。

第二，从民生"七有"到"七优"，深圳急需动态循环的政策研究。

"十四五"时期，深圳市亟须从"目标导向、需求导向和问题导向"出发，在摸清当前民生服务质量和民众幸福感现状的基础上，明确"十四五"末期民生幸福标杆的目标体系和标准体系，研判民众多层次多样化的民生服务需求，针对民生突出问题，从完善政策设计、健全供给体制、精准精细实施等方面，提出实现民生幸福标杆的具体方案。综合学术研究发现，已有研究主要从三方面展

---

① 习近平：《决胜全面建成小康社会 夺取新时代中国特色社会主义伟大胜利——在中国共产党第十九次全国代表大会上的报告》，《人民日报》2017年10月28日第1版。
② 《中共中央关于坚持和完善中国特色社会主义制度 推进国家治理体系和治理能力现代化若干重大问题的决定》，《人民日报》2019年11月6日第1版。
③ 《中华人民共和国国民经济和社会发展第十四个五年规划和2035年远景目标纲要》，《人民日报》2021年3月13日第1版。
④ 童星：《中国社会建设话语体系建构——以民生和治理为两翼》，《社会保障评论》2022年第2期。

开：(1) 理论研究，界定民生的基本含义与特征，梳理共产党民生观演进和习近平关于民生幸福的重要论述；①(2) 调查研究，开展民生调查，评估民众幸福感和各类民生服务满意度，分析民生服务和满意度的关系；②(3) 政策研究，基于历史经验，探讨"十四五"时期民生建设的方向、路径和前景。③已有研究明确了民生福祉的理论依据、背景和意义，粗略地提出了未来民生建设的思路，为深入开展民生幸福标杆研究提供了借鉴思路。但是，这些公共政策研究无法为深圳市落实民生福祉建设和打造民生幸福标杆提供具体指导，对深圳市民生政策制定和落实的借鉴意义不充分。从中国社会建设话语体系的结构视野来看，"民生幸福"和"标杆"是两条红线，贯穿了过去十年深圳社会建设的诸多实践，它们分别是城市社会建设的目标和工具，即设定了市民可获得一座"全域、全员、全时和全球"的幸福之城目标，而治理工具的价值体系、效率体系和效果体系均需要标杆性的深圳实践探索。

第三，国外已有系统的民生幸福评估工具体系，但尚无超大型城市的民生幸福政策供给的评价体系；国民幸福总值成为幸福城市政策研究主观评价方式。

民生幸福评估已经发展了多元化的指标体系，一般包括城市地区层面和个体行为层面的测评工具。

全球城市地区层面的测评包括我国台湾省《天下杂志》的"幸福城市大调查"设置的幸福指数、欧洲社会质量基金会的"欧洲网络社会质量指标"（European Network Indicators of Social Quality，ENIQ）、英国新经济基金会（New Economics Foundation）建构的"快乐星球指数"（Happy Planet Index，HPI）、不丹研究中心（Cen-

---

① 《中共中央国务院关于支持深圳建设中国特色社会主义先行示范区的意见》，《人民日报》2019年8月19日第1版；中共中央文献研究室《中国特色社会主义社会建设道路》课题组：《十八大以来习近平关于民生建设的新思想新举措》，《党的文献》2015年第3期。

② 关信平：《全面建成小康社会条件下我国普惠性民生建设的方向与重点》，《经济社会体制比较》2020年第5期。

③ 张龙鹏、汤志伟、曾志敏：《技术与民生：在线政务服务影响公共服务满意度的经验研究》，《中国行政管理》2020年第2期。

tre for Bhutan Studies）建构的"国民快乐指数"（Gross National Happiness Index）、联合国开发计划署（United Nations Development Program，UNDP）发展建构的"人类发展指标"（Human Development Index，HDI）、荷兰学者 Ruut Veenhoven 建构的"世界快乐数据库"（World Database of Happiness）以及我国广东省的"幸福广东评价指标体系"等。

个体行为层面的测评包括澳大利亚综合国际诊断访谈（Composite International Diagnostic Interview，CIDI-A）、欧盟健康指标方案（Health Indicators for European Community）、世界卫生组织精神卫生系统评估工具（The World Health Organization Assessment Instrument for Mental health Systems，WHO—AIMS）和"健康公民"心理健康目标（Mental Health Targets in Healthy People）。

国民幸福总值（Gross National Happiness，GNH）是一种"以人为本"的系统化指标，从人民群众的生活质量与幸福感的主观感知，去评价社会的全面发展程度，可能会弥补 GDP 指标的"人性温度"的不足。因此，GNH 可成为监测一个社会良性运转和发展的重要指标，并作为国家政策调整的重要依据。GNH 正在逐渐成为民生福祉公共政策评估的有效工具，但是，在考察与评价公共政策的实施过程中，GNH 系统化的研究应用还未实现。

第四，亟须解决深圳率先建成民生幸福标杆城市进程中表现的"四化"问题。

公共政策的制定与决策执行存在一定的惯性与滞后。深圳作为一座没有历史包袱、肩负新时代新嘱托的先锋城市，近十年一直"刀刃向内"，一直自我反思与警惕民生福祉制度的碎片化、政府公共政策目标的单一经济增长化、政府公共政策的行政化与政府民生福祉政策的单一物质化等"四化"问题。由于不同文化赋予了幸福感不同的意义，不同文化下幸福感的主要决定因素也会不同，导致我们不能够完全照搬西方文化输出的评估理论与工具。我们需要基于中国国情与深圳实践，重点开展深圳市民生"七优"幸福评估体系的构建与应用。在习近平关于民生幸福的重要论述的指引下，重点开展深圳幸福之城的民生幸福标杆政策体系与评估工具体系的研究应用。

二 政策研究趋势：三个需要

第一，党的十八大以来需要习近平关于民生幸福和积极社会建设的重要论述指引，推进深圳民生幸福标杆的新实践。

思想是制度的指引，制度是治理的依据，治理是制度的实践。因此，我国自党的十八大以来开展的社会民生"七有"建设这一制度，需要更整体、更积极、更具体的习近平关于民生幸福和积极社会建设的重要论述的指引，深圳城市基层民生福祉建设的创新就成了这一制度的具体实践。为人民谋幸福，如何让人民生活变得更加美好着力关注美好人生的特点以及如何实现美好人生。运用积极心理学的方法，以积极取向去关注社会民生福祉建设，从而满足人民对美好生活的需求，对深圳民生幸福标杆城市建设具有必要性、时代性和指导性。

第二，人类和社会2.0下需要关注新科技的未来城市幸福发展。

人类和社会2.0是指以人工智能和万维移动互联为核心的新科学技术正在深刻地重塑人类心理与行为体系，再造社群互动模式，解构传统的商业模式，以及社会的组织运营和动力体系。人类的大量心理和行为通过在线网络、人机交互、可穿戴设备等追求最大化快乐以及最小化痛苦两个目标。我们正在迈入一个依靠技术提升个人和社会幸福感的科技体验时代，移动社交、交互游戏、沉浸虚拟成为包括深圳市民群体在内的新一代国人的时代特征。

2019年暴发至今的新冠肺炎疫情（以下简称为"COVID-19"），客观上在一定程度上促进了虚拟、线上、孤立的在线世界发展，特别是"元宇宙"世界的人工智能技术发展与应用将会越发普及，数字化城市的建设必然要考虑民生幸福标杆的政策体系与服务体系的智能化，率先建成民生幸福标杆城市必须涵盖"线上深圳"的数字孪生体系。

第三，物质持续发展下需要关注民生幸福的积极行动取向。

积极心理学旨在通过科学的研究方法寻找帮助个人、群体和组织理解并获得幸福、发现并发挥和培养优秀的品质，进而帮助实现蓬勃兴盛的状态。这种兴盛的状态可以帮助个体即使在逆境中也饱含旺盛的生命力量，成功地应对挑战、威胁和困难，并获得有意义的成长。美国著名心理学家Diener等在《自然·人类行为》（Nature Human Behaviour）上撰文，系统阐述了最近十年幸福科学的巨大发展，描述了主观幸福感的预测因素，如气质、收入和支持性社会关系。[①] 他在2000年提出了建立幸福国民账号，通过幸福核算，利用幸福措施为政策审议提供数据，以帮助各级政府做出更高质量的决策。Rusk和Waters从18401篇积极心理学的文献中，提取了3466个关键词，并把这些关键词用共词分析法（Co-term Analysis）聚类并可视化，得到了积极心理学的五大研究领域：注意和觉察（Attention & Awareness）、理解和应对（Comprehension & Coping）、情绪（Emotions）、目标和习惯（Goals & Habits）、美德和关系（Virtues & Relationships）。其次，就积极心理在社会治理的运用方面，协同改变理论（Synergistic Change Model）认为，持久的社会积极变化取决于在心理和社会功能的多个领域形成相互支持的相互作用。[②] Nicolas等提出真正的繁荣是生活的兴盛：人民对学习工作的全情投入、积极迎接挑战威胁、实现了个人的心理成长。可见，经济收入本身不属于生活的兴盛。国家层面的繁荣并不只是经济的繁荣，更是民众的心盛，即民众积极天性的最佳展现。[③]

三 理论研究趋势：幸福感的三种理论观点

Diener等认为，关于幸福感研究大致有三种取向：（1）理论取向（Theoretical Approach），因为近代幸福感理论在哲学方面的基础，多源于亚里士多德的杰出智慧，而提出"需要"和"满足"的关系从而构成了幸福感，例如当个人越接近理想状态或达到一个有

[①] E. Diener, S. Oishi, L. Tay, "Advances in Subjective Well-being Research", *Nature Human Behaviour*, Vol. 2, No. 4, 2018, pp. 253-260.

[②] R. D. Rusk, D. A. Vella-Brodrick, L. Waters, "A Complex Dynamic Systems Approach to Lasting Positive Change: The Synergistic Change Model", *Journal of Positive Psychology*, Vol. 13, No. 4, 2018, pp. 406-418.

[③] M. Nicolas, G. M. Sandal, K. Weiss, A. Yusupova, "Mars-105 study: Time-courses and Relationships between Coping, Defense Mechanisms, Emotions and Depression", *Journal of Environmental Psychology*, Vol. 35, 2013, pp. 52-58.

价值的目标时，则幸福感越高；（2）以生活中有重要且值得追求的目标，而从事愉快的活动来解释幸福感的过程与行动取向（Process or Activity Theories），例如心流经验（Flow）所述当个人从事有兴趣的活动，且他们的能力能胜任此活动时，则过程中感到最快乐；（3）基因与人格预测理论（Genetic and Personality Predisposition theories），主要认为幸福感受稳定的人格倾向影响，即使生活条件不尽如人意，但有些人就是能适应不同的环境，并能表现应有的适应水平。[1]

不同理论取向也反映了幸福感研究的转变，如 20 世纪 50 年代后期，主要是探讨生活质量的指标，作为检验社会变迁并提升生活质量的社会政策；而 20 世纪 70—90 年代，则着重建构幸福理论模型，从而探讨幸福的机制、获得幸福的途径及进行跨文化研究；1990—2000 年，则因为测量技术的完善与发展，研究重点为整合了研究方法、途径和主观幸福感测量；21 世纪开始，则将幸福感概念（主观幸福感、心理幸福感、社会幸福感等理论）模型的整合、幸福感理论模型的应用，建构为积极心理学与民生幸福政策的内容之一。我们将三种幸福感的理论取向评述如下。

一是享乐取向（hedonism）幸福感。

享乐主义起源于古希腊哲学家阿里斯蒂普斯（Aristippus of Cyrene）的幸福概念，提出了"最大幸福原则"，"幸福是快乐的存在和痛苦的不存在。愉悦或幸福是生命中基本的美好状态，人们应该学习追求快乐远离痛苦"，这样的论点让人们思考如何在生活中创造积极情绪。在现代心理学中，享乐观点通常被概念化为主观幸福感（Subjective Well-Being，SWB），它被认为由两个主要组成部分组成—情感成分和认知成分。美国心理学家 Diener 早在 1999 年就指出，主观幸福感为对生活感到满意、拥有积极情绪以及没有消极情绪三个要素。[2] 情感成分通常与一个人经历的积极情绪的数量或

---

[1] Diener, E. et al., "The Satisfaction with Life Scale", *Journal of Personality Assessment*, Vol. 49, No. 1, 1985, pp. 71 – 75.

[2] Diener, E., Suh, E. M., Lucas, R. E., & Smith, H. L., "Subjective Well-being: Three Decades of Progress", *Psychological Bulletin*, Vol. 125, No. 2, 1999, pp. 276 – 302.

积极和消极情绪之间的平衡有关，一般使用积极消极情绪量表（Positive Affect and Negative Affect Scale，PANAS）进行评价。认知成分包括对生活状况的评价性判断，通常以生活满意度为依据，一般使用生活满意度量表（Satisfaction With Life Scale，SWLS）进行评价。

二是积福取向（Eudaimonia）幸福感。

积福主义源于古希腊哲学家亚里士多德的看法，他认为幸福不该只是满足个人的需求，还要更进一步地追求成长与意义。"终其一生根据适当德行展现遵循理性原则的活动，即是幸福"，即"修德致福"。幸福是在生活中运作良好，而不是积极的感觉或对满意度的评价。活得好需要努力实现一个人的最高人类潜力，并致力于有目的的活动，并符合美德。在现代心理学中，积福主义的幸福在于人们活出真实自我，认为幸福感包含享福感受（Eudaimonic Feeling）与最佳表现（Optimal Functioning）两个核心特性。[1]

自我决定理论认为，真实生活的特点是追求内在目标和价值观，有意识地自我调节，并以满足自主性、相关性和能力的基本心理需求的方式行事。[2] 有意义的努力、实现潜力和充分发挥功能都是经常用于描述 eudaimonia 的特征。这些研究中，国外学者提炼了积福主义幸福感的结构，即自我接受、与他人的积极关系、个人成长、生活目标、环境掌握和自主性六个维度。[3]

幸福是一种个人内在的心理状态，其产生于个人对于"什么是美好生活"的认识与追求。人们质疑在享乐检查与优柔和健康之间划出一条清晰界限的丰硕成果。有证据表明，幸福感被理解为一种

---

[1] Waterman, A. S., Schwartz, S. J., Zamboanga, B. L., Ravert, R. D., Williams, M. K., Agocha, V. B., …Donnellan, M. B., "The Questionnaire for Eudaimonic Well-Being: Psychometric properties, Demographic Comparisons, and Evidence of Validity", *Journal of Positive Psychology*, Vol. 5, No. 1, 2010, pp. 41–61.

[2] Ryan, R. M., Huta, V., & Deci, E. L., "Living Well: A Self-determination Theory Perspective on Eudaimonia", *Journal of Happiness Studies*, Vol. 9, No. 1, 2008, pp. 139–170.

[3] Ryff, C. D., & Singer, B. H., "Know Thyself and Become What You Are: A Eudaimonic Approach to Psychological Well-being", *Journal of Happiness Studies*, Vol. 9, No. 1, 2008, pp. 13–39.

心理现象，最好被看作一种多维度结构，由享乐和积福两方面组成。近年来，已经开发了几种综合框架，包括人类心盛（flourishing）模型，将繁荣概念化为由三个维度组成，称为情绪、心理和社会幸福感。[①] 这种综合模式既包括情感和满意度，也包括更广泛社会背景的积极功能评估。

三是客观列表理论（Objective List Theories）幸福感。

客观的幸福感理论由一组被认为对人具有客观价值的元素构成，而与这些元素是否被视为满足或被个人所期望无关，被称为能力方法（Capabilities Approach）。在这里，一个人的生活是根据能力来解构的，能力是指这个人享受的实际机会来实现他/她想做的事情。[②] 换句话说，能力是指在不同生活方式之间进行选择的自由。努斯鲍姆提出了一系列能力的具体组成部分，包括生命、身体健康和完整性、感觉/想象/思想、情感、与外界关系、控制个人环境等。[③]

同样，传统之间的界限不是绝对的。积福主义取向的幸福成分，虽然被心理学家视为主观现象，但也可以被理解为客观元素。诸如掌握，亲密关系或自主性之类的现象既可以理解为主观体验，也可以理解为一个人的客观存在特征。

社会指标反映了客观列表理论的心理测量工具。社会指标方法假设，通过构建一份美好生活和良好社会必要特征的适当清单，从而更好地量化评价人们的幸福感受。根据这种理解，社会指标可能涉及个人的直接生活条件以及更广泛的社会背景。经典社会指标包括贫困、失业、预期寿命和教育时长等。社会指标也被称为关键国家指标或生活质量指标。值得注意的是，尽管"社会指标"一词传统上指的是客观因素，但它也涵盖幸福感的主观评价方面。

[①] Keyes, C. L., & Simoes, E. J. J., "To Flourish or Not: Positive Mental Health and All-cause Mortality", *American Journal of Public Health*, Vol. 102, No. 11, 2012, pp. 2164–2172.

[②] Robeyns, I., "The Capability Approach: A Theoretical Survey", *Journal of Human Development*, Vol. 6, No. 1, 2005, pp. 93–117.

[③] Nussbaum, M. C., "Women and Human Development: The Capabilities Approach", Cambridge: Cambridge University Press, 2001.

四 评价研究趋势：三个转变

第一，评价工具从单一走向整合。

随着心盛理论（Flourishing Theory）从更包容、更全面、更生态的思维框架很好地将主观幸福、客观幸福统合在一个理论框架下，特别是情绪幸福感、心理幸福感和社会幸福感的外延与内涵更加确立，在健康和福祉的公共政策及其评价工具的制定上，更加凸显了这一整合趋势，在指标选择上推进了主观评价指标与客观指标的整合。① 例如，我国香港以心盛为人民心理健康的发展目标。欧盟早在2013年就提出了"欧洲健康2020战略"（"Health 2020：A European Policy Framework and Strategy for the 21st Century"），"2020年健康"包含六项主要目标，其中之一是"提升欧洲民众的福祉"，这一幸福感的核心指标包括一个主观指标和五个客观指标：（1）生活满意度；（2）提供社会支持；（3）卫生设施改善的人口百分比；（4）基尼系数（收入分配）；（5）失业率；（6）未入学适龄儿童比例。除了这六项核心指标，还有三项可选目标指标，包括独居老年人比例、家庭总消费和受教育程度（中等教育完成率）。

21世纪的当下，全球不确定性和不稳定性因素急剧增多，似乎"全球化""和平和发展""健康公平"等经历着巨大挑战，表现为政治、经济、社会、文化、技术等多领域的普遍性挑战与变革，障碍性因素和保护性因素等环境在全球有加剧竞争的倾向。因此，国家、城市、组织、社区和个人都是直接面临挑战和变革的主体。面对挑战与变革环境之中的各种问题，如何有效处理安全、公平、信任和信仰等问题，如何稳定地提升获得感、幸福感，帮助所有面对变革的主体成功地抵御风险、克服逆境、恢复平衡、实现发展，是真正实现民生福祉支撑作用的价值表达。

第二，评价思维从政策过程供给到政策生态循环评价。

从学术思想方面，本书注重民生服务的动态发展和层次性，在

---

① 心盛（Flourishing），是积极心理学的重要概念之一，其指一种完全、高度心理健康的表征。例如，心盛的人常充满热情活力，并且无论是在个人生活还是社会互动之中，均能发挥主动积极、参与的正向功能。

不同经济发展水平、不同人口结构条件下，民众的基本民生需求会发生变化，从基本需求增长到高级需求、从单一需求发展为多元需求。从评价层次来看，本书注重个体行为、组织心理、人口统计学（户籍与非户籍等）、城市比较与文献实证等多个层次水平的证据收集与分析，在时间序列与空间分布的动力机制下，力争更加生态系统地审视深圳十年民生幸福政策的发展。从学术观点来看，追踪研究不仅反映过去、现在和未来深圳市民生发展的进程，而且与全面质量分析框架（Plan-Do-Check-Act，PDCA）循环的思路相结合，为持续改进和优化民生政策设计提供依据。因此，本书特别强调民生服务供给和政策需要与多层次需求以及区域社会经济发展相匹配。

第三，评价分析从线性回归分析到多水平因果分析。

研究方法方面，本书系统化使用文献可视化分析的文献综述方法、政策文本分析方法、问卷量表方法、案例评价分析方法、大数据分析方法等，推进核心主题的不同证据源的交叉验证，以获取更强结论的获得。数据分析方面，本书应用结构方程模型和多水平模型等高级统计方法，结构方程模型分析民生服务供给体系对需求体系的影响，多水平模型分析区域宏观环境因素对民生服务供给和需求的影响。两个模型的构建，有助于政策制定者深入了解民生政策、服务供给体系和需求之间的逻辑关系。

第二节　研究意义和价值：三个"进一步"

西方发达国家国民幸福评估建设起步较早，建立了适合本国情况的城市服务体系。而欧美发达城市多是市场化、个体行为化层面的幸福政策，不能完全照搬。深圳民生幸福城市服务正在稳步推进，尚无公认的、科学全面的民生幸福标杆评价指标体系。

因此，以"深圳市率先建成民生幸福标杆城市"为案例开展科学研究，是进一步论证习近平关于民生幸福和积极社会建设的重要论述的科学先进性，是进一步探索国家心理资本视角下中国社会治理制度创新的本土契合性，是进一步探索"深圳实践，中国表达"

的新时代的幸福政策体系的改革经验研究。

第三节 重要概念界定

依照学术研究惯例,本书简要地将重要概念进行了界定,主要是辨析了内涵与外延,以相对清晰的边界,推动问题、理论、政策和实践的深入。

一 民生幸福

本书在习近平关于民生幸福和积极社会建设的重要论述指导下,就主体、内容和目标三个方面定义民生幸福。"民生幸福"中的"民"是主体,包含全国各族人民、全体人民,当代人与子孙后代;"生"是内容,包括衣食住行等物质生活、"教业保医养"等社会生活、精神文明建设等精神文化生活、权利平等和社会公平等政治生活和环境优美可持续等自然生活;"幸福"是目标,指全体人民在物质、心理和精神层面上共同富裕、持续满足的积极状态(Holistic Well-being),即心理韧性和有意义的快乐状态。[1]

本书一般将民生福祉应用在政策语境,即以深圳市各级政府为责任主体,设计、决策、执行和优化体系化的民生服务政策,输出福祉保障的体系,推动人民群众的福祉需求,即美好生活。

本书将民生幸福应用在行为语境,即以深圳市人民群众为责任主体,从人民群众的多层次美好生活追求出发,评价、反馈、优化深圳民生福祉政策的质量程度,推动人民群众更持续、更饱满、更优质的幸福感受。

二 民生

民生,即民众的生计。我国社会主义发展从新中国成立到改革开

---

[1] 高园:《马克思主义幸福观视阈下民生幸福的要义与实现》,《广西社会科学》2012 年第 11 期;E. Diener, S. Oishi and R. E. Lucas, "National Accounts of Subjective Well-Being", *American Psychologist*, Vol. 70, No. 3, 2015, pp. 234–242。

放初期，民生问题侧重生理温饱和生活安全的满足。从美国社会心理学家马斯洛的需要层次理论视域出发，中低层次的生理需求和安全需求可划分为民生三感中的"安全感"范畴；从改革开放中期至今，我国社会主要矛盾从"人民日益增长的物质文化需要与落后的社会生产之间的矛盾"变为"人民日益增长的美好生活需要与不平衡不充分的发展之间的矛盾"。民生需求侧重随着社会经济快速增长发生了动态变化，在需要层次理论中，社会（社交）需求、尊重需求和自我实现需求这些更高层次的民生需求在现阶段的重要性凸显，可对应到民生三感中"获得感"与"幸福感"的内容诉求。[①]

三 幸福

幸福是人类活动永恒的价值追求。幸福多指主观幸福感，是人的基本生理需求和需求满足后产生一种心理体验，受社交、尊重和自我实现需求的实现程度的影响。在英文语境中，幸福（Well-being）、福利（Welfare）和福祉（Well-fare）等具有统一层面的概念内涵，表示为"快乐、健康、满意的状态"或"美好的生活"，是客观物质利益和主观情绪感受都达到了一定程度的状态。

四 标杆

标杆（Benchmark）一词在管理学视角下指"优秀的、一流的参照对象"，发展为"标杆/基准管理"（Benchmarking Management）的管理概念，即组织追求卓越的管理模式，将之学习转化，持续提升组织绩效的路径和工具。民生幸福标杆城市的建设实践遵循标杆管理在城市治理上的理论原理。深圳建设全球标杆城市，即深圳全力投入"双区"建设，以积极开放的改革视野对标和学习纽约、东京和新加坡的经验，建设全球民生幸福标杆城市，进一步细化和完善向全球标杆城市跃升的行动方案。[②]

[①] 孙伟平、罗建文：《从自发到自觉：民生幸福的价值追求》，《西北大学学报》（哲学社会科学版）2013年第3期。

[②] 周沛：《基于"增进民生福祉"的制度性福利与服务性福利整合研究》，《东岳论丛》2018年第5期；孙伟平、罗建文：《从自发到自觉：民生幸福的价值追求》，《西北大学学报》（哲学社会科学版）2013年第3期。

第四节 民生幸福发展的三阶段类型

一 城市维度：发展、发达与标杆

本书将民生幸福发展划分为三阶段，分别是发展/基线型（Developing/Baseline）、发达型（Developed/Advanced）和标杆型（Super-advanced/Benchmark），划分主要依据是民生幸福建设与生产力发展状态相适应的原则。[①]

表1-1　　　　　　　　民生幸福发展的三阶段类型

阶段	发展/基线型	发达型	标杆型
民生幸福特征	以低保障水平接济贫困人口、降低失业率、满足温饱需求——温饱即幸福	生产性努力总量和占比大；整体社会集中以经济发展为中心，解放生产力、"做大蛋糕"，不断丰富人民衣食住行的物质条件；扩大民生权利，促进民众就业权、机会均等权以及更多发展权——高GDP（国民生产总值）即幸福	共同富裕（生产性努力奖励，非不劳而获依靠继承、收租、权利等分配性努力实现的财富自由）；物质层面更加追求公平正义，精神层面更加追求幸福健康、个人价值实现和超越——高GHI（国民幸福指数）即幸福
经济发展中心任务	产出数量优先	产出效率优先	可持续稳增长发展优先
经济发展特征	高投入低产出、高消耗低产出、低速度低质量	高投入高产出、高消耗高产出、高速度低质量	低投入高产出、低消耗高产出、高速度高质量

---

① 赵建：《中国进入"民生经济"时代，如何跳出共同富裕的"索维尔陷阱"》，https：//view.inews.qq.com/a/20210823A05V1V00？refer＝wx_hot，2021年8月23日。

续表

阶段	发展/基线型	发达型	标杆型
生产力水平	不够发达	一般发达	高度发达
国民经济状况	大多数贫困	差别性富裕：大多数小康、少数极度贫困和少数富裕/"富豪"	全面小康
干预主体	政府	市场	市场和政府
需求主体	工农阶级	资产阶级	人民为主体，自由而全面的发展
社会性质	平均主义（计划经济）	资本主义	社会主义（中国特色）
人与自然	人依赖自然，受自然影响极大	人征服自然，利用工业科技大规模改造自然	人与自然协调共生：发展绿色科技、环保可再生资源
代表模式	苏联模式	美国模式	丹麦模式：现代民生幸福标杆

如表1-1所示，生产力的发展状况决定了民生幸福政策与实践需要阶段性地推进。在发展型阶段，生产力低下，人们运用机械生产改造自然的程度不足，社会大多数人的衣食住行等物质条件匮乏，因此解决温饱等物质基本需求和解放生产力是该阶段的主要民生福祉任务。

在发达型阶段，科学技术水平发展极大提高了社会整体生产水平，在市场自由交换不受限的情况下，人们对生产生活的需求发生转变，从重视更多数量到更高的效率。社会以经济建设为中心导向，社会的主要劳动群体——民众的就业权、子女受教育权、医疗保障权和机会均等权得到重视和扩大，但老残弱群体的民生保障不足，同时因市场经济高速发展而出现的盲目生产和消费、牺牲生态环境而逐利、公共物品供给不足等问题出现，贫富两极分化程度加大。

在标杆型阶段，社会生产力高度发达，人们的物质需求有所提高，不仅满足生产效率高、产品数量多、种类丰盛，还在强大物质经济基础之上，追求共同富裕实现过程中的"共享性""公平性""正义性"，更重视个人多层次情感需求、生命意义和人生价值超越；人与自然进入"协调共生"发展阶段，在社会经济稳增长下，弥补发展阶段牺牲的环境、质量换取的短暂的经济效益留下民生问题。

二 人群维度：弱势、部分与全体

本书提出了一个民生幸福标杆目标的金字塔模型，详见图1-1。

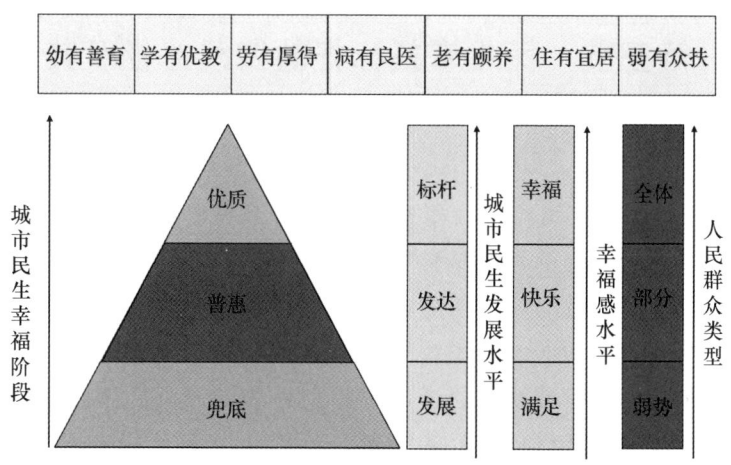

图1-1 民生幸福标杆目标的金字塔模型

我们根据人民群众的谱系类型，将其划分为弱势群体、部分群体与全体民众。弱势群体就是深圳的处境不利群体，老弱病残孤独等人群亟须"兜底"式民生保障与民生支持，更多是从政策干预层次推动他们有尊严的体面生活，达到满足的幸福感水平。

部分群体就是指深圳的共性需求的人群，他们在特定的发展节点、特定的空间节点下需求"共振"，急需"普惠"式民生服务的供给，更多是从政策促进层次推动他们有梦想的品质生活，达到快乐的幸福感水平。

全部群体是指深圳全域全员，他们在体系化和沉浸式的高质量的民生福祉政策推动下，获取了"优质"式民生服务的主动匹配，更多是从政策健康层次推动他们有自由的完整生活，达到全面的幸福感水平。

可见，从政府治理保障水平以民生幸福覆盖人群数量和需求满足程度划分：兜底贫困、老幼残等弱势人群，提供其基本生活物质保障为低水平保障，在此基础上，民生保障受众扩大，进入普惠阶段；优质阶段达到满足大多数人多层次物质、精神需求的同时，对于少数向往更优质的精神需求也能有相应供应满足，同时加大对弱势、特殊人群的兜底力度。

第五节 民生幸福标杆的实践路径及其动力机制：深圳风车模型

建设全球标杆城市不仅承载着人民对国家富强的向往，也有着对民生福祉的价值诉求。具体到深圳来说，成为全球标杆城市，意味着深圳要对自身的城市功能配置进行更新和升级，发挥与全球标杆城市相匹配的功能，在民生幸福维度成为国内城市标杆，提升综合实力，向全球标杆城市迈进。中共中央和国务院印发《深圳建设中国特色社会主义先行示范区综合改革试点实施方案（2020—2025年）》中，给予深圳市在要素市场化配置、营商环境、科技创新体制、对外开放、公共服务体制、生态环境和城市空间治理这六大重点领域和关键环节的改革治理特权；保证了深圳在实现民生幸福的城市建设和改革过程中市政府的执行自主性、高效性、开放性和合作性，充分发挥深圳在粤港澳大湾区的核心引擎功能。

如图1-2所示，我们提出了深圳民生风车模型。即经济发展、社会治理保障和基本公共服务等三种动力机制的聚合作用，推动民生"七有"到民生"七优"的升级，从而在安全感与获得感的收获下，提升了民众的幸福感。

"生产幸福"是民生幸福标杆内涵的主要目标，因此"幸福感"

作为风车模型的中心轴,是民生幸福标杆路径的最终目的,可通过社会学指标、心理学量表、城市发展指标等进行幸福的主观和客观的测量评估。民生幸福标杆是党和政府对社会主义先行示范区在民生福祉建设领域的清晰定位,代表着中国特色社会主义民生建设的发展方向。深圳努力向民生"七优"标杆发展,是顺应新时代的风向标,也诠释了风车模型中具象动七个风帆和整个风车运行下实现"民生三感"。

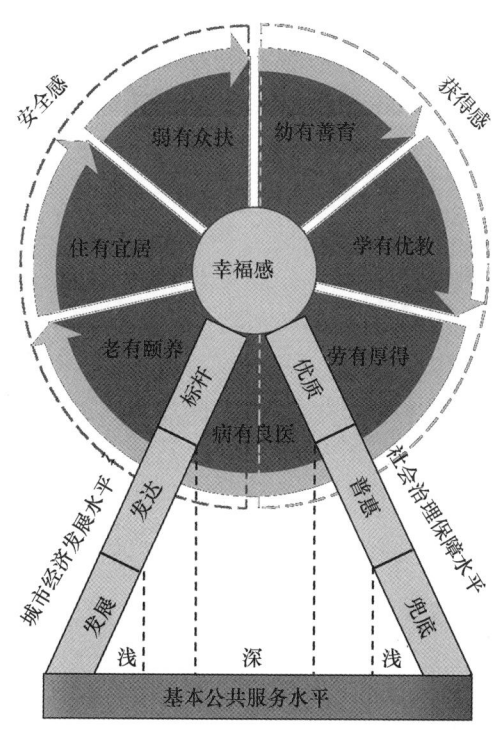

图 1-2 民生幸福标杆的深圳风车模型

一是经济发展驱动。城市民生发展水平提升,以上文划分的从"发展""发达"到"标杆"的三步渐进阶段。每一阶段进阶都需要以经济发展和生活生产力的提升为直接动力。经济发展与民生福祉水平二者的关系是否是简单的线性关系?经济发展下对民生福祉视野的经济投入的总量和增幅多大程度上影响了深圳民生福祉事业的质量与效率？这些均为第四章探讨的主题内容。

二是社会治理驱动。加强和创新社会治理，打造共建共治共享的社会治理格局，是实现深圳市域社会治理体系和治理能力现代化的必然要求。新时代深圳社会治理路径如何在遵循治理规律上持续创新。在大方向上，如何更好地领会和贯彻党和政府的大政方针；如何落实以人民为中心的共建共治共享；如何在问题导向中稳中求进；等等。回答这些问题，需要着力加强社会治理制度建设、加强预防和化解社会矛盾机制建设、健全公共安全体系、加快社会治安防控体系建设、加强社会心理服务体系建设、推动社会治理重心向基层下移、推动营造清朗的网络空间，建立起充满活力、和谐有序的社会。[①] 此外，新一代人工智能技术嵌入深圳政府治理进程后，有利于增进政府与人民群众互动，推动社会治理精细化和精准化。[②]

三是基本公共服务驱动。深圳如何紧紧围绕民生需求与需要，夯实与完善公共服务体系，拓展和增加公共服务的项目范围数量和质量，健全公共服务的垂直管理体系，扩充公共服务的供给主体，是更高层次、更高等级民生福祉供给的动力机制。这一过程不存在跨越式弯道超车，唯有循序渐进、日积月累的民生逐层类型的建设目标达成，才能有新阶段的孕育。[③]

第六节 民生幸福标杆的过程研究模型与研究框架

一 民生幸福标杆的过程研究模型

如图 1-3 所示，本书吸收了健康促进工作干预框架、全面质量

[①] 陈一新：《推进新时代市域社会治理现代化》，《公民与法》（综合版）2018年第8期。
[②] 陈鹏：《人工智能时代的政府治理：适应与转变》，《电子政务》2019年第3期。
[③] 童星：《社会主要矛盾转化与民生建设发展》，《社会保障评论》2018年第1期；樊娜娜：《城镇化、公共服务水平与居民幸福感》，《经济问题探索》2017年第9期。

管理理念中的 PDCA 理论（Plan-Do-Check-act）、教育学格林（Precede-Proceed）模式中的教育和环境诊断与评价的六大要素和演绎路径，建立了民生幸福促进过程（步骤）模型。民生幸福促进过程模型共五大步骤，包括需求评估与诊断；计划和动员资源（Plan）；实施和过程评价（Do）；效果评价（Check）；报告结果（Act）。

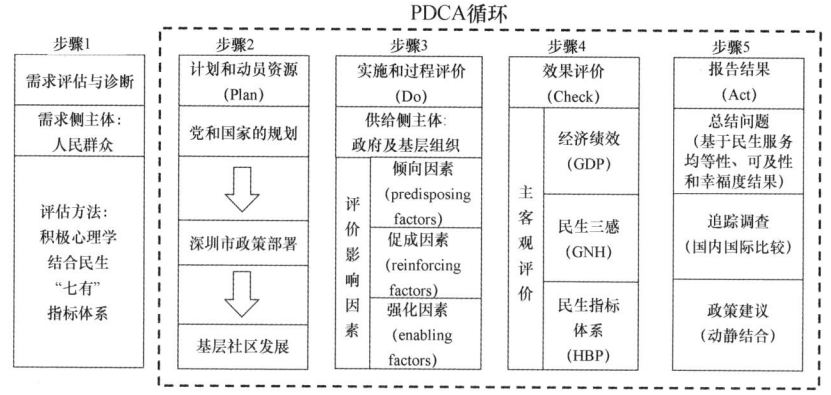

图 1-3　民生幸福促进过程（步骤）模型

这一模型本质上贯彻了循证社会科学的范式，基于证据的民生幸福标杆研究将会从政策层、理论层、实践层、行为层和大数据层分别提出研究证据，以此丰富学界和政界对此问题的进一步认识。

二　民生幸福标杆的研究框架

本书结合当前民生幸福跨学科研究的新进展和深圳市政策与实践探索，围绕"深圳市率先建成民生幸福标杆城市"的超大型城市民生幸福标杆治理，贯彻循证社会科学范式，建立了一个幸福政策体系的全面质量分析框架，从问题层、理论层、动力层、评价层和案例层进行了体系化开展：一个问题研究（现实、政策和理论问题）；三个理论研究（学科比较、学术文献综述和政策文本分析研究）；三个民生幸福动力机制研究（经济发展、公共服务和社会治理研究）；三个评估评价研究（民生幸福标杆指数、民生幸福满意度评价和心理与行为大数据研究）；一个案例分析研究。通过多中心的证据，系统地描述、分析和评价了近十年深圳市民生幸福标杆建设的过程，为制定更切合深圳"十四五"实际的民生政策和法规提供科学依据。

具体而言，第一章详细探讨了现实问题、政策问题和研究问题；第二章到第四章分别从心理、理论和政策的多维度视角阐释了民生幸福标杆的学术史和政策史；第五章到第七章分别从经济发展、社会治理和公共服务阐释了深圳民生幸福标杆的动力机制；第八章到第十章分别从标杆体系指标、民众满意度幸福度问卷调研、心理和行为大数据研究分析了深圳民生幸福标杆的建设效果；第十一章建立了一个民生幸福标杆的优秀案例遴选库（详见图1-4）。

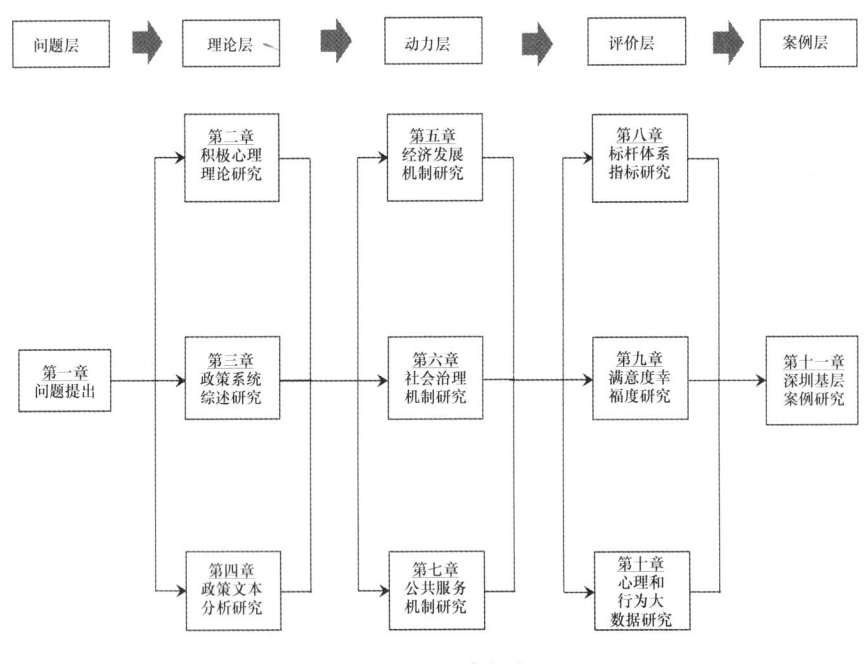

图1-4 研究框架

小　结

深圳民生幸福标杆城市的体系化建设，需要在政策研究、理论研究和评价研究等三个问题层面进行学理洞察。本章在阐述研究现状、不足与趋势之后，从政府主体和民众主体界定了民生福祉与民生幸福的内涵外延；提出了民生幸福发展的三阶段类型，总结了深圳民生风车模型，从行动过程研究的角度，提出了本书的五个层级、11个章节的研究框架。

第二章　积极心理学视角下民生幸福的理论渊源

高质量的民生幸福理论研究将会有效地推动深圳民生幸福标杆的建设进程，能够具有与学术主流价值、学术前沿理论和全球主流福祉政策进行对话、比较、融合和引领的能力。本章使用文献综述法与学科比较法，从积极心理学的视角，述评了民生幸福的理论渊源，列举了民生幸福的心理学基础理论，归纳了代表性的评价指标；从心理韧性角度剖析了民生幸福在社区层面的研究和应用，以及阐述了民生幸福相关政策的实施现状与发展趋势。[①] 研究发现：（1）民生幸福的概念与测量体现了未来时间取向，虽然缺乏全球统一标准或者完全共识，对区域民生福祉的主观指标和客观指标的共同系统性测量会更全面地评价城市进步；（2）社区层级的心理韧性培育已经成为民生福祉在基层执行的关键；（3）我们将积极心理学的操作化概念方法融入民生幸福政策体系，将民生幸福政策界定为一种积极的可持续性幸福方法，提出了行动框架。

第一节　背　景

幸福作为人类最重要的生活目标之一，与个人的心理健康和身体健康密切相关，是社会和谐的重要基础。"使人民生活得更幸福、更有尊严"已成为党和政府的工作重点。幸福感与个体自身经历

[①] 积极心理学（Positive Psychology）是一门研究人类的性格优势、美德品质、心理韧性和积极关系等有意义的快乐的学科。它更是一种正向学科思潮，从更加整体、未来时间取向的角度来科学地研究人类和社会的各种议题。

（例如，身心健康）及外部环境（例如，政治和经济条件、物质环境、社会和文化环境）有着密切关联。

鉴于幸福感概念的复杂且结构功能多，目前学术界尚未对其定义形成共识。《现代汉语词典》将幸福定义为：（1）使人心情舒畅的境遇和生活；（2）（生活、境遇）称心如意。西方心理学界对于"幸福"的定义分为两大基本类别：一是以享乐主义为基础的主观幸福感，认为幸福等同于对生活的满意度高，幸福就是拥有更多的积极情感和更少的消极情感；[1] 二是以积福论为基础的心理幸福感（Psychology Well-being，PWB），认为幸福是人的心理机能状态良好，并作为一种人的潜能得以充分实现的生存状态。[2] 近年来，研究者们普遍认同幸福感同时包括了积极情绪体验和良好的心理机能。

个体的持续的幸福会带来更多的积极结果，例如学习效率高、创造力强、人际关系和谐、亲社会行为更多及更高的心理健康水平。[3] 鉴于幸福对个人和社会的潜在利益，有必要分析民生幸福的理论基础、评价指标及民生幸福的政策实施与发展趋势。

第二节 民生幸福的理论基础

幸福研究主要有四种研究取向，分别是主观幸福感研究取向、心理幸福感研究取向、社会幸福感研究取向以及幸福心盛研究取

---

[1] E. Diener, et al., "Subjective Well-Being: Three Decades of Progress", *Social Science Electronic Publishing*.

[2] C. D. Ryff, "Happiness is Everything, or is It? Explorations on the Meaning of Psychological Well-being", *Journal of Personality & Social Psychology*, Vol. 57, No. 6, 1989, pp. 1069 - 1081; Ryan, et al., "On Happiness and Human Potentials: A Review of Research on Hedonic and Eudaimonic Well-Being", *Annual Review of Psychology*, Vol. 52, 2001, pp. 142 - 166.

[3] F. A. Huppert and T. So, "Flourishing Across Europe: Application of a New Conceptual Framework for Defining Well-Being", *Social Indicators Research*, Vol. 110, No. 3, 2013, pp. 1245 - 1246; S. Lyubomirsky, L. King and E. Diener, "The Benefits of Frequent Positive Affect: Does Happiness Lead to Success?", *Psychol Bull*, Vol. 131, No. 6, 2005, pp. 803 - 855.

向，并由此衍生出不同测评指标。

一　主观幸福感研究取向

主观幸福感（Subjective Well-being）研究取向注重个体追求快乐的主观感受，以个体认为自己的生活怎样和感觉如何作为幸福的依据。Andrews 和 Withey 认为主观幸福感包括两种成分：认知和情感。[①] 认知成分即生活满意度，是指个体建构出一个适合于自己的标准，并将生活的各个方面作为一个整体来评定自己的满意感的程度；情感成分是指情绪、情感方面的愉悦体验，包括积极情感和消极情感。Diener 等认为主观幸福感的主要成分是生活满意度和情感平衡。[②] 良好的情感平衡是积极情感占优势的情绪主动掌控状态，是个体对生活中各种事件的总的情感反应。戴维·吕肯认为，天性使我们追寻快乐，使我们从事适应的行为。[③]

基于这一研究取向，研究者编制了多个自陈式的主观幸福感的量表，如 Campbell 等的《幸福感指数量表》（Index of Well-Being, IWB）；[④] Watson 等的《积极情感和消极情感量表》（Positive Affect and Negative Affect Schedule, PANAS）；[⑤] Pavot 和 Diener 编制的《生活满意度量表》（Satisfaction With Life Scale, SWLS）。[⑥] Alfonso 等分析了人们生活多个领域（如自我、家庭、性、人际关系、社会生活、身体、工作和学业）中的生活满意度，编制了《生活满意度量表扩

[①] F. M. Andrews and S. B. Withey, "Social Indicators of Well-Being: America's Perception of Life Quality", *Springer US*, 1976.

[②] E. Diener, et al., "The Satisfaction With Life Scale", *Journal of Personal Psychology*, Vol. 49, No. 1, 1985, pp. 71 – 75.

[③] ［美］戴维·吕肯：《幸福的心理学》，黄敏儿译，北京大学出版社2008年版。

[④] A. Campbell, P. E. Converse and W. L. Rodgers, "The Quality of American Life: Perceptions, Evaluations, and Satisfactions", *Academy of Management Review*, Vol. 2, No. 4, 1976, p. 694.

[⑤] D. Watson, L. A. Clark and A. Tellegen, "Development and Validation of Brief Measures of Positive and Negative Affect: The PANAS Scales", *Journal of Personality and Social Psychology*, Vol. 54, No. 6, 1988, pp. 1063 – 1070.

[⑥] W. Pavot and E. Diener, "Review of the Satisfaction With Life Scale", *Psychological Assessment*, Vol. 5, No. 2, 1993, pp. 164 – 172.

展版》。① 还有诸如 8 个题项的《牛津幸福感问卷（简易版）》以及 29 个题项的《牛津幸福感问卷（修订版）》② 等。

二 心理幸福感研究取向

心理幸福感和主观幸福感是既有关联又有区别的两个概念。心理幸福感和主观幸福感都随着年龄、受教育程度、情绪稳定性、外向性和责任心的增加而增加。但是，与主观幸福感高于心理幸福感的成人相比，心理幸福感高于主观幸福感的成人更年轻、受教育水平更高、经验更开放。③ 心理幸福感研究取向强调以个人潜能的充分实现来诠释幸福和美好的生活，而不仅仅是主观感受到的快乐和愉悦。

Waterman 认为幸福和美好的生活来自个人潜能的实现，幸福发生在个体从事与自身深层价值最匹配的活动中，是一种全身心的投入。④ 在此基础上，他编制了《个性表达活动问卷》（Personally Expressive Activities Questionnaire，PEAQ）。Ryff 则认为幸福不等同于快乐，只对情感进行评估并不能明确地表明主观幸福的含义，幸福感应该定义为"努力表现完美的真实的潜力"。⑤ 基于此，她提出了心理幸福感六维度模型，包括自主性、环境掌控、个人成长、积极的人际关系、生活目标和自我接纳。⑥ 刘建华等建立的北京女性居民

---

① V. C. Alfonso, D. B. Allison and R. B. S. Gorman, "The Extended Satisfaction with Life Scale: Development and Psychometric Properties", *Social Indicators Research*, Vol. 38, No. 3, 1996, pp. 275–301.

② P. Hills and M. Argyle, "The Oxford Happiness Questionnaire: A Compact Scale for the Measurement of Psychological Well-being", *Personality & Individual Differences*, Vol. 33, No. 7, 2002, pp. 1073–1082.

③ C. Keyes, D. Shmotkin and C. D. Ryff, "Optimizing Well-being: The Empirical Encounter of Two Traditions", *Journal of Personality & Social Psychology*, Vol. 82, No. 6, 2002, pp. 1007–1022.

④ A. S. Waterman, "Two Conceptions of Happiness: Contrasts of Personal Expressiveness (Eudaimonia) and Hedonic Enjoyment", *Journal of Personality & Social Psychology*, Vol. 64, No. 4, 1993.

⑤ C. D. Ryff, "Happiness is Everything, or Is it? Explorations on the Meaning of Psychological Well-being", *Journal of Personality & Social Psychology*, Vol. 57, No. 6, 1989, pp. 1069–1081.

⑥ C. D. Ryff and C. Keyes, "The Structure of Psychological Well-being Revisited", *Journal of Personality & Social Psychology*, Vol. 69, No. 4, 1995, pp. 719–727.

幸福指数的指标体系,包含健康感、满足感、成就感、向心感、愉悦感、富裕感、认同感和安全感等。①

三 社会幸福感研究取向

社会幸福感(social well-being)研究取向认为幸福是个人在所在的社会网络和社区中处于最佳机能状态时的积极感受。Keyes 较全面地概括了社会幸福感的含义,他认为社会幸福感是个体对自己与他人、集体、社会之间的关系质量以及对其生活环境和社会功能的自我评估所产生的积极体验。② 由此,他提出了社会幸福感的 5 个维度:社会一致、社会贡献、社会凝聚、社会实现、社会接纳,编制了 14 道题的《社会幸福感量表》(Social Well-Being Scale, SWBS)。乐正的幸福指数包含三类指标:认知范畴的生活满意度、情感范畴的心态和情绪愉悦度、人际和个体与社会的和谐度,并把社会幸福感包含在幸福感指数之中。③

四 幸福心盛研究取向

积极心理学之父、美国心理协会前主席 Seligman 使用幸福心盛(Flourish,又译为殷盛)这个概念来代替幸福(Happiness and Well-being),提出了幸福的 PERMA 模型,认为幸福的 5 个元素是积极情绪(positive emotion)、投入(engagement)、人际关系(relation-ships)、意义(meaning)与成就(accomplishment)。④ "积极情绪"包括愉悦、高兴、舒适、温暖等,即快乐的人生;"投入"指"你完全沉浸在任务中了吗?""你忘了自我吗?";"积极的人际关系"指帮助别人、被人爱的能力,它会对幸福带来深刻的影响;"意义"指归属和致力于某样你认为超越自我的东西;"成就"往往是一项终极追求,哪怕它不能带来任何积极情绪、意义、关系。

---

① 刘建华、王智慧、梁海源:《后奥运时期北京市女性居民幸福指数及生活满意度状况研究》,《成都体育学院学报》2009 年第 10 期。
② C. Keyes,"Social Well-Being", *Social Psychology Quarterly*, Vol. 61, No. 2, 1998, pp. 121 – 140.
③ 乐正:《2007 年:中国深圳发展报告》,社会科学文献出版社 2007 年版。
④ [美]马丁·塞利格曼:《持续的幸福》,赵昱鲲译,浙江人民出版社 2012 年版。

第三节 民生幸福的测评工具

目前,众多研究者普遍采用"国民幸福指数"或"城市幸福指数"来评估民生幸福这一抽象的概念。目前,学界对幸福指数主要从主观、客观以及系统分析的视角进行研究。

一 基于主观视角的测评工具

对幸福指数进行主观视角的研究,是当前研究的主流。持此种观点的学者认为幸福是一种主观感受,是一种积极的心理状态,对自己是否幸福的评价主要依赖个体内定的标准,而不是他人或外界的准则。前面提到的心理学的三种研究取向都属于主观性视角。

有的研究者强调情绪体验的重要性,采用与情绪体验有关的指标来衡量幸福。比如我国学者邢占军编制了中国城市居民主观幸福感量表,包括舒适感、公平感、价值观、自主感、抑郁感、愉悦感、社会信心体验、家庭关系、知足充裕感、心理健康体验十个维度。[1] 苗元江编制了综合幸福问卷,包括生活满意、积极情绪、消极情绪、生命活力、健康关注、利他行为、自我价值、友好关系、人格成长九个维度。[2] 有的研究者强调认知的重要性,以"生活满意度"来衡量幸福,比如 Pavot 等的《生活满意度量表》。[3]

二 基于客观视角的测评工具

社会学者和经济学家常常采用客观视角展开城市幸福指数研究。持此种观点的学者关注促进幸福的客观条件,用硬性的经济指标和社会指标(比如人均 GDP、失业率、平均寿命等)来界定幸福。具

---

[1] 邢占军:《中国城市居民主观幸福感量表的编制研究》,博士学位论文,华东师范大学,2003年。

[2] 苗元江:《心理学视野中的幸福—幸福感理论与测评研究》,博士学位论文,南京师范大学,2003年。

[3] W. Pavot and E. Diener, "Review of the Satisfaction with Life Scale", *Psychological Assessment*, Vol. 5, No. 2, 1993, pp. 164 - 172.

有代表性的如不丹国王 Jigme Singye Wangchuck 于 1972 年提出的"国民幸福总值",由政府善治、经济增长、文化发展和环境保护四个指标组成;联合国开发计划署在《1990 年人文发展报告》中指出的人类发展指数(Human Development Index,HDI),由人均寿命、受教育程度和人均 GDP 三个客观指标构成。

我国学者朝克、何浩、李佳钰运用层次分析法对所选择的全部评价指标建立了适合我国国情的国民幸福指数评价体系,同时客观地确定各个指标的权重,以避免主观随意性。如表 2-1 所示,国民幸福指数评价体系由 4 个一级指标和 21 个二级指标组成。

表 2-1　　　　国民幸福指数评价体系与指标权重

一级指标	二级指标	方向	权重
经济因子 (0.282)	人均 GDP	+	0.133
	全体居民消费水平指数	+	0.133
	城镇居民家庭人均可支配收入	+	0.131
	农村居民家庭人均纯收入	+	0.127
	第三产业增加值占 GDP 比重	+	0.122
	城镇居民家庭恩格尔系数	−	0.134
	农村居民家庭恩格尔系数	−	0.127
	单位 GDP 消耗	−	0.091
社会因子 (0.269)	人均住房使用面积	+	0.226
	人均拥有汽车数量	+	0.167
	每万人拥有卫生技术人员数	+	0.106
	城镇登记失业率	−	0.253
	基尼系数	−	0.248
人口因子 (0.172)	城市化率	+	0.284
	出生率	+	0.281
	死亡率	−	0.152
	总抚养比	−	0.283

续表

一级指标	二级指标	方向	权重
环境因子 （0.276）	生活垃圾无害化处理量	+	0.277
	森林覆盖率	+	0.177
	人均碳排放量	−	0.264
	人均公共绿地面积	+	0.283

资料来源：朝克、何浩、李佳钰：《国民幸福指数评价体系构建及实证》，《统计与决策》2016年第4期。

陈志霞、徐杰基于客观视角，通过采集硬性的经济社会指标来衡量城市居民的幸福水平，选取城市交通、文化教育、医疗健康、社会保障、就业水平、个人收入、生态环境、城市经济、居住条件、公共安全共10个维度组成一级指标，每个一级指标又由若干二级指标构成，由此构建城市居民幸福指数综合评价指标体系，如表2－2所示。

表2－2　　　城市居民幸福指数评价指标体系

一级指标	二级指标	单位	指标性质
城市交通	每万人拥有公汽数（X1）	辆/万人	+
	每万人拥有出租车数（X2）	辆/万人	+
	城市客运量（X3）	万人次	+
	轨道交通客运总量（X4）	万人次	+
	高峰拥堵延时指数（X5）	—	−
文化教育	人均拥有公共图书馆藏书数量（X6）	册/人	+
	高等教育毛入学率（X7）	%	+
	每万人拥有专任教师数量（X8）	位/万人	+
	每万人拥有学校数量（X9）	所/万人	+
	博物馆参观人次（X10）	万人次	+
医疗健康	平均每千常住人口拥有医生数（X11）	位/千人	+
	平均每千常住人口拥有医院病床数（X12）	张/千人	+
	年末每万人拥有体育场馆数量数（X13）	个/万人	+

续表

一级指标	二级指标	单位	指标性质
社会保障	城市养老保险参保比例（X14）	%	+
	城市城镇医疗保险参保比例（X15）	%	+
	城市失业保险参保比例（X16）	%	+
就业水平	城镇登记失业率（X17）	%	－
	在岗职工平均工资/人均生产总值（X18）	—	+
个人收入	人均消费支出/城镇居民人均可支配收入（X19）	—	－
	每百户家庭拥有家用汽车数（X20）	辆	+
生态环境	人均公园绿地面积（X21）	平方米/人	+
	建成区绿化覆盖率（X22）	%	+
	工业固体废物综合利用率（X23）	%	+
	空气质量优良天数（X24）	天	+
	每万人拥有旅游景区数量（X25）	个/万人	+
	全市污水集中处理率（X26）	%	+
	生活垃圾无害化处理率（X27）	%	+
城市经济	每万人拥有旅游星级以上酒店（X28）	家/万人	+
	居民消费价格指数（X29）	—	－
	商品零售价格指数（X30）	—	－
	城市企业人均数量（X31）	家/万人	+
	全年全市各类展会节事活动人数（X32）	场/万人	+
居住条件	人均住房使用面积（X33）	平方米/人	+
	家庭年收入/房价（X34）	—	－
	人均拥有道路面积（X35）	平方米/人	+
公共安全	每亿元GDP生产安全事故死亡人数（X36）	人/亿元	－
	每万人刑事案件发案总数（X37）	件/万人	－
	每万人交通事故总数（X38）	起/万人	－

注："+"表示指标产生正向促进作用，"－"表示指标产生负向阻碍作用。

资料来源：陈志霞、徐杰：《基于TOPSIS与灰色关联分析的城市幸福指数评价》，《统计与决策》2021年第9期。

三 基于系统分析视角的测评工具

另外一些研究者提出采用主客观结合的视角来研究城市幸福

指数。他们认为测量人们幸福程度的幸福指数，其构成应包括引起人们幸福感的客观因素和人们对这些因素的主观感受两个方面。比如，英国"新经济基金"组织的"幸福星球指数"（Happy Planet Index，HPI），主要包括三个指标——对自身生活的满意度、二氧化碳排放量和人均寿命；[1] 幸福江阴综合评价指标体系，包括五个客观指标和五个主观指标。[2] Senasu 开发的泰国幸福指数包括五个维度：主观幸福感、生活质量、生活哲学、治理和生活水平。[3]

经济合作与发展组织（OECD）于 2012 年正式编制出版了《主观幸福度量指导手册》。[4] OECD "幸福指数"是由多个指标合成的综合性指标，包括住房、收入、就业、社交、教育、环境、政府治理、健康、生活满意、安全、工作与生活平衡 11 个类别，总共 20 项指标。其中，住房、收入、就业等方面的指标用于衡量生活的物质条件，其他方面的指标用于衡量生活质量水平。从指标属性看，客观指标有 17 项，主观指标有 3 项；正向指标有 14 项，逆向指标有 6 项（见表 2-3）。

表 2-3　　　　　　　OECD "幸福指数"指标体系

类　别	序号	指　标	单　位
住房	1	人均住房间数	间
	2	住所没有卫生设施的人口比例	%
收入	3	家庭人均可支配收入	美元，PPPs
	4	家庭人均净金融资产	美元，PPPs

---

[1] J. Michaelson, "Two Approaches to Alternative Measures of Progress: The Happy Planet Index and National Accounts of Well-being", *International Journal of Computer Applications*, Vol. 98, No. 17, 2010, pp. 30-36.

[2] 朱民阳：《以人民幸福评估发展——幸福江阴综合评价指标体系构建的实践与思考》，《行政管理改革》2011 年第 3 期。

[3] K. Senasu, "Sustainable Happiness of Thai People: Monitoring the Thai Happiness Index", *Journal of Human Behavior in the Social Environment*, Vol. 30, No. 5, 2020, pp. 541-558.

[4] 经济合作与发展组织：《民生问题：衡量社会幸福的 11 个指标》，新华出版社 2012 年版。

续表

类　别	序号	指标	单　位
就业	5	就业率	%
	6	长期失业率	%
社交	7	可获得社交帮助的人口比例	%
教育	8	受教育程度	%
	9	学生阅读能力指数	—
环境	10	可吸入颗粒物浓度	微克/立方米
政府治理	11	选民投票率	%
	12	制度草案协商指数	—
健康	13	预期寿命	岁
	14	自我健康评价	%
生活满意	15	生活满意度	—
安全	16	故意杀人率	%
	17	遇袭率	%
工作与生活平衡	18	工作时间超长的员工比例	%
	19	妇女就业率	%
	20	休闲和个人护理时间	小时/每周

中国科学院院士程国栋在2005年"两会"期间提交了《落实"以人为本"，核算"国民幸福指数"》的提案，建议我国从政治自由、经济机会、社会机会、安全保障、文化价值观、环境保护六类构成要素，建构我国的国民幸福核算指标体系。我国学者邢占军指出人的生命质量分为两个层面。[①] 第一个层面是客观生活质量，分为五个维度：基本福祉（包括生存所需要的衣食住行、健康等）、经济福祉、政治福祉、社会福祉、文化福祉。第二个层面是主观生活质量，即幸福感，分为三个维度：满意感、快乐感和价值感。

黄希庭等认为幸福是一个动态的开放系统，主张采用系统分析的视角来衡量幸福感。黄希庭通过全国取样编制的城市幸福指数问卷"The Urban Well-Being Index Questionnaire"，UWBIQ包含35个题

[①] 邢占军：《居民文化福祉的研究与提升对策》，《人文天下》2017年第9期。

项（总体幸福指数 7 个题项、领域幸福指数共 28 个题项）。① 总体幸福指数包括总体生活满意度、投入生活满意度、有意义生活满意度以及横向和纵向比较的满意度；领域生活满意度包含政治生活满意度、经济生活满意度、文化生活满意度、人际关系满意度、健康状态满意度、环境生活满意度六个子维度。具体而言，政治生活满意度因子，反映的是个体对自己行使政治权利的满意度、对政府执政活动的信任度以及满意程度；经济生活满意度因子，反映了城市居民对自己工作经济收入、家庭收支状况、未来经济状况以及住房情况的满意程度；文化生活满意度因子，反映了城市居民对所居住城市文化传承的认同程度、文化氛围和文明程度的适应程度，以及对业余文化娱乐活动的满意程度；人际关系满意度因子，反映了城市居民对家庭、邻里、朋友、同事、婚姻等关系的满意程度；健康状态满意度因子，反映了城市居民对自己身体和心理健康状况的满意程度；环境生活满意度因子，反映了城市居民对自己所处的自然生态环境和社会生活环境的满意程度（见表 2-4）。

表 2-4　　　　　　　　　城市幸福指数问卷

【指导语】请仔细阅读以下每一个题目，并逐题按照自己的实际情况诚实作答，看懂题目后在后面相对应的空格内打"√"。请注意：答案无对错之分，无须过多思考，根据自己的第一印象选最符合自己的选项即可。

题　项	非常不符合	比较不符合	不确定	比较符合	非常符合
总的来说，我对现在的生活感到满意。	1	2	3	4	5
我觉得我的日子过得比别人好。	1	2	3	4	5
跟过去相比，我现在的生活更幸福。	1	2	3	4	5
我觉得自己将来的生活会更幸福。	1	2	3	4	5
我对自己有意义的生活感到满意。	1	2	3	4	5
我常常感到快乐。	1	2	3	4	5
我对自己过去的生活感到满意。	1	2	3	4	5

---

① 黄希庭等：《城市幸福指数研究》，重庆出版社 2020 年版。

续表

题 项	非常不符合	比较不符合	不确定	比较符合	非常符合
我对我们这里的政务公开（或村务公开）程度感到满意。	1	2	3	4	5
我对我们这里的水和空气质量感到满意。	1	2	3	4	5
我对我们这里的文化娱乐活动感到满意。	1	2	3	4	5
我对自己工作的经济收入感到满意。	1	2	3	4	5
我的婚姻关系（恋爱关系）很好。（未婚或无男女朋友的不答此题）	1	2	3	4	5
我对我们家庭的收支状况感到满意。	1	2	3	4	5
我对我们这里的食品和药品是放心的。	1	2	3	4	5
我常常感到精力充沛。	1	2	3	4	5
我至少有一个好朋友。	1	2	3	4	5
在生活中，我觉得压力不是很大。	1	2	3	4	5
我睡眠充足（每天睡7—8个小时）。	1	2	3	4	5
我经常锻炼身体。	1	2	3	4	5
我不担心自己将来的经济状况。	1	2	3	4	5
我对自己基本政治权利（比如选举权和被选举权、监督权、言论自由等）的行使能够得到保障感到满意。	1	2	3	4	5
遇到法律纠纷，我相信我们这里的司法部门会做出公正的裁决。	1	2	3	4	5
我对我们这里的文明程度感到满意。	1	2	3	4	5
我对我们这里的社会保障体系感到满意。	1	2	3	4	5
我家周围绿化环境挺好。	1	2	3	4	5
我对自己的住房感到满意。	1	2	3	4	5
在我们这里，即使晚上单独走路回家也是安全的。	1	2	3	4	5
与其他地方相比，我更喜欢我们这个地方的文化。	1	2	3	4	5
我们这里的人情味比较浓。	1	2	3	4	5

续表

题　项	非常 不符合	比较 不符合	不确定	比较 符合	非常 符合
我和同事相处得很好。	1	2	3	4	5
我和街坊邻居的关系融洽。	1	2	3	4	5
我喜欢这里的文化氛围。	1	2	3	4	5
我和家人的关系融洽。	1	2	3	4	5
我相信我们这里的政府在执政活动中是为民着想的。	1	2	3	4	5
我觉得我们这里的政府对犯罪分子的打击是动了真格的。	1	2	3	4	5

《城市幸福指数问卷》是衡量城市各阶层民众生活幸福程度的主观指标的测量数值。幸福指数分为总体幸福指数和领域幸福指数两方面。其中总体幸福指数包括总体生活满意度、情绪满意度、生活意义满意度、横向和纵向比较的生活满意度；领域幸福指数包括经济生活满意度、政治生活满意度、文化生活满意度、健康状态满意度、环境生活满意度和人际关系满意度。[1]

第四节　不同地区和国家民生幸福政策

幸福是教育、旅行、娱乐、职业发展、慈善和健康等重要决策的内在动机。传统上，各个国家的各级政府都关注安全、经济、教育、卫生和环境，因为这些领域影响公民的福祉。幸福被直接作为一项政策目标纳入政府决议则仅有几十年的时间。

---

[1]　总体幸福指数的计分方法：总体生活满意度，包含题项1；情绪满意度，包含题项6；生活意义满意度，包含题项5；横向比较生活满意度，包含题项2；纵向比较生活满意度，包含题项3、4、7。领域幸福指数的计分方法：经济生活满意度，包含题项11、13、20、26；政治生活满意度，包含题项8、21、22、24、34、35；文化生活满意度，包含题项10、23、28、32；健康状态满意度，包含题项15、17、18、19；环境生活满意度，包含题项9、14、25、27、29；人际关系满意度，包含题项12、16、30、31、33。

在过去 40 年中，关于幸福感的论文从几百篇激增至数十万篇，涵盖经济学、社会学、心理学和其他学科。Helliwell 认为，将幸福作为一个政策问题是合理的，并从根本上改善了政府的决策方向。[1] 目前，民生幸福已成为一系列国家的政策得以贯彻实施，包括英国、不丹、阿联酋和法国，以及联合国和经合组织等国际组织。

一 "不丹模式"的"全民幸福计划"

不丹历史悠久，是南亚典型的内陆国家，领土总面积约 47 万平方千米，总人口约 170 万人。1972 年，不丹国国王旺楚克推行了"全民幸福计划"，并提出了"国民幸福总值"的概念，开始改变人们对"幸福"的既有认识，使"国民幸福总值"成为能与 GDP 并驾齐驱的概念。

所谓"不丹模式"是强调物质财富和精神产品的均衡发展，资源环境的保护和传统文化的促进优于经济发展，用 GNH 代替 GDP 成为衡量发展标准的独特发展模式。国民幸福总值成为不丹人民追求更多幸福的目标指向和"指路明灯"。不丹政府将"国民幸福总值"具体化为经济增长、文化发展、环境保护和善治良政四大支柱。[2]

1. 公平和可持续的经济发展

"不丹模式"以实现国民幸福为发展目标，不是放弃经济发展，而是强调经济发展不能以牺牲资源、环境为代价。首先，坚持公正、平等原则，注重经济、政治、文化和社会等层面的综合发展，而不是单纯视经济发展为第一要务；其次，坚持可持续性原则，发展不是短期而是持续性的长期行为。在发展中，做到人与自然、社会的和谐共处，考虑到资源的可接受度和社会的可承受力，既考虑到当代人的利益和需要，又不牺牲下一代人，甚至几代人的利益。

---

[1] J. F. Helliwell, R. Layard and J. D. Sachs, "World Happiness Report 2018", *Working Papers*, 2018.

[2] 唐建兵:《"不丹模式"对国民幸福构建的借鉴与启示》,《理论与改革》2011 年第 6 期; M. Jency, "'Happiness Index' – The Footsteps towards Sustainable Development", *International Research Journal of Engineering and Technology* (*IRJET*), Vol. 6, No. 12, 2019, pp. 615 – 619.

2. 传统文化的促进与保护

传统文化作为先辈们经验总结遗留下来的精神财富和珍贵遗产对解决社会矛盾、缓和社会冲突、协调人与人之间关系有着不可替代的作用。因此，施政中既要做好传统文化的保护，善于从中汲取丰富营养，又不能固守传统，要大胆解放思想，敢于借鉴人类优秀文化之精华。

3. 资源合理开发与环境有效保护

不丹政府在推进发展的进程中，坚持人是自然的产物，要善待自然，合理开发利用资源，坚决反对急功近利式的开发利用。为保护生态环境，实现人与自然和谐共处，不丹政府号召每人每年至少要植树10棵以提高森林面积覆盖率，同时不丹政府还对入境游客数量做了相当严格的限制，以减少对资源环境的人为破坏。为减少对地面生态的破坏，作为不丹经济发展亮点的水力发电站也多选择修筑在地下。

4. 优良而科学的治理制度

不丹政府设立了开发衡量国民幸福总值的专门性科学研究机构。经研究机构多年努力，目前，已经开发出涉及心理健康生态体系、卫生状况、受教育权利、文化活力、生活标准、时间利用、社区多样性、社会适应性和善治良政九个领域的评价指标体系，九个领域的每一项都在整个"国民幸福总值"中占有一定份额，有其相应的指标和数字。各方面指标加权综合起来，共同组成不丹的发展指标。研究机构还对九个领域进行细化，列出了72项幸福指标，作为评判每个领域运行状况好坏、国民幸福与否的重要标准。

二 丹麦、美国等欧美区域的国民幸福政策

丹麦是一个高度发达的资本主义国家，也是一个高度工业化、自由化的市场经济体。丹麦是北约创始国和欧盟成员国之一，人口合计约582.2万人，2021年人均GDP 58439美元，远高于欧盟平均水平。丹麦拥有完善的社会福利制度，经济高度发达，贫富差距极小，国民享有高标准的生活品质，丹麦政府公务员清廉高效，并且

在社会形成广泛共识。① 当然学界也应该意识到，目前世界卫生组织所采用的幸福感的概念和测量方法，因其相关因素的一致性，过度强调国民平均福祉，而忽略了丹麦本身存在的一些问题（如精神疾病患病率和自杀率的上升）。②

美国是全球第一大经济体，但是国民幸福指数却并未进前十。数据显示，美国国民生产总值自1960年起增加3倍，但幸福指数一直停滞不前，2021年仅排名第14位。美国的世界价值研究机构开始了"幸福指数"研究。美国圣莫尼卡市利用幸福指数指导更好的市政政策。实现可持续发展目标是一种自然的延伸，因为这些努力评估了干预措施的财务与福利效益和成本，例如，更多绿地、志愿服务机会和通勤安排。③

2002年，英国首相布莱尔邀请了莱亚德教授给其战略智囊团作"幸福政治"讲座，并且尝试建立一种与GDP数据相似的统计体系，即"国民发展指数"（MDP），其中考虑了社会、环境成本和自然资本。④ 日本也开始采用另一种形式的国民幸福总值，更强调文化方面。日本著名作家村上春树提出了"小确幸"（微小而确实的幸福）。幸福一方面是感受幸福的能力和心态，另一方面是收入、住房、就业、医疗、教育等方面的保障。

三 我国国内的民生幸福政策

2007年，北京市统计局首次对外公布了北京和谐社会指数和市民幸福指数。数据显示，"十五"期间北京和谐社会指数平稳上升，仅6%的北京市民认为自己过得不幸福，其余都认为自己过得幸福。值得注意的是，10个郊区县市民的幸福感超过城八区市民，前者幸

---

① R. Biswas-Diener, J. Vitters and E. Diener, "The Danish Effect: Beginning to Explain High Well-Being in Denmark", *Social Indicators Research*, Vol. 97, No. 2, 2010, pp. 229–246.

② F. V. Ingeborg and R. Kai, "Setting National Policy Agendas in Light of the Denmark Results for Well-being", *JAMA Psychiatry*, Vol. 74, No. 8, 2017, pp. 1–2.

③ C. Graham, K. Laffan and S. Pinto, "Well-being in Metrics and Policy", *Science*, Vol. 362, No. 6412, 2018, pp. 287–288.

④ 苗振国、王贵忠:《公共幸福：我国公共政策的终极价值取向》，《甘肃行政学院学报》2007年第2期。

福感均值为80.5分，高出城市中心区4.5分。经济发展、环境优美、人际和谐、全体社会成员快乐幸福是和谐社会的基本特征。构建和谐社会，不仅要关注经济指标，更要关注国民的感受。

《北京市"十二五"时期社会建设规划纲要》提出要紧扣"一切为了人民群众幸福安康"这条主线，体现了以人为本、服务为先、创新驱动、科学发展的理念，是一个为广大人民群众谋福祉的社会建设综合规划。紧紧围绕完善社会服务、创新社会管理、动员社会参与、创建社会文明、构建社会和谐五大方面，提出22项重点任务、79项具体任务及相应举措；一是关注民生，完善社会服务；二是以人为本，创新社会管理；三是激发活力，动员社会参与；四是优化环境，创建社会文明；五是共建共享，构建和谐社会。

第五节 社区心理韧性

心理韧性（psychological resilience）培育，即面向威胁其功能、生存能力或发展挑战的成功适应的系统能力，[1]是广大市民幸福成长的关键中介变量。

过去十年，全球COVID-19疫情、经济下行、环境污染、生态破坏和恐怖袭击等不确定威胁与挑战风险增加，民生幸福制度的供给要特别重视高质量的心理建设才能确保"深入人心"。学界和政策制定者们越来越认识到心理韧性作为一种重要的应对措施可以协助解决这些问题，已经成为民生幸福治理的国际政策与学术讨论的关键词之一。从全球维度来看，联合国、世界银行和国际货币基金组织等国际组织，欧盟等政府机构和社区群体等都逐渐推动了社区心理韧性建设（Masnavi, et al., 2019）。

一 心理韧性的民生培育研究趋势的五个转向

一是人性观从消极悲观转向积极乐观。在积极心理学框架下，

---

[1] A. S. Masten, "Resilience Theory and Research on Children and Families: Past, Present, and Promise", *Journal of Family Theory & Review*, Vol. 10, No. 1, 2018, pp. 12–31.

着重探讨促进广大市民心理韧性的个人—过程—环境的多层面因素。

二是理论视角从问题缺陷转向优势力量。应根据生态系统模型为广大市民创造积极的教养及优美的生活、学习和工作的环境。

三是研究范式也从医学治疗逐步转向社会心理。应考虑所要干预群体所处的文化环境，设计适应文化特色的循证干预方案。

四是干预方法更是从线性单一转向生态整合。除自我报告法外，使用生理指标、培育过程数据、宏观报告等多种渠道获得更加完整真实的数据。

五是培育背景从"宏大叙事"到"线上叙事"。移动社交新时代，广大市民更加偏好"他们的新世界"，而不是我们认为的"理所当然的世界"。

二 心理韧性的民生培育研究趋势的多层次推进模式

研究者重点关注了如何从社会生态学的角度在COVID-19大流行等新情况下在个人、组织、社区和国家地区等层面培育韧性，尝试着开发了一个综合的跨学科的框架，并制定了可扩展且具有成本效益的干预措施（详见图2-1）。

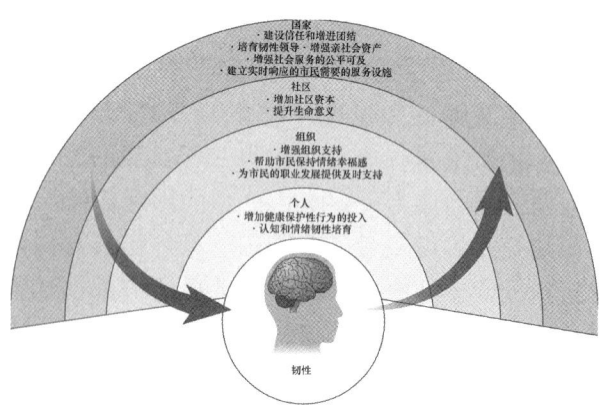

图2-1 社会生态学视角下的韧性培育路径

资料来源：N. Zhang, S. Yang, P. Jia, "Cultivating Resilience During the COVID-19 Pandemic: A Socioecological Perspective", *Annual Review of Psychology*, Vol. 73, 2022, pp. 575–598。

尽管COVID-19大流行广泛影响了全球各地民众的身心健康，但已有研究表明，韧性可能是大多数人群的积极应对反应。由于韧性是从个人和组织层面到社区和国家层面的多层次因素预测的，因此社会生态学观点对于制定和实施全面干预措施以在COVID-19大流行期间和以后培养民众的韧性具有底层的理论指导意义。

韧性的个人层面战略包括增加对健康保护行为的参与和依从性，并利用行为科学的实践力量，在COVID-19大流行期间通过基于积极心理学的干预措施促进行为改变以及认知和情绪韧性。

培养韧性的组织层面战略包括调动组织资源以加强组织支持，采取主动措施改善和维护员工福祉，以及为员工的职业发展提供及时支持。

从社会文化的角度加强社会资本、加强团结和培养生命意义是社区层面建立韧性的战略。

国家层面的韧性战略包括建立信任和加强团结，培养韧性领导力，为有需要的人提供及时的精神卫生服务，促进亲社会行为的企业责任，以及解决应对COVID-19疫情中的精神卫生不公平等问题。

三 社区心理韧性培育成为民生福祉执行的关键

民生政策制定和管理者们已经形成共识，社区作为最基层的社会治理单元，已经从一个物理环境系统转变为一个人际环境，从静态的物理资源配置转变为动态的社会动力资源优化。社区心理韧性表现为社区对不良事件的预警、掌控、复原和适应能力，其建设是通过社区系统整体、自组织能力和学习三个过程来实现的，这三个过程不仅能帮助社区从破坏中反弹，而且能恢复到一个更理想的状态，依靠具体的行动、程序、投资项目和评估来实现。

Sharifi和Yamagata总结提出了5个维度的社区心理韧性建设框架，包括物质与环境资源（如湿地和水域、生态监控与保护）、社会与福祉（如社区边界、社会—经济特点、社会支持、社会机构、安全与健康、公平与多样化、文化与传统）、经济（如结构、安全与稳定、发展动力)、建筑环境与基础设施(如基础设施的牢固性与冗余性、利用效率、信息通信技术设施、交通设施)、治理与制度建设(如领导与参与、资源管理、应急管理)。[1] 通过预警、掌控、复原和适应性四种能力评价 5 个维度的心理韧性程度。在 5 个维度基础上,他们进而提出对这些能力进行标准测定,列出了如社区心理韧性预警度、稳健性、灵活性等多达 29 个测定指标。

第六节　民生幸福政策发展趋势

建立健全民生幸福政策体系,就要敢于突破传统思维,扬弃固有发展教条,转变发展思路。破除唯经济论的考核指标。重新审视并科学权衡 GDP 与 GNH,正确看待民生幸福指数,构建本土化地方特色的民生幸福指数。GDP 是经济发展指标,而不能涵盖社会"发展"的全部内容。幸福基于民生,却不止于民生,要以解决民生问题为切入点,着力构建民生幸福。

邢占军针对民生文化福祉,提出四个方面的应对策略。[2] 一是加强公共文化领域的有效供给,包括休闲文化设施和文化产品。二是大力发展休闲旅游产业,加强休闲教育,倡导健康的生活方式。三是创新文化休闲方式,整合休闲资源。将无序的、散落的、潜在的资源整合,发挥其整体效益,如现在公众参与较多的健身、旅游、休闲、娱乐等,将多种消费需求汇集起来,能够形成国民休闲汇。四是建设文化资源数据库。有目的、有计划、有组织地搜集关键领域的数据,使文化决策更精准、更科学。五是利用高校和研究机构的资源,为推动文化消费升级发展提供智力支持。

---

[1] Sharifi, A. and Yamagata, Y., "On the Suitability of Assessment Tools for Guiding Communities towards Disaster Resilience", *International Journal of Disaster Risk Reduction*, Vol. 18, 2016, pp. 115–124.

[2] 邢占军:《居民文化福祉的研究与提升对策》,《人文天下》2017 年第 9 期。

汤黎明提出了北京市居民幸福感指数的具体建议：一是加大公共财政对与民生相关基础设施建设的投入，构建蜘蛛网状的公共交通体系，大力加快发展地上铁轨，提高城市交通设施利用效率。二是完善社会保障体系，增加对低收入群体和弱势群体的财政补贴。充分发挥税收的转移支付作用，通过适度增加高收入群体的税负来补偿低收入群体。三是加大对于生态环保的财政支出，严格限制高耗能、高污染、高排放的粗放型企业的发展。四是构建法治化和服务型的公共秩序规则。为居民、社会的整体良好协同发展奠定基础，降低整个社会的交易成本。①

田红娟提出了马克思主义幸福观视域下幸福民生的路径：促进经济发展，建设幸福民生的物质基础；推进民主政治发展，构建幸福民生的政治保障；繁荣发展先进文化，建设幸福民生的文化基础；加强生态环境建设，构建幸福民生的生态基础。刘歆等从马克思主义的视角出发，提出了幸福的三个实践向度②：弘扬"以人民为中心"的价值逻辑，始终维护劳动人民的根本利益；贯彻落实"尊重劳动"的重大方针，极力保障劳动者的合法权益；充分认识资本的二重性及其逻辑，努力驯服和驾驭资本的辩证逻辑。③

一 全球幸福政策报告的 11 个行动要点具有现实指导价值

《2018 年全球幸福政策报告》④ 中推荐了一系列旨在提高国民幸福的计划和政策，包括 11 个要点，具体如下所示。

（1）测量。社会需要衡量国民的福祉，以确定谁是幸福的，谁在受苦，并明确在什么地方以何种方式来提高国民幸福。Diener 等

---

① 汤黎明：《北京和维也纳居民生活幸福感的比较研究》，《价格理论与实践》2012 年第 3 期。
② 田红娟：《幸福民生的意蕴及践行路径——基于马克思主义幸福观的视角》，《人民论坛》2013 年第 32 期。
③ 刘歆、吕敏、苏百义：《幸福的理论渊源，科学内涵及实践向度——基于马克思主义的视角》，《社科纵横》2019 年第 12 期。
④ I. Forsdgs, "Global Happiness Policy Report 2018," https：//s3. amazonaws. com/ghc - 2018/GlobalHappinessPolicyReport2018. pdf.

学者[①]提出应该创建国民幸福账户,其重要性等同于国民经济账户。在做出个人或政府决策时需要考虑国民幸福账户。

(2) 实验。在考虑政策和方案时,一种可取的方法是在试验基础上实施这些政策和方案,并收集结果数据,以便在特定的背景和文化中确定其价值。行为科学家需要参与评估政策计划,以便进行适当的控制和评估。

(3) 创建福利部。在政府中设立专门致力于研究和制定幸福政策的职位或办公室,例如迪拜和厄瓜多尔的"幸福"部长、英国政府的 What Works Network 以及南澳大利亚政府总理的"福利状况"政策行动议程。这些办公室区别于其他政府部分,可审查有效干预措施的证据,并向地方和社会各级政府提出建议。

(4) 城市设计。进行合理分区,让公民非常便利地步行到商店、娱乐场所甚至工作场所,以减少不必要的通勤时间,有助于保护环境,减少交通拥堵,增加社会联系。基于幸福指标的城市设计应特别受到重视。

(5) 增加城市绿化带、公园和有魅力的公共空间。在绿化良好、优美的城市环境中,人们可以放松、聚会或参与娱乐或社会活动的地方,以增加人们的幸福感和社会联系。

(6) 社区活动。社区凝聚力对幸福感很重要,可以通过多种类型的活动来鼓励,如社区观察计划、志愿服务和社区节日。

(7) 福利房。应该为所有公民提供廉价但体面的住房,包括有效的避风港。

(8) 消除腐败。腐败和裙带关系,侵蚀了人与人之间的信任,破坏了社会的有效运作。应该增加司法的透明、对腐败和其他不公平行为进行严厉惩罚,并建立强有力的规范和价值观来帮助邻居和社会。

(9) 鼓励亲社会行为。现代城市往往看起来像一场激烈的竞争,每个人都在与其他人竞争。通过公共服务活动、媒体活动和奖励计划,社会可以确保人们变得更加积极、合作和相互帮助。

---

① E. Diener, R. Lucas, U. Schimmack, I. Helliwell, *Well-being for Public Policy*, Oxford: Oxford University Press, 2009.

（10）更紧密的关系。强大的家庭和亲密的朋友是人类福祉的必要条件，政府可以影响这些纽带的强度。需要消除家庭虐待的政策，例如强制逮捕虐待者。

（11）公共卫生。强大的社会关系系统对健康的影响，甚至会超越锻炼、避免肥胖、吸烟和传染病的重要性。培养强大的支持和信任关系是当务之急。因此，从长远来看，关注幸福可以降低健康成本，增加亲社会行为，同时使所有公民的生活更加满意。

二 儿童青少年心理韧性培育的公共政策

"心理韧性"这一概念的使用率呈指数级增长，这一趋势反映在学术文献和政策话语体系之中。这个概念的广泛使用在一定程度上反映了它与许多不同政策议题的潜在协同作用。

心理韧性培育是儿童青少年福祉的重要政策举措。这一领域缺乏稳健的实证研究，已有评估的重点通常更多地放在离散的干预措施上，而不是更广泛系统的政策举措；而关注心理韧性的潜在复杂适应系统则很少被探讨。需要更多地关注研究与政策的联系。这应该包括更大的致力于分析多个生态系统层面，更明确地参与知识转移倡议，并通过系统模拟探索决策者的参与。

政策决策者在心理韧性培育的关键信息是，政策的起点是优势和资源，而不是风险和脆弱性。支持发展成果的资源可以从生物、心理、家庭、公共、制度和社会领域获得，这些领域分别代表离散但相互联系的适应性生态系统。因为系统是连接的，一个领域的干预可以对另一个领域产生影响；由于这些系统具有适应性，它们通过部署可用资源来弥补资源损失进行自我调节。

加强促进心理韧性的公共政策证据基础的关键战略就是加大力度，落实生物、心理、家庭、社区、机构和社会层面的恢复力指标。通过明确的知识转化举措，使政策制定过程更加协调一致；开发适合于探索政策情景的复杂自适应系统模型。

需要更多的实证研究来记录跨越多个生态系统层面的心理韧性的过程。关键要求之一是跨系统、跨水平的干预指标操作化。要超越处理心理韧性的"框架"办法,转向可靠地记录已确立的影响轨迹,然后用于制定政策举措,就需要采用可复制的方法来衡量关键变量。虽然许多文献综述研究缺乏对变量的具体操作,但在审查的研究样本中,有许多有希望的做法的例子。这种对心理韧性的关键资源文件的敏感性也反映在最近绘制与当地信仰社区和文化团体相关的资源、能力和动态的尝试上,超越了社会资本的还原主义视角。将有效、相关和可靠的关键过程指标纳入政策讨论的能力是现阶段研究的重要贡献。许多政策倡议已经认识到这一需求。例如,联合国儿童基金会将心理韧性作为其儿童人道主义工作的主要框架主题。联合国儿童基金会已经通过其工作确定了社区心理韧性的维度:灵活性、多样性、适应性学习、集体行动和凝聚力以及自力更生。然而,这份政策文件承认:"一个关键的挑战仍然存在:测量韧性",因此联合国儿童基金会目前正在探索在具体实地行动的背景下实施这些维度的措施。

研究人员正在开发复杂适应系统模型,适合探索离散的政策方案。在过去十年中,公共卫生领域对复杂适应系统领域产生了极大兴趣,利用研究结果来探索不同政策情景的模拟模型。例如,在重大突发公共卫生事件发生期间,养老机构收治了大量衰弱、失智、失能、高龄等老人,是管理防控的重点单位,研究者围绕"韧性养老机构"的概念,基于复杂适应系统理论剖析韧性养老机构的内涵和结构构成,并提出养老机构韧性提升策略,以期帮助养老机构优化现有管理制度和模式,提高突发公共卫生事件应对能力。[1] 此外,面向重大突发公共卫生事件应急医疗资源配置韧性评价,研究者从情境、时间、主体、内容、目标 5 个维度分析韧性评价的视角,从机制韧性、基础韧性、物质资本、环境韧性、人力资本、社会资本及恢复能力 7 个方面分析了影响医疗资源配置韧性的因素,筛选并确定了应急医疗资源配置韧性评价指标。[2] 这样的工作表明,与复

---

[1] 黄欢欢、肖明朝、童立纺、曹松梅、赵庆华:《基于复杂适应系统理论构建韧性养老机构的研究进展》,《中华现代护理杂志》2021 年第 19 期。

[2] 杨琳:《重大突发公共卫生事件应急医疗资源配置韧性评价研究》,硕士学位硕文,西北大学,2021 年,第 5—10 页。

杂适应系统相关的问题有可能以切实的、面向行动的方式为政策制定者提供便利。政策制定者与研究人员一起反思模型中分配给功能的参数，并通过运行替代情景探索替代政策选择的影响。考虑到文化和环境在塑造对任何特定环境中系统生态嵌套的理解方面的强大影响，社区与研究人员和政策制定者的参与可能是心理韧性的一个关键特征。此外，开发复杂适应系统模型的潜力——无论这些模型是集中在市中心青年环境还是灾后社区功能，这样的倡议提供了一种汇集概念构想、指标和跨学科广泛研究结果的手段（详见表2-5）。

表2-5　　儿童青少年心理韧性培育的代表性实证研究

文献来源	干预对象	干预策略	主要发现
(Canvin, et al., 2009)	英格兰和威尔士贫困地区靠福利救济生活的人	在构建社会干预时，将韧性视为社会背景下的一个过程	家庭和社区支持、人们在日常生活中遇到的服务提供者的态度和行为以及个人和社区机会都被确定为影响因素
(Cox & Perry, 2011)	加拿大不列颠哥伦比亚省的麦克卢尔森林大火受害者	考虑地方在灾难恢复过程中的作用	地方心理学——解决迷失方向和中断的问题——对于受灾社区重建社会资本和社区恢复力非常重要
(Davis, et al., 2005)	新墨西哥州、加利福尼亚州和纽约州的脆弱群体	脆弱环境健康和心理韧性社区评估工具包（Toolkit for Health and Resilience in Vulnerable Environments, THRIVE）	事实证明，在让从业者、居民和政府机构在所有站点确定关键的社区优先事项方面是有效的
(Finkelstein, et al., 2005)	美国有虐待、成瘾和精神疾病史女性的孩子	自我照顾和人际行为技能建设小组	项目改善了孩子们的行为、知识和安全感

续表

文献来源	干预对象	干预策略	主要发现
(Grigorenko, et al., 2007)	赞比亚的学校儿童	获得药品、营养补充和健康教育	由于肠道寄生虫或营养不良导致健康不良的风险降低,学生在预测学业成功的认知评估中表现更好,有助于儿童增强对其他风险因素的适应能力
(Knight, 2007)	澳大利亚的学校	一系列校本心理韧性的教育项目	其中一个项目对学校风气和文化产生了重大影响;另一个项目增强了与社区的联系,加强了解决问题的能力,减少了孤立
(Meyer, et al., 1998)	高风险城市环境的美国六年级学生	预防暴力教育项目	该项目减少了男孩和女孩之间的暴力行为
(Nickolite & Doll, 2008)	北美小学	学生对教师和课堂成绩的评估	咨询激发了一些改变,改善了学术效能和同伴关系
(Robertson-Hickling, et al., 2009)	牙买加市内小学的学生	学校文化治疗项目	学生们报告说,在课程结束后,他们的自尊心增强了,表现出了更好的行为、读写能力和计算能力
(Sherrieb, et al., 2010)	密西西比县	经济发展和社会资本的指标用于衡量社区恢复力	指标与恢复力的档案和调查措施相关,提供了预测社区从灾害中"反弹"的能力

续表

文献来源	干预对象	干预策略	主要发现
(Vetter, et al., 2010)	恐怖分子袭击后的别斯兰学校(Beslan)	户外体验和生活技能咨询计划	干预增加了整体自我报告韧性水平,人质比非人质获得更大的收益

资料来源:Canvin, K., Marttila, A., Burstrom, B., & Whitehead, M., "Tales of the Unexpected? Hidden Resilience in Poor Households in Britain", *Social Science & Medicine*, Vol. 69, No. 2, 2009, pp. 238 - 245; Cox, R. S., & Perry, K. M., "Like a Fish Out of Water: Reconsidering Disaster Recovery and the Role of Place and Social Capital in Community Disaster Resilience", *American Journal of Community Psychology*, Vol. 48, No. 3 - 4, 2011, pp. 395 - 411; Davis, R., Cook, D., & Cohen, L., "A Community Resilience Approach to Reducing Ethnic and Racial Disparities in Health", *American Journal of Community Psychology*, Vol. 95, No. 12, 2005, pp. 2168 - 2173; Finkelstein, N., Rechberger, E., Russell, L. A., Van DeMark, N. R., Noether, C. D., O'Keefe, M., Rael, M., "Building Resilience in Children of Mothers who Have Co-occurring Disordersand Histories of Violence-Intervention Model and Implementation Issues", *Journal of Behavioral Health Services & Research*, Vol. 32, No. 2, 2005, pp. 141 - 154; Grigorenko, E. L., Jarvin, L., Kaani, B., Kapungulya, P. P., Kwiatkowski, J., & Sternberg, R. J., "Risk Factors and Resilience in the Developing World: one of Many Lessons to Learn", *Development and Psychopathology*, Vol. 19, No. 3, 2007, pp. 747 - 765; Knight, C., "A Resilience Framework: Perspectives for Educators", *Health Education*, Vol. 107, No. 6, 2007, p. 543; Meyer, A. L., and Farrell, A. D., "Social Skills Training to Promote Resilience in Urban Sixth-grade Students: One Product of An Action Research Strategy to Prevent Youth Violence in High-risk Environments", *Education and Treatment of Children*, No. 21, 1998, pp. 461 - 488; Nickolite, A., & Doll, B., "Resilience Applied in School Strengthening Classroom Environments for Learning", *Canadian Journal of School Psychology*, Vol. 23, No. 1, 2008, pp. 94 - 113; Sherrieb, K., Norris, F. H., & Galea, S., "Measuring Capacities for Community Resilience", *Social Indicators Research*, Vol. 99, No. 2, 2010, pp. 227 - 247; Vetter, S., Dulaev, I., Mueller, M., Henley, R. R., Gallo, W. T., & Kanukova, Z., "Impact of Resilience Enhancing Programs on Youth Surviving the Beslan School Siege", *Child Adolescent Psychiatry Mental Health*, Vol. 4, No. 1, 2010, pp. 1 - 11.

第七节 将民生幸福政策理解为一种积极的可持续性幸福方法

正如积极心理学的学科思维专长,社会发展领域向可持续发展方向的转变还包括干预对象、时间和目标的变化。从以问题为中心的目标向积极方向的转变已被纳入诸多民生福祉领域的政策讨论之中，这对如何定义政策目标的轻重缓急产生了影响。如表2-6所示，将这些类别应用于社会发展问题解决或社会发展危害与可持续性之间的比较。反过来审视所有这些类别的变化，使我们能够将积极心理学的操作化概念方法融入民生幸福政策体系。

表2-6 从解决社会民生问题到跨类别可持续性幸福的变化

序号	分析维度	民生问题解决（间接积极，Indirectly Positive）	积极可持续（直接积极，Directly Positive）
1	干预对象（谁，Who）	社会发展的民生困境问题（问题和问题人）	可以改善社会发展与人类福祉之间相互作用的所有领域
2	干预时机（何时，When）	当社会发展的民生困境问题发生以后	积极可持续——创造更好的条件
3	干预类型（为什么，Why）	对问题进行响应	努力支持积极可持续发展
4	预期结果的目标（什么，What）	解决危机并纠正系统无法正常工作（返回基线或"清零"）	增强幸福感和心理韧性，提升参与者优势（基线改进或"赋能"）

一 干预对象（谁？）

早期的民生政策框架针对社会民生困境问题以及当事人。例如，在我国或深圳等社会建设法律规章的早期阶段，如基本公共服务均等化，立法的对象是公共服务的户籍不均衡，即深圳户籍与非深圳户籍的社会服务差异。因此，立法侧重于社会问题危害的"消除"，并未涉及导致问题的过程机制。深圳民生幸福政策的近十年探索，更多从以创造性的方式考虑社会民生困境问题的整个过程与生态系统，包括公共服务供给的时空维度与人口维度的配给过程，以推动公平、效率和质量。新政策方法鼓励积极主动，通过各种形式的奖励卓越，或通过使用不同类型的信息监管和扩大生产者责任。实施此类政策方法是为了鼓励积极措施，依靠自我监管和激励民生幸福领域的全系统思维。因此，政策目标从消除民生困境问题或危害（间接积极）转移到改善整个政策系统的运行。

深圳教育课后服务是政策目标发生积极转变的一个强有力的例子。深圳中小学课后延时服务的传统规划方法将其视为学生在校内不出事儿，需要家长或监护人在4点30分这个工作时间接孩子放学，对家长实质上是教育负担。深圳市教育系统全面落实、全面执行开展了学校课后延时服务，一是建立了一套市、区、校三级联动的工作制度，高效推进课后服务有序高效、多元特色开展；二是坚持政府统筹、学校主责原则，将课后服务作为解决重要民生工程，列入"我为群众办实事"任务清单加以推进；三是建立"完成作业发展兴趣"的新模式，制定了课后服务课程建设与课程实施、流程指引；四是建立课后服务全流程管理机制，提出"一无四有"要求，即做到家校无缝对接，做到服务张弛有度，做到教师指导有方，做到市场监管有力，做到出入管理有序；五是把住课后服务质量关，成立课后服务质量监督小组及公开招标制度，严把课程入口关、过程监管关、质量考核关。课后服务已实现全市公办、民办义务教育学校全覆盖、有需求的学生全覆盖，做到"一校一案"。我们对全市10个区的1173924位义务教育阶段的学生家长开展了调查，结果显示，39.5%的受访者和24.8%的受访者对深圳市的课后服务工作给予了"10分"和"9分"，35.7%的受访者给予了"8分"。我市课后服务工作的总体满意度平均得分为8.67分左右（8.67±0.001，总分10分），整体满意度高。16.4%的受访者对深圳市课后服务工作的打分低于平均值，其中给予"5分"及以下的受访者占比为5.4%。

可见，政策目标已经从传统的校内不出事儿（间接的积极行动）转变为4点30分后延伸课堂作为学生教育、解决家长接送困难等方面的管理资源。因此，家长接送孩子困难问题的存在被视为积极的事情，其管理直接和积极地促进了这一积极可持续性的民生实事。

二 干预时机（何时？）

参与的时间也因方法而异：在间接积极的方法中，干预仅针对需要消除的问题或其他危害。在直接积极的方法中，可以做出持续的努力和干预来改善流程行为，并增加福祉。作为积极可持续性概念的一部分而发展起来的一个结果是"主流化"，它渴望将积极可持续性从全周期时间序列的视野纳入促进与干预政策，而不是在社会发展问题出现时单独应对。例如，课后服务课堂，不是仅仅解决爸妈工作时间接送难的问题，而是重点关注青少年在教育"双减"趋势下的全面可持续发展，更加重视青少年的积极学业成长。可持续发展的主流化不仅是知识的补充，而且是将积极可持续发展范式融入民生政策决策之中。

三 干预类型（为什么？）

从广义上讲，在积极可持续性概念内，人们认识到，与其将干预的重点限制在减少民生问题发生上，不如更加聚焦于那些可能改善城市在市民和环境民生福祉的功能。正如Pawelski（2016）所言，"如果一个人去看医生并被告知没有疾病，这并不一定意味着他是健康的"。积极可持续发展专注于积极行动。例如，围绕青少年学业兴趣多样性的主题，已经从保护单一学习目标的脆弱系统目标转变为旨在增强多种兴趣发展生态系统并强调其对未来市民幸福的积极贡献。

就学生延时服务管理而言，基于积极可持续性的范式转变已将该主题从狭隘地关注避免学习压力转变到延时服务的"额外"增益，这些增益有效地提升了市民的民生幸福获得感，例如，爸爸妈妈更好的工作投入，家庭更少的教育支出，青少年更多的兴趣激发。可见，由于积极导向的措施，这些干预政策不仅被认为是为了应对潜在的危害，而且作为利用现有资源（如4点30分后这一个小时的留白时间）的一种手段。深圳在城市民生政策设计之中的学生延时服务因其社会甚至经济效益而受到了广泛认可。

四　预期结果的目标（什么？）

解决民生发展问题的目标与积极可持续性方法的目标之间存在根本区别。间接积极的目标是返回到给定基线，随后的干预是对基线恶化的反应，并试图回到基线水平。相反，直接积极行动，认为已接受的现状不能令人满意，并计划在此基础上"赋能"增强。积极导向的挑战是没有明确的目标设定，更多是全面思考促进对城市系统的增益；基线不明确，从而使积极可持续性可以包容、融合与解释不同的价值观。

民生问题解决的预期结果是解决社会治理系统的弱点。问题在哪里产生？问题的原因有哪些？这些问题的保护性资源是如何耗尽的？而积极可持续性的方法更加关注社会治理系统的优势以及如何增强它们。例如，深圳垃圾分类的政策方法也已从以问题为导向的处置目标（如混合填埋或焚烧）转变为促进废弃物作为其他有价值资源的来源（通过回收、再利用和废弃物转化为清洁能源的工厂），行动策略都从间接积极的解决方案（创造没有危险）转向寻求对环境和人类生活质量的直接积极贡献。因此，这种范式转变或重构被视为从传统政策方法转向"积极可持续性"方法的典范展现。

小　结

本章基于积极心理学和生态社会学的思维体系，认为民生幸福政策是个体行为层、群体行为层、社区发展层和城市发展层的立体化行动，是一系列为社会和民众带来积极的可持续性幸福方法论。本章着重强调了社区心理韧性培育在民生幸福政策中的基础作用，认为深圳民生幸福标杆政策必然是中国表达、国际对话、深圳实践的新探索、新经验和新理论的凝练。

第三章 基于 CiteSpace 的国内外民生幸福政策研究（2012—2022）

高质量的文献综述研究将会有效地总结与展望民生幸福领域的过去、现在和未来。本章使用可视化分析软件 CiteSpace 5.8.R3，以 CNKI 和 Web of Science 核心合集数据库中 2012—2022 年收录的民生幸福政策领域的 401 篇实证文献为研究对象绘制了知识图谱。研究发现：（1）主观幸福感评估和幸福健康城市建设是国内外民生幸福政策研究的共同热点；（2）相比国内研究，国外研究的多学科交叉合作程度更高、定量研究更多、研究结果与政策应用的互动更广泛；（3）充分结合新冠肺炎疫情背景下民众的主观幸福开展定量的、时间纵向的、追踪型干预研究，聚焦特殊人群心理健康和组织对民生政策和社会事件的反应性评价，建立和完善国内城市民生幸福评价指标体系等是国内的未来研究重点。

第一节 背景

"以人民幸福为中心"，民生幸福是现代社会最大的政治问题，民生幸福是检验政府实现善治的标准。[1] 民生幸福与政府善治存在强相关，衣食住行等民生问题解决得好，则能提升民生幸福的具体实现程度，进而政府推行政策得到民众的认同和支持会进一步提升，形成一个正向反馈的良好闭环。[2] 民生幸福的还原和复归是社

---

[1] 黄建军：《民生幸福：政府善治的价值导向》，《湖北社会科学》2012 年第 11 期。

[2] 何建华：《公平正义：民生幸福的伦理基础》，《浙江社会科学》2014 年第 5 期。

会经济增长与发展的真谛。不同时期政府的执政目标虽然各有侧重，但其终极目标是市民的民生幸福与城市的社会品质。民生幸福的实现需要政府、社会、公众的多层努力、全力协作。[①]

经过多年探索，我国逐渐形成了成熟的民生政策框架，民生思想理论逐步清晰，明确了"幼有善育、学有优教、劳有厚得、病有良医、老有颐养、住有宜居、弱有众扶"七个民生领域，并正在不断健全民生服务供给体系，为民生福祉发展树立标杆。本章利用CiteSpace软件分析了近十年国内外民生幸福政策相关的共401篇文献，进行了国内外研究的发文量与发文趋势、研究机构、研究热点、前沿和阶段变化的比较分析，以更全面的视角了解民生幸福政策的研究进展，总结已有研究的不足，探索更有价值的未来研究方向。

第二节　数据获取

在国内论文收录数量最大的中国知网数据库（CNKI）中，以"民生幸福""民生福祉"为主题词搜索文献，时间跨度选择"2012年1月1日"到"2022年6月30日"，共得到有效文献179篇；在全球学科覆盖最多的Web Of Science（WOS）的核心数据库中，使用检索方法为：标题（TI）=（"People's livelihood"）AND "Polic*" OR 标题（TI）=（"Well-being AND Polic*"）AND 文章类型=（Article）OR（Review），时间跨度选择"2012-01-01 to 2022-06-30"，共得到有效文献222篇。

析出文献的纳入标准：（1）与民生幸福政策主题相关的实证研究；（2）发表于2012年1月1日至2022年6月30日；（3）文献类型为：论文或综述论文，剔除会议、学术资讯等非同行评审或者主题偏离的文献。

---

① 张慧芳、牛芳：《中国发展的终极目标是什么？——一个基于幸福悖论的视域》，《人文杂志》2013年第7期。

第三节 数据分析

一 发文量与趋势分析

文献发表量代表了科研成果产出状况,体现出该领域的发展历程和学术界对该领域的关注程度。① 图3-1反映了2012—2022年国内外关于民生福祉政策相关主题的文献发布量的变化趋势。

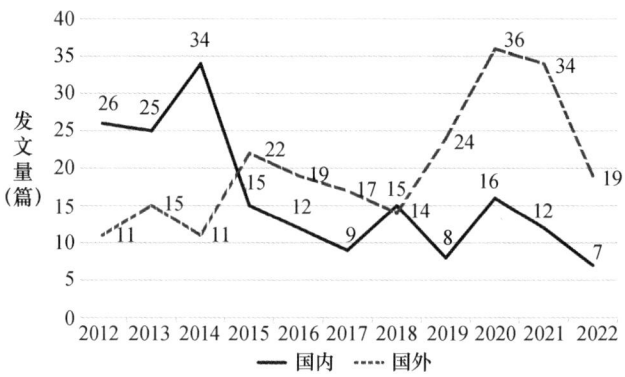

图3-1 2012—2022年民生幸福领域的国内外发文趋势

2015年以前,国内对于民生幸福政策的发文数量高于国外,在2014年达到了最高峰数量,之后热度就直转而下,在2018年和2020年略有增加;2014年以后,国外对该领域的研究热度快速上升,发文量超过国内,并至今在数量上保持着领先。

二 研究机构分析

在CiteSpace操作界面,选择节点类型为机构(Institution)对国内的179篇文献进行可视化分析,得到可视化图谱(如图3-2)。机构名字的字号越大,表明该机构在179篇文献中出现的频率越

---

① 朱德玉、孙瑞红、叶欣梁:《基于Citespace的国内旅游供应链研究分析》,《物流科技》2021年第4期。

第三章 基于CiteSpace的国内外民生幸福政策研究（2012—2022） 59

高。"N"代表节点，"E"代表连线，节点之间的连线代表机构之间的联系，连线越粗，表明所连接的机构在同一篇文献中出现的频率越高。图3-2所示"N=166，E=48，Density=0.0035"，即有166个节点数，48条连接线，但只有0.0035的网络密度，说明国内各个高校间的合作不紧密，只形成了两个明显的合作网络，一是以湖南科技大学马克思主义学院为核心，联合其本校的哲学系；二是以清华大学公共管理学院为核心，联合江苏师范大学马克思主义学院形成的合作网络。连线越多，机构合作越紧密，由此可知国内高校合作较少，有很大的合作空间。

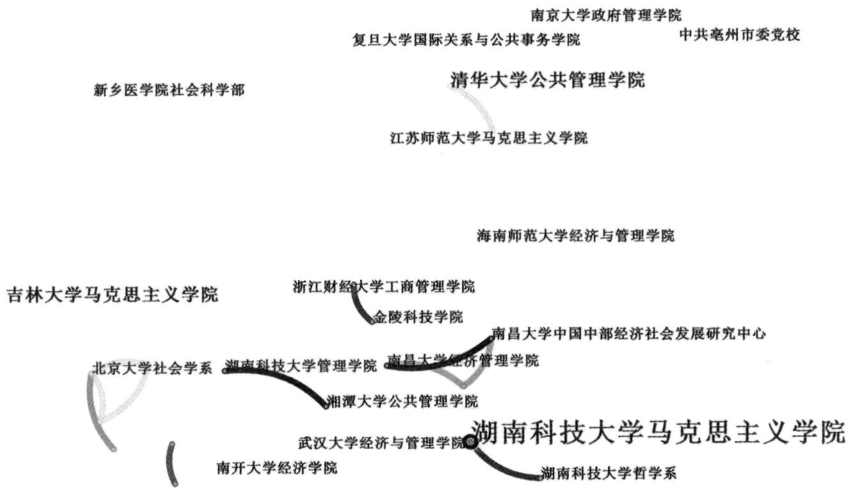

图3-2 2012—2022年民生幸福领域的
国内研究机构可视化图谱

如表3-1所示，国内研究机构发文量前三的机构分别是湖南科技大学马克思主义学院、清华大学公共管理学院和吉林大学马克思主义学院。

在CiteSpace中，中介中心性超过0.1的节点称为关键节点，对于本章的国内研究机构间的中介中心性（Betweenness centrality）均为0。

表3-1 2012—2022年民生幸福领域的
国内研究机构的发文量排序

发文量	中心性	年份	机构
7	0	2012	湖南科技大学马克思主义学院
3	0	2012	清华大学公共管理学院
3	0	2014	吉林大学马克思主义学院

如图3-3所示，国外研究机构Citespace可视化结果"N=215，E=187，Density=0.0081"，表明有215个节点数，187条连接线以及0.0081的网络密度。

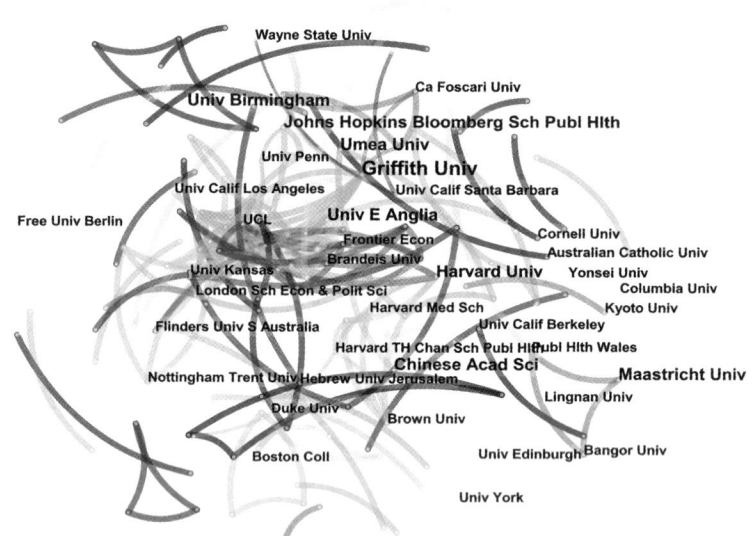

图3-3 2012—2022年民生幸福领域的
国外研究机构可视化图谱

机构之间的连接线更多，说明国外研究机构之间的合作更加紧密，机构之间的合作频次相近，呈现了跨国际、扁平无中心化的合作状态。

表3-2列出了国外民生幸福政策研究频次位列前八的研究机构。

表 3-2　　　　　2012—2022 年民生幸福领域的
国内研究机构的发文量排序

频次	中心性	年份	机构
4	0	2012	格里菲斯大学（Griffith Univ.，澳大利亚）
3	0	2012	东英吉利大学（Univ. E. Anglia，英格兰）
3	0	2012	伯明翰大学（Univ. Birmingham，英国）
3	0	2015	哈佛大学（Harvard Univ.，美国）
3	0	2017	约翰霍普金斯大学彭博公共卫生学院（Johns Hopkins Bloomberg Sch Publ Hlth，美国）
3	0	2018	于默奥大学（Umea Univ.，瑞典）
3	0	2019	中国科学院大学（Chinese Acad Sci，中国）
3	0	2020	马斯特里赫特大学（Maastricht Univ.，荷兰）

可以发现，机构多为欧美地区的顶尖高等院校，同时，中国科学院大学与国际研究机构的合作位列第七，说明前者在民生幸福政策领域与国际同行交流合作密切，研究结果也更具全面性、前沿性，可以为国内的民生幸福政策制定提供更具科学性和视野广阔性的启示。

三　研究领域分析

我们依照关键词的高频次和高中心性由高到底进行了排序（详见表 3-3），可见民生幸福、幸福感、民生福祉、民生、幸福指数、幸福、获得感、公共服务、民生保障和以人为本等成为国内民生幸福领域研究的高频关键词。这些关键词经过关键词共现图谱的绘制，发现在民生幸福、民生福祉、幸福感、幸福指数以及获得感五个研究领域有了相对比较多的文献研究（详见图 3-4），这些研究领域的内涵与外延的重复性较高，可能源于多数的研究为理论导向、个人经验导向的诠释分析，较少循证（evidence-based）导向的实证研究。

表3-3　国内民生政策研究领域的高频次和高中心性
关键词（部分）

频次	中心性	年份	关键词
44	0.71	2012	民生幸福
30	0.84	2012	幸福感
20	0.43	2014	民生福祉
19	0.08	2012	民生
19	0.18	2012	幸福指数
11	1.02	2012	幸福
10	0.2	2017	获得感
6	0.64	2012	公共服务
5	0.53	2019	民生保障
5	0.06	2012	以人为本
5	0	2012	指标体系
5	0	2018	安全感
4	0.05	2013	幸福悖论
4	0	2013	幸福民生
3	0.31	2013	城乡居民
3	0.58	2018	收入
3	0.08	2016	共享发展
3	0.03	2018	民生发展
3	0.02	2014	公平
3	0.11	2012	幸福城市
3	0	2012	实证分析

如表3-4所示，国外民生幸福领域文献的十大高频关键词由高到低分别是happiness（幸福）、mental health（心理健康）、subjective well-being（主观幸福感）、health（健康）、impact（影响）、life satisfaction（生活满意度）、life（生活）、work（工作）、stress（压力）和Care（照护）。这些关键词经过关键词共现图谱的绘制，发现在主观幸福感、心理健康、快乐感、生活满意度以及影响五个研究领域研究较多（详见图3-5）。

第三章　基于CiteSpace的国内外民生幸福政策研究（2012—2022）　63

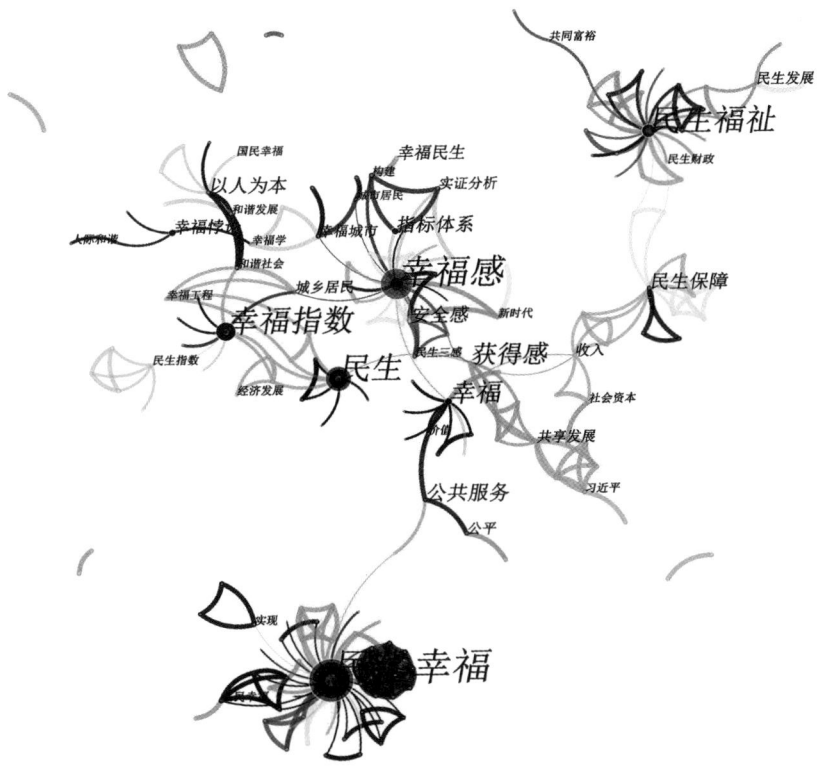

图 3-4　国内民生幸福政策研究关键词共现图谱

表 3-4　国外民生政策研究领域的高频次和高中心性
关键词（部分）

频次	中心性	年份	关键词
26	0.13	2012	幸福（Happiness）
23	0.09	2015	心理健康（Mental Health）
22	0.2	2012	主观幸福感（Subjective Well-being）
21	0.09	2012	健康（Health）
16	0.3	2015	影响（Impact）
14	0.15	2013	生活满意度（Life Satisfaction）
12	0.12	2012	生活（Life）
10	0.16	2012	工作（Work）

续表

频次	中心性	年份	关键词
9	0.18	2014	压力（Stress）
8	0.26	2013	照护（Care）
7	0.2	2013	行为（Behavior）
7	0.18	2014	家庭（Family）
7	0.05	2012	生活质量（Quality of Life）
6	0.04	2013	模型（Model）
6	0	2015	公共政策（Public Policy）
5	0.11	2012	孩子（Children）
5	0.06	2019	职业压力（Occupational Stress）
5	0.04	2012	满意度（Satisfaction）
5	0.01	2015	工作满意度（Job Satisfaction）
4	0.15	2013	社区（Community）
4	0.07	2020	警察（Police Officer）
4	0.06	2020	决定因素（Determinant）
4	0.06	2013	可行能力理念（Capability Approach）
4	0.03	2020	暴露（Exposure）
4	0.02	2020	贫困（Poverty）
3	0.18	2019	态度（Attitude）
3	0.1	2019	因果关联（Association）
3	0.06	2020	焦虑（Anxiety）
3	0.05	2013	倦怠（Burnout）
3	0.05	2014	青少年（Adolescent）
3	0.04	2021	新型冠状病毒肺炎（COVID-19）
3	0.03	2021	转变（Transition）
3	0	2020	美国（United States）

四 研究热点分析

对民生幸福政策研究的热点前沿分析，本章主要通过关键词聚类来分析。高频词的聚类结果如图3-6所示，国内民生幸福政策相关领域研究关键词析出了9个聚类，分别是：#0 民生幸福、#1 民生福

第三章　基于 CiteSpace 的国内外民生幸福政策研究（2012—2022）　　65

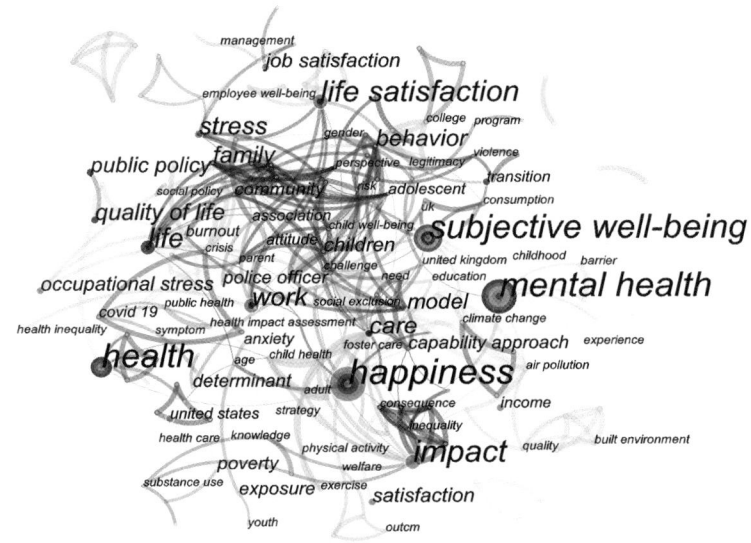

图 3 - 5　国外民生幸福政策研究关键词共现图谱

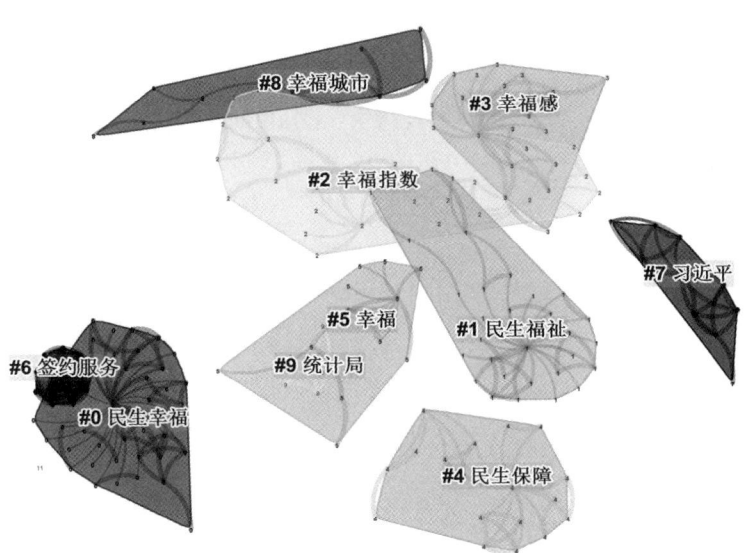

图 3 - 6　国内民生幸福政策研究关键词聚类图

祉、#2 幸福指数、#3 幸福感、#4 民生保障、#5 幸福、#6 签约服务、#7 习近平、#8 幸福城市、#9 统计局。得出图谱的模块化值（Modularity Q) 为 0.818，加权平均轮廓值（Weighted Mean Silhouette S）为 0.980，均大于 0.8，表明聚类结构显著且聚类结果高度可信。

本章截取了 CiteSpace 中连续的前九个聚类的相关数据汇入表 3-5。表 3-4 中"聚类内代表性关键词"是每一个聚类的前四个代表性最强的关键词，借助这些关键词有助于定位国内对民生幸福政策相关的核心领域或子主题。

表 3-5　　　　国内民生幸福政策研究关键词聚类表

聚类	节点数	轮廓值（S值）	起始年份	聚类内代表性关键词（LLR，Log-Likelihood Ratio）
#0 民生幸福	39	1	2015	民生幸福（17.75，1.0E-4）；幸福感（7.74，0.01）；人民幸福（5.83，0.05）；民生（5.48，0.05）；获得感（4.36，0.05）
#1 民生福祉	30	1	2018	民生福祉（30.99，1.0E-4）；制度设计（4.95，0.05）；党的十九大（4.95，0.05）；重大举措（4.95，0.05）；社会主义（4.95，0.05）
#2 幸福指数	25	0.987	2013	幸福指数（12.81，0.001）；以人为本（10.61，0.005）；城乡居民（10.61，0.005）；民生（9.47，0.005）；和谐发展（7.04，0.01）
#3 幸福感	22	0.96	2016	幸福感（22.98，1.0E-4）；安全感（18.77，1.0E-4）；获得感（9.13，0.005）；实证分析（7.39，0.01）；民生三感（7.39，0.01）
#4 民生保障	18	0.951	2019	民生保障（12.94，0.001）；不满意（6.38，0.05）；存量资源（6.38，0.05）；包头市（6.38，0.05）；公共服务设施（6.38，0.05）
#5 幸福	13	0.924	2014	幸福（21.91，1.0E-4）；公平（16.27，1.0E-4）；经济（5.32，0.05）；结构方程模型（5.32，0.05）；社会比较（5.32，0.05）
#6 签约服务	11	0.988	2015	签约服务（5.92，0.05）；村卫生室（5.92，0.05）；基层探索（5.92，0.05）；新路径（5.92，0.05）；民生工作（5.92，0.05）

续表

聚类	节点数	轮廓值（S值）	起始年份	聚类内代表性关键词（LLR，Log-Likelihood Ratio）
#7 习近平	10	0.985	2016	习近平（11.69，0.001）；共享发展（11.69，0.001）；马克思主义（7.98，0.005）；有感增长（5.78，0.05）；中国特征（5.78，0.05）
#8 幸福城市	10	0.976	2013	幸福城市（11.69，0.001）；城市居民（5.78，0.05）；公共经济政策（5.78，0.05）；健康与安全（5.78，0.05）；世界价值观调查（5.78，0.05）
#9 统计局	5	0.991	2012	统计局（6.21，0.05）；指数编制（6.21，0.05）；研究与实践（6.21，0.05）；主观与客观（6.21，0.05）；政绩考核体系（6.21，0.05）

结合聚类图和表，本章将国内民生幸福政策研究关键词的九大聚类进一步提炼为以下三大研究热点。

研究热点一：保障民生的公共政策的制度设计研究。

部分国内研究主要是以习近平总书记系列重要讲话精神和政策文件解读、基于伦理学视角或以马克思唯物史观、幸福观为理论基础展开定性类型的阐述。如柳李仙[1]以伦理学视角解析我国民生问题的伦理道德理据并探索解决民生问题的伦理实现路径；另一部分是以社会保障学、经济学视角进行理论和实证研究，如王慧慧[2]通过建构民生因素综合指标体系，并利用全国追踪数据进行民生因素和居民幸福感之间关系的实证检验，探索提升城乡居民幸福感的统计学证据。

研究热点二：幸福感与幸福城市实证定量研究。

当前国内很多城市都在探索建立幸福指标体系，作为监测"幸

---

[1] 柳李仙：《民生问题的伦理探析》，硕士学位论文，长沙理工大学，2012年。
[2] 王慧慧：《民生因素与城乡居民幸福感——基于CGSS数据的实证分析》，《中南财经政法大学学报》2014年第5期。

福城市"发展的重要指标。内容涵盖社会、个人、物质、精神等方面，试图摆脱传统经济学的制度设计思路，侧重非经济因素（如心理幸福感、心理适应性等）对建设"幸福城市"的影响，更加回归"人本"的制度理念原则，关注市民的感受。[1] 例如国内学者范如国等[2]对《中国统计年鉴》中民生幸福相关的全国数据进行计量经济学分析，构建了基于结构方程模型的民生幸福评价模型。

研究热点三：公共服务绩效考核和群众满意度评估。

国内学者以国家统计局的大样本数据和基层微观调研数据为内容进行定量分析。李梅等[3]利用第七次世界价值观调查（中国部分）的数据，研究了我国居民的民生幸福感、绩效感知与民主满意度之间的关系，发现个人幸福感较强的居民，对政府绩效和经济发展的感知也较强，对我国民主满意度水平则较高，揭示了民生幸福感对民主满意度的影响和具体机制，为政府民主发展实质在于增进民生幸福提供了证据支持。

国外民生幸福政策相关领域研究关键词的结果如图 3-7 所示，本章截取了 CiteSpace 中前 11 个连续关键词聚类，分别是：#0 active labour market policies（积极劳动力市场政策）、#1 evidence-based universal interventions（以循证为基础的广泛干预措施）、#2 subjective well-being（主观幸福感）、#3 happiness（幸福感）、#4 family（家庭）、#5 annual population survey（年度人口调查）、#6 children of prisoners（囚犯的子女）、#7 character（性格）、#8 public policy（公共政策）、#9 coherence（一致性）、#10 social work（社会工作）、#11 diversification choices（多样化选择）。节点值、轮廓值、对应年份和细分关键词见表 3-6，得出图谱的模块化值（Modularity Q）为 0.776，加权平均轮廓值（Weighted Mean Silhouette S）为 0.905，均大于 0.7，表明聚类结构显著且聚类结果极度可信。

---

[1] 王汉林：《幸福学研究及其对建设幸福城市的启示》，《科学经济社会》2012 年第 2 期。

[2] 范如国、张宏娟：《民生福祉评价模型及增进策略——基于信度、结构效度分析和结构方程模型》，《经济管理》2012 年第 9 期。

[3] 李梅、彭国胜：《民生是如何影响民主的——基于政治与经济绩效感知的中介效应》，《领导科学》2022 年第 2 期。

第三章 基于 CiteSpace 的国内外民生幸福政策研究（2012—2022） 69

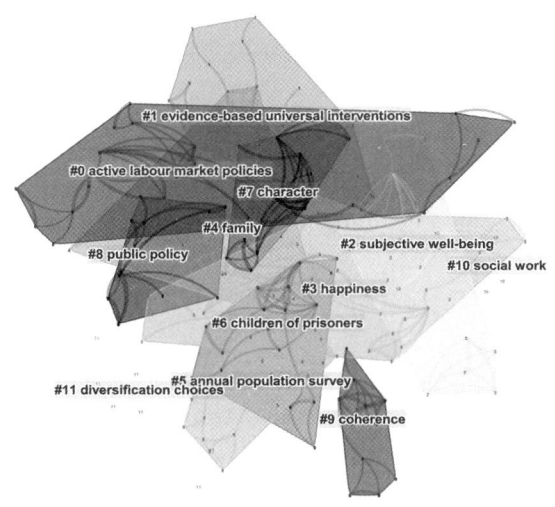

图 3-7　国外民生幸福政策研究关键词聚类图

本章截取了 CiteSpace 中连续的前 11 个聚类的相关数据汇入表 3-6。表 3-6 中"聚类内代表性关键词"给出了每一个聚类的前四个代表性最强的关键词。

表 3-6　　　　国外民生幸福政策研究关键词聚类表

聚类	节点数	轮廓值（S值）	起始年份	聚类内代表性关键词（LLR，Log-Likelihood Ratio）
#0 active labour market policies	24	0.907	2015	active labour market policies（5.92，0.05）；analysis（5.92，0.05）；islands（5.92，0.05）；cyprus（5.92，0.05）；bottom-up planning（5.92，0.05）
#1 evidence-based universal interventions	24	0.933	2015	evidence-based universal interventions（5.19，0.05）；conservation of resource theory（5.19，0.05）；programs（5.19，0.05）；authentic leadership（5.19，0.05）；employee well-being（5.19，0.05）

续表

聚类	节点数	轮廓值（S值）	起始年份	聚类内代表性关键词（LLR, Log-Likelihood Ratio）
#2 subjective well-being	22	0.894	2016	subjective well-being（6.66, 0.01）; international migration（4.9, 0.05）; valuation（4.9, 0.05）; apartment buildings（4.9, 0.05）; cultural participation（4.9, 0.05）
#3 happiness	22	0.834	2017	happiness（7.47, 0.01）; japan（4.65, 0.05）; systems thinking（4.65, 0.05）; health inequalities（4.65, 0.05）; intrinsic efforts（4.65, 0.05）
#4 family	19	0.831	2015	family（6.54, 0.05）; c35（5.07, 0.05）; asset accumulation（5.07, 0.05）; childhood and adolescence（5.07, 0.05）; organizational stressors（5.07, 0.05）
#5 annual population survey	19	0.817	2017	annual population survey（aps）（3.91, 0.05）; migrant（3.91, 0.05）; normative commitment（3.91, 0.05）; preference satisfaction（3.91, 0.05）; ethnic group（3.91, 0.05）
#6 children of prisoners	18	0.948	2016	children of prisoners（4.85, 0.05）; wellbeing（4.85, 0.05）; sport policy（4.85, 0.05）; social change（4.85, 0.05）; policymakers（4.85, 0.05）
#7 character	15	1	2014	character（5.13, 0.05）; alcohol（5.13, 0.05）; legalization（5.13, 0.05）; childrens well-being（5.13, 0.05）; assessment（5.13, 0.05）
#8 public policy	12	0.966	2016	public policy（8.81, 0.005）; quality of life（5.23, 0.05）; positive affect（4.39, 0.05）; randomized-controlled trials（4.39, 0.05）; industrial psychology（4.39, 0.05）

续表

聚类	节点数	轮廓值（S值）	起始年份	聚类内代表性关键词（LLR，Log-Likelihood Ratio）
#9 coherence	11	0.994	2015	coherence（6.32，0.05）；secularism（6.32，0.05）；national integration policies（6.32，0.05）；interculturalism（6.32，0.05）；bias（6.32，0.05）
#10 social work	8	0.944	2018	social work（4.56，0.05）；welfare state（4.56，0.05）；labor market policies（4.56，0.05）；exposure（4.56，0.05）；physical health（4.56，0.05）
#11 diversification choices	8	0.895	2020	diversification choices（6.67，0.01）；affect（6.67，0.01）；school safety（6.67，0.01）；mass shootings（6.67，0.01）；job stress（6.67，0.01）

结合表3-6和图3-7可发现，国外多以社会学、经济学和心理学的定量研究来探讨民生幸福相关议题，议题广泛，覆盖宗教、种族、文化参与、社会治安、移民等多类民生问题；涉及家庭、学校、职场、政府社会工作部门等场景；研究群体尤其关注弱势、处境不利、特殊职业等少数群体，包括老年人、囚犯子女、警察、外来移民等。由于国外多数西方国家政府政策制定和实施"自下而上"展开较多，更加强调数据实证的证据研究，对民生幸福研究在多学科交叉视角下探索时代热点议题，不仅有横断面的跨地区大样本数据统计分析，还有干预实证结果，其研究理论框架和结论建议也能较大程度影响政策。

我们将国外民生幸福政策研究关键词的11大聚类进一步提炼为三大研究热点，如下。

研究热点一：民生幸福与公共政策干预的实证和理论研究。

Sage[①]研究实施积极劳动力市场计划（Active Labour Market Programmes，ALMPs）的公共政策对英国失业群众主观幸福感的影响，结果发现，ALMPs的实施提升了失业人员的主观幸福感，并且这一促进作用还取决于ALMPs的细分类型，工作导向的ALMPs政策比援助导向政策对失业人员主观幸福感的促进效应更强。Kipo-Sunyehzi[②]从个体主义和集体主义的双重理论视角分析了加纳的社会福利政策，关注加纳弱势群体登记参与国家健康保险计划（National Health Insurance Scheme，NHIS）数量，评估保险政策实施是否改善了其福利和幸福感，同时检验加纳的国家卫生与社会福利部门的社会扶贫干预工作是否有效落实。

研究热点二：公共卫生学、心理学、城市规划学等交叉视角下群体心理健康、健康不平等以及建立健康城市等的问题探析。

Andres等[③]提出临时城市主义[④]和健康城市的概念，应对后疫情时代下健康与城市幸福（包括心理幸福）面临的挑战，设计了一个自适应性强的健康城市，促进人与城市空间关系的快速改变，从而在改善社会关怀网络的同时，促进个人和家庭幸福，提升社会关系的质量。

[①] D. Sage, "Do Active Labour Market Policies Promote the Subjective Well-Being of the Unemployed? Evidence from the UK National Well-Being Programme", *Journal of Happiness Studies*, Vol. 16, No. 5, 2015, pp. 1281 – 1298.

[②] D. D. Kipo-Sunyehzi, "Global Social Welfare and Social Policy Debates: Ghana's Health Insurance Scheme Promotion of the Well-Being of Vulnerable Groups", *Journal of Social Service Research*, Vol. 47, No. 1, 2021, pp. 73 – 87.

[③] L. Andres, J. R. Bryson and P. Moawad, "Temporary Urbanisms as Policy Alternatives to Enhance Health and Well-Being in the Post-Pandemic City", *Current Environmental Health Reports*, Vol. 8, No. 2, 2021, pp. 167 – 176.

[④] M. Ferreri, "Temporary Urbanism: A Situated Approach", *The Permanence of Temporary Urbanism: Normalising Precarity in Austerity London*, Amsterdam: Amsterdam University Press, 2021, pp. 9 – 28；临时城市主义：利用城市中的空置场地，变为临时的、有形的活动场所，如将空地改造成临时公园，种植上能快速生长的绿色植被；建造户外市场、快闪零售场所或艺术展示的休闲场所，释放市民在城市生活的想象力、活动和互动潜力，鼓励居民更充分地参与城市建设和未来发展。

研究热点三：职业人群的绩效管理、工作压力和主观幸福感研究。

例如，Van Thielen 等基于比利时最大警局的数据库，研究警员工作绩效规划评估与警员个人幸福感和组织满意度之间的关系，在公共部门绩效改革中，更好地提高了警员的主观幸福感。[①]

五 研究前沿分析

突现词是指研究中（短时间内）出现频繁或被引用频次较高的词，代表一定时间段内的该领域的研究前沿，可作为研究前沿的判断和预测标准之一。如图 3－8 所示，2012 年至 2022 年国外民生幸福政策领域的突现关键词共 25 个。突现词最早出现在 2012 年，持续到 2015 年。将突现知识图谱进行前沿阶段划分，分为早期前沿（2012—2014）、中期前沿（2015—2019）、近期前沿（2020—2022）。早期前沿包括"Life"（生活）、"Work"（工作）、"Capability Approach"（可行能力理论）、"Community"（社区）等；中期前沿包括"Public Policy"（公共政策）、"Quality of Life"（生活质量）、"Welfare"（福利）、"Mental Heath"（心理健康）、"Occupational Stress"（职业压力）、"Life Satisfaction"（生活满意度）等；近期前沿包括"Poverty"（贫困）、"Income"（收入）、"Determinant"（决定性因素）、"Job Satisfaction"（工作满意度）"Health"（健康）、"COVID－19"（新型冠状病毒肺炎）等。

"Capability Approach"（能力取向理论）从 2013 年出现，持续三年。20 世纪 70 年代，阿玛蒂亚·森提出的能力取向理论，将"Capability"（能力）界定为人有可能实现的、各种可能的功能性活动（包括衣食住行、受教育程度、就业和社会参与等）组合，是"一个人所拥有的享受自己有理由珍视的那种生活的实质自由"。该理论最早应用于讨论福利经济学中经济不平等等问题，突破了传统

[①] T. Van Thielen, R. Bauwens, M. Audenaert, T. Van Waeyenberg and A. Decramer, "How to Foster the Well-being of Police Officers: The Role of the Employee Performance Management System", *Evaluation and Program Planning*, Vol. 70, 2018, pp. 90–98.

Keywords	Year	Strength	Begin	End	2012 - 2022
life	2012	2.86	2012	2015	
work	2012	1.78	2012	2013	
capability approach	2012	1.47	2013	2016	
community	2012	1.47	2013	2016	
stress	2012	2.15	2014	2017	
public policy	2012	2.16	2015	2015	
quality of life	2012	1.35	2015	2015	
outcm	2012	1.27	2016	2016	
welfare	2012	1.27	2016	2016	
impact	2012	2.05	2017	2020	
family	2012	1.41	2017	2020	
mental health	2012	2.32	2019	2022	
occupational stress	2012	2.23	2019	2020	
life satisfaction	2012	2.03	2019	2019	
poverty	2012	1.73	2020	2022	
determinant	2012	1.73	2020	2022	
exposure	2012	1.73	2020	2022	
police officer	2012	1.73	2020	2022	
income	2012	1.66	2020	2020	
united states	2012	1.66	2020	2020	
job satisfaction	2012	1.38	2020	2020	
satisfaction	2012	1.38	2020	2020	
transition	2012	1.73	2021	2022	
health	2012	1.54	2021	2022	
covid 19	2012	1.51	2021	2022	

图 3-8　国外民生幸福政策相关引文突现强度前 25 的关键词

的收入和效用视角，提出用能力来衡量福利。① D. Ai-Thu 提出阿玛蒂亚·森的可行能力框架可以用来定量研究，进行政策和幸福的定量研究。② 结合能力取向理论的诞生背景和突现词图可知，从 2013 年开始国外研究已经开始借用政治经济学中理论框架开展了民生幸福相关领域研究；"mental health"（心理健康）从 2019 年出现持续至今。心理学发源于欧美国家，因此，欧美国家也更早开始将"心理健康"与民生政策的制定和评估、人们生活幸福度的衡量联系，进行定量探究。从最早研究 2020 年全球新冠肺炎疫情蔓延开始，

---

① 沈珺：《关于可行能力理论的综述》，http://www.iqds.whu.edu.cn/info/1268/14705.htm，2022 年 7 月 22 日。
② D. Ai-Thu, "Amartya Sen's Capability Approach: A Framework for Well-Being Evaluation and Policy Analysis?", *Review of Social Economy*, Taylor & Francis Journals, Vol. 72, No. 4, October 2014, pp. 460 – 484.

"Poverty"(贫困)、"Job"(工作满意度)、"Determinants"(决定因素)、"Income"(收入)等经济学方面的定量研究关键词出现。2021年,"Health"(健康)、"COVID–19"(新型冠状病毒肺炎)等关键词出现,将健康和疫情影响纳入民生幸福政策的研究评估。

近十年国内民生幸福政策领域的突现关键词共21个,最早出现在2012年,为"民生幸福",持续时间仅一年(见图3-9)。研究内容聚焦在"幸福"主题的大量文献出现时间为2012—2017年。

Keywords	Year	Strength	Begin	End	2012 - 2022
民生幸福	2012	4.61	2012	2013	
幸福指数	2012	2.38	2012	2014	
民生	2012	1.64	2012	2014	
以人为本	2012	1.34	2012	2014	
民生指数	2012	1.13	2012	2012	
幸福悖论	2012	1.6	2013	2014	
价值	2012	1.14	2013	2013	
指标体系	2012	1.53	2014	2015	
人际和谐	2012	1.05	2014	2014	
共享发展	2012	1.63	2016	2017	
经济发展	2012	1.22	2016	2016	
幸福工程	2012	1.22	2016	2016	
民生福祉	2012	3.98	2017	2022	
获得感	2012	3	2017	2022	
安全感	2012	1.83	2018	2022	
收入	2012	1.68	2018	2019	
民生发展	2012	1.44	2018	2020	
民生保障	2012	2.27	2019	2022	
幸福感	2012	1.8	2019	2020	
共同富裕	2012	1.25	2021	2022	
民生三感	2012	1.25	2021	2022	

图3-9 国内民生幸福政策相关引文突现强度前25的关键词

自2017年党的十九大报告中提出了"民生'七有'",我国新时代民生事业发展的目标更加明确后,近五年国内研究主题向"民生"侧重转移,"民生福祉"和"民生保障"分别从2017年和

2019年开始出现并持续至今。研究关键词"共同富裕"和"民生三感"从2020年开始出现，公布显示出国内研究根据党和国家在2021年公布《"十四五"规划和2035年远景目标纲要》①中民生福祉远景和具体目标进行了及时调整和探索。

六 研究变化阶段分析

将图3-10关键词共现图转换为关键词时区和时间线图视图，结合CiteSpace软件分析所得的2012—2022年出现的研究爆发点，有助于发现不同时间阶段的研究热点。

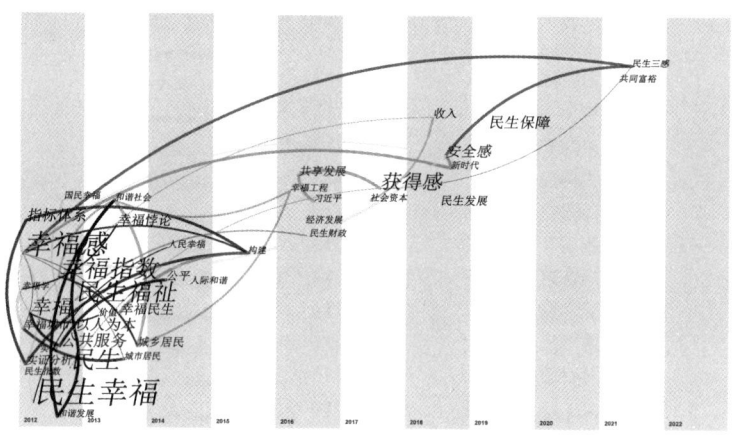

图3-10 2012—2022年国内民生幸福政策关键词时区图

2012—2022年国内民生幸福政策关键词时区图（图3-11）显示，研究初期就聚焦在以"民生幸福""幸福感"为主题的基本概念研究上，并以建立"幸福城市""和谐发展"为目标，进行了实证分析、指标体系的建立，开展"幸福工程"等。

自2016年以来，研究集中围绕习近平总书记系列重要讲话精神中的"民生"主题；从"经济发展""民生财政""收入""社会资

---

① 《中华人民共和国国民经济和社会发展第十四个五年规划和2035年远景目标纲要》，《人民日报》2021年3月13日第1版。

第三章 基于CiteSpace的国内外民生幸福政策研究（2012—2022）

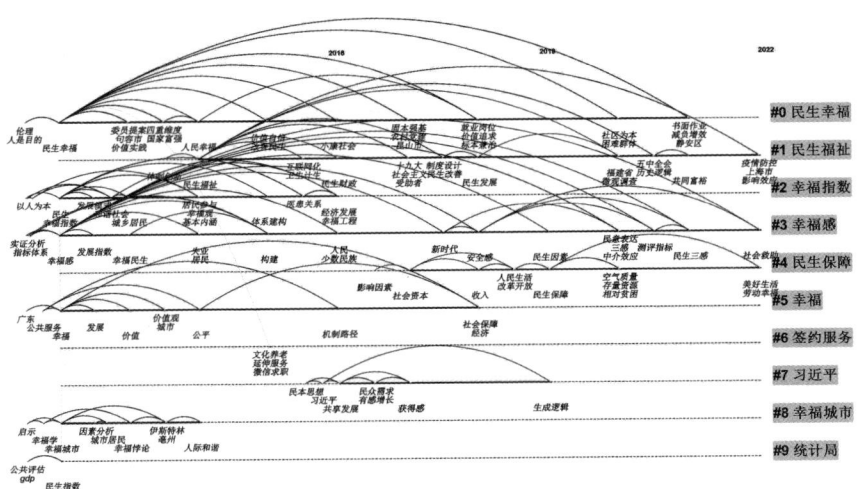

图3-11　2012—2022年国内民生幸福政策关键词时间线图

本"等出现在2016—2018年的关键词可见，随着我国新时代的经济发展，在民生的经济保障方面高度重视，不仅关注人民的"幸福感"，还关注人们的"获得感"和"安全感"，而稳定和持续上升的经济收入不仅是人民获得感和安全感的关键物质基础，也是推进民生保障工作的主要前提。2019年，习近平总书记在上海考察时提出"人民城市人民建，人民城市为人民"的重要理念①，而"人民城市"的具体评价标准包括了获得感、幸福感、安全感（简称民生"三感"）。② 同时，党的十九大报告中也提出让人民的"三感"更加充实、更有保障、更可持续。③ 同年，如时区图所示，"民生保障"成为研究热点。2021年，民生幸福政策的国内研究紧扣党的大政方针，对实现共同富裕和提升"民生三感"两个主题的研究成为主要主题。

本章结合国外研究背景，借助CiteSpace软件分析的关键词时区

---

① 习近平：《在浦东开发开放30周年庆祝大会上的讲话》，人民出版社2020年版，第10页。
② 杜仕菊、王赛：《让"人民城市"落到实处，提升民生"三感"是关键》，ht-tps://export.shobserver.com/baijiahao/html/435012.html，2022年7月22日。
③ 习近平：《决胜全面建成小康社会 夺取新时代中国特色社会主义伟大胜利——在中国共产党第十九次全国代表大会上的报告》，《人民日报》2017年10月28日第1版。

图（图3-12）和时间线图（图3-13），总结了国外民生幸福政策相关研究热点的三个变化阶段。

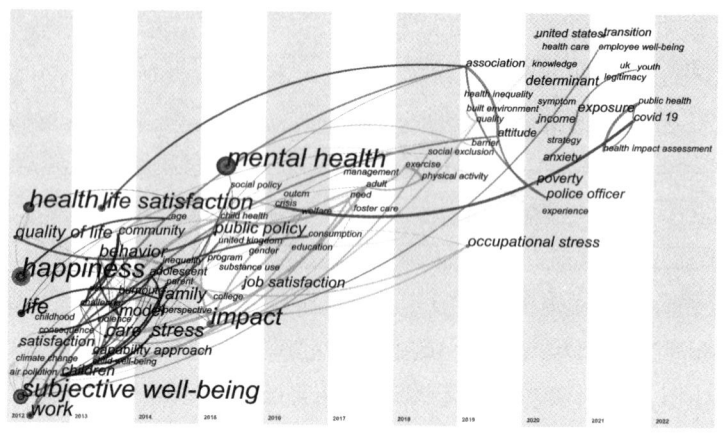

图3-12　2012—2022年国外民生幸福政策关键词时区图

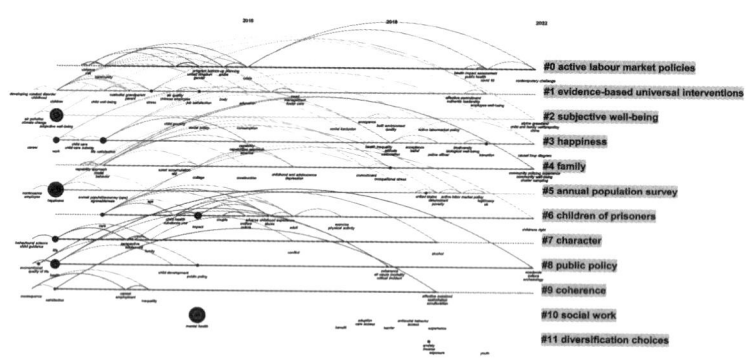

图3-13　2012—2022年国外民生幸福政策关键词时间线图

2012年至2013年，"Subjective Well-being"（主观幸福感）、"Happiness"（幸福）、"Life Satisfaction"（生活满意度）等关键词受到学者们的关注。美国心理学学者埃德·迪纳（E. Diener）早在1984年就在文章中提出了"主观幸福感"这一概念，并开创和持续研究幸福学。进入21世纪以来，迪纳教授完善和发展主观幸福感的理论和测量范式，深入研究主观幸福感与收入、组织业绩等因素的关系，为人们生活质量评估提供心理学论证的科学依据，同时，带动了社会学、政治学、经济学等跨学科学者研究"主观幸福感"[①]。因此，"主观幸福感"在2012年出现，表明国外学者在西方现代科学心理学的学科视角下，探索了民生幸福政策领域的研究进程。

2014年至2019年，出现"Mental Health"（心理健康）、"Family"（家庭）、"Public Policy"（公共政策）等核心关键词。21世纪初，美国移民政策中两种做法影响当地儿童及其家庭生活，一是拘留和强行带走美国公民子女的非美籍监护人，导致子女与监护人间非自愿分离的恐惧心理；二是限制移民导致监护人成功移民，但其子女未能移民而导致的长期或短期分离。Dreby收集2003—2006年和2009—2012年美国和墨西哥的儿童及其监护人的调研数据，研究美国移民政策中两类做法对家庭和儿童幸福感的潜在影响。[②] Bethell等评估安全、稳定和扶持的家庭关系（Safe Stable and Nurturing Family Relationships，SSNFRs）中潜在的干扰因素，如童年期不良经历（Adverse Childhood Experiences，ACEs），通过比较儿童及其家庭的14种ACEs评估方法，发展和验证了新的NSCH-ACEs心理测量量表的信效度，结合公共政策实践，从而帮助预防和减轻其对儿童发展和家庭幸福感的负面影响。[③]

2020年至2022年，如"Exposure"（暴露）、"COVID-19"（新型冠状病毒肺炎）、"Anxiety"（焦虑）、"Public Health"（公共卫生）这类涉及疫情和心理健康的关键词成为研究热点。Baker等研究了警察健康行为与主观幸福感的关系及心理灵活性

---

① Catherine Moore, "Subjective Well-Being: Why Is It Important and How Can We Measure It?", https://positivepsychology.com/subjective-well-being/.

② J. Dreby, "US Immigration Policy and Family Separation: The Consequences for Children's Well-being", *Social Science & Medicine*, Vol. 132, pp. 245–251.

③ C. D. Bethell, A. Carle, J. Hudziak, N. Gombojav, K. Powers, R. Wade and P. Braveman, "Methods to Assess Adverse Childhood Experiences of Children and Families: Toward Approaches to Promote Child Well-being in Policy and Practice", *Academic Pediatrics*, Vol. 17, No. 7, 2017, pp. S51–S69.

(*Psychological Flexibility*) 的作用。① 同时，还有部分国外学者的研究对象更聚焦探析某一职业群体的负向事件对群体心理健康造成的影响，如 Harnett 等②探索创伤后应激障碍对职业警察心理健康的影响；Roberts 等调查澳大利亚各州和地区 1542 名护理人员、警察、社区医护人员和儿童照护者，探析新冠肺炎疫情对这些职业人员心理健康和幸福感的影响，发现新冠肺炎疫情加重了该职业人群在农村一线社区的工作量和心理压力，而该职业人群主要压力来源于其所在组织对新冠肺炎疫情的反应，而不是新冠肺炎疫情本身，因此，心理健康干预的最首要措施是核定合理工作量。③

小结与展望

本章对比分析国内外民生幸福政策相关研究进展，借助 CiteSpace 软件总结了发文趋势、研究机构、研究热点、研究前沿和阶段变化等重要信息。研究发现，相比国外，国内的研究机构合作集中在高校内部学院间合作，民生幸福政策合作领域中校际合作不紧密，合作空间有待提升。对比国内外研究热点和变化阶段，可发现西方发达国家的国民民生幸福评估建设起步较早，有心理学、社会学、经济学等不同领域理论，以学科交叉视角进行了广泛的定量研究，建立了可信的城市福祉服务体系。

同时，西方发达国家的民生政策研究更加与时俱进，能够充分地结合当前疫情时代特征，研究视角更加宽广多样。然而，欧美发

---

① L. D. Baker,, C. R. Berghoff, J. L. Kuo and R. P. Quevillon, "Associations of Police Officer Health Behaviors and Subjective Well-Being: The Role of Psychological Flexibility", *European Journal of Health Psychology*, Vol. 27, No. 3, 2020, pp. 98 – 108.

② P. H. Harnett, M. C. Kelly and M. J. Gullo, "The Impact of Posttraumatic Stress Disorder on the Psychological Distress, Positivity, and Well-Being of Australian Police Officers", *Psychological Trauma-Theory Research Practice and Policy*, 2021.

③ R. Roberts, A. Wong, S. Jenkins, A. Neher, C. Sutton, P. O'Meara, M. Frost, L. Bamberry and A. Dwivedi, "Mental Health and Well-being Impacts of COVID – 19 on Rural Paramedics, Police, Community Nurses and Child Protection Workers", *Australian Journal of Rural Health*, Vol. 29, No. 5, 2021, pp. 753 – 767.

达国家大多采取的是基于其强调个人自由的资本主义体制政策,即市场化、个体行为化层面的幸福政策,其研究结论在政策层面的实践结果必要考虑其政治语境,其经验和研究结论不能完全照搬。而我国在民生幸福政策领域的定量化、干预型研究起步较晚,尚无公认的、科学全面的民生幸福评价指标体系,在学术研究和政策结合方面也需要考虑我国社会主义体制和城市现代化发展的阶段。

基于上述分析,本章提炼出三个研究建议和三个研究方向。

在研究建议上,(1)加强心理学、公共卫生学、公共管理学等多学科交叉合作;(2)加强高校之间、研究机构之间的合作;(3)结合新冠肺炎疫情社会背景,将疫情下人群在全面健康水平和组织(如医院、社区等)的反应能力纳入民生幸福建设的重要观察指标。

在研究方向上,(1)开展机构合作下的大型干预实证调研,聚焦社会中全体民众或特殊群体的民生政策满意度、主观幸福感及其影响因素;(2)结合当地经济发展水平和地方政策梳理,在现有民生幸福指标体系上进行筛选、整合和更新,探索一套与时俱进的综合指标在城市政策实践中评估效果,不断改良,推广到兄弟城市,再到省级和全国;(3)对不同职业场景、生活场景的人群进行负向健康水平,尤其是心理健康水平的评估,探究疫情背景下的人群健康水平影响因素以及和组织间反应能力的相关性。

第四章 基于三维分析框架的民生幸福政策体系研究

本章摘录了我国及部分省区市49份政策文件中有关民生幸福的政策条目4762条（其中国家层面1215条，北京市1056条，上海市851条，广东省1014条，深圳市626条），建立了一个"民生领域—政策工具—政策主体"三维分析框架，综合运用定性与定量的政策文本分析，开展民生幸福政策体系研究。研究发现：在政策类型上，供给型政策工具、需求型政策工具和环境型政策工具在各个层级政府政策上展现了各自特点，其中深圳"住有宜居"政策的占比高达42.81%，远高于国家层面和其他省区市，"病有良医"和"学有所教"的占比分别为15.97%和14.06%；在政策工具上，深圳供给型政策工具的整体占比高达72.68%，其中占比最高的两类工具是基础设施建设（占比31.47%）与公共服务（占比26.20%）。在政策主体上，深圳市是运用需求型政策工具最多的城市，鼓励引导类的政策占比达到20.45%；深圳市法规管制工具占比反而较低，仅占15.18%。可见，在民生福祉建设中，深圳市有效调动了政府和市场两方的积极性，实现"有力政府"与"活力市场"之间的有效联合。

第一节 背景

民生幸福是人类社会发展历程中一项永恒的追求，是实现社会发展的动力性目标。① 民生，即人民的生活。长期以来，"民生"一词的使用，无论是"国计民生"，还是"社会民生"，背后都反映了一个政权与民众之间的互动。民生幸福作为一种针对民众生活状态的价值评价，其目标实现与政府休戚相关，政府在维护国计民生、提升民生幸福感方面，责无旁贷。为政之道，民生为基。中国古代，以孔子为代表的儒家学派主张爱民、养民、利民、惠民、教民、安民、博施于民。荀子在继承孔孟基础上，提出"天之生民，非为君也；天之立君，以为民也"，指明国家政权在民生幸福方面必须承担的职责与使命。自党的十六大以来，党和政府逐渐开始重视社会民生领域的建设与发展，提出坚持以经济建设为中心的同时，全面推进经济、政治、文化、社会以及生态文明建设，走五位一体的科学发展道路。2007年，党的十七大报告中再次强调，要加快推进以改善民生为重点的社会建设，努力使全体人民学有所教、劳有所得、病有所医、老有所养、住有所居。党的十八大以来，以习近平同志为核心的党中央始终坚持为人民谋幸福的初心，政府各项工作始终将保障和改善民生放到更突出的战略位置。

政策的制定与施行，是政府推进民生幸福发展过程中最重要的手段和方式。本章主要聚焦十年来我国国家层面和部分省市层面出台的政府工作报告与规划类文件，摘录出其中有关民生幸福的政策条目，综合运用定性、定量的方式，展开基于三维框架的政策文本分析。在政策区域的选择方面，本章节搭建起国家—省级行政单位—深圳市这个三层级区域框架：除深圳市的相关政策外，纳入国家层面相关政策文件以保证全局性视野；纳入北京市、上海市、广东省三个拥有超一线城市的省份，探究不同省级行政单位在民生幸福领域的政策特点。进行三级区域构架的分析，能够对深圳市民生幸福标杆建设形成更为全面、立体的认知，把握深圳当下民生幸福建设行动，总结现存的不足之处。

---

① 张兴国：《民生幸福：社会发展的价值旨归》，《学术研究》2008年第8期。

第二节 民生幸福政策三维分析框架

本节在参考 Rothwell 和 Zegveld 的政策工具分类方法的基础上，结合当下我国民生幸福政策的重点领域和民生幸福政策执行的主体，构建了我国民生幸福政策三维分析框架，即"民生领域—政策工具—政策主体"分析框架，如图 4-1 所示。

政策文本的编码示例详见附录·一。

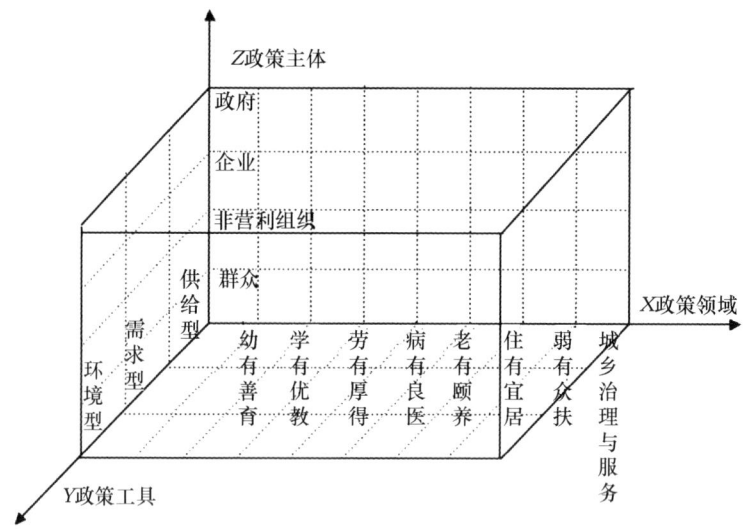

图 4-1 民生幸福政策三维分析框架

一 X 维度：民生幸福领域

2017 年，在此前五项重点民生改善目标的基础上，习近平总书记在党的十九大报告中，再次拓展了民生幸福的内涵，提出七个重点领域及其发展目标："幼有善育、学有优教、劳有厚得、病有良医、老有颐养、住有宜居、弱有众扶"（简称"民生'七有'"）。[1]

---

[1] 习近平：《决胜全面建成小康社会 夺取新时代中国特色社会主义伟大胜利——在中国共产党第十九次全国代表大会上的报告》，《人民日报》2017 年 10 月 28 日第 1 版。

"民生'七有'"为民生幸福政策提供了内容框架上的细化。此外,积极提高城乡治理水平和安全保障水平、为居民提供丰富的文化服务等政策内容,也是"七有"之外改善民生的重要举措。

因此,将"七有"和城乡治理与服务这八个方面的内涵整合,统称为"民生领域",并将其确定为三维分析框架中的 X 维度。各领域的具体指标名称与编码如表 4-1 所示。

表 4-1　　政策领域维度指标

指标名称	指标内涵	编码
幼有善育	提供优孕优生健康服务、关爱儿童身心健康成长、完善困境儿童基本生活保障等	11
学有所教	做好学前教育、义务教育、高等教育等相关服务与建设	12
劳有厚得	做好居民就业服务与事业保障工作、劳资关系协调,保障劳动收入与合理的收入分配结构等	13
病有良医	保障居民获得优质的公共卫生与医疗服务、做好健康管理、完善食品药品供应与安全保障、加强医疗保障等	14
老有颐养	完善养老事业与服务体系、提升养老保险保障水平等	15
住有宜居	调控房屋市场,支持保障性公租房、商品房供给,棚户区、危房改造	16
弱有众扶	完善困境人群、残疾群体、受灾群体等长期或临时救助机制,完善特殊环境建设,扶贫扶弱,鼓励发展慈善事业等	17
城乡治理与服务	提升城乡治理服务水平,打击违法犯罪行为,整治肃清影响治安与公共安全等方面的行为;提供公共文化服务	18

二　Y 维度:政策工具

政策工具是达成政策目标的具体路径与方式,是政府为促进某项工作而采取的具体政策手段。通常,取决于分析目的的差异,以及具体分析政策对象的特点,学界在政策工具的类别划分方面存在多种方式,并未形成一套固定的模式。[①] 在现有的多种政策内容分

---

① 汤志伟、龚泽鹏、郭雨晖:《基于二维分析框架的中美开放政府数据政策比较研究》,《中国行政管理》2017 年第 7 期。

析方法中，Rothwell 和 Zegveld 提出的"供给—需求—环境"三分类的政策分析框架，得到国内外学者的广泛认可和采纳。供给型政策工具主要提供一种推力，政府出台相关政策，要求自身或其他主体为民生幸福建设添砖加瓦，给予有力的支持与大量的资源，比如拨付财政资金、进行相关基础设施建设投入、推动人才培养与人才引进、提供民生所需的公共服务等。需求型政策工具主要表现为外部对于提升民生幸福的拉力，鼓励、刺激各类主体对于参与推动民生事业发展的需求，从而进一步增加各类资源在民生幸福领域的投入，比如进行政府采购、给予推广通道和补贴、释放鼓励引导信号、宣传示范案例等。环境型政策工具主要是打通民生幸福事业发展的环境障碍，营造良好的政策施行环境和健康开放的市场环境，为各个主体的行动提供相关平台和机制通道，比如设立目标规划、建设支持性金融体系、税收优惠、完善落实相关法律制度与规范体系等。

因此，基于 Rothwell 和 Zegveld 的分析框架，以政策工具为 Y 维度，将民生幸福政策分为供给型政策工具、需求型政策工具和环境型政策工具。参照相关研究，并结合民生幸福政策实际施行方式，确定各个类型政策工具的指标与编码如表 4-2 所示。

表 4-2　　　　　　　　　　政策工具维度指标

工具类型	指标名称	指标内涵	编码
供给型	财政投入	为相关事业提供专项资金、财政补贴等	211
	人才队伍	推进人才培养、培训与引进工作，提供人力保障	212
	基础设施	为提升民生幸福感进行的基础设施建设	213
	公共服务	为实现民生幸福目标而提供的公共服务	214
需求型	政府采购	政府采购服务或产品，拉动市场参与和公私合作	221
	推广补贴	给予推广通道和支持，补贴支持提供相关服务或产品的企事业单位	222
	鼓励引导	释放政策利好信号，鼓励引导各个主体参与民生幸福事业发展建设	223
	宣传示范	打造示范性典型案例，积极宣传，刺激并带动各类主体加大	224

续表

工具类型	指标名称	指标内涵	编码
环境型	目标规划	就民生幸福事业作出规划，设定具体目标要求	231
	金融支持	要求银行等单位提供宽松、政策性的信贷、融资等	232
	税收优惠	减免提供相关民生服务的企、事业单位各项税收	233
	法规管制	制定并落实规范市场秩序、发展环境的各项立法、制度与规范，以及各项策略性措施	234

三 Z维度：政策主体

民生幸福的政策主体，是指主要参与到政策内容落实和政策目标实现的对象。民生幸福是一项全体性的事业，依赖政府、社会、个人等多元主体的参与和协同。针对不同的主体，各项政策的范围与要求是不同的。政府主要负责全局性民生政策内容与目标的制定，以及政策执行过程中的服务和监督管理。而作为市场主体的企业单位，主要负责该行业内政策的具体执行，以及加大在相关商业化服务、产品与资金等方面的供给与支持。对于学校、医院、工会等非营利性质的事业单位与社会组织而言，其主要面向各自的对象群体提供某一领域范围内的公共产品与服务。群众一般主要负责全民参与类政策的落实，如响应节水、节电倡议，积极参与全民精神文明建设等。对民生幸福政策主体进行分析，有助于厘清我国民生幸福事业建设进程中各方主体具体的职责负担，为此后民生幸福政策的制定提供这一主体维度方面的参考。

因此，以政策主体为Z维度，将其分为政府、企业、非营利组织、群众，确定政策主体维度的具体指标与编码如表4-3所示。

表4-3　　　　　　政策主体维度指标

指标名称	指标描述	编码
政府	政策目标的达成要求政府落实、执行	31
企业	政策目标的达成要求企业单位落实、执行	32
非营利组织	政策目标的达成要求学校、医院等非营利组织单位落实、执行	33
群众	政策目标的达成要求群众落实、执行	34

第三节　政策文本选择及编码

　　由于民生幸福政策本身内容相对广泛，且政策时间跨度达十年之久，本章在采集不同层级民生幸福政策文件时，对政策范围进行了严格的限制。国家层面，重点选择具有全局性指导意义的5份政策文件：党的十八大报告、党的十九大报告、《中华人民共和国国民经济和社会发展第十二个五年规划纲要（2011—2015年）》（以下简称《"十二五"规划》）、《中华人民共和国国民经济和社会发展第十三个五年规划纲要》（以下简称《"十三五"规划》）、《中华人民共和国国民经济和社会发展第十四个五年规划和2035年远景目标纲要》（以下简称《"十四五"规划》）。考虑到省市一级是国家各项政策要求发布到地方后，负责因地制宜确定该地区相关民生工作具体执行方式、内容侧重等方面的行政单位，北京市、上海市、广东省、深圳市，均采集各政府单位自2012—2022年这10年的政府工作报告。相比五年规划而言，地方每年的政府工作报告，更能展现出该地区在民生幸福政策方面的工作重心、理念和方式方法。完成49份政策文件采集后，对文件中各政策条目进行两轮筛选，析出其中与民生幸福相关的政策条目。最终得到国家层面的政策命令1215条，北京市1056条，上海市851条，广东省1014条，深圳市626条，共计4762条。①

　　进入基于三维分析框架的编码环节，主要运用Excel软件，采用人工编码方式完成。人工编码工作方式如下：（1）按照"政策编号—章节编号—序列号"的格式，完成4762条政策的编号工作，确保每条政策命令能够快速实现在原政策文件中的定位，方便进行后续的核查工作；（2）两位编码人员通过多次测试，就政策内涵和指标内涵达成一致认知后，依据上述列明的政策三维分析框架，对

---

　　① 上海市政策条文较少，与上海市工作报告写作方式存在关联，多项民生工作会合并书写为一条。相比其他省级行政单位，深圳市政策条目数量较少，与其相对较小的行政管辖范围相适应。

各条政策从政策领域、政策工具、政策主体这三个维度、24 项指标进行编码。

举例来说，《"十二五"规划》中"完善和落实小额担保贷款、财政贴息、场地安排等鼓励自主创业政策，促进各类群体创业带动就业"这一政策命令，其编号为 G3-31-1-3，即该政策位于国家层面第三份政策文件《"十二五"规划》中的第 31 章第 1 条第 3 款。其三维框架编码分别为 14、211/222/223/232 和 31/32（"/"表示这一政策适用于两个及以上的指标），即该政策命令主要瞄定"劳有厚得"这一领域；而为了实现"劳有厚得"这一政策目标，综合运用了财政资金投入、推广补贴、鼓励引导和金融支持这四项政策工具，由政府、银行或相关金融机构联动负责该条政策的执行与落实。

第四节 三维分析框架下量化分析结果

一 单维度分析

1. X 维度分析：政策领域

按照民生政策领域分类，进行各区域单位政策条目及占比的统计，详细情况如表 4-4 所示。X 维度上，各区域单位在政策内容的偏重方面，存在一定共性。整体的城乡治理及其他、住有宜居是各区域单位内容占比普遍较高的两个领域。城市人口管理与住房保障已经成为我国当下共同的社会民生焦点问题。其中，北京、上海、广东、深圳在住有宜居领域的政策占比又显著高于国家整体，尤其是北京和深圳，住房保障问题更为突出且迫切。

老有颐养、幼有善育是在各区域政策内容中的占比均最低的两个领域。一方面，"一老一小"问题属于人口发展方面的问题，主要开展的是长期性、持续性的建设工作；另一方面，老人儿童的养育责任目前仍主要在家庭层面，政府参与的程度相对较低。此外，幼有善育是党的十九大报告中新提出的民生政策目标，还有待进一步的探索。

分区域看"七有"范围内的民生政策，不同区域的单位在政策的侧重上存在明显的差异。国家层面上，弱有众扶、病有良医、住有宜居是三项政策内容占比最高的领域，分别占比21.81%、16.87%和16.71%。加快城乡一体化进程，助力农村地区脱贫攻坚工作，是国家层面弱有众扶的主要政策内容。北京市政策内容占比最高的三项为住有宜居、弱有众扶、劳有厚得，其中住有宜居的占比高达44.13%。符合北京自党的十八大以来持续疏解首都功能与城市压力、加大环境污染治理力度、完善农村与弱势群体保障短板等系列重点工作的特点。上海市占比前三的领域分别为住有宜居、劳有厚得和病有良医，除住有宜居外，其他领域占比相对均衡。广东省在弱有众扶、劳有厚得、住有宜居领域投放了重点关注，政策内容占比均在28%左右。坚持共同富裕理念、扶助农村农业和农民发展、助残恤孤、提供医疗保障和免费公共健康服务、落实国家扶贫与援疆援藏等对口支援行动等方面的工作，在广东省政府工作报告中占据极大的篇幅。深圳市的个性特征也十分显著，住有宜居政策的占比远高于其他领域，也远高于国家层面和其他省区市在住房方面的政策占比，高达42.81%。此外，医疗与教育事业的建设情况，长期是掣肘深圳经济、社会发展的两大突出性短板领域。在政策内容占比中，病有良医和学有所教的占比分别为15.97%和14.06%，位居第二和第三。深圳市政府在制定政策文件时，针对性地把握住了区域内民生幸福标杆建设的核心问题。

表4-4　　　　　　　　　　政策领域分析

政策领域	政策频数及占比				
	国家	北京	上海	广东	深圳
幼有善育	64 (5.27%)	32 (3.03%)	13 (1.53%)	60 (5.92%)	36 (5.75%)
学有所教	145 (11.93%)	94 (8.90%)	92 (10.81%)	110 (10.85%)	88 (14.06%)
劳有厚得	183 (15.06%)	140 (13.26%)	100 (11.75%)	286 (28.21%)	66 (10.54%)

续表

政策领域	政策频数及占比				
	国家	北京	上海	广东	深圳
病有良医	205 (16.87%)	128 (12.12%)	96 (11.28%)	187 (18.44%)	100 (15.97%)
老有颐养	66 (5.43%)	27 (2.56%)	33 (3.88%)	44 (4.34%)	25 (3.99%)
住有宜居	203 (16.71%)	466 (44.13%)	256 (30.08%)	286 (28.21%)	268 (42.81%)
弱有众扶	265 (21.81%)	149 (14.11%)	65 (7.64%)	289 (28.50%)	59 (9.42%)
城乡治理及其他	440 (36.21%)	220 (20.83%)	280 (32.90%)	150 (14.79%)	228 (36.42%)

2. Y维度分析：政策工具

按照政策工具分类，进行各区域单位政策条目及占比的统计，详细情况如表4-5所示。Y维度上，整体来看，国家和各省市地区的民生政策综合发挥了供给、需求和环境这三类工具的工作，但运用比重分布不均。供给型政策工具和环境型政策工具是两项最为广泛的政策工具类型，供给型政策工具在各区域单位的占比均超过50%。我国在现阶段民生事业的建设过程中，仍主要通过直接投入资源、打造相关发展环境来进行，而较少通过刺激市场需求、调动市场主体积极性与这一迂回的方式。出现这一特点，与民生幸福作为一项公共事业的性质存在关联；同时，也与我国政府传统的施政模式、行政习惯密切相关：中国是"大政府"国家，各级政府均具备开展一定范围内资源动员、输送和管理的实力，而不会过分依赖外部主体的行为。

通过区域之间的对比发现，国家层面与各省市之间存在一个显著的差异：在国家层面的政策工具中，环境型政策工具占比高于供给型政策工具；而在剩下四个省区市中，均是供给型政策工具高于环境型政策工具。这一特点体现出我国中央政府与各地方政府在相关工作上的不同：由中央政府起草、出台的国家层面的政策，更多负责相关的顶层制度设计，通过给定原则性、普遍性的指令和相关政策目标，营造良好的制度环境和市场环境，引导地方各级政府展开正确的行动。因此，由于地方政府需要更多落实上级提出的政策目标，进行相关政策制定时，会运用到更多可推动或拉动相关工作开始的政策手段。

具体看各个区域中细化的指标，法规管制和公共服务是国家层面最主要运用的工具，占比达到39.84%和23.87%，北京市也主要是这两类政策。上海市占比最高的两项政策工具为目标规划和基础设施建设，分别达到32.08%和31.96%的占比。广东使用最多的两项政策工具是公共服务和法规管制，分别占比30.57%和26.33%。对比国家和其他省市，深圳同样具有自身独特的模式。深圳供给型政策工具的整体占比高达72.68%，占比最高的两类工具也都为供给型政策工具：基础设施建设占比31.47%，公共服务占比26.20%。除此之外，深圳市是运用需求型政策工具最多的城市，鼓励引导类的政策占比达到20.45%。国家和其他省市广泛运用的法规管制工具，在深圳市的占比反而较低，仅占15.18%。在民生幸福事业建设中，深圳市充分调动政府和市场两方的积极性，实现"有力政府"与"活力市场"之间的强强联合。

表4-5　　　　　　　　　　政策工具分析

政策工具		政策频数及占比				
类型	工具名称	国家	北京	上海	广东	深圳
供给型	财政投入	112 (9.22%)	66 (6.25%)	50 (5.88%)	125 (12.33%)	66 (10.54%)
	人才队伍	87 (7.16%)	43 (4.07%)	73 (8.58%)	59 (5.82%)	28 (4.47%)
	基础设施	203 (16.71%)	176 (16.67%)	272 (31.96%)	166 (16.37%)	197 (31.47%)
	公共服务	290 (23.87%)	303 (28.69%)	143 (16.80%)	310 (30.57%)	164 (26.20%)
	小计	692 (56.95%)	588 (55.68%)	538 (63.22%)	660 (65.09%)	455 (72.68%)

续表

政策工具		政策频数及占比				
类型	工具名称	国家	北京	上海	广东	深圳
需求型	政府采购	22 (1.81%)	16 (1.52%)	12 (1.41%)	38 (3.75%)	12 (1.92%)
	推广补贴	41 (3.37%)	53 (5.02%)	54 (6.35%)	95 (9.37%)	54 (8.63%)
	鼓励引导	141 (11.60%)	132 (12.50%)	161 (18.92%)	105 (10.36%)	128 (20.45%)
	宣传示范	18 (1.48%)	59 (5.59%)	26 (3.06%)	76 (7.50%)	38 (6.07%)
	小计	222 (18.27%)	260 (24.62%)	253 (29.73%)	314 (30.97%)	232 (37.06%)
环境型	目标规划	276 (22.72%)	141 (13.35%)	273 (32.08%)	117 (11.54%)	132 (21.09%)
	金融支持	25 (2.06%)	14 (1.33%)	6 (0.71%)	32 (3.16%)	9 (1.44%)
	税收优惠	16 (1.32%)	3 (0.28%)	5 (0.59%)	1 (0.10%)	4 (0.64%)
	法规管制	484 (39.84%)	343 (32.48%)	156 (18.33%)	267 (26.33%)	95 (15.18%)
	小计	801 (65.93%)	501 (47.44%)	440 (51.70%)	417 (41.12%)	240 (38.34%)

3. Z维度分析：政策主体

按照政策主体分类，进行各区域单位政策条目及占比的统计，详细情况如表4-6所示。Z维度上，政府是民生幸福政策落实、执行的绝对主体，国家和四个省市的政策主体分析，其占比均高于80%，国家层面甚至高达94.57%。民生事业发展必须依赖政府的大力投入、支持与引导。在其他主体方面，企业、非营利组织和群众都各占有一定的比例。除国家层面外，四个省区市中，以企业为主体的占比均略高于非营利组织。值得关注的是，在深圳市民生幸福政策中,以企业和群众为主体的占比都显著高于国家与其他省市。在民生事业建设进程中,深圳更大程度上关注了对社会力量的动员和引导,充分挖掘市场和公众在追求民生幸福道路上的巨大潜力。

表4-6　　政策主体分析

政策主体	政策频数及占比				
	国家	北京	上海	广东	深圳
政府	1149 (94.57%)	916 (86.74%)	790 (92.83%)	823 (81.16%)	545 (87.06%)
企业	248 (20.41%)	299 (28.31%)	244 (28.67%)	270 (26.63%)	246 (39.30%)
非营利组织	334 (27.49%)	224 (21.21%)	116 (13.63%)	267 (26.33%)	154 (24.60%)
群众	145 (11.93%)	179 (16.95%)	154 (18.10%)	162 (15.98%)	114 (18.21%)

二　二维交叉分析

1. X与Y维度交叉分析

首先,对民生幸福政策各领域下主要政策工具使用情况进行统计。由于信息维度过多,难以通过表格形式呈现,结果经总结提炼后,结果如下。在包括"城乡治理及其他"在内的八个民生领域里,各领域在政策工具使用方面,均为供给型和环境型政策占比最高。国家层面,在幼有善育、学有所教、老有颐养、弱有众扶这四个领域中,供给型政策工具占比最高,其次为环境型,最后是需求型;在劳有厚得、病有良医、住有宜居、城乡治理及其他方面,环境型政策工具占比最高,供给型第二,需求型仍是最低。由此可见,在老幼、弱势群体及教育教学领域中,针对此类非产生性部门,一般主要通过资源供给的方法来解决问题。而劳动、医疗、住房在社会治理等生产、生活领域,创造有利于发展的环境、理顺体制机制和流程,反而是处理这类民生问题更为有效的手段。

省市地区层面，各民生领域仍然主要采用供给型和环境型这两类政策工具。与国家层面的不同之处，主要在于劳有厚得和住有宜居这两方面：两者都从环境型政策占比最高转变为供给型政策占比最高。这与地方政府主要负责政策落实的性质相关。此外，不同于全国整体情况，这四个大型省市里，群众对于就业和住房的需要长期处于供不应求的状态。地方政府加大从供给层面的发力，对于助力相关民生问题的解决具有重要意义。

2. X 与 Z 维度交叉分析

对民生幸福政策各领域下政策主体分布情况进行统计发现，在任何一个民生政策领域，政府都是绝对的主体，在每个区域、每个领域里的政策占比都高于85%。尤其是在住房问题上，五个区域以政府为主体的政策占比分别达到 97.54%、92.49%、94.92%、90.90% 和 95.15%。当下，居高不下的购房、租房成本，已经成为普遍的民生问题，很大程度上影响民众生活的获得感与幸福感，必须依赖政府对房地产市场进行整治、规范和引导。

此外，在劳有厚得这一领域，以企业为主体的政策占比远高于其他领域，深圳这一数值最高，达到 56.06%。就业是最大的民生，企业是就业市场的主体，出台大量的政策以充分调动、发挥企业的活力和积极性，是实现劳有厚得这一民生幸福目标的最佳路径。

3. Z 与 Y 维度交叉分析

对各政策主体分类下主要政策工具使用情况进行统计发现，国家层面与省区市之间存在鲜明的差别。在各个政策主体分类下，供给型工具和环境型工具的占比均为最高。但在国家层面，所有主体分类下，环境型政策工具占比皆高于供给型政策工具。而在四个省市层面，所有主体分类下，供给型政策工具占比均高于环境型政策工具占比。中央政府与地方政府在民生幸福政策制定方面，绝对十分显著的定位差异，发挥不同的职责作用。

对五个区域单位进行横向比较发现，深圳市在每一类政策主体下的供给型政策工具占比，均显著高于国家和其他几个省市；除此之外，深圳以企业、非营利组织、群众为主体的政策中，需求型政策工具的占比也均高于其他单位，达到 40%—48% 的比例。这说明，深圳市在推进民生幸福事业建设的过程中，综合采用了多种灵活的政策手段，以广泛、全面地调动多元化的力量参与民生事业为主要目标，探索一种具有高度活力的发展模式。

小　结

本章通过建立"民生政策领域—政策工具—政策主体"这一三维政策分析框架，对国内整个国家、北京、上海、广东和深圳这五个行政单元在2012—2022年这十年间发布的民生政策进行了详细的分析。研究发现，由于各个区域民生幸福水平和现实实践方面的差异，在"民生'七有'"的范围内，不同地区在民生事业发展建设过程中，存在各自的偏重。而通过量化分析发现，各个城市在民生事业不同领域的政策偏重均与该地区的现实需求相符，展现出民生幸福政策制定的合理性与科学性。在政策工具方面，由于中央政府和省市级政府的分工，国家层面出台的政策更多地采用了环境型政策工具，侧重于整个民生事业发展大环境、大气候的顶层设计；而以北京、上海、广东、深圳为代表的省市级地方政府，则大量使用供给型政策工具，在推进民生幸福政策目标的落实、执行方面投放更多的政策资源。在民生幸福领域，从古至今，政府都是群众安居乐业的最大保障性因素，在民生政策的制定、落实和执行环节，占据着绝对的主导地位。

民生幸福是一项综合性的事业，是全体人民共同的追求。当下，政府已经有意识结合社会公众多方的力量，打造民生领域的共治共建共享新格局。但整体来说，对社会多元力量积极性的调动，目前仍存在着很大的进步空间。深圳市是目前将"强有力政府"与"高活力社会力量"在民生领域有效结合的代表性城市，这一点在政策工具和政策主体的对比中已经初步显露。民生幸福标杆建设的"深圳模式"，已经在当下初具雏形，一团蕴藏着潜力与希望的民生幸福之火，将在不远的未来绽放出明媚的光芒。

第五章 深圳市十年民生财政支出对民生幸福影响机制研究

本章研究目的是探讨深圳市及各区民生财政投入对居民主观幸福感的影响程度与成效。研究方法是通过采集政府信息公开内容，描述了2011—2020年深圳市民生财政支出现状，以及2016—2020年深圳市各区民生财政支出情况；构建民生幸福标杆城市指数（简版），探讨民生财政支出的使用效率；通过线性回归分析和中介效应检验探讨民生财政对深圳市民幸福感的影响程度及作用机制。[1] 结果发现：深圳市民生财政支出整体呈快速增长趋势，占全市一般公共预算支出比重从2011年的50.45%升至2020年的67.93%；新设区民生财政投入整体占比更高。区域1、区域4、区域5等三区的民生财政支出投入产出效率达到DEA强有效。[2] 民生财政支出可通过民生福利满意度和主观社会地位对个体主观幸福感产生影响。可见，深圳市区级一般公共预算支出应坚持好经济发展和民生福祉建设的平衡，充分考虑民生财政投入对主观幸福感的影响的累积性和滞后性，通过共建共治共享创建"民生幸福标杆城市"。

第一节 引言

深圳经济特区建立42年来，深圳本地生产总值（GDP）由1979

---

[1] 民生幸福标杆城市指数详见本书第八章，《深圳市民生发展问卷》详见附录·四，内容分析详见本书第九章。

[2] 数据包络分析（Data Envelopment Analysis，DEA）是运筹学和研究经济生产边界的一种方法。该方法一般被用来测量一些决策部门的生产效率。

年的1.96亿元，增长至2021年的3.07万亿元，名义增长高达1.57万倍，实际增长2714.69倍，创造了举世瞩目的历史成就。优异的成绩离不开生产力的发展和生产关系的适时调整，更离不开无数劳动人民的辛勤付出。1979年年末深圳市常住人口仅有31.41万人，2021年末常住人口已达1768.16万人，其中常住户籍人口556.39万人，非户籍常住人口1211.77万人，非户籍常住人口占比高达68.5%[①]。

随着经济的发展和人民生活水平的不断提高，人民不仅对物质文化生活提出了更高的要求，而且在民主、法治、公平、正义、安全、环境等方面的要求日益增长[②]。与经济建设的巨大成就相比，民生建设一直是改革开放后我国社会发展的短板弱项，存在着地区、领域和群体间的不平衡不充分发展[③]。在深圳，具体体现为优质医疗、教育、托幼等民生领域优质资源的区域分布与惠及群体的不平衡不充分，供给质量滞后于经济发展水平。

诸多研究表明，政府民生财政支出会对居民幸福感产生重要影响。政府民生财政支出的总量、结构和类别，地方政府的经济社会发展水平，居民的个体特征等均会影响居民幸福感[④]。这些影响因素对居民幸福感的作用往往并不是简单的线性关系，存在诸如"伊斯特林的幸福悖论"和"Inglehart的社会发展两阶段"等更为复杂的作用机制[⑤]。在深圳，深入讨论民生财政支出对居民幸福感的作用和影响路径，对于建设和建成中国特色社会主义先行示范城市的民生幸福标杆之城显然具有重要意义。党的十八大以来，深圳市民

---

① 《政府工作报告》，深圳政府在线，http://www.sz.gov.cn/cn/xxgk/zfxxgj/gzbg/index.html，2022年8月10日。

② 陈惠雄：《"快乐经济学"的质疑与释疑》，《学术月刊》2010年第3期。

③ 周奕、陈惠雄：《职业、收入、社会满意度：多阶层收入—幸福关系比较分析》，《生产力研究》2014年第7期；J. A. Richardson, "How does Gross National Happiness Offer an Integrated Perspective Linked with Health, Economics, Correction Example, and Nature?", *Journal of Ayurveda and Integrative Medicine*, 2022。

④ 刘学程、宋大强：《公共服务影响民生幸福的机制与路径》，《经贸实践》2016年第10期；陈惠雄：《社会幸福：基于学说史的视角》，《社会科学战线》2014年第2期。

⑤ 胡俊：《公共财政支出对民生幸福指数的影响及其效益分析——基于云南省数据的实证研究》，硕士学位论文，云南财经大学，2012年；G. S. Cheema, *Democratic Local Governance: Reforms and Innovations in Asia*, United Nations University Press, 2013。

生财政支出的整体情况如何？其支出效率如何？能否以及如何惠及深圳人民群众，切实提高群众的幸福感？目前暂未有相关研究发表。

第二节　深圳市民生财政支出现状

2009年和2010年国务院政府工作报告中特别将民生财政支出定义为用于科教文卫、社会保障以及社会补贴等方面的民生支出。党的十八大以来，党中央将民生福祉工作视为推动社会建设、提升国家治理能力的一项重要任务，高度重视、体系化行动，使改革和发展的成果更多更公平地惠及全体人民。党的十九大报告中继续明确提出提高保障和改善民生水平，加强和创新社会治理，为实现全面小康奠定基础。

深圳市积极响应党和国家的政策要求。早在2010年，深圳市政府工作报告中就指出：改善民生是经济发展的根本目的，要加快解决市民群众普遍关注、反映强烈的热点难点问题，大力提升民生福利水平，维护社会公平正义，促进社会和谐进步。2011年深圳市政府工作报告进一步将增进社会民生福利分解为：稳定市场物价、增加居民收入、促进充分就业、完善社会保障、强化住房保障、优先发展教育、提高医疗水平、发展文化事业、改善公共交通九项民生实事以及维护公共安全。2011—2015年，五年深圳全市财政九类重点民生领域投入近5000亿元，年均增长22.6%。2016年起，深圳市政府工作报告每年均披露九类重点民生领域市区财政支出，以及民生实事和民生微实事完成情况。2021年，深圳市九大类民生支出3197亿元，增长12.6%，占一般公共预算支出比重超过了70%[①]。

一　深圳市十年民生支出概况

2011年，深圳市全市常住人口为1122.94万人，人均可支配

---

① 《政府工作报告》，深圳政府在线，http://www.sz.gov.cn/cn/xxgk/zfxxgj/gzbg/index.html，2022年8月10日。

收入为36505元，一般公共预算支出为1590.56亿元，人均一般公共预算支出为14164元。2020年全市常住人口、人均可支配收入、一般公共预算支出、人均一般公共预算支出分别增至1763.38万人、64878元、4178.42亿元、23695元；十年间分别增长了57.03%、77.72%、162.70%、67.29%（详见表5-1和图5-1）。

充足的财力有力支撑了民生财政支出。2011年深圳市全市除住房保障支出外，其余八大类民生支出高达802.40亿元，占全市一般公共预算支出比重为50.45%。2019年，深圳市全市除住房保障支出外，其余八大类民生支出为2854.98亿元，占全市一般公共预算支出比重为62.71%。民生财政支出增速超过一般公共预算支出增速，政府民生财政投入责任得到有效落实。

分科目来看，居民切身相关的城乡社区事务、教育、交通和健康支出占比最高。除住房保障外的八大类民生财政支出中，深圳全市十年间累计投入最多的大类依次为城乡社区事务支出（5293.03亿元，16.36%）、教育支出（3659.96亿元，11.31%）、交通运输支出（2956.64亿元，9.14%）、卫生健康支出（2106.02亿元，6.51%）、节能环保支出（1761.53亿元，5.44%）、社会保障和就业支出（1170.41亿元，3.62%）、农林水支出（670.27亿元，2.07%）、文化体育与传媒支出（566.33亿元，1.75%）。

在支出科目增速方面，八大类民生支出呈现"爆发式"增长，即主要通过专项投入的方式集中力量解决某一领域突出的问题。如城乡社区事务支出方面，2015年较2014年支出增长95.62%，增加额度高达227.61亿元，意味着当年集中财政资金支持城市基础设施建设如修建城市公园、城乡社区管理等工作。而交通运输支出方面，2015年至2019年支出增长率分别为255.62%、-56.84%、-29.41%、-28.78%、-43.27%，即2015年投资了交通领域的重点专项，随后则处于维护已有设施和维持日常运转状态（详见表5-1）。

表 5-1　2011 年至 2020 年深圳市全市民生财政支出

维度＼年份	2011	2012	2013	2014	2015	2016	2017	2018	2019	2020	十年占比
教育支出（万元）	1967928	2461343	2877280	3307951	2885520	4147269	5090971	5845062	7165514	850804	11.31%
文化体育与传媒支出（万元）	460504	328388	329433	565498	527260	547941	571218	659109	669909	1004070	1.75%
社会保障和就业支出（万元）	518856	667785	784985	714049	845801	1054524	2397159	1977496	1769842	973564	3.62%
卫生健康支出（万元）	786926	1052925	1069185	1609252	1505974	2012739	2442264	2814988	3354865	4411035	6.51%
节能环保支出（万元）	9751 72	1080036	1419861	1384353	1083493	1402415	2130427	2524860	3316349	2298299	5.44%
城乡社区支出（万元）	1968788	1998352	2217321	2380357	4656457	5584938	9829642	8213591	10154044	5926794	16.36%
农林水支出（万元）	297590	446591	614196	559443	441526	612541	763260	788779	833313	1345497	2.07%
交通运输支出（万元）	1048244	1000381	1116493	2937386	10445932	4508921	3182690	2266757	1285931	1773688	9.14%
人口（万人）	1122.94	1195.85	1257.17	1317.86	1408.05	1495.35	1587.31	1666.12	1710.40	1763.38	—
人均可支配收入（万元）	36505	40742	44653	40948	44633	48695	52938	57544	62522	64878	—
一般公共预算支出（万元）	15905599	15690071	16908280	21661370	35216708	42110429	45938003	42825598	45527336	41784235	100%

资料来源：深圳政府在线，http：//www.sz.gov.cn/cn/xxgk/zfxxgj/tjsj/tjnj/，2022 年 8 月 10 日。

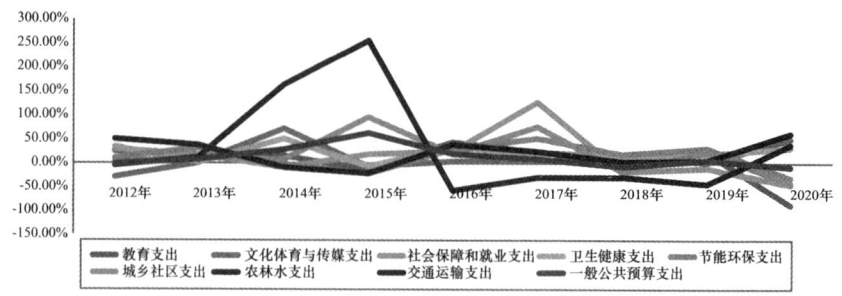

图 5-1 2012 年至 2020 年深圳市各类民生支出增长率（%）

资料来源：深圳政府在线，http://www.sz.gov.cn/cn/xxgk/zfxxgj/tjsj/tjnj/，2022 年 8 月 10 日。

二 各区民生财政十年支出概况

如何更好统筹市区两级的财权与事权，打造先行示范意义的现代财政是深圳市一直追求的目标。2012 年之后，深圳按照中央深化财税体制改革部署，全力推动事权与支出责任划分改革，优化市区权责划分，在全国率先建立事权与支出责任相适应的市区财政体制。2016 年，深圳财政启动第五轮市区财政体制改革，通过加速简政放权和特区一体化建设，市区财力分配重心逐渐向区级转移，2019 年区级财力规模首次超过市本级，2021 年市区总体财力格局为 48∶52 左右。财政系列改革有助于区级财政更好服务辖区内各项工作的开展，其中也包括民生财政支出。深圳市本级安排对各区（新区）税收返还和转移资金，民生财政方面主要涉及教育、治水提质、城中村改造等各类投入。

由表 5-2 可知，排除疫情影响，2016 年至 2019 年，区域 1、区域 7 的九大类别民生支出占一般公共预算支出比重低于深圳全市水平，这可能与区域 1、区域 7 交通、教育和基础设施较好，需要补的历史欠账更少有关。而区域 2、区域 4、区域 5 所占比重有下降趋势，区域 2 主要受 2017 年九大类别民生支出城乡社区事务支出和社会保障支出大幅度增加影响；区域 4 则在 2016 年出现住房保障支出、城乡社区事务支出和卫生健康支出大幅度增加；区域 5 民生财政投入趋于稳定,占比维持在62%—64%。①

表5-2　　各区九大类别民生支出占一般公共预算支出比重

区域	功能定位	2016年	2017年	2018年	2019年	2020年
福田区	深圳行政、文化、金融、商务和国际交往中心	50.69%	50.10%	51.74%	50.86%	45.38%
罗湖区	深港社会协同发展示范区、现代服务业创新发展集聚区	56.05%	71.36%	50.13%	45.90%	55.02%
盐田区	国际航运中心、海洋新兴产业高地、滨海旅游重要基地	64.15%	72.07%	62.09%	66.74%	64.97%
南山区	科技产业创新、高等教育和总部经济集聚区	58.71%	55.87%	52.10%	49.36%	59.48%
宝安区	深圳城市西部中心、国际航空枢纽	63.62%	63.88%	63.11%	62.31%	54.63%
龙岗区	深圳城市东部中心、高等教育国际合作中心、国际文体活动交流中心	37.95%	58.47%	65.16%	62.69%	60.35%
龙华区	深圳中部综合服务中心、数字经济先行区、未来城市试验区、智慧治理示范区	39.84%	41.46%	56.56%	56.38%	51.34%
龙岗区	深圳城市东部中心	46.90%	55.41%	66.52%	75.80%	61.22%
光明区	深圳北部中心、科技创新中心	80.00%	79.04%	74.22%	70.06%	59.78%
大鹏新区	滨海旅游服务中心、海洋科技和教育基地	48.77%	74.00%	80.03%	81.50%	80.20%

① 在本章内容,作者使用了区域1、区域2……区域10代替了具体的行政区域名称,主要考虑这是一本科学研究导向的著作,不具有区域的行政建设能力评价功能。

续表

区域	功能定位	2016年	2017年	2018年	2019年	2020年
深圳全市	中国经济特区、全国性经济中心城市、国际化城市、科技创新中心、区域金融中心、商贸物流中心	51.90%	69.62%	65.00%	66.20%	68.00%

资料来源：深圳政府在线，http://www.sz.gov.cn/cn/xxgk/zfxxgj/tjsj/tjnj/，2022年8月10日。大鹏新区政府在线，http://www.dpxq.gov.cn/，2022年8月10日。光明政府在线，http://www.szgm.gov.cn/，2022年8月10日。龙岗政府在线，http://www.lg.gov.cn/，2022年8月10日。龙华政府在线，http://www.szlhq.gov.cn/，2022年8月10日。罗湖政府在线，http://www.szlh.gov.cn/#home，2022年8月10日。深圳市宝安区人民政府，http://www.baoan.gov.cn/，2022年8月10日。深圳市福田区人民政府，http://www.szft.gov.cn/，2022年8月10日。深圳市南山区人民政府，http://www.szns.gov.cn/，2022年8月10日。深圳市坪山区人民政府，http://www.szpsq.gov.cn/cn/，2022年8月10日。深圳市盐田区人民政府，http://www.yantian.gov.cn/，2022年8月10日。

新设城市区方面，区域8、区域10两地均保持持续增长的趋势，区域8在2019年九大类别民生支出占一般公共预算支出比重高达75.80%，区域10更是高达81.50%。两地政府在平衡经济发展和民生保障中，对民生财政投入的决心足以彰显其作为相对后发地区改善居民社会支持和环境的积极行动。区域9占比呈逐年下降的趋势，但四年来，占比均在70%及以上，支出主要集中在城乡社区事务（25.20%）和教育（20.97%）中。区域9过去属于远郊区，在"十四五"新一轮的发展中，定位为深圳北部中心、科技创新中心，需要持续改善民生，创造宜居环境，吸引人才入驻。

受疫情影响，2020年，深圳全市仅有区域10的大类别民生支出占一般公共预算支出比重超过全市水平。因市区两级财政事权有所差异，受疫情影响的疫情防控支出和城乡社区事务支出，主要集中在市级财政，市级财政支出中九大类民生财政支出上升。而区一级财政受疫情影响，仅有区域10、区域9、区域6、区域7等四个区一般公共预算支出略有增长，其余区一般公共预算支出均下降。

第三节　深圳市民生财政支出成效分析

政府民生投入效率是民生财政投入能否转化为民众切身的幸福体验的重要影响因素之一。本章以第三章民生幸福标杆城市指数为基础，考虑区一级数据的可得性及意义，构建民生幸福标杆城市指数（简版），如表5-3所示。①

表5-3　　　　民生幸福标杆城市指数（简版）

得分	准则层（B）	权重（W_A）	方案层（C）
深圳市民生幸福标杆城市指标体系评价（A）	幼有善育（B_1）	0.064	普惠性托育点覆盖率 C_4
	学有优教（B_2）	0.135	15岁及以上人口的平均受教育年限 C_8
	劳有厚得（B_3）	0.114	人均可支配收入 C_{10}
	病有良医（B_4）	0.236	每千常住人口床位数 C_{15}
	老有颐养（B_5）	0.135	养老保险参保率 C_{23}
	住有宜居（B_6）	0.117	环境空气质量优良天数比例 C_{28}
	弱有众扶（B_7）	0.199	每万人注册志愿者人数 $C32$
	总分	1.000	民生幸福标杆城市指标（简版）

---

① 民生幸福标杆城市指数（简版）构建的主要依据如下。

一是部分指标全市统一标准：包括城市最低生活保障标准占当地上年度常住居民人均可支配收入的比例、最低工资标准。

二是部分指标全市没有差异：3岁以下儿童系统管理率、适龄儿童免疫规划疫苗接种率、学生体质健康达标率、九年义务教育巩固率、城镇居民登记失业率、医疗费个人自付比。

三是部分指标投入责任主要在市一级：高校学科排名进入世界ESI排名前1%的学科数量、城市饮用水源水质达标率。

四是部分指标区一级数据不可得：每千常住人口3岁以下婴幼儿托位数、义务教育阶段生师比、灵活就业人员社保参保率、就业人员平均实际工资指数、劳动人事争议仲裁结案率、每千人口执业（助理）医师数、每万人口全科医生数、人均预期寿命、每千名老年人拥有养老床位数、街道综合性养老服务中心覆盖率、老年志愿者占老年人比重、养老金替代率、保障性住房覆盖率、轨道交通线密度、建成区绿化覆盖率、生活垃圾回收利用率、残疾适龄儿童入学安置率、每万人持证社会工作者数量。

保留一级指标的权重（Wa）不变，各一级指标只保留一个二级指标，最终构建成简版的指标体系。

经计算，深圳市各区民生幸福指数（简版）如表 5-4 所示。区域 1 和区域 2 表现优秀，得分分别为 0.908 和 0.851，其余八区得分均低于全市水平（由于市区两级功能不同，指标在统计时，仅考虑区一级的情况，而未将市级组织数据纳入所在区）。区域 3、区域 7、区域 9 等三区的分值均低于 0.60，分别为 0.597、0.525、0.549。

考虑民生财政投入有滞后性和累积性，本章研究认为 2021 年的指标水平取决于 2020 年的投入水平和过去 5 年的累计水平。为进一步讨论深圳市民生财政投入与产出效率的关系，本研究以 2016—2020 年各区人均民生财政投入绝对值、2020 年各区人均民生财政投入绝对值、2016—2020 年各区民生财政投入占一般公共预算支出比例为投入指标，2021 年深圳市各区民生幸福指数（简版）为产出指标，进行数据包络分析（Data Envelopment Analysis，DEA），结果如表 5-5 所示，综合效率均值为 0.835。区域 1、区域 5、区域 6 等三区的综合效率值为 1，即综合有效，表明三地现有的人均民生财政投入水平（投入总量和投入质量），已经到了最佳的产出。其余七区和深圳市综合效率小于 1，存在投入过剩或产出不足等问题。其中区域 7 的综合效率仅为 0.616，说明该区仅发挥了 61.6% 的效率水平，还有较大进步空间。结合表 5-2、表 5-4、表 5-6 可知，区域 3 得分较低的指标为病有良医和住有宜居，但区域 3 人均民生财政支出及占比、卫生健康财政支出占比、城乡社区事务支出占比等在深圳市内均处于中等偏上水平，即存在投入足够，但产出不足的问题。也可能与卫生健康和居住环境投入见效的周期更长有关。

如表 5-5 所示，技术效率均值为 0.919。区域 1、区域 5、区域 6、区域 9 四区技术效率为 1。说明在目前民生财政支出规模下，投入得到充分利用。但区域 9 综合效率并未为 1，说明规模尚未达到理想状态，应重点关注，结合其规模报酬递增的特点，应持续加大投入，形成规模效应，才能使民生财政投入的产出达到理想状态。而区域 7 的技术效率最低，仅为 0.769，结合其规模效率为 0.801，说明其无论在民生财政投入使用效率和规模上，均有待进一步加强，要进一步补短板强弱项。其中，影响产出最大的维度为病有良医方面，提示应加大辖区内卫生健康投入，并关注产出效率。

第五章　深圳市十年民生财政支出对民生幸福影响机制研究　107

表5-4　2021年各区民生幸福标杆城市（简版）得分

得分	准则层（B）	权重（W_A）	深圳	区域1	区域2	区域3	区域4	区域5	区域6	区域7	区域8	区域9	区域10
深圳市民生幸福标杆城市指标体系评价（A）	幼有善育（B₁）	0.064	0.057	0.053	0.057	0.064	0.063	0.057	0.057	0.056	0.061	0.057	0.063
	学有优教（B₂）	0.135	0.121	0.131	0.125	0.123	0.135	0.116	0.118	0.122	0.112	0.109	0.111
	劳有厚得（B₃）	0.114	0.087	0.114	0.091	0.090	0.111	0.082	0.074	0.079	0.079	0.074	0.059
	病有良医（B₄）	0.236	0.108	0.236	0.162	0.095	0.050	0.073	0.108	0.041	0.156	0.043	0.101
	老有颐养（B₅）	0.135	0.108	0.129	0.117	0.106	0.124	0.079	0.070	0.078	0.092	0.066	0.135
	住有宜居（B₆）	0.117	0.113	0.114	0.112	0.025	0.110	0.110	0.110	0.108	0.113	0.111	0.117
	弱有众扶（B₇）	0.199	0.199	0.131	0.187	0.093	0.114	0.082	0.114	0.040	0.084	0.089	0.173
	总分	1.000	0.793	0.908	0.851	0.597	0.707	0.600	0.652	0.525	0.696	0.549	0.759

表5-5　各区民生财政投入产出分析

地区	技术效率	规模效率	综合效率	松弛变量S−	松弛变量S+	有效性	规模报酬系数	类型
区域1	1.000	1.000	1.000	0.000	0.000	DEA有效	1.000	规模报酬固定
区域2	0.934	0.957	0.895	9735.826	0.000	非DEA有效	0.937	规模报酬递增
区域3	0.869	0.743	0.646	6374.732	0.000	非DEA有效	0.657	规模报酬递增
区域4	0.850	0.841	0.715	44802.752	0.000	非DEA有效	0.779	规模报酬递增
区域5	1.000	1.000	1.000	0.000	0.000	DEA强有效	1.000	规模报酬固定
区域6	1.000	1.000	1.000	0.000	0.000	DEA强有效	1.000	规模报酬固定
区域7	0.769	0.801	0.616	26546.581	0.000	非DEA有效	0.692	规模报酬递增
区域8	0.889	0.832	0.739	715.165	0.000	非DEA有效	0.767	规模报酬递增
区域9	1.000	0.929	0.929	91096.969	0.000	非DEA有效	0.765	规模报酬递增
区域10	0.869	0.885	0.769	0.000	0.000	DEA有效	0.836	规模报酬递增
深圳全市	0.927	0.942	0.873	582.879	0.000	非DEA有效	0.896	规模报酬递增

规模效率均值为0.903。区域1、区域5、区域6等三区的规模效率为1,即规模有效,且规模报酬不变。其余各区和深圳市全部处于规模报酬递增阶段,说明财政持续投入仍能有效提升产出水平,应在条件允许的情况下,保持乃至加大投入水平。

表5-6　　　　　　　　　投入产出效率分析

项	松弛变量S-分析				投入冗余率		
	20年人均	5年人均	5年占比	汇总	20年人均	5年人均	5年占比
区域1	0.000	0.000	0.000	0.000	0.000	0.000	0.000
区域2	393.161	9342.665	0.000	9735.826	0.035	0.145	0.000
区域3	1858.075	4516.657	0.000	6374.732	0.138	0.076	0.000
区域4	7690.269	37112.484	0.000	44802.752	0.349	0.343	0.000
区域5	0.000	0.000	0.000	0.000	0.000	0.000	0.000
区域6	0.000	0.000	0.000	0.000	0.000	0.000	0.000
区域7	0.000	0.000	0.000	0.000	0.000	0.000	0.000
区域8	5831.996	20714.585	0.000	26546.581	0.313	0.254	0.000
区域9	715.165	0.000	0.000	715.165	0.091	0.000	0.000
区域10	17131.482	73965.487	0.000	91096.969	0.511	0.485	0.000
深圳全市	582.879	0.000	0.000	582.879	0.053	0.000	0.000

注:松弛变量S-意义为"减少多少投入时达目标效率";投入冗余率指"过多投入"与已投入的比值,该值越大意味着"过多投入"越多。

第四节　民生财政对个体幸福感的影响

政府民生财政投除了影响其宏观产出外,对微观个体的影响也至关重要。本研究于2021年8月23—30日对广东省深圳市区域1、区域2、区域4等共计10个区进行深圳市民生发展调研。调研采取分层整群随机抽样。调研对象为深圳市12岁以上的常住居民。发放《深圳市民生发展问卷》8741份,有效问卷8098份,有效回收率为92.6%。平均年龄为36.69岁,其中男性占29.9%,女性占

70.1%（详见表5-7）。

表5-7　各区各民生幸福维度满意度（除主观幸福感外，满分均为5分）

区域	幼托服务满意度	基础教育满意度	劳动就业满意度	医疗服务满意度	养老服务满意度	居住状况满意度	社会福利满意度	城市安全满意度	民生福利满意度	主观幸福感
区域1	3.31	3.33	3.50	3.43	3.40	3.57	3.65	4.18	3.75	0.36
区域2	3.40	3.49	3.49	3.51	3.52	3.63	3.72	4.14	3.69	0.28
区域3	3.31	3.39	3.33	3.42	3.39	3.26	3.60	4.00	3.50	-0.28
区域4	3.70	3.75	3.59	3.67	3.77	3.71	3.88	4.27	3.89	0.30
区域5	3.44	3.61	3.39	3.67	3.55	3.58	3.68	4.01	3.62	-0.23
区域6	3.35	3.43	3.33	3.51	3.49	3.44	3.67	4.09	3.64	-0.07
区域7	3.31	3.57	3.40	3.51	3.53	3.38	3.59	4.07	3.54	-0.19
区域8	3.61	3.63	3.46	3.61	3.69	3.53	3.76	4.06	3.80	-0.13
区域9	3.29	3.41	3.45	3.47	3.50	3.39	3.66	4.09	3.53	0.11
区域10	3.50	3.66	3.44	3.58	3.74	3.61	3.78	4.12	3.81	-0.11
深圳全市	3.37	3.49	3.42	3.52	3.52	3.48	3.67	4.09	3.62	0.00

一　主观幸福感的影响因素

将性别、年龄、受教育程度、户籍、所在区域、居住房屋、工作类型、月均收入、居住年限、生育状况、主观社会地位、现在跟五年前相比主观社会地位是否变好、五年后跟现在相比主观社会地位是否变好、主观社会地位是否持续变好等作为控制变量，将2020年人均民生财政投入、2020年民生财政投入占一般公共预算支出比例、2016—2020年人均总民生财政投入、2016—2020年民生财政投入占一般公共预算支出比例作为自变量，主观幸福感作为因变量，构建线性回归模型，进行分析，结果如表5-8所示。

表 5-8　　　　　　　　主观幸福感的影响因素

变量	B	标化系数	95% CI	t	P
常量	-1.783		(-2.379, -1.188)	-5.870	<0.001
主观社会地位	0.979	0.342	(0.918, 1.040)	31.448	<0.001
五年后跟现在相比主观社会地位是否变好	0.354	0.124	(0.279, 0.430)	9.223	<0.001
居住房屋	-0.350	-0.115	(-0.413, -0.287)	-10.913	<0.001
主观社会地位是否持续变好	0.211	0.050	(0.066, 0.356)	2.853	0.004
工作类型	-0.136	-0.062	(-0.183, -0.089)	-5.641	<0.001
年龄	0.142	0.036	(0.062, 0.222)	3.495	<0.001
2016—2020 年民生财政投入占一般公共预算支出比例	-0.011	-0.039	(-0.017, -0.005)	-3.706	<0.001
性别	0.130	0.031	(0.046, 0.213)	3.053	0.002
受教育程度	-0.100	-0.029	(-0.174, -0.026)	-2.651	0.008
现在跟五年前相比主观社会地位是否变好	0.090	0.035	(0.015, 0.165)	2.361	0.018
2016—2020 年人均总民生财政投入	$1.42*10^{-6}$	0.021	($2.67*10^{-8}$, $2.81*10^{-6}$)	1.998	0.046

由表 5-8 可知，主观幸福感的影响因素主要包括深圳市民特征

(居住房屋、工作类型、年龄、性别、教育程度)、主观社会地位及变化情况(主观社会地位、五年后跟现在相比主观社会地位是否变好、主观社会地位是否持续变好、现在跟五年前相比主观社会地位是否变好)和民生财政投入(2016—2020年民生财政投入占一般公共预算支出比例、2016—2020年人均总民生财政投入)三者的综合影响。

二 民生财政投入对主观幸福感的影响路径

由回归分析可知，调查对象的主观社会地位及其变化是影响幸福感的重要原因。由各维度满意度分析可知，调查对象对民生幸福感知也是影响幸福感的重要原因。人口学特征如年龄、居住房屋和工作类型等是重要的混杂因素。基于此，本章研究构建了中介效应检验模型，将2016—2020年民生财政投入占一般公共预算支出比例作为自变量、民生福利满意度为中介变量1、主观社会地位为中介变量2、主观幸福感为因变量，年龄、居住房屋和工作类型为控制变量，进行检验。检验结果如表5-9、表5-10和图5-2所示。

表5-9　民生财政支出对主观幸福感的中介效应检验整体结果

统计量	R^2	F	P
M1(民生福利满意度)	0.070	153.02	<0.001
M2(主观社会地位)	0.087	154.43	<0.001
Y(主观幸福感)	0.267	491.18	<0.001

表5-10　民生财政支出对主观幸福感的中介效应检验

变量1	Y(主观幸福感)				
	β	S.E.	P	LLCI	ULCI
常量	-2.530	0.236	<0.001	-2.993	-2.067
民生福利满意度	0.715	0.021	<0.001	0.675	0.756
主观社会地位	0.716	0.029	<0.001	0.658	0.773

续表

变量1	Y（主观幸福感）				
	β	S.E.	P	LLCI	ULCI
2016—2020年民生财政投入占一般公共预算支出比例	-0.014	0.003	<0.001	-0.020	-0.009
年龄	0.095	0.038	0.011	0.022	0.169
居住房屋	-0.236	0.030	<0.001	-0.295	-0.176
工作类型	-0.131	0.022	<0.001	-0.174	-0.089
变量2	M2（主观社会地位）				
	β	S.E.	P	LLCI	ULCI
常量	2.030	0.087	<0.001	1.859	2.200
民生福利满意度	0.174	0.008	<0.001	0.159	0.189
2016—2020年民生财政投入占一般公共预算支出比例	-0.003	0.001	0.009	-0.005	-0.001
年龄	-0.005	0.014	0.715	-0.033	0.023
居住房屋	-0.134	0.012	<0.001	-0.157	-0.112
工作类型	-0.129	0.008	<0.001	-0.145	-0.113
变量3	M1（民生福利满意度）				
	β	S.E.	P	LLCI	ULCI
常量	3.937	0.119	<0.001	3.704	4.170
2016—2020年民生财政投入占一般公共预算支出比例	0.005	0.002	0.003	0.002	0.008
年龄	-0.083	0.021	<0.001	-0.123	-0.042
居住房屋	-0.215	0.017	<0.001	-0.247	-0.183
工作类型	-0.057	0.012	<0.001	-0.081	-0.034

注：* $p<0.05$，** $p<0.01$，*** $p<0.001$。

如图5-2所示，民生福利满意度可中介民生财政投入对主观社会地位的影响，民生福利满意度和主观社会地位可中介民生财政投入对主观幸福感的影响。

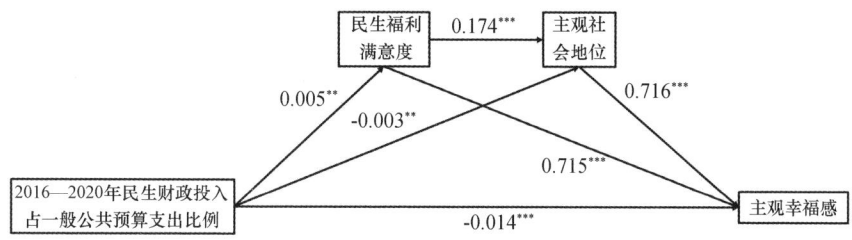

图 5-2　民生财政投入对主观幸福感的影响路径

小　结

本章研究在深圳"十四五"时期正在加速建设"民生幸福标杆"城市的背景下，描述 2011—2020 年深圳市民生财政支出现状，以及 2016—2020 年深圳市各区民生财政支出情况，探讨民生财政支出使用效率。在此基于样本的调查研究，量化评估了民生财政对深圳市民幸福感的影响大小及作用机制；分析了深圳市当前深圳市民生财政支出与民众幸福感的关系，以及对民生福祉满意度、居民主观社会经济地位对两者之间关系的中介作用。

本章研究启示如下：

一是区级一般公共预算支出应坚持平衡好经济发展和民生幸福。2011 年至 2020 年，深圳市区两级均安排大量的一般公共预算支出用于民生财政投入，重点投向城乡社区事务、教育、交通和健康领域，也在相应领域取得了系列成就。但深圳十区各有其发展定位和发展阶段，各区所面临的民生突出问题也有所差异。在进行民生财政资源配置时，区级政府应充分利用市级财权下放的政策优势，除了关注好经济发展，还应聚焦居民"急难愁盼"领域，保障民生幸福相对弱势群体。[1]

二是充分考虑民生财政投入对主观幸福感的影响具有累积性和

---

[1] 金戈、史晋川：《多种类型公共支出与经济增长》，《经济研究》2010 年第 7 期；高琳：《分权与民生：财政自主权影响公共服务满意度的经验研究》，《经济研究》2012 年第 7 期。

滞后性。民生财政投入对主观幸福感的影响存在"财政投入—服务供给—居民感知—主观社会地位变化—主观幸福感"等复杂的影响路径,最终体现为累积性、滞后性和复杂性。改变指标容易,改变居民感知难,转化为幸福感和获得感更难,累加为潜意识的安全感极难。应坚定改善民生福祉是经济发展的根本目的,是社会建设的底层价值表达。针对深圳市 2000 余万常住人口的巨量热点问题、难点问题给予更大的耐心和支持,通过体制机制模式的建设与先行先试,将短期民生财政支出转化为长期的内生改善动力机制[①]。

三是共建共治共享"民生幸福标杆城市"。主观幸福感知因人而异,政府民生财政投入人均、总量和占比越高,并不意味着居民主观幸福感越高。应本着政府主导和政社合作原则,通过一系列政策安排,为市场主体和各种社会力量有序参与民生幸福改善创造更多机会。同时考虑到深圳人均收入水平,马斯洛需求层次规律开始应验,人民对于民主、法治、公平、正义和个人价值实现的愿望日益凸显,党和政府要为人民群众参与治理创造条件。最终实现让更多的民众更高水平地享受到经济发展带来的民生幸福感知改善[②]。

[①] 徐小芳:《中国民生财政支出的国民幸福效应研究》,博士学位论文,华东师范大学,2019 年。

[②] 刘小钧:《城市社会治理重心下移:内涵、动因和路径》,《江汉论坛》2022 年第 7 期;陈盛兰:《共建共治共享视域下推进市域社会治理现代化的逻辑理路》,《中共福建省委党校(福建行政学院)学报》2022 年第 2 期;谢志岿、李卓:《论共建共治共享的民生发展格局的内涵与路径——对先行示范区民生幸福标杆战略定位的理论探讨》,《深圳社会科学》2020 年第 1 期。

第六章 深圳市社会治理质量对民生幸福影响机制研究

社会治理质量如何提升深圳居民幸福感？社会治理能力和水平是影响深圳居民幸福的重要机制，存在着门槛效应[①]。本章内容使用心理问卷方法，建立分层回归分析模型，检验了深圳社会治理质量（居民满意度为评价工具）对居民主观幸福感的影响效果，分析了主观社会经济地位的调节效应。研究表明：（1）在控制人口学变量后，深圳社会治理满意度能显著正向预测居民主观幸福感；（2）主观社会经济地位不仅能够正向预测主观幸福感，而且能够调节社会治理满意度对主观幸福感的预测作用。主观社会经济地位越低的居民，社会治理满意度对主观幸福感的影响可能越大。本章研究启示是深圳社会治理质量有效提升了居民幸福感，已经跨越了"门槛效应"阶段。这一证据也表明了深圳在近十年新时代社会治理创新实践上，逐步推动实现社会治理现代化，实现了人民获得感的有效增长。

第一节 背 景

2020年是深圳经济特区建立40周年，在党中央坚强领导下，深圳市加速建设"民生幸福标杆"城市，构建全面优质均衡的公共服务体系，率先实现民生"七优"的社会保障体系目标，向营造共建共治共享社会治理格局迈出新步伐。以2019年为例，深圳九大

---

① 当社会治理处于较低水平时（低于门槛值），社会治理水平并不能显著提升居民幸福感；当高于这一门槛值时，随着社会治理水平的提升，居民幸福感也提升。

类民生支出超过 3000 亿元，增长 9%，居全国首位①。深圳市作为全国第一批市域社会治理现代化试点城市，在统筹推进市域社会治理现代化试点工作过程中，如何有效评估社会治理质量与影响因素，对于准确把握坚持和完善共建共治共享的社会治理制度的重点任务、探索创新社会治理现代化的实践路径、提炼升华为可以惠及全国的深圳经验具有重要意义。

越来越多的研究表明，仅仅用客观指标，如 GDP 或者居民收入，衡量社会治理质量的有效标准并不合适。有学者研究发现，中国居民在过去 20 年里，虽然人均收入大幅提升，但居民的生活满意度却呈现下降趋势②。甚至，经济增长、收入与居民幸福之间还出现了发展悖论和伊斯特林悖论（亦称幸福收入悖论）的情况，即指国民的主观幸福感并没有随着国家经济和个人收入的持续增长而增加③。由此，学界开始呼吁政府的社会治理应从提升居民财富等经济目标转向以提升居民幸福感为目标④。习近平总书记于 2015 年首次提出提升居民幸福感作为评价我国政府治理效果的标准："党中央的政策好不好，要看乡亲们是哭还是笑，如果乡亲们笑，这就是好政策……"⑤ 这使居民幸福感成为一个具有中国特色的衡量我国社会治国理政水平和人民共享改革成果的主观社会指标。

基于以上分析，本章检验深圳社会治理如何对居民主观幸福感产生促进作用，以及这一过程中的关键环节和影响因素，使社会治理质量转化为可量化的居民幸福感指标体系，为深圳下一步更精准

---

① 阳斌、万钧：《2019—2020 年深圳市营造共建共治共享社会治理格局的创新实践与展望》，载《深圳社会治理和发展报告（2020）》，社会科学文献出版社 2020 年版。

② A. Pacek, B. Radcliff, "Assessing the Welfare State: The Politics of Happiness", *Perspectives on Politics*, Vol. 6, No. 2, 2008.

③ R. A. Easterlin, "Does Economic Growth Improve the Human Lot? Some Empirical Evidence", in Davi, P. A. & Reder, M. W., eds., *Nations and Household Sin Economic Growth: Essays in Honor of Moses Abramovitz*, NewYork: Academic Press, 1974.

④ J. C. Ott, "Good Governance and Happiness in Nations: Technical Quality Precedes Democracy and Quality Beats Size", *Journal of Happiness Studies*, Vol. 11, No. 3, 2010.

⑤ 《十八大以来治国理政新成就》编写组编：《十八大以来治国理政新成就》，人民出版社 2017 年版，第 451 页。

的民生施政建议提供全新参考。

第二节 文献回顾

一 社会治理质量与居民幸福感

社会治理是居民幸福感的重要影响因素。诸多以国家作为分析主体的研究发现，社会治理较好的国家，居民的生活满意度更高。例如，Helliwell 等的研究发现，政府社会治理的质量与居民幸福感密切相关，居民在好的社会治理环境中生活得更快乐[1]；Ott 的研究进一步证实，因为居民在好的社会治理环境中可以降低交易成本，这种交易成本的降低会促使居民体验到"程序效用"，所以好的政府社会治理不仅提升幸福感，还可以降低不平等感[2]。还有一些研究讨论社会治理对区域内居民幸福感的影响：如 Sujarwoto 和 Tampubolon 在印尼开展的一项研究发现，地区分权治理与居民幸福感积极相关[3]；Frey 和 Stutzer 以瑞典 26 个州 6000 个居民为样本研究发现，分权治理会促进居民幸福感的提升[4]。国内也有学者采用 CGSS 2015 年数据探讨了社会治理水平与居民幸福感的相关性[5]。总之，这些研究都为政府的社会治理与居民幸福感之间的密切关系提供了支持。

在这些研究基础上，研究者们进一步探讨了社会治理水平促进

---

[1] J. F. Helliwell, H. Huang, "How's Your Government? International Evidence Linking Good Government and Well-being", *British Journal of Political Science*, Vol. 38, No. 4, 2008.

[2] J. C. Ott, "Government and Happiness in 130 Nations: Good Governance Fosters Higher Level and More Equality of Happiness", *Soc Indic Res*, Vol. 102, No. 1, 2011.

[3] S. Sujarwoto, G. Tampubolon, "Decentralisation and Citizen Happiness: A Multilevel Analysis of Self-rated Happiness in Indonesia", *Journal of Happiness Studies*, Vol. 16, No. 2, 2015.

[4] B. S. Frey, A. Stutzer, "Happiness Research: State and Prospects", *Review of Social Economy*, Vol. 63, No. 2, 2005.

[5] 乔军华、刘远、俞明传：《社会治理水平提升居民幸福感的门槛效应》，《上海师范大学学报》（哲学社会科学版）2021 年第 4 期。

幸福感的机制[1]。首先，好的社会治理能够向居民提供他们需要的公共产品和服务，公共产品和服务与居民需求更好的匹配必然会提高居民的幸福感。其次，好的社会治理能够为居民提供参与地方政府活动的机会，向相关部门提供他们所需的公共产品和服务信息，参与感和将来更匹配的社会服务会提升居民幸福感。最后，高质量的社会治理要求政府的治理更加贴近民众，在这一过程中居民有可能要求更高的服务质量，而当治理水平下降时，居民也会有动力要求改善。居民的反馈反过来为政府改善治理水平提供更大的激励与外部压力，帮助政府变得更加负责和提升响应速度，使之提高治理水平，为居民带来幸福感。通过探讨社会治理促进幸福感的机制，可以看出社会治理能否提高居民的幸福感，其核心在于社会治理是否匹配民生需求，是否以提升居民幸福感为目标。

综上可见，国内外已有大量研究探讨了社会治理对居民幸福感的促进作用及其机制，指出了社会治理能否提高居民的幸福感，其核心在于社会治理是否匹配民生需求，是否以提升居民幸福感为目标。因此，在评估社会治理质量时，运用居民满意度作为评价标准具有合理性，能反映居民对社会治理的具体要求，为提高治理质量提供有力的洞见。

二 居民满意度作为社会治理质量评价工具的依据

幸福感是一个多维的比较宽泛的概念，内涵和具体研究方法具有多样性，幸福感是通过所使用的具体指标概念化的，大体上可以把衡量幸福感的维度与方法分为两类主观维度与客观维度[2]。主观和客观社会指标之间存在明显差异，主观指标通过感知概念来体现，而客观指标是以真实数据来表示。以个人收入为例，客观指标测量的是个人收入的具体数目，主观指标测量的是个人对收入的满

---

[1] A. Rodríguez-Pose, K. Maslauskaite, "Can Policy Make Us Happier? Individual Characteristics, Socio-economic Factors and Life Satisfaction in Central and Eastern Europe", *Cambridge Journal of Regions, Economy and Society*, Vol. 5, No. 1, 2011.

[2] M. J. C. Forgeard, E. Jayawickreme, M. L. Kern, M. E. P. Seligman, "Doing the Right Thing: Measuring Well-being for Public Policy", *International Journal of Wellbeing*, Vol. 1, No. 1, 2011.

意度。自 20 世纪 70 年代，学术界与世界各国政府便开始运用主观社会指标（Subjective Social Indicators）——满意度作为衡量治理质量不可或缺的指标。

首先，主观指标能获得公众所想与所需的信息。以满足公众需求为目标的社会治理，必须获得关于公众的偏好、需求、期望的信息。在社会治理质量评估中，通常评估主体根据预先设定的评估标准获得客观结果，如经济投入等。只要评估主体公平公正，这些客观指标评估的结果会十分相似。也就是说客观指标并不能提供足够的信息来判断政策对象的真正需求是否得到了满足，满足的程度如何。不管是治理政策制定还是评估，都需要通过技术化的主观方式来获得这些主观的信息，如公众需求、满意度等。

其次，主观指标的功能是为理解人类行为提供主观解释的知识与信息。根据托马斯定理，人们根据自身对客观存在的社会世界的主观解释做出反应。客观指标是独立于人类意识存在的反映实在物质的数据，其局限性就在于不能提供特定情境下的主观解释。而主观指标通过直接调查人们的感知、态度、期望，从而反映出特定情境下特定人群的特有需求、偏好、情感等信息，这些信息又成为人们行为的重要解释变量。比如，在评价住房政策的效果时，人均住房面积的增加数据能说明住房条件的改善情况，但不能反映人们对住房条件改善的态度。而这个态度却是治理效果中一个重要的目标。

最后，传统的治理质量评估侧重评价治理的客观效果，而客观效果评价好并不意味着感知效果评价一定好，社会治理服务对象的感知效果评价也应是治理质量评价中必不可少的部分。将社会治理的服务对象置于质量评价逻辑的中心，以居民满意度作为评价社会治理质量的指标，不仅克服了以往评估标准单方性的缺陷，还可直接全面地获得服务对象的利益诉求与其对政府治理效果的感知。通过调查服务对象对治理效果的实际感受与具体认知，还能找出产生感知效果差异的具体原因，为有针对性地改善治理质量提供有力的洞见。

三 居民满意度的治理质量分析框架

以居民幸福感作为评价社会治理质量的指标的基本逻辑是，通过调查服务对象对具体治理效果的实际感受与认知，将治理服务对象与治理质量联系起来。社会治理质量一方面最直接地体现在具体治理目标得以实现的具体成效上，另一方面体现在这些成效对服务对象所产生的显性的或潜在的影响上。当这些内容投射在服务对象心理层面，就形成了服务对象对具体治理效果的感知，即居民对各项治理成果的满意度。基于以上分析，本章构建了运用居民满意度评价社会治理质量的具体指标体系（如图6-1），为后文的实证分析奠定基础。

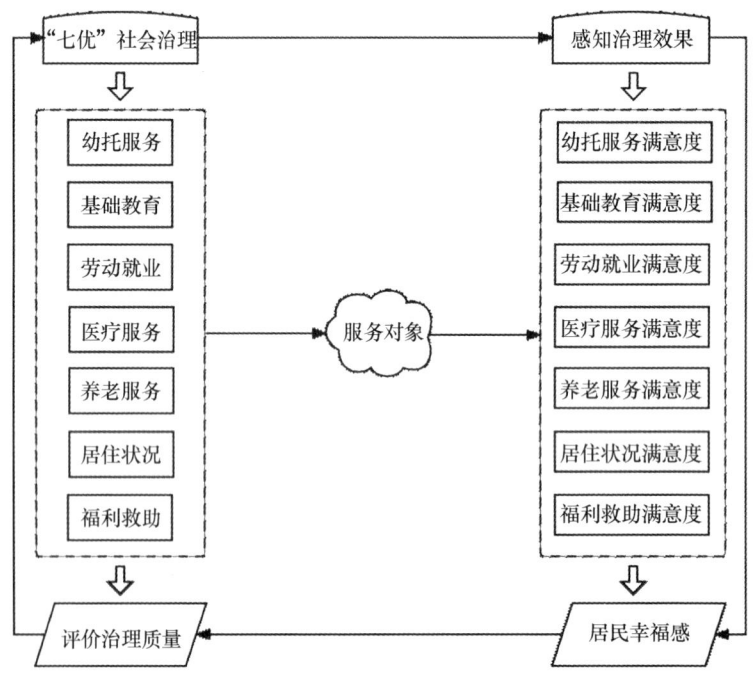

图6-1 评估社会治理质量的主观指标体系

第三节 社会治理质量提升居民幸福感的实证分析

一 研究对象

分层整群随机抽样。2021 年 8 月 23—30 日对广东省深圳市福田、罗湖、南山等共计 10 个区进行调查。调研对象为深圳市 12 岁以上的常住居民。发放问卷 8741 份，有效问卷 8098 份，有效回收率为 92.6%。平均年龄为 36.69 岁，其中男性占 29.9%，女性占 70.1%，详细人口学特征请见表 6-1。

表 6-1　　　　　　　　调查样本的人口学特征

项目	项目类别	频数/平均值	百分比/标准差
性别	男	2422	29.9%
	女	5676	70.1%
年龄	12—17 岁	110	1.4%
	18—29 岁	1370	16.9%
	30—39 岁	3856	47.6%
	40—49 岁	2201	27.2%
	50—59 岁	374	4.6%
	60 岁及以上	187	2.3%
婚姻	未婚	1099	13.6%
	已婚	6672	82.4%
	离婚	277	3.4%
	丧偶	50	0.6%
学历	初中及以下	801	9.9%
	高中、技校及中专	1483	18.3%
	大专	2230	27.5%
	大学本科	3000	37.0%
	硕士及以上	584	7.2%

续表

项目	项目类别	频数/平均值	百分比/标准差
户籍	深圳户籍	4829	59.6%
	省内非深户籍	1574	19.4%
	内地其他省市	1601	19.8%
	港澳台地区	62	0.8%
	其他国籍	32	0.4%
住房	自购商品房/政策性住房	3107	38.4%
	自建住房	613	7.6%
	租住商品房	1214	15.0%
	租住自建房	1824	22.5%
	租住政策性住房或集体宿舍	697	8.6%
	住在亲友家	232	2.9%
	其他	411	5.1%
收入	3000 元及以下	918	11.3%
	3001—5000 元	1808	22.3%
	5001—10000 元	2683	33.1%
	10001—20000 元	1670	20.6%
	20001—50000 元	816	10.1%
	50000 元以上	203	2.5%
居住年限	半年以内	200	2.5%
	半年到 1 年	261	3.2%
	1 年（含）至 5 年	997	12.3%
	5 年（含）至 10 年	1397	17.3%
	10 年（含）以上	5243	64.7%
生育情况	未生育	1416	17.5%
	生育 1 个孩子	2663	32.9%
	生育 2 个孩子	3466	42.8%
	生育 3 个孩子及以上	553	6.8%
社会地位	5 年前社会地位	4.56	2.07%
	目前社会地位	4.93	2.01%
	5 年后社会地位	5.73	2.17%

二 变量与研究工具

第一，自变量：社会治理质量。基于前文对社会治理评价工具的相关研究，本研究采用主观指标——居民对政府依法提供公共服务的满意程度——作为评估社会治理质量的指标。具体而言，通过"您对深圳市的民生福利满意吗？"进行提问，并让参与调查的居民对前文提出的"评估社会治理质量的主观指标体系"（图6-1）中的"幼托服务""基础教育""劳动就业""医疗服务""养老服务""居住状况""社会福利和救助"七个方面的满意程度分别进行评价，采用5点Likert量表法进行计分（1=非常低，2=比较低，3=一般，4=比高，5=非常高）。这七个方面的Cronbach Alpha系数为0.81，说明该量表具有较好的内部一致性。

第二，因变量：主观幸福感。主观幸福感（Subjective Well-being，SWB）是衡量个体生活质量的重要指标，通常由生活满意度、积极情感的体验和消极情感的缺乏构成[1]。本研究采用生活满意度量表（Satisfaction With Life Scale，SWLS）[2]，通过5个条目评估SWB的认知维度，如"直到现在为止，我都能够得到我在生活上希望拥有的重要东西"采用1（强烈反对）—5（强烈赞同）5点计分，得分越高代表居民对当前生活越满意。本研究中该量表的Cronbach Alpha系数为0.84。研究还采用积极/消极情感量表（Positive Affect and Negative Affect Scale，PANAS）[3]，用18个条目测量SWB的情感维度。其中9个条目测量积极情感（Positive Affect，PA），如"充满活力的"；9个条目测量消极情感（Negative Affect，NA），如"忧虑的"，均采用1（完全不符合）—5（完全符合）计分，本研究中PA和NA分量表的Cronbach Alpha分别为0.95和

---

[1] M. A. Busseri, S. W. Sadava, "A Review of the Tripartite Structure of Subjective Well-Being: Implications for Conceptualization, Operationalization, Analysis, and Synthesis", *Personality and Social Psychology Review*, Vol. 15, No. 3, 2011.

[2] W. Pavot, E. Diener, "Review of the Satisfaction with Life Scale", *Psychological Assessment*, Vol. 5, No. 2. 1993.

[3] 邱林、郑雪、王雁飞：《积极情感消极情感量表（PANAS）的修订》，《应用心理学》2008年第3期。

0.92。参考已有研究①，将生活满意度、消极情绪、积极情绪均值进行 Z 分数标准化，生活满意度与积极情感标准化值之和减去消极情感标准化值即为主观幸福感指标。

第三，控制变量：本研究还对一些可能影响居民幸福感的个体特征和家庭特征变量进行了控制。有学者研究发现，居民的幸福感在性别、年龄、婚姻状况、受教育程度等方面存在差异，此外还有研究发现，收入水平对居民幸福感有重要影响②。因此，本研究在分析时对居民的家庭收入，及其他人口学特征变量进行控制。控制变量的具体测量方式见表6-1描述性分析，需要指出的是，由于婚姻、生育状况、户籍类型以及住房情况是类别变量，分析时将这些变量设置成哑变量。

第四，调节变量：主观社会经济地位。除了控制变量中经济收入、受教育程度等客观经济地位相关的变量，一些研究还发现个体的主观经济地位，即个体主观上对自身社会经济地位的认知，也会显著影响个体的主观幸福感③，而且客观社会经济地位对心理健康的影响可能通过影响个体的主观社会经济地位感知来实现④。因此，本研究评估了居民的主观社会经济地位，作为潜在的调节变量纳入分析。采用 Adler 等设计的主观社会经济地位 MacArthur 量表（the MacArthur Scale of Subjective SES）来测量主观社会经济地位⑤。该量表采用 10 级梯形评分，梯子最低端表示最低等级，梯子最顶端表示最高等级。要求被试者从中选择最适合的等级代表自己所处的社

---

① J. Jiang, Y. Song, Y. Ke, et al., "Is Disciplinary Culture a Moderator between Materialism and Subjective Well-being? A Three-wave Longitudinal Study", *Journal of Happiness Studies*, Vol. 17, No. 4, 2016.

② D. G. Blanchflower, & A. Oswald, "Is Well-being U-shaped over the Life Cycle?", *Social Science & Medicine*, Vol. 66, No. 8, 2007.

③ H. Silin, H. Jiawei, S. Ling, et al., "The Effects of Objective and Subjective Socioeconomic Status on Subjective Well-being among Rural-to-urban Migrants in China: The Moderating Role of Subjective Social Mobility", *Frontiers in Psychology*, Vol. 8, 2017.

④ P. Demakakos, J. Nazroo, E. Breeze, et al., "Socio-economic Status and Health: The Role of Subjective Social Status", *Social Science and Medicine*, Vol. 67, No. 2, 2008.

⑤ N. E. Adler, E. S. Epel, G. Castellazzo, & J. R. Ickovics, "Relationship of Subjective and Objective Social Status with Psychological and Physiological Functioning: Preliminary Data in Healthy, White Women", *Health Psychology*, Vol. 19, No. 6, 2000.

会地位。计分时将梯子等级转化成10点计分，得分越高，表明被试的主观社会经济地位越高。

综上，本研究假设的变量关系如图6-2所示。

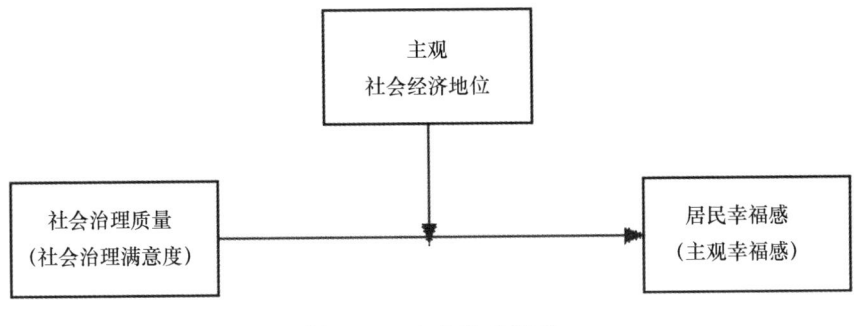

图6-2 变量关系模型

三 研究方法与数据分析

本研究属于定量研究和定性研究相结合，在阅读、归纳、整理相关研究成果的基础上，构建了运用居民幸福感评价社会治理质量的具体指标，并设计调研问卷，采用问卷调查法，根据深圳市10个区的人口数量等比例地发放问卷。

运用SPSS 22.0软件对数据进行统计分析，主要采用的统计方法有描述性分析、Pearson相关分析，采用分层回归模型和SPSS process宏程序对社会治理质量影响居民幸福感的主效应和主观社会经济地位的调节效应进行分析。

四 研究结果

1. 各变量的相关分析

由表6-2可知，除婚姻状况与主观社会经济地位、社会治理满意度相关不显著，生育状况与社会治理满意度相关不显著，户籍类型与社会治理满意度相关不显著外，其余各变量相关显著。

表6-2　　　　　　　　　　各变量相关矩阵

	1	2	3	4	5	6	7	8	9
1 性别	1								
2 婚姻状况	0.062**	1							
3 生育状况	0.070**	0.810**	1						
4 户籍类型	-0.055**	-0.074**	-0.108**	1					
5 住房情况	-0.051**	-0.128**	-0.140**	0.414**	1				
6 月收入	-0.127**	0.144**	0.156**	-0.250**	-0.275**	1			
7 受教育程度	-0.022	-0.098**	-0.154**	-0.352**	-0.179**	0.412**	1		
8 主观社会经济地位	-0.025*	0.021	0.028*	-0.122**	-0.171**	0.278**	0.148**	1	
9 社会治理满意度	-0.035**	0.006	-0.009	0.002	-0.139**	0.087**	0.012	0.285**	1
10 主观幸福感	0.025*	0.046**	0.042**	-0.066**	-0.217**	0.181**	0.085**	0.346**	0.447**

注：** 表示 $P<0.01$，* 表示 $P<0.05$。

2. 社会治理质量的内部维度影响

社会治理质量测量是深圳市常住居民对深圳市提供的各项公共服务民生福利满意度的总体感受。我们采用多元线性回归方法分析居民的各项公共服务满意度对社会治理质量的影响。单因素方差分析结果显示，人口学因素中，年龄、婚姻状况、受教育程度、户籍、收入、居住年限、生育情况、主观社会地位等对民生福利满意度的影响有统计学意义，在接下来的回归分析中，这些变量将被纳入控制变量。以民生福利满意度得分为因变量，幼托服务满意度、基础教育满意度、劳动就业满意度、医疗服务满意度、养老服务满意度、居住状况满意度、社会福利与社会救助满意度、城市安全满意度为自变量，建立多元线性回归模型。结果显示，构建的多元线性回归模型具有统计学意义（$F=456.75$，$p<0.001$），民生福利满意度变异的9.1%可由控制变量解释，39.9%可由自变量来解释，各个自变量的非标准化系数和标准化系数如表6-3所示。

表6-3　各项公共服务满意度对民生福利满意度的回归系数

自变量	非标准化系数	标准化系数	t	p
（常数）	0.27		3.42	0.001
幼托服务满意度	0.06	0.10	10.83	<0.001
基础教育满意度	0.26	0.25	23.47	<0.001
劳动就业满意度	0.05	0.07	8.09	<0.001
医疗服务满意度	0.13	0.13	12.86	<0.001
养老服务满意度	0.01	0.02	1.70	0.09
居住状况满意度	0.24	0.24	23.46	<0.001
社会福利与社会救助满意度	0.03	0.05	4.75	<0.001
城市安全满意度	0.12	0.09	10.22	<0.001

从回归分析结果可以看出，基础教育满意度对民生福利满意度的影响最大，其次是居住状况满意度、医疗服务满意度。说明居民最关注中小学教育、居住状况和医疗服务满意度，而养老服务满意度对民生福利满意度的影响不显著。

3. 民生福利满意度的影响因素

主观幸福感是指人们对其生活质量所作的情感性和认知性的整体评价。我们采用同样的方法分析主观幸福感的影响因素，单因素方差分析结果显示，人口学因素中，性别、年龄、婚姻状况、受教育程度、户籍、收入、生育情况、主观社会地位对主观幸福感的影响有统计学意义，在接下来的回归分析中，这些变量将被纳入控制变量。以主观幸福感得分为因变量，幼托服务满意度、基础教育满意度、劳动就业满意度、医疗服务满意度、养老服务满意度、居住状况满意度、社会福利与社会救助满意度、城市安全满意度为自变量，建立多元线性回归模型。

结果显示，构建的多元线性回归模型具有统计学意义（F = 211.54，$p<0.001$），民生福利满意度变异的16.9%可由控制变量解释，15.1%可由自变量来解释，各个自变量的非标准化系数和标准化系数如表6-4所示。

表 6 - 4　　各项公共服务满意度对主观幸福感的回归系数

自变量	非标准化系数	标准化系数	t	p
（常数）	-7.16		-35.81	<0.001
幼托服务满意度	0.02	0.02	1.76	0.08
基础教育满意度	0.11	0.05	4.25	<0.001
劳动就业满意度	0.11	0.08	7.22	<0.001
医疗服务满意度	0.10	0.05	3.82	<0.001
养老服务满意度	0.01	0.01	1.00	0.32
居住状况满意度	0.50	0.24	20.47	<0.001
社会福利与社会救助满意度	0.03	0.03	2.43	<0.05
城市安全满意度	0.28	0.11	10.29	<0.001

从回归分析结果可以看出，居住状况满意度对主观幸福感的影响最大，其次是城市安全满意度和劳动就业满意度。深圳市房价高居全国榜首，房价问题一直是深圳市居民的主要压力来源之一，解决居住问题将有效提升居民主观幸福感。

4. 社会治理质量影响居民主观幸福感的主效应分析

利用分层回归模型，以主观幸福感为因变量，考察社会治理质量影响居民主观幸福感的主效应。模型一：放入性别、婚姻和生育状况、户籍及住房情况以及月收入和受教育程度作为控制变量；模型二：放入社会治理满意度。结果如表 6 - 5 所示，在控制人口学变量后，社会治理满意度能显著正向预测居民主观幸福感（$\beta = 0.421$，$t = 42.74$，$p < 0.001$）。

表 6 - 5　　社会治理质量影响居民主观幸福感的主效应分析

变量	居民主观幸福感			
	模型一		模型二	
控制变量	β	t	β	t
性别	0.035	3.267**	0.047	4.804***
月收入	0.141	11.200***	0.109	9.602***

续表

变量	居民主观幸福感			
	模型一		模型二	
受教育程度	0.011	0.893	2.106	2.106*
户籍	0.056	4.503***	0.027	2.391*
住房	-0.197	-16.32***	-0.130	-11.792***
婚姻状况	0.017	0.899	0.004	0.236
生育状况	-0.016	-0.834	0.011	0.631
自变量				
社会治理质量			0.421	42.739***
R	0.258		0.488	
R^2	0.066		0.238	
ΔR^2	0.066		0.172	
F	82.207***		1826.663***	

注：*** 表示 $p<0.001$，** 表示 $p<0.01$，* 表示 $p<0.05$。

5. 主观社会经济地位的调节效应分析

为了进一步探索居民的主观社会经济地位对其幸福感的调节作用，采用PROCESS宏程序中的模型1，以主观幸福感为因变量，社会治理质量为自变量，主观社会经济地位为调节变量，性别、婚姻和生育状况、户籍及住房情况以及月收入和受教育程度作为控制变量，对上述变量进行调节效应分析。

结果（见表6-6）表明，将主观社会经济地位放入模型后，主观社会经济地位与社会治理满意度及其乘积项对居民幸福感的预测作用均显著（主观社会经济地位：$B=0.245$，$t=24.22$，$p<0.001$；社会治理满意度：$B=0.857$，$t=34.42$，$p<0.001$；交互项：$B=-0.081$，$t=-7.49$，$p<0.001$），加入交互项后，模型 $\Delta R^2=0.5\%$，$F=56.05$，$p<0.001$。说明主观社会经济地位不仅能够正向预测主观幸福感，而且能够调节社会治理满意度对主观幸福感的预测作用。

表6-6 主观社会经济地位影响居民主观幸福感的调节效应分析

回归方程		拟合指标			系数显著性	
结果变量	预测变量	R	R^2	F	B	t
		0.542	0.294	336.93***		
主观幸福感	性别				0.177	4.45***
	月收入				0.075	3.51**
	受教育程度				0.036	0.95
	户籍				0.150	3.50**
	住房				-0.415	-10.09***
	婚姻状况				0.041	0.459
	生育状况				0.080	0.967
	社会治理质量				0.857	34.42***
	主观社会经济地位				0.245	24.22***
	社会治理质量×主观社会经济地位				-0.081	-7.49***

注：*** 表示 $P<0.001$，** 表示 $P<0.01$，* 表示 $P<0.05$。

进一步简单斜率分析结果显示，主观社会经济地位较低（$M-1SD$）的居民，社会治理满意度对主观幸福感具有显著的正向预测作用，$simple\ slope = 1.02$，$t = 31.11$，$p<0.001$；而对于主观社会经济地位较高（$M+1SD$）的居民，社会治理满意度虽然也会对主观幸福感产生正向预测作用，但其预测作用相对较小，$simple\ slope = 0.69$，$t = 20.83$，$p<0.001$。此外，在主观社会经济地位的三个水平上，社会治理满意度对主观幸福感的正向预测作用呈现降低趋势（见表6-7），说明对于主观社会经济地位越低的居民，社会治理满意度对主观幸福感的影响可能越大。

表6-7 社会治理满意度对不同主观社会经济地位居民的主观幸福感的影响

	主观社会经济地位	效应值	Boot 标准误	Boot CI 下限	Boot CI 上限
主效应	-2.01（$M-1SD$）	1.02	0.03	0.955	1.084
	0.00（M）	0.86	0.02	0.808	0.905
	2.01（$M+1SD$）	0.69	0.03	0.629	0.759

小 结

本章在深圳"十四五"时期正在加速建设"民生幸福标杆"城市的背景下,构建运用居民满意度评估深圳市民生"七优"社会治理质量的影响程度及其社会经济分层的边界效应。在此基于样本的调查研究,量化评估了深圳市当前社会治理质量与民众幸福感的之间的关系,以及对居民主观社会经济地位对两者之间关系的调节作用,主要有以下三点政策启示。

第一,"所感即真实",将社会治理满意度和居民幸福感纳入社会治理质量评价。本章发现,运用居民满意度评估深圳市"七优"社会治理的程度与水平具有较好的信度,并且能够有效预测社会治理成效对民众所产生的实际影响。可见,以社会治理满意度为社会治理质量评价的指标体系,可以在社会治理服务供给与人民需求之间建立起有机联系,这种联系使社会治理以满足服务对象的需求为导向,可以治理社会服务供给与民众需求不匹配造成的不良效应。

第二,"所需即响应",深圳应加快统筹推进市域社会治理现代化试点工作,营造共建共治共享社会治理格局。本章发现,社会治理质量能够对居民幸福感产生促进作用。深圳市获批成为全国第一批市域社会治理现代化试点城市。组织召开全市市域社会治理现代化工作推进会暨基层社会治理创新经验推广会,全面部署推进市域社会治理现代化工作,试点工作经验得到中央政法委、省委政法委充分肯定,并在全国市域社会治理现代化试点经验交流会上得以推广。[1] 因此,深圳在加快推动市域社会治理方式变革的建设路径上,以法治建设规范秩序,以德治建设教化人心,以自治建设汇集民智,以智治建设增强动能,针对数字社会推进整体治理变革,提升社会治理能力。

第三,"所缺即优先",应优化社会治理环境的资源分配,提升

---

[1] 余新国、阳斌、刘关生:《2020~2021年深圳市域社会治理现代化试点探索与展望》,载《深圳社会治理和发展报告(2021)》,社会科学文献出版社2021年版。

低社会经济地位居民的幸福感。本章研究发现表明，对于主观社会经济地位越低的深圳市居民，社会治理满意度对主观幸福感的影响越大，社会治理体系的建设需要更多优先为低社会经济地位的市民分配更多的资源，例如处境不利儿童家庭综合救助帮扶等，以有效促进全体居民的幸福感。深圳社会治理资源的供给制度设计，不能过度地追求完全平均属性，更应在公平与效率考量之时，率先推动将社会经济地位低的居民的民生需求作为首要满足的群体，这一效率的达成，也将会让深圳社会治理质量对幸福感的促进效应更明显。

深圳社会治理质量有效提升了居民幸福感，已经跨越了"门槛效应"阶段，进入了高质量增强阶段。深圳在加快推动市域社会治理方式变革的建设路径上，更需要将市民的"所感即真实""所需即响应""所缺即优先"作为政策设计的核心要素，从而逐步推动实现社会治理现代化，实现了人民获得感的有效增长。

第七章 深圳市公共服务体系对民生幸福影响机制研究

优质均衡的公共服务体系是坚持发展成果全民共享、迈向共同富裕战略目标的基本制度保障。本章探讨了基本公共服务均等化对深圳民生幸福的重要影响,进一步以深圳市公共服务的优质均衡建设实践为示范,系统梳理了深圳公共服务优质均衡化的经验和成果,以2017年全市社会建设实绩考核为数据事实,探索了新时代基本公共服务均等化中的新问题与新方向,以便为未来的公共服务体系建设提供深圳经验,进一步将基本公共服务事业做实、做细,使全体人民群众都能够共享改革成果、享受美好生活。

第一节 中国基本公共服务均等化与民生幸福

改革开放以来,党通过经济体制改革带动其他方面改革,促进广大人民富裕,取得了巨大成效。进入新时代以来,随着人民需要日益增长、不断升级和日趋多元化,共同富裕包含的内容也更为丰富。[1] 习近平总书记明确要求"把以人民为中心的发展思想体现在经济社会发展的各个环节","为人民群众带来更多的获得感、幸福感和安全感"。[2]

---

[1] 习近平:《决胜全面建成小康社会 夺取新时代中国特色社会主义伟大胜利——在中国共产党第十九次全国代表大会上的报告》,《人民日报》2017年10月18日第1版。

[2] 《习近平:改革既要往增添发展新动力方向前进也要往维护社会公平正义方向前进》,《共产党员》2016年第10期。

基本公共服务是建立在一定社会共识基础上，为实现特定公共利益，根据经济社会发展阶段和总体水平，为维持本国和地区经济社会稳定和基本的社会正义，保护个人最基本的生存权和发展权所必须提供的公共服务，是一定阶段政府提供的公共服务体系中的最基本的内容，即公共服务应该覆盖的最小范围和边界。以"全民基本服务"为导向的社会治理包括三个关键要素：第一，"服务"（Service），它指的是政府和社会集体生产的、服务于民众公共的共同利益；第二，"基本的"（Basic），即服务是必需的和必要的，而不是最低水平的，因为这些服务要满足人民的多层次需要；第三，"全民的"或"普遍的"（Universal），以公平公正公开为导向，所有人都有权得到这些服务，凸显其价值属性。[1] 基于以上三点，这种以民生需求为导向，以共治共享为路径的社会治理对居民幸福感具有重要的促进作用：以往研究发现，在社会治理较好的国家，居民对自己的生活更加满意[2]。国内外已有大量研究探讨了社会治理对居民幸福感的促进作用及其机制，指出了社会治理能否提高居民的幸福感，其核心在于社会治理是否匹配民生需求，是否以提升居民幸福感为目标[3]。参与社会治理促使居民体验到"程序效用"，能够降低不平等感，继而提升了幸福感[4]。可见，高质量的推进基本公共服务均等化，让基本公共服务可以公平可及地惠及全体人民，对促进民生幸福具有重要意义。

首先，"以人民为中心"的发展思想作为基本原则始终指导着基本公共服务均等化实践。人民群众在教育、医疗、社会保障、就业等方面的需求不断增长，决定了党和政府一切工作的出发点和落

---

[1] A. Coote, "Universal Basic Services and Sustainable Consumption", *Sustainability：Science, Practice and Policy*, Vol. 17, No. 1, 2021.

[2] J. C. Ott, "Government and Happiness in 130 Nations: Good Governance Fosters Higher Level and More Equality of Happiness", *Soc Indic Res*, Vol. 102, No. 1, 2011.

[3] A. Rodríguez-Pose, K. Maslauskaite, "Can Policy Make Us Happier? Individual Characteristics, Socio-economic Factors and Life Satisfaction in Central and Eastern Europe", *Cambridge Journal of Regions, Economy and Society*, Vol. 5, No. 1, 2011.

[4] S. Sujarwoto, G. Tampubolon, "Decentralisation and Citizen Happiness: A Multilevel Analysis of Self-rated Happiness in Indonesia", *Journal of Happiness Studies*, Vol. 16, No. 2, 2015.

脚点都是为了满足人民不断增长的美好生活需要，不断为人民增加福祉。2015年10月，《中共中央关于制定国民经济和社会发展第十三个五年规划的建议》进一步丰富了基本公共服务的内涵，强调就业、教育、文化、社保、医疗、住房等公共服务体系更加健全[1]。因此，基本公共服务均等化落实到每一位人民群众身上，就是使每个人都享受着从未出生、出生、养育、教育、就业到丧葬的终身服务，保证每个人学有所教、病有所医、住有所居、老有所养。可见，"以人民为中心"的基本原则保证了基本公共服务均等化将人民利益放在首位，是以人民群众的获得感、幸福感、安全感为目标的社会治理。

其次，"发展成果共享"的理论命题为基本公共服务实现均等化指明了路径。习近平新时代中国特色社会主义思想在坚持民本思想的基础上，强调"广大人民群众共享改革发展成果，是社会主义的本质要求"[2]。也就是说，我国的基本公共服务均等化事业，在本质上是"人人共享基本公共服务"的事业，它的实现必须通过每一位社会主义公民"共享"改革成果的道路，它的实现也是以"共享"改革成果的程度来衡量的。习近平总书记多次强调："'蛋糕'不断做大了，同时还要把'蛋糕'分好，我国社会历来有'不患寡而患不均'的观念。"[3]。"共享发展"的理论命题指明了深圳基本公共服务实现"共享"路径的具体内容，即"全域共享""全民共享""全面共享"。深圳十大文明精神的"来了就是深圳人"，深刻诠释了40年光辉历程的特区建设过程，强调了只要是居住深圳的纳税人，无论其是否户籍、是否关内外、是否外籍，均在基本公共服务领域获得均等化的服务。可见，基本公共服务均等化在稳步推进经济发展的满足人民需要的基础上，尽最大可能地保证社会公平正义，努力提升人民群众的获得感、幸福感、安全感。

---

[1] 《中共中央关于制定国民经济和社会发展第十三个五年规划的建议》，《人民日报》2015年11月4日第1版。
[2] 任理轩：《坚持共享发展》，《人民日报》2015年12月24日。
[3] 习近平：《切实把思想统一到党的十八届三中全会精神上来》，《求是》2014年第1期。

最后,"推进各方协同治理"为基本公共服务均等化事业提供了实现工具。习近平总书记在党的十九届四中全会上提出,要"创新公共服务提供方式,鼓励支持社会力量兴办公益事业,满足人民多层次多样化需求"[①]。习近平总书记的协同治理观破除了全能全控和碎片化的传统治理方式,充分发挥社会、市场、公民等多元主体的力量,从而达到"众人拾柴火焰高"的效果。基本公共服务均等化作为一项保障人民生存与发展权利、为每一位公民带来切身福利、实现社会主义本质的伟大事业,其最终实现必然有赖于全民"共建共享"。需要全国人民人人承担"物质基础创造""服务生产""服务生成"的工作,把基本公共服务生产出来,然后再由全民依照人人均等的原则来共享基本公共服务成果。在这种"我为人人,人人为我"的基本公共服务生产、提供、享有的过程中,促使居民体验到"程序效用",提高了公民在共享基本公共服务上的效能感和公平感,让人民群众有更多的获得感、幸福感、安全感。

综上可见,基本公共服务均等化是我国为加速共同富裕、增进社会公平正义而全力推进的一项重大民生工程,是我国社会主义本质落实到每个公民身上的伟大创举。在社会主义的本质要求的背景下,我国的基本公共服务均等化与民生幸福之间是手段和目的的关系。通过增加教育、医疗卫生、住房保障等公共产品和公共服务供给,从而解决好人民群众最关心、最直接、最现实的利益问题,打通阻碍人民直观感受幸福的痛点和获取幸福的堵点,提升人民幸福指数,实现民生幸福是基本公共服务均等化事业的目标。

第二节 深圳基本公共服务均等化与民生幸福

党的十八届三中全会后,以标准化促进均等化的理念逐步得到落实,基本公共文化服务标准制度不断完善,对促进公共文化服务均等化、全面建成小康社会作出了重要贡献,并形成了一些基本经

[①] 《中共中央关于坚持和完善中国特色社会主义制度推进国家治理体系和治理能力现代化若干重大问题的决定》,《人民日报》2019年11月6日第1版。

验。在新的历史时期，要促进公共服务高质量发展，加快推动城市治理体系和治理能力现代化。在我国基本公共服务均等化事业加速发展升级之时，需要一系列先行示范样本努力走出一条符合新时代特点和规律的新路子，将我国的基本公共服务事业推进到全新的高度，引领国家治理体系和治理能力现代化。

从民生幸福的角度来看，推动基本公共服务均等化高质量发展的核心是科学地处理公平、效率与民生幸福的关系。从民生幸福的角度来看，一方面，公平与效率在内在性质上是相互规定、相互影响的。效率以公平为前提，不损害公平实现的效率，最好的效率也是讲公平的效率。另一方面，效率与公平在作用上也是相互补充的。在实现公平前提下，不断提高劳动者的劳动积极性是提升效率的根本途径。可见，基本公共服务均等化无论是倡导效率，还是重视公平，都只是均等化的手段性原则而不是目的性原则，民生幸福才是基本公共服务均等化的目标。换句话说，民生幸福是处理公平与效率关系的基本精神，是基本公共服务均等化事业的着力点，也是先行示范样本探索基本公共服务均等化高质量发展的风向标。

在深圳经济特区建立30周年庆祝大会上，胡锦涛总书记强调，要加强和改善公共服务，加快构建覆盖全体居民的基本公共服务体系，这是国家发展策略的阐释，更是对深圳未来发展提出的新任务、新目标。

2020年10月14日，习近平总书记在深圳经济特区建立40周年庆祝大会上要求深圳加快推动城市治理体系和治理能力现代化，进一步凸显了深圳实现基本公共服务均等化在国家战略层面上的重要性。[①] 作为全国第一批市域社会治理现代化试点城市，深圳市以提升民生幸福为目标，以构建"七优"的公共服务体系为抓手，全面推进基本公共服务均等化的高质量发展，向营造共建共治共享的公共服务优质均衡化格局迈出新步伐。

深圳市作为探索基本公共服务均等化高质量发展的先行示范，

---

① 习近平：《在深圳经济特区建立40周年庆祝大会上的讲话》，《人民日报》2020年10月15日第2版。

一方面是深圳市发展的内在需要和历史必然：深圳自建市起，长期实施"一市两法"及特区内税收优惠政策，特区内外有别的发展路径在推促特区内高速发展的同时，也导致市域发展的空间格局失衡：深圳各区在经济发展质量、公共基础设施、社会管理水平上存在很大差距，原特区外严重滞后，形成了原特区内外的"二元结构"。随着特区一体化的推进，促进形成全市统一的基本公共服务水平和服务能力势在必行。此外，深圳以外来人口为主，非户籍人口与户籍人口严重"倒挂"，社会各阶层间享受的社会福利水平存在显著差距，公共服务的普惠性和可达性不能满足民众需求。随着城市化进程的推进，流动人口的城市化属性特征不断加强，对于公共服务的需求也愈加强烈。向实有人口提供同质的公共服务，使流动人口与户籍人口同样分享经济社会发展的果实，有利于化解社会矛盾，维护社会公平。目前，深圳市已基本完成城市化和工业化，正在步入后工业化社会，社会治理与和谐发展成为重要内容，30年快速发展的积累，也使深圳具备了足够的物质条件。

伴随深圳特区扩容，经济社会发展面临新一轮转型，促进基本公共服务均等化可谓正当其时，应当响鼓重槌，大力推展。深圳市率先推进基本服务均等化具有示范效应：深圳自建市以来，一直承担着先行先试、开辟新路的重大使命。在新发展时期，深圳同样应当在推进基本公共服务均等过程中大胆探索、先行先试，充分发挥特区的"窗口"作用和"试验田"作用，争取成为全国推动基本公共服务均等化的示范城市，为其他地区提供先行经验。

第三节　深圳基本公共服务均等化的制度基础

推动基本公共服务均等化高质量发展的首要任务是进行科学的制度设计和行动安排。早在2005年，中共十六届五中全会就提出了推进基本公共服务均等化的战略思想，在党的十七大政府工作报告中又明确提出"缩小区域发展差距，必须注重实现基本公共服务均等化"①。我国"十二五"规划进一步明确提出,应"持民生优先,完善就业、收入分配、社会保障、医疗卫生、住房等保障和改善民生的制度安排,推进基本公共服务均等化,努力使发展成果惠及全体人民","把基本公共服务制度作为公共产品向全民提供,完善公共财政制度,提高政府保障能力,建立健全符合国情、比较完整、覆盖城乡、可持续的基本公共服务体系,逐步缩小城乡区域间人民生活水平和公共服务差距"。

2010年,我国的《全国主体功能区规划》正式出台,其主旨是转变我国国土空间开发思路和开发模式,其中的一个重要思想就是有利于按照以人为本的理念推进区域协调发展,不是简单地缩小地区生产总值的差距,而是区域间人均生产总值及人均收入的差距逐步缩小。财政体制逐步完善,公共财政支出规模与公共服务覆盖的人口规模更加匹配,城乡区域间公共服务和生活条件的差距缩小。要从人人享有小康社会幸福生活出发,使生活在不同地区的人们都能享有均等化的基本公共服务和大体相当的生活水平。

《中华人民共和国国民经济和社会发展第十二个五年规划纲要》进一步明确提出,应"持民生优先,完善就业、收入分配、社会保障、医疗卫生、住房等保障和改善民生的制度安排,推进基本公共服务均等化,努力使发展成果惠及全体人民","把基本公共服务制度作为公共产品向全民提供,完善公共财政制度,提高政府保障能力,建立健全符合国情、比较完整、覆盖城乡、可持续的基本公共服务体系,逐步缩小城乡区域间人民生活水平和公共服务差距"。②2012年7月,国务院出台《国家基本公共服务体系"十二五"规划》,进一步阐明国家基本公共服务的制度安排,明确基本范围、标准和工作重点,引导公共资源配置,是"十二五"乃至更长一段时期构建国家基本公共服务体系的综合性、基础性和指导性文件,

---

① 胡锦涛:《高举中国特色社会主义伟大旗帜 为夺取全面建设小康社会新胜利而奋斗——在中国共产党第十七次全国代表大会上的报告》,《人民日报》2007年10月25日第1版。

② 《中华人民共和国国民经济和社会发展第十二个五年规划纲要》,《人民日报》2011年3月17日第1版。

成为各级政府履行公共服务职责的重要依据。

推动基本公共服务均等化，实现"学有所教、劳有所得、病有所医、老有所养、住有所居"是我国在基本解决"温饱"问题后，结合我国新形势所提出的重要政策方针，已成为各级政府执政的优先目标。2009年年底，广东省审时度势，前瞻性地制定出《广东省基本公共服务均等化规划纲要》，综合考虑广东经济社会发展水平和社会对公共服务的需求，清晰界定了基本公共服务均等化的内涵和范围，将基本公共服务的范围确定为两大类八项内容。第一类为基础服务类，包括公共教育、公共卫生、公共文化体育、公共交通四项。第二类为基本保障类，包括生活保障（含养老保险、最低生活保障、五保）、住房保障、就业保障、医疗保障四项。《纲要》中提出推进基本公共服务均等化的原则是"公平优先，兼顾效率"，即坚持公平优先，基本公共服务供给重点向农村、欠发达地区和困难群体倾斜，在覆盖全体居民的基础上逐步提高供给水平，保障每一位公民平等享有基本公共服务，实现"底线公平"。在注重公平的基础上兼顾效率，承认不同地区间、城乡间、群体间存在合理差别，实现公平与效率的有机结合，平等与发展的和谐统一，体现基本公共服务均等化以社会公平为原则保障起点公平、维护过程公平、促进结果公平的主旋律。《广东省基本公共服务均等化规划纲要（2009—2020年）》把行之有效的政策措施上升为规章制度，为深圳市推进基本公共服务均等化明确了指导思想、发展目标、实施路径和保障机制，成为深圳市推进基本公共服务均等化的上位政策。

从深圳市的基本服务均等化实践来看，深圳始终在推进基本公共服务均等过程中大胆探索、先行先试，充分发挥着特区的"窗口"作用和"试验田"作用。在深圳经济特区建立30周年庆祝大会上，胡锦涛总书记强调，要加强和改善公共服务，加快构建覆盖全体居民的基本公共服务体系。截至2011年末，深圳全市基本养老、失业、社会医疗、生育、工伤等保险参保人数持续增长，均创历史新高。社会医疗保险达到1078.62万人，同比增长3.91%，已基本实现"全民医保"。

在深圳经济特区建立40周年庆祝大会上,习近平总书记强调,必须坚持以人民为中心的发展思想,让改革发展成果更多更公平惠及人民群众。[①] 以深圳教育投入为例,2022年深圳市一般公共预算安排教育支出1054.2亿元,比上年增长6.7%,占全市一般公共预算支出比重超过20%。预计"十四五"期间,教育为深圳市财政最大支出事项。

此后,深圳市不断提升目标定位,加速建设"民生幸福标杆"城市,将基本均等化向优质均衡化推进,构建了托幼服务体系、基础教育体系、劳动就业服务体系、医疗服务体系、住房保障体系、养老服务体系、社会福利救助体系的"七优"社会保障体系,把行之有效的政策措施上升为规章制度,为民生幸福的持续发展奠定了基础。

第四节 深圳公共服务优质均衡化的制度构建

推进基本公共均等化的高质量发展,完善的政策和制度是重要保障。习近平新时代中国特色社会主义思想奠基了深圳基本公共服务均等化事业标杆化为优质均衡化的基本原则、奠定了基本公共服务均等化事业的唯物论基础、实现路径和实现工具。2020年是深圳经济特区建立40周年,在习近平新时代中国特色社会主义思想的领导下,深圳市将基本均等化向优质均衡化推进,推动公共服务建设迈上新台阶。立足新发展阶段,需要进一步完善"七优"社会保障制度体系,构建优质均衡化的公共服务制度,构建新发展格局,保障高质量发展,向营造共建共治共享社会治理格局迈出新步伐。而构建优质均衡化的公共服务制度,需要结合深圳市基本公共服务供给的实际,对基本公共服务均等化在深圳面临的问题、成功的实践和优化路径的方向进行分析,探索推进基本公共服务优质均衡化的

[①] 习近平:《在深圳经济特区建立40周年庆祝大会上的讲话》,《人民日报》2020年10月15日第2版。

有效政策路径，建立健全长效机制，通过改革实现制度优化。

从民生幸福建设的视角出发，优质均衡的公共服务体系强调以人为本，坚持治理过程必须有广大人民群众的参与，治理成果必须由人民所共享，治理绩效必须由人民来评判。在此基础上深圳市需要进一步提升政府对基本公共服务的供给能力和对公共服务资源整体配置的有效性，树立全周期管理意识，从全周期进行总体设计，以系统化、精细化、社会化、协同化思维推进深圳市域公共服务优质均衡化，形成系统、协调、完备的、优质均衡的公共服务体系。深圳要在源头治理、前端治理、分类治理、末梢治理方面形成合力，解决群众最盼、最急、最忧的突出问题，关注全周期事项，形成社会服务矩阵提高公共服务供给效率和供给质量，打造民生幸福城市标杆。

第五节 深圳市 2017 年度社会建设实绩考核

2016 年是贯彻落实党的十八届三中、四中、五中全会精神，继续深化社会体制改革、推进社会治理创新，实现全市社会建设新发展的一年。根据《中共深圳市委深圳市人民政府关于加强社会建设的决定》《深圳市社会建设实绩考核制度（试行）》及《2016 年全市社会建设工作要点》，在 2017 年开展了深圳市 2016 年度社会建设实绩考核工作，成立了市社会建设实绩考核专项工作小组（以下简称考核工作组），负责统筹实施全市社会建设考核工作。

一 考核对象、指标和方式

考核对象是全市各行政区和功能新区。行政区包括：福田、罗湖、盐田、南山、宝安、龙岗。功能区包括：光明、坪山、龙华、大鹏。[1]

---

[1] 2017 年，光明、坪山、龙华、大鹏为深圳市的四个功能区设置。截至 2022 年 8 月，光明、坪山和龙华已经是行政区，大鹏为功能区。

考核指标为客观常态类指标和群众满意度指标,二者分别占比80%和20%(详见图7-1)。客观常态类指标详见《深圳市社会建设考核指标体系》,群众满意度指标。详见《社会建设工作群众满意度指标体系》(附录·二和附录·三)。

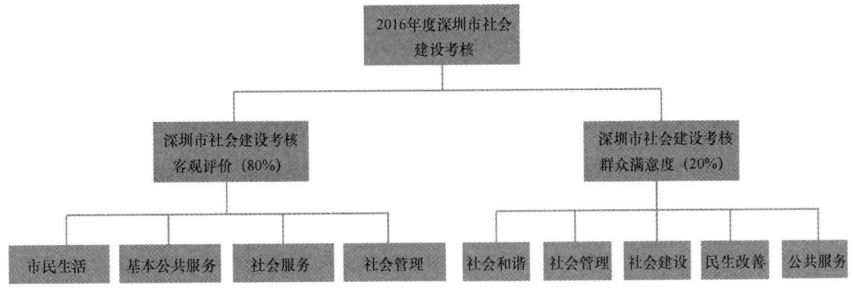

图7-1　2016年度深圳市社会建设工作实绩考核指标体系

工作步骤是组织采集考核指标数据、组织开展公众满意度调查、编制全市社会建设年度考核报告和考核结果的应用与反馈四个步骤。

结果显示,全市社会建设工作总体向好,区域差异明显。10个区中有4个区高于全市平均得分85.37,其中区域2、区域4和区域1为社会建设发达区;区域8为社会建设相对滞后区;区域3、区域5、区域6、区域7、区域9、区域10为社会建设发展中间区。[①]

二　社会建设考核客观评价

1. 深圳市社会建设客观考核总评

深圳市社会建设考核客观评价分为四个维度:市民生活、基本公共服务、社会服务与社会管理,共29个观察指标,在总体实绩考核中占比80%。

[①] 在本章内容,作者使用了区域1、区域2……区域10代替了具体的行政区域名称,主要考虑这是一本科学研究导向的著作,不具有区域的行政建设能力评价功能。此外,本次研究时间区间是这十年深圳在民生福祉领域的建设进程,这一次评估是过程性评估的一个点,故也考虑了时效性本身的可能偏向影响。

各区总综合指数分析存在差异，区域1最高，区域8最低。全市总综合指数为89.70，社会建设状况良好。在10个区中，区域6（89.38）、区域7（88.09）、区域9（88.08）、区域10（87.90）、区域5（87.63）、区域8（87.31）共6个区均低于全市得分，需重点关注这些区的社会建设发展状况。区域1总综合指数排名第一，作为标杆行政区，其先进的社会建设经验值得进一步总结（详见图7-2）。

数据分析可知，各区总综合指数平均值为89.79，标准差为2.32，$\chi \pm \sigma$ = （87.47，92.11）。经过比较，区域1（93.14）、区域2（92.85）、区域4（92.14）均高于92.11，为发展先进区；区域8（87.31）低于87.47，属于发展滞后区；区域3、区域6、区域7、区域9、区域10、区域5均在$\chi \pm \sigma$区间内，为发展中间区。

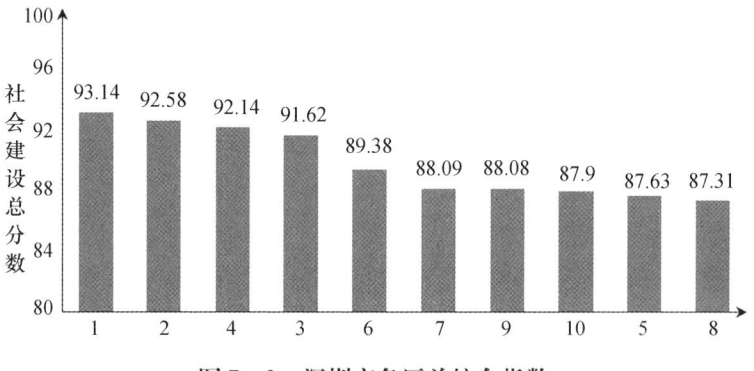

图7-2 深圳市各区总综合指数

总水平指数分析显示各区发展程度不一，区域2最高，区域8最低。全市总水平指数得分为87.92，其中区域6（86.95）、区域7（84.35）、区域9（84.19）、区域10（84.40）、区域5（83.80）、区域8（82.86）共6个区均低于全市得分，与其他区相比这些区的发展程度处于较低水平。区域2总水平指数得分排名第一，表明其发展程度处于较高水平，社会建设相对完善（详见图7-3）。

各区总综合指数的平均值为87.51，标准差为4.02，$\chi \pm \sigma$ = （83.49，91.53）。经过比较可知，区域2（93.89）与区域1（93.73）均高于91.53，为发展先进区；区域8（82.86）低于

83.49，属于发展滞后区；区域 3、区域 4、区域 6、区域 7、区域 9、区域 10、区域 5 均在区间内，为发展中间区。

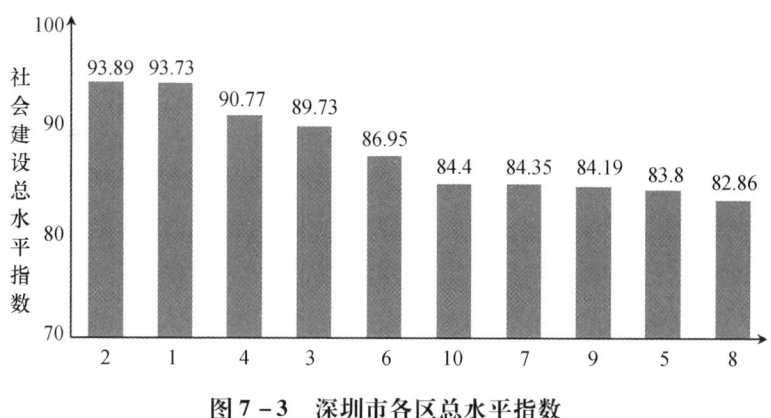

图 7-3　深圳市各区总水平指数

2. 各领域指数分析

市民生活领域得分评价，最大差异达 11.66 分。全市市民生活领域综合指数得分为 94.24，水平指数为 89.88，发展指数为 103.95，发展指数得分为 98.61，与其他三个维度相比，均排名第一，综合反映出市民生活质量水平较高，政府在这方面工作效果显著。[①] 其中，恩格尔系数（90.69）与人均可支配收入（88.04）拉低了市民生活综合指数得分，需重点关注（详见图 7-4）。

各区市民生活领域综合指数的平均值为 93.27，标准差为 3.58，$\chi \pm \sigma = （89.69，96.85）$。可以看出，区域 3（99.51）和区域 1（98.66）高于 96.85，为发展先进区；区域 10（87.85）低于 89.69，属于发展滞后区；区域 2、区域 4、区域 6、区域 7、区域 9、区域 5 均在区间内，为发展中间区。[②]

[①] 发展指数体现各区在社会建设相关工作中的进步程度；水平指数体现各区在考核年度的社会建设现状水平。水平指数和发展指数各占 50%，折算得到百分制的综合指数，然后按照 80% 的权重纳入考核总成绩。部分无法分区统计的指标，均按全市数据赋值。

[②] 区域的评价分为三类：发展先进区、发展中间区和发展滞后区。其对应的操作指标得分（X）的标准分别是：＜平均数—标准差，（平均数—标准差，平均数＋标准差），＞平均数＋标准差等。

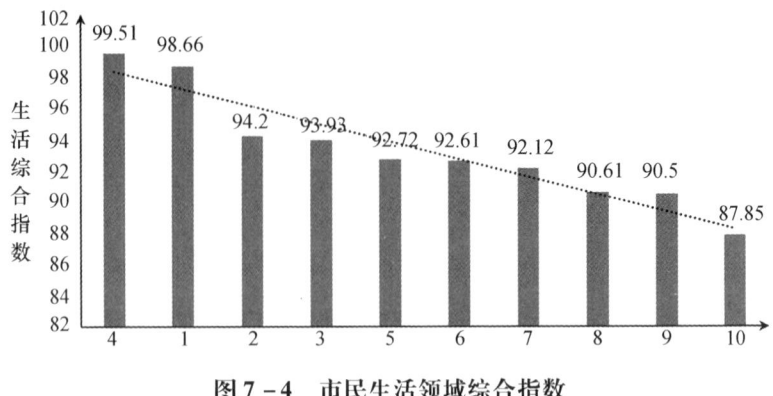

图 7-4 市民生活领域综合指数

基本公共服务领域得分评价区域 1 最高，区域 7 最低。全市基本公共服务领域综合指数得分为 88.43，排名第四；水平指数为 88.02，排名第二；发展指数为 96.54，排名第四；发展指数得分为 88.84，排名第四。可见，从横向分析各区在基本公共服务领域的发展程度差距相对较小，但综合分析基本公共服务领域发展相对薄弱。其中，基本公共服务支出占公共财政预算支出比重（73.14）、每千人病床数（76.87）、每万人执业医生数（75.94）、基层卫生机构诊疗量占全区总诊疗量的比重（74.32%）、住房保障工作目标责任完成率（86.37%）、每万人口拥有公共文化设施面积（82.43）共 6 个指标拉低了基本公共服务综合指数得分，需重点关注（详见图 7-5）。

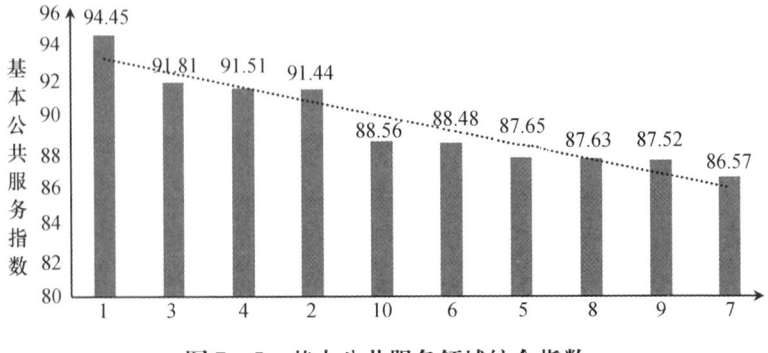

图 7-5 基本公共服务领域综合指数

各区市民生活领域综合指数的平均值为89.56,标准差为2.56,$\chi \pm \sigma$ =(87.00,92.12)。经过比较数值,可以看出,区域1(94.45)高于92.12,为发展先进区;区域7(86.57)低于87.00,属于发展滞后区;区域2、区域4、区域6、区域3、区域9、区域5、区域8均在$\chi \pm \sigma$区间内,为发展中间区。

社会服务领域得分评价,各区差距较小。社会服务得分状况反映出区域政府为改善和发展社会成员生活福利而提供的服务情况。数据显示,全市社会服务综合指数得分为89.30,排名第三;水平指数为86.81,排名第四;发展指数为97.60,排名第三;发展指数得分为91.79,排名第三。可知,从横向分析各区在社会服务领域的发展程度差距相对较大,综合可知社会服务领域发展状况仅次于公共服务领域。其中,每万人社会组织数(85.93)、每万人持证社工人数(83.29)与注册志愿者人数占常住人口的比重(88)拉低了社会服务综合指数得分,需重点改善(详见图7-6)。

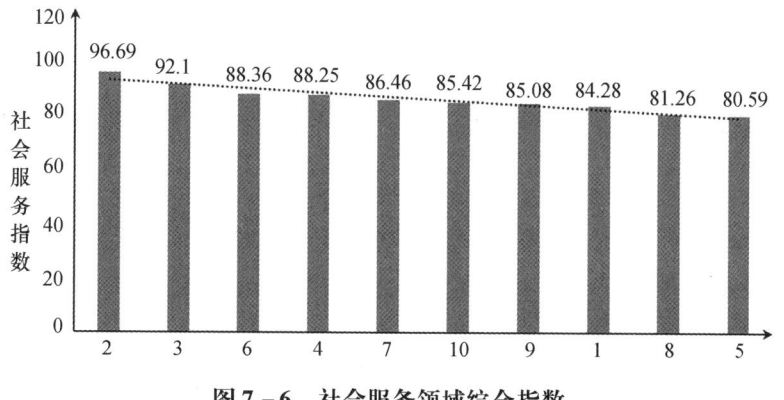

图7-6 社会服务领域综合指数

各区市民生活领域综合指数的平均值为86.85,标准差为4.84,$\chi \pm \sigma$ =(82.01,91.69)。其中区域2(96.69)和区域4(92.1)高于91.69,为发展先进区;区域8(81.26)和区域5(80.59)低于82.01,属于发展滞后区;区域6、区域3、区域7、区域10、区域9、区域1均在$\chi°C\sigma$区间内,为发展中间区。

社会管理领域得分评价,各区差距较大。社会管理得分状况反映出政府和社会组织为促进社会系统协调运转，进行组织、协调、指导、规范、监督和纠正社会失灵的实施效果。数据显示，全市社会管理综合指数得分为89.44，排名第二；水平指数为87.00，排名第三；发展指数得分为91.88，排名第二。可知，从纵向比较各区在社会管理领域发展较快，综合分析认为政府在社会管理领域发展效果较好，但低于全市总综合指数（89.70），仍有需要改进的地方。其中，交通、火灾死亡人口比率（78.97）、每万人暴力案件立案数（79.81）、亿元GDP生产安全事故死亡率（72.72）、每十万人群体性事件数（75.60）共4个指标拉低了社会管理综合指数得分，需重点关注（详见图7-7）。

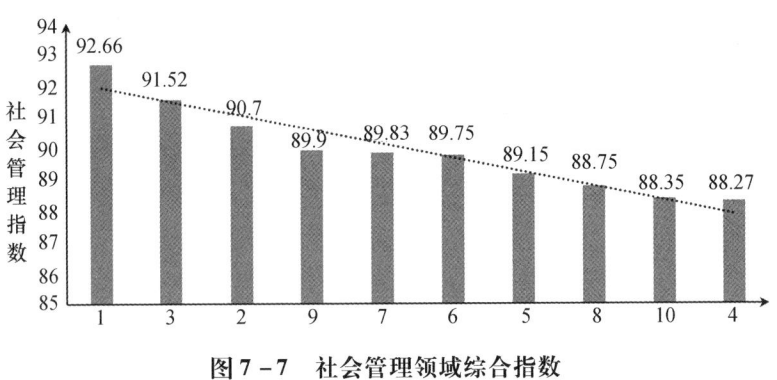

图7-7 社会管理领域综合指数

各区市民生活领域综合指数的平均值为89.89，标准差为1.41，$\chi \pm \sigma =$（88.48，91.30）。区域1（92.66）和区域4（91.52）高于91.30，为发展先进区；区域10（88.35）和区域3（88.27）低于88.48，属于发展滞后区；区域2、区域6、区域8、区域7、区域5、区域9、均在$\chi \pm \sigma$区间内，为发展中间区。

三 社会建设工作主观评价

深圳市社会建设各指标满意度存在显著差异

全市社会建设满意度差异明显：群众"社会和谐"的社会风气满意度最高，对"公共服务"最不满意。平均满意度为66.19分，满意度最高的是"社会和谐"，得分是71.64分；最低的是"公共服务",这一问题的满意度得分只有61.94分,具体各类问题的满意度得分见图7-8。各项指标得分都没有达到比较满意(80分)的水平,政府基层部门应提高对公共服务工作的重视,进一步加强社会建设。

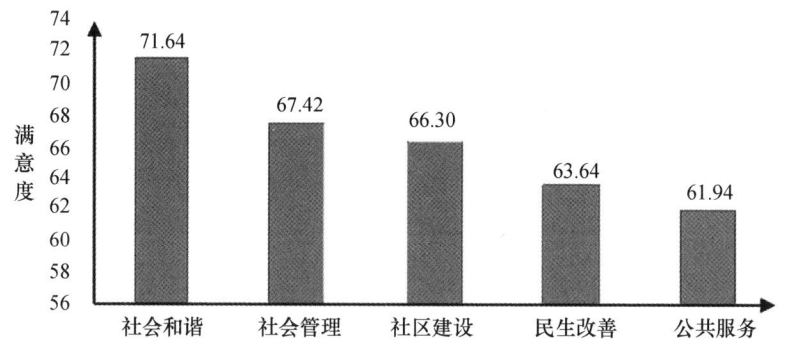

图7-8 深圳居民对社会建设各指标满意度(分)

全市社会建设各指标满意度最大差异达到17分。满意度最高的是社区邻里关系融洽(74.73分),其次是对自己居住的社区周边社会治安满意度(69.06分),排名第三的是社区居民与物业公司、居委会和社区工作站关系融洽(68.55分);满意度最低的是对社区小学和初中的教育情况,只有57.94分,成为高度关注的社会建设指标。在医疗服务、就业创业服务和特殊人群帮扶等方面居民的满意度也较低,也需要对这些方面进行改善(详见图7-9)。

深圳市各区社会建设满意度排名,区域2最高,区域8最低。比较社会建设满意度评价发现:满意度最高的是区域2,满意度得分为72.06分,其次是区域7,满意度得分71.85分,第三区域10,满意度得分为71.32分;社会建设满意度最低是区域8,满意度得分为63.14分,倒数第二是区域3,满意度得分为63.97分,倒数第三是区域1,满意度得分为64.56分(详见图7-10)。

深圳市各考核内容满意度区域排名,各区都有自己的强项。比较社会和谐满意度得分,区域1最高,区域8最低,两区相差近20分,深圳市各区应以区域1为标杆,加强社会和谐方面的建设。社

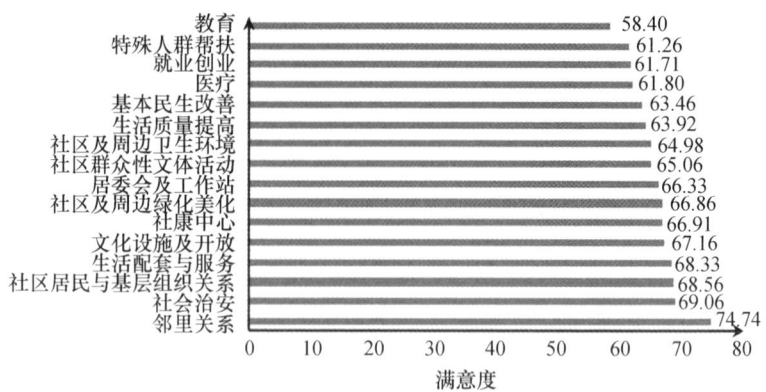

图 7-9　深圳居民对社会建设各指标的满意度比较（分）

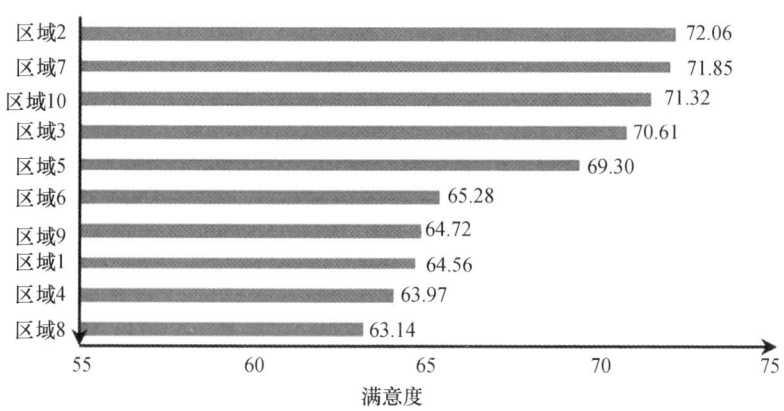

图 7-10　深圳各区社会建设满意度排名（分）

会管理工作方面，区域 5 满意度最高，区域 3 和区域 8 刚刚达到基本满意，还需要更加重视。社会建设工作中，只有区域 5 满意度达到 70 分。所有区的民生改善工作满意度都未达到 70 分，区域 8 满意度尚未及格；公共服务工作的最高满意度只达到 65 分，区域 1 和区域 9 没有达到基本满意水平（详见图 7-11）。

四　深圳市社会建设总评

社会建设总评得分来源于客观综合得分（80%）与主观满意度得分（20%）的加总。全市社会建设总评得分 85.37 分，10 个区

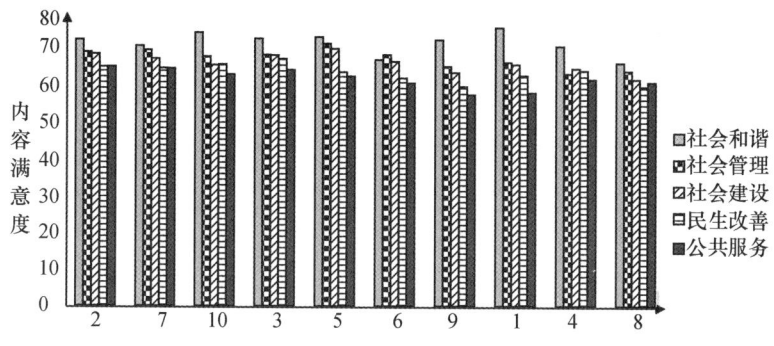

图 7-11 深圳市各考核内容满意度区域排名（分）

中有 4 个区高于全市平均得分，最高得分的区域 2 与最低得分的区域 8 相差 6 分。社会建设总评得分标准差为 1.52，$\chi \pm \sigma =$ (83.85, 86.89)。经过比较数值可以看出，区域 2（88.48）、区域 4（87.83）、区域 1（87.42）均高于 86.89，为发展先进区；区域 9（83.41）、区域 8（82.48）低于 83.85，属于发展滞后区；区域 3、区域 6、区域 7、区域 9、区域 10、区域 5 均在 $\chi \pm \sigma$ 区间内，为发展中间区（详见图 7-12、表 7-2）。

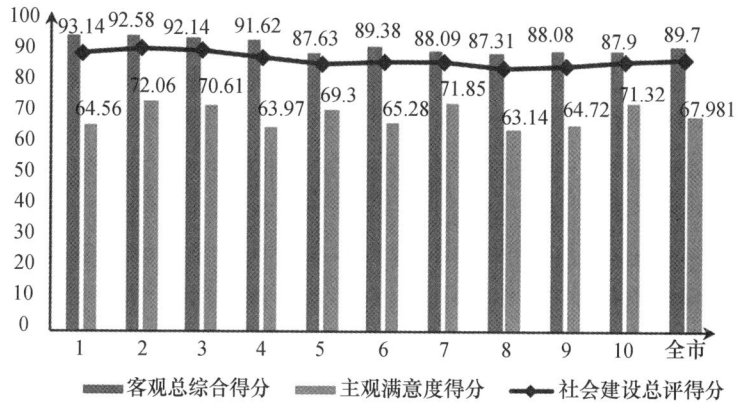

图 7-12 深圳市各区社会建设总评

客观指标的四个维度，基本公共服务维度的贡献度最低，市民生活维度得分最高；而群众满意度总体"比较满意"，在群众"社会和谐"的社会风气满意度最高，对"公共服务"满意度最低。

表7-1　　　　　深圳市各区社会建设总评得分

行政区	客观总综合得分	主观满意度得分	社会建设总评得分	排名
区域2	92.58	72.06	88.48	1
区域4	92.14	70.61	87.83	2
区域1	93.14	64.56	87.42	3
区域3	91.62	63.97	86.09	4
区域7	88.09	71.85	84.84	5
区域10	87.90	71.32	84.58	6
区域6	89.38	65.28	84.56	7
区域5	87.63	69.30	83.96	8
区域9	88.08	64.72	83.41	9
区域8	87.31	63.14	82.48	10
全市	89.78	67.68	85.37	

小　结

优质均衡的公共服务供给是深圳建设民生幸福标杆城市过程之中高质量完成第一阶段类型的必经之路。面向城市维度的发展类型，面向人群维度的弱势类型，均提出了兜底民生、短板改造、均等化配给等公共服务的内涵。我们从2017年深圳市社会建设实绩考核结果可见，在当时的深圳，民生公共服务的发展程度、民众满意度程度都有显著时空差异，表明了公共服务需要是一个精确精准供给过程，从基本均等化到优质均衡化是深圳民生幸福标杆在基本公共服务体系的更实际的努力方向。

第八章　基于层次分析法的深圳市民生幸福标杆城市指标体系与评价研究

深圳"十四五"时期正在加速建设"民生幸福标杆"城市，建立科学有效的民生幸福标杆评价指标体系是评估深圳市历年民生目标完成度的重要工具。本章综合运用层次分析法、专家咨询法（德尔菲法）、文献分析法等多种方法，从幼有善育、学有优教、劳有厚得、病有良医、老有颐养、住有宜居、弱有众扶七个维度建立了评价指标体系，量化评估了2012—2021年的深圳市民生幸福标杆城市建设现状，揭示了其维度分布特征及时序演化规律。提出了精准的实施建议。研究发现：（1）2012年至2021年深圳市民生幸福标杆城市总指数逐年走强，从民生七有领域分项指数看，表现为"二高、三低、二波动"的发展形态；（2）与2020年比，2021年度深圳市民生幸福标杆城市七有领域指数总体保持稳定增长，民生七有领域分项指数保持提升，其中学有优教、幼有善育升幅较高，分别同比增长28.35%、20.64%；（3）运用波士顿矩阵（四象限评价）分析法可知，幼有善育、学有优教属于明星领域，老有颐养属于培育领域，劳有厚得、病有良医属于待提升领域，住有宜居、弱有众扶属于成熟领域。总体来说，深圳市近十年民生目标完成度较高，提出了"立标杆，补短板，强特色"七条建议，探索深圳市民生幸福标杆城市建设提升新路径。

第一节 背景

追求民生幸福是经济发展的目的[①]。2019年8月,《中共中央国务院关于支持深圳建设中国特色社会主义先行示范区的意见》提出,深圳要实现"幼有善育、学有优教、劳有厚得、病有良医、老有颐养、住有宜居、弱有众扶",努力打造民生幸福标杆。构建深圳市民生幸福标杆城市指标体系是综合评估民生"七有"目标实现情况的重要工具。从第三章讨论可知,国外已有系统的民生幸福评估体系,但尚无超大型城市的民生政策供给评价体系;而我国在民生幸福政策相关的定量化、干预型研究起步较晚,尚无公认的、科学全面的民生幸福评价指标体系,建立和完善国内城市民生幸福评价指标体系等是国内的未来研究重点。[②]

本章以供给侧为方向,以民生福祉的供给质量提升为取向,将"民生福祉"界定为深圳市政府努力提供全时、全域、全人群的民生供给服务,市民持续获得并赋能不断提升了个人和城市的全面质量的状态。本章研究构建了深圳市民生幸福标杆指数,包括政策目标、评价体系、基本标准和提升标杆;并分析了深圳市民生幸福标杆的政策体系和服务提供现状与问题。

构建深圳市民生幸福标杆指数,评估目标完成度、横向纵向比较和监测评价。(1)应用层次分析法,从七个民生维度设计一级指标,每个维度下包括4—6个核心二级指标;(2)应用专家咨询法,对每个维度和二级指标打分,计算每个指标的权重,最终形成一个综合指数;(3)参考国家基本公共服务清单和标准,应用专家咨询法、调查研究法和时间序列趋势预测法,制定了深圳市民生服务的基本标准和提升标准。基本标准是满足深圳市民基

[①] 张弥:《民生幸福指标体系的构建:一个初步框架》,《科学社会主义》2014年第3期。

[②] 牛千:《福祉指数指标体系构建与应用研究》,博士学位论文,山东大学,2018年,第125页。

本民生需求的最低标准（我们将2012年设为基准年），提升标准是深圳市作为先行示范区建设民生幸福标杆的高级标准，是深圳市保持领先竞争力的基础。民生幸福标杆评价体系可用于评估深圳市历年民生目标完成度，也可进行多年纵向比较，有助于发现民生短板和问题。

第二节 指标体系的构建

在研究初期，采用文献分析法，综合分析了大量的文献资料，特别是国内外民生领域的评价指标体系（评价经验）、学术文献的民生领域政策研究（理论经验）、深圳市社会建设与社会质量实绩考核指标（实践经验）等文献，并结合了深圳市民生幸福标杆城市的创新政策，初步提炼评价指标。[1] 后期依据科学性、针对性、关联性、层次性和数据易获取性等原则进行指标的初步筛选，并邀请国内20名民生领域专家判定各评价指标的重要性和可行性，修改评价指标的表述，通过两轮以上的德尔菲专家咨询筛选和修订评价指标，初步确定评价维度和评价指标。

本章专家咨询结果主要通过专家积极程度系数（问卷回收率超过70%）、专家权威程度系数（≥ 0.70）、专家意见集中程度系数（计算每个条目的得分平均值、变异系数和满分比）、专家意见协调程度系数（卡方检验$p < 0.05$，$0.30 \geq 协调系数 \geq 0.50$）进行判定。评价指标的筛选标准为重要性和可行性评分的整体平均值、变异系数和满分比要高于临界值，如果某一个条目的两项评分未达到入选标准，则予以删除。最终确立七个民生维度作为一级指标，每个维度下包括4—6个核心二级指标，如表8-1所示。

---

[1] 汤凤林：《居民幸福感最大化目标下的公共支出政策改革》，《财会月刊》2019年第12期；尤莉莉等：《以效果为导向的国家基本公共卫生服务综合评价指标体系构建》，《中国公共卫生》2022年第5期；陈世民、曹惠民：《幸福的双维模型理论视角下国民幸福指标体系构建》，《统计与管理》2021年第6期；吴克昌、刘志鹏：《基于因子分析的人民获得感指标体系评价研究》，《湘潭大学学报》（哲学社会科学版）2019年第3期。

表 8-1　　深圳市民生幸福标杆城市指标体系

一级指标	二级指标	指标来源
幼有善育	1. 3 岁以下儿童系统管理率	《深圳市儿童发展规划（2011—2020 年）》
	2. 每千常住人口 3 岁以下婴幼儿托位数	《深圳市卫生健康事业发展"十四五"规划》
	3. 适龄儿童免疫规划疫苗接种率	《深圳市儿童发展规划（2011—2020 年）》
	4. 普惠性托育点覆盖率	《深圳市教育局 2020 年工作总结》
学有优教	5. 义务教育阶段生师比	自拟
	6. 学生体质健康达标率	《深圳市儿童发展规划（2011—2020 年）》
	7. 高校学科排名进入世界 ESI 排名前 1% 的学科数量	《深圳市教育局 2020 年工作总结》
	8. 15 岁及以上人口的平均受教育年限	《深圳市第七次全国人口普查公报》
	9. 九年义务教育巩固率	《深圳市儿童发展规划（2011—2020 年）》
劳有厚得	10. 人均可支配收入	《深圳统计年鉴》
	11. 城镇居民登记失业率	《深圳市社会性别统计报告》
	12. 灵活就业人员社保参保率	自拟
	13. 就业人员平均实际工资指数	《深圳统计年鉴》
	14. 劳动人事争议仲裁结案率	《人力资源和社会保障事业发展"十四五"规划》
病有良医	15. 每千常住人口床位数	《2021 年深圳市卫生健康统计提要》
	16. 每千人口执业（助理）医师数	《2021 年深圳市卫生健康统计提要》
	17. 每万人口全科医生数	《2021 年全市卫生健康工作会议报告》
	18. 人均预期寿命	《2021 年深圳市人民政府工作报告》
	19. 医疗费用个人自付比	《2020 年深圳市卫生健康统计提要》

续表

一级指标	二级指标	指标来源
老有颐养	20. 每千名老年人拥有养老床位数	《深圳市养老服务业发展"十三五"规划》
	21. 街道综合性养老服务中心覆盖率	《深圳市民政事业发展"十四五"规划》
	22. 老年志愿者占老年人比重	自拟
	23. 养老保险参保率	《2019年度深圳市社会保险信息披露通告》
	24. 养老金替代率	《社会保障最低标准公约》
住有宜居	25. 保障性住房覆盖率	《深圳市住房发展"十四五"规划》
	26. 轨道交通线密度	《2020年度深圳市城市轨道交通服务质量评价结果》
	27. 建成区绿化覆盖率	《深圳统计年鉴》
	28. 环境空气质量优良天数比例	《深圳统计年鉴》
	29. 生活垃圾回收利用率	《深圳市政府工作报告》
	30. 城市饮用水源水质达标率	《深圳统计年鉴》
弱有众扶	31. 城市最低生活保障标准占当地上年度常住居民人均可支配收入的比例	《深圳统计年鉴》
	32. 每万人注册志愿者人数	《深圳志愿服务发展报告（2020）》
	33. 残疾适龄儿童入学安置率	《深圳市儿童发展规划（2011—2020年）》
	34. 最低工资标准	《深圳市人力资源和社会保障局关于本市2020年最低工资标准维持不变的通知》
	35. 每万人持证社会工作者数量	《深圳社会工作持证人数突破2万人》

深圳市民生幸福标杆城市指标体系由幼有善育、学有优教、劳有厚得、病有良医、老有颐养、住有宜居、弱有众扶七项一级指标构成。

七个维度各自代表民生幸福标杆城市的不同层面：幼有善育主

要反映区域政府为学龄前儿童的提供各种优质普惠的养育与教育资源供给,保障学龄前儿童健康幸福地成长;学有优教主要指持续提升教育特别是基础教育的内涵和品质,构建高质量、有特色、多样化、可选择的办学局面以满足个体与社会发展需要,普惠均衡和优质高效是其最重要要求;劳有厚得展现了深圳全域的劳动者群体通过辛勤劳动、诚实劳动、科学劳动均有较高的劳动收入和较好的劳动保障;病有良医反映的是医疗服务体系和医疗保障体系良好,能够为人民群众提供优质的令人满意的医疗"大健康"服务;老有颐养反映的是依托家庭和社会满足老人生活照顾和经济、物质的良好保证,成功的实现积极老龄化,提升老年人幸福感、获得感和安全感;住有宜居是指区域经济、社会、文化、环境协调可持续发展,人居环境良好,能够满足居民物质和精神生活需求,适宜人类居住生活和从事各种经济活动;弱有众扶展现了政府和社会力量为满足弱势群体多元化和个性化需求而进行的精准救助、高效救助、温暖救助和智慧救助,确保了救助公平、精准、有温度。

第三节 层次分析模型的建立

一 确定因素集

层次分析法的因素集是以影响评价对象的各种因素为元素所组成的普通集合,本章用 B 表示,B = {B_1,B_2,…,B_n},即 n 个评价指标。将上述深圳市民生幸福标杆城市评价指标作为综合评价的因素集,建立层次结构模型如表 8-2 所示,其中 B = {B_1,B_2,B_3,B_4,B_5,B_6,B_7},分别表示幼有善育维度、学有优教维度、劳有厚得维度、病有良医维度、老有颐养维度、住有宜居维度、弱有众扶维度,这 7 个一级指标所对应的二级指标集合为 B_1 = {C_1,C_2,C_3,C_4},C_1 至 C_4 分别表示 3 岁以下儿童系统管理率、每千常住人口 3 岁以下婴幼儿托位数、适龄儿童免疫规划疫苗接种率、普惠性托育点覆盖率等 4 个二级指标,同理可得到 B_2 = {C_5,C_6,C_7,C_8,C_9},B_3 = {C_{10},C_{11},C_{12},C_{13},C_{14}},B_4 = {C_{15},C_{16},

C_{17}, C_{18}, C_{19}}, B_5 = {C_{20}, C_{21}, C_{22}, C_{23}, C_{24}}, B_6 = {C_{25}, C_{26}, C_{27}, C_{28}, C_{29}, C_{30}}, B_7 = {C_{31}, C_{32}, C_{33}, C_{34}, C_{35}}。

表 8-2 深圳市民生幸福标杆城市指标体系评价层次分析模型

目标层（A）	准则层（B）	方案层（C）
深圳市民生幸福标杆城市指标体系评价（A）	幼有善育（B_1）	3 岁以下儿童系统管理率 C_1
		每千常住人口 3 岁以下婴幼儿托位数 C_2
		适龄儿童免疫规划疫苗接种率 C_3
		普惠性托育点覆盖率 C_4
	学有优教（B_2）	义务教育阶段生师比 C_5
		学生体质健康达标率 C_6
		高校学科排名进入世界 ESI 排名前 1% 的学科数量 C_7
		15 岁及以上人口的平均受教育年限 C_8
		九年义务教育巩固率 C_9
	劳有厚得（B_3）	人均可支配收入 C_{10}
		城镇居民调查失业率 C_{11}
		灵活就业人员社保参保率 C_{12}
		就业人员平均实际工资指数 C_{13}
		劳动人事争议仲裁结案率 C_{14}
	病有良医（B_4）	每千常住人口床位数 C_{15}
		每千人口执业（助理）医师数 C_{16}
		每万人口全科医生数 C_{17}
		人均预期寿命 C_{18}
		医疗费用个人自付比 C_{19}
	老有颐养（B_5）	每千名老年人拥有养老床位数 C_{20}
		街道综合性养老服务中心覆盖率 C_{21}
		老年志愿者占老年人比重 C_{22}
		养老保险参保率 C_{23}
		养老金替代率 C_{24}

续表

目标层（A）	准则层（B）	方案层（C）
深圳市民生幸福标杆城市指标体系评价（A）	住有宜居（B_6）	保障性住房覆盖率 C_{25}
		轨道交通线密度 C_{26}
		建成区绿化覆盖率 C_{27}
		环境空气质量优良天数比例 C_{28}
		生活垃圾回收利用率 C_{29}
		城市饮用水水源水质达标率 C_{30}
	弱有众扶（B_7）	城市最低生活保障标准占当地上年度常住居民人均可支配收入的比例 C_{31}
		每万人注册志愿者人数 C_{32}
		残疾适龄儿童入学安置率 C_{33}
		最低工资标准 C_{34}
		每万人持证社会工作者数量 C_{35}

二 确定各指标权重

应用专家咨询法，通过向20名专家发放问卷调查的形式，请专家们按照已建立的评价指标体系，依据各指标的重要性，采用1—9标度表（如表8-3所示）对各指标的重要程度进行两两比较，建立判断矩阵，使用MATLAB软件计算各个判断矩阵的最大特征根和相应的特征向量，并对其进行归一化的处理，即得到相应指标对应上一级的权重，所有判断矩阵随机一致性比率CR均小于0.10，即通过随机一致性检验，最终得到各指标权重如表8-4所示。

表8-3　　　　　　　　层次分析法1—9标度

数字	意义
1	两个项目相比，重要性相同
3	两个项目相比，前者比后者稍微重要
5	两个项目相比，前者比后者比较重要
7	两个项目相比，前者比后者特别重要
9	两个项目相比，前者比后者极端重要

续表

数字	意义
2、4、6、8	两个项目相比，重要性位于相邻数值中间
1—9 的倒数	两个项目相比，后者比前者的重要性

其基本思想与具体步骤为：

（1）计算每个判断矩阵各行元素的乘积

$$M_i = \prod_{j=1}^{n} \alpha_{ij} (i = 1,2,3,4\cdots,n) \quad \text{（公式6-1）}$$

（2）计算每个矩阵中每行 H_i 的 n 次方根

$$\overline{W_i} \sqrt[n]{M_i} \quad \text{（公式6-2）}$$

（3）对 $W_i = (W_1, W_2, W_3, \cdots, W_n)^T$ 进行归一化处理，即为所计算权重向量

$$W_i = \frac{\overline{W_i}}{\sum_{i-1}^{n} \overline{W_i}} \quad \text{（公式6-3）}$$

（4）计算判断矩阵的最大特征根 $\lambda_{\max}$

$$\lambda_{\max} = \frac{1}{n} \frac{(MW)_i}{W_i} \quad \text{（公式6-4）}$$

（5）由于判断矩阵是专家的主观判断，缺乏客观性，加上指标众多，具有复杂性，因此，需要对各个判断矩阵进行一致性检验。CI 和 RI[①] 是一致性检验的两个指标，其计算方法如下：

$$CI = (\lambda_{\max} - n)/(n-1) \quad \text{（公式6-5）}$$

RI 指数适用于不同阶数 n 的判断矩阵一致性检验，CI 与 RI 的比值为随机一致性比率，记为 CR，当 CR≤0.1 时，判断矩阵符合一致性检验的要求，否则要对判断矩阵进行修改。1—9 阶数的判断矩阵的 RI 值如表 8-4 所示：

表 8-4　　　　　　判断矩阵阶数 n 与 RI 值对应表

N	1	2	3	4	5	6	7	8	9
RI 值	0.00	0.00	0.52	0.89	1.12	1.26	1.36	1.41	1.46

---

① RI 不在公式中展现，后文有叙述，CR = CI/RI。

各专家的判断矩阵都通过了一致性的检验,据此所得到的权重向量是符合要求的。由此得出,深圳市民生幸福标杆城市指标体系中所有指标的权重(见表8-5)。

表8-5　深圳市民生幸福标杆城市指标权重及评价模型

目标层 (A)	准则层 (B)	权重 (W_A)	方案层 (C)	权重 (W_B)	综合权重 (W)
深圳市民生幸福标杆城市指标体系评价(A)	幼有善育(B_1)	0.064	3岁以下儿童系统管理率 C_1	0.185	0.0118
			每千常住人口3岁以下婴幼儿托位数 C_2	0.233	0.0148
			适龄儿童免疫规划疫苗接种率 C_3	0.301	0.0191
			普惠性托育点覆盖率 C_4	0.282	0.0179
	学有优教(B_2)	0.135	义务教育阶段生师比 C_5	0.150	0.0203
			学生体质健康达标率 C_6	0.211	0.0285
			高校学科排名进入世界ESI排名前1%的学科数量 C_7	0.205	0.0277
			15岁及以上人口的平均受教育年限 C_8	0.189	0.0256
			九年义务教育巩固率 C_9	0.245	0.0332
	劳有厚得(B_3)	0.114	人均可支配收入 C_{10}	0.243	0.0276
			城镇居民登记失业率 C_{11}	0.109	0.0124
			灵活就业人员社保参保率 C_{12}	0.149	0.0169
			就业人员平均实际工资指数 C_{13}	0.271	0.0309
			劳动人事争议仲裁结案率 C_{14}	0.228	0.0260

续表

目标层 （A）	准则层 （B）	权重 （W_A）	方案层 （C）	权重 （W_B）	综合权重 （W）
深圳市民生幸福标杆城市指标体系评价（A）	病有良医（B_4）	0.236	每千常住人口床位数 C_{15}	0.125	0.0294
			每千人口执业（助理）医师数 C_{16}	0.238	0.0563
			每万人口全科医生数 C_{17}	0.154	0.0364
			人均预期寿命 C_{18}	0.238	0.0563
			医疗费用个人自付比 C_{19}	0.244	0.0577
	老有颐养（B_5）	0.135	每千名老年人拥有养老床位数 C_{20}	0.180	0.0243
			街道综合性养老服务中心覆盖率 C_{21}	0.186	0.0252
			老年志愿者占老年人比重 C_{22}	0.212	0.0287
			养老保险参保率 C_{23}	0.225	0.0304
			养老金替代率 C_{24}	0.197	0.0267
	住有宜居（B_6）	0.117	保障性住房覆盖率 C_{25}	0.199	0.0232
			轨道交通线密度 C_{26}	0.140	0.0163
			建成区绿化覆盖率 C_{27}	0.146	0.0170
			环境空气质量优良天数比例 C_{28}	0.216	0.0252
			生活垃圾回收利用率 C_{29}	0.191	0.0223
			城市饮用水源水质达标率 C_{30}	0.108	0.0125
	弱有众扶（B_7）	0.199	城市最低生活保障标准占当地上年度常住居民人均可支配收入的比例 C_{31}	0.163	0.0325
			每万人注册志愿者人数 C_{32}	0.182	0.0363
			残疾适龄儿童入学安置率 C_{33}	0.193	0.0385
			最低工资标准 C_{34}	0.235	0.0468
			每万人持证社会工作者数量 C_{35}	0.227	0.0451

三 建立层次分析模型

基于上述模型与步骤,可以得到深圳市民生幸福标杆城市评价指数 Q:

$$Q = W_1 C_1 + W_2 C_2 + W_3 C_3 + W_4 C_4 + \cdots + W_{34} C_{34} + W_{35} C_{35}$$

(公式6-6)

第四节 实证分析

一 数据来源与处理

根据深圳市统计年鉴和相关统计公报,得到2012—2022年之间影响深圳市民生幸福水平的指标数据。由于影响深圳市民生幸福标杆城市的指标数据库过于庞杂,多半来自多个异种数据源,极易受缺失值和不一致数据的侵扰,影响数据的准确性、完整性、一致性、时效性、可信性和可解释性,进而影响数据挖掘结果的质量和所得结论的准确性。因此,本章研究基于所查找的数据进行了数据预处理,主要包括数据清理、正向化处理和无量纲化处理。在数据清理方面,对于有缺失值的数据,本章利用忽略元组、人工填写缺失值、使用一个全局变量填充缺失值、使用属性的中心度量填充缺失值、使用与给定元组属同一类的所有样本的属性均值或中位数、使用最可能的值填充缺失值等方法为该属性填上缺失的值。

在正向化处理和无量纲化处理方面,指数法在处理数据的过程中含义直观明确,约束条件较少,便于比较,可操作性较强,因此本章采用指数法对指标进行无量纲处理。深圳市民生幸福标杆城市指标体系既有正指标,又有逆指标,所以无量纲化处理的具体方法有所不同。

①正指标的无量纲化

$$z_i = \frac{x_i}{x_{il}} \times 100\%$$

(公式6-7)

其中 z_i 为 x_i 的无量纲化值，x_i 为实际值，x_{il} 为目标值。

②逆指标的无量纲化

$$z_i = \frac{x_{il} + A}{x_i + A} \times 100\% \qquad （公式6-8）$$

其中 z_i 为 x_i 的无量纲化值，x_i 为实际值，x_{il} 为目标值，A 根据需要可取 50 左右的数值。

二　层次分析模型求解计算 2012—2021 年深圳总指数

深圳市民生幸福标杆城市指数以 2012 年作为指数测算基准年，截至目前共编制了 10 年的指数。运用所建立的层次分析模型，并利用深圳市相关数据和 MATLAB 软件计算得到 2012—2021 年深圳市民生幸福标杆城市总指数分别为 100.00、104.80、109.67、116.60、120.70、126.30、131.25、137.82、147.18、160.96，如图 8-1 所示：

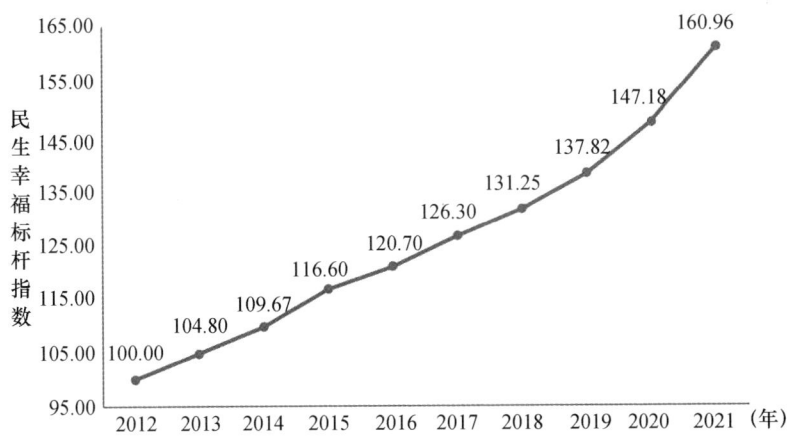

图 8-1　2012—2021 年深圳市民生幸福标杆城市总指数走势

三　2012 年至 2021 年深圳市民生幸福标杆城市总指数逐年向好

如图 8-1 所示，以 2012 年作为指数测算基准年，2012—2021 年深圳市民生幸福标杆城市总指数持续走强，逐年稳步提升，2021

年比 2012 年上升 60.96 点，年均增长 6.096%。

四　2012 年至 2021 年民生"七有"领域指数走势："二高、三低、二波动"

深圳市民生幸福标杆城市指标体系由幼有善育、学有优教、劳有厚得、病有良医、老有颐养、住有宜居、弱有众扶七个领域分项指数构成。2012 年至 2021 年，深圳市民生幸福标杆城市指数总体保持稳定上升，从民生"七有"领域分项指数看，表现为"二高、三低、二波动"的发展形态（见表 8-6、图 8-2）。

"二高"即幼有善育和住有宜居两领域指数多年持续高于总指数。具体表现为：幼有善育指数，十年持续高于总指数运行，近两年出现大幅跳升，领跑总指数增长；住有宜居指数，连续十年高于总指数运行，近年急骤攀升，拉升总指数。

"三低"即劳有厚得、病有良医、老有颐养三领域指数多年持续低于总指数运行。具体表现为：劳有厚得指数，连续多年低于总指数运行，逐年保持窄幅上升，指数水平与总指数差距较大；病有良医指数，多年来低于总指数运行，2018 年以后增长幅度较大，指数水平与总指数差距逐渐缩小。老有颐养指数十年持续低于总指数运行，逐年保持温和稳定增长，与总指数比水平差距明显。

"二波动"即学有优教、弱有众扶两领域指数十年间围绕总指数上下波动，稳定较差。具体表现为学有优教指数，围绕总指数温和波动，2020 年后急骤攀升，波动幅度较大，明显高于总指数运行；弱有众扶指数，多年围绕总指数上下波动，2014 年至 2020 年高于总指数运行，2021 年低于总指数运行。

2012 年至 2021 年深圳市民生幸福标杆城市建设中幼有善育和住有宜居领域成绩凸显，两类指数分别上升了 142.55%、138.95%，在各指数中名列前位，成为拉动总指数提升的主要指标。幼儿是全社会最柔软的群体，"幼有所育"是党的十九大列出的 7 项民生之首，十年时间，深圳已构建起以普惠性幼儿园为主体，广覆盖、保基本、有质量的学前教育公共服务体系，奋力书写"幼

第八章　基于层次分析法的深圳市民生幸福标杆城市指标体系与评价研究　167

表8-6　2012—2021年深圳市民生幸福标杆城市指数各领域变动情况

年份	2012	2013	2014	2015	2016	2017	2018	2019	2020	2021	升幅（%）	主要变动形态
总指数	100.00	104.80	109.67	116.60	120.70	126.30	131.25	137.82	147.18	160.96	60.96	—
幼有善育	100.00	112.70	125.24	137.30	149.90	162.92	175.07	187.59	201.05	242.55	142.55	持续高于总指数
学有优教	100.00	111.84	111.32	116.51	115.61	121.09	126.20	136.39	147.31	189.07	89.07	围绕总指数上下波动
劳有厚得	100.00	102.17	102.72	103.76	106.00	109.07	111.44	115.00	115.41	119.44	19.44	持续低于总指数
病有良医	100.00	101.49	103.18	106.56	107.96	109.76	112.49	116.67	127.81	131.83	31.83	持续低于总指数
老有颐养	100.00	100.91	103.31	105.05	106.66	108.16	109.02	112.18	115.58	120.05	20.05	持续低于总指数
住有宜居	100.00	110.17	126.34	139.60	152.97	167.47	179.91	194.85	217.32	238.95	138.95	持续高于总指数
弱有众扶	100.00	102.41	109.82	123.67	129.01	135.87	140.88	145.06	151.44	156.25	56.25	围绕总指数上下波动

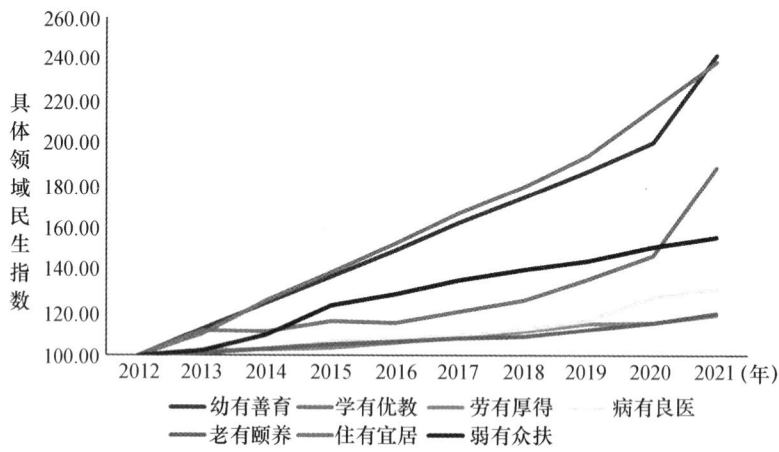

图 8-2　2012—2021 年深圳市民生幸福标杆城市指数各领域走势

有善育"新答卷。① 住有宜居指数与民生幸福高度相关，是居民最关注、最接"地气"的指数。住有宜居指数包含住房保障和居住环境两大方面，指数高位运行一定程度上反映了该领域建设的自身特点。住房保障方面，"十三五"期间，累计建设筹集住房 78.63 万套、6478 万平方米，其中安居工程建设筹集 44.24 万套、2935 万平方米，套数是"十二五"时期的 2.4 倍，基本建成（含竣工）17.3 万套、1217 万平方米，通过实物供应与货币补贴相结合，实现低保（低保边缘）家庭应保尽保②。居住环境方面，在习近平生态文明思想的引领下，深圳市生态治理稳步推进，治水提质、生活垃圾回收利用、空气质量、绿化覆盖率等建设成果显现，居住环境不断得到改善。由于居住环境的指标较多且指标权重较高，因此住有宜居指数持续高于总指数运行，但是近几年，在居住环境不断改善、房价居高不下的情况下，人民对保障性住房覆盖率的需求攀升，而深圳保障性住房覆盖率偏低，可新增拓展空间有限，群众安居的压力较大。

---

① 深圳市教育局：《深圳市学前教育十年巡礼——奋力书写"幼有善育"新答卷》，http：//szeb.sz.gov.cn/home/xxgk/zthd/dlsnjjwl/xqjypjph/content/mpost_8804523.html，2021 年 5 月 25 日。

② 深圳市住房和建设局：《深圳市住房发展"十四五"规划》，http：//www.sz.gov.cn/cn/xxgk/zfxxgj/ghjh/csgh/zxgh/content/post_9513747.html，2022 年 1 月 11 日。

劳有厚得、病有良医、老有颐养三领域指数多年低于总指数运行。劳有厚得指数，连续多年低于总指数运行，逐年保持窄幅上升，指数水平与总指数差距较大，其中深圳居民人均可支配收入位于全国第一梯队，2021年深圳居民人均可支配收入67292元，比全国居民人均可支配收入高出3万多元。尽管深圳人均可支配收入较高，相比房价上涨的速度、幅度来看，工资水平的上涨远远地被甩在后面。工资水平上涨幅度小，除了企业压缩成本方面的考虑，与宏观经济形势也密切相关。疫情冲击下经济形势严峻，不少企业减少了招聘岗位和薪资待遇，因就业竞争加剧带来的内群体内卷、高工作压力与全社会焦虑心态，这导致居民生活压力增大。病有良医指数低于总指数，但表现出逐年窄幅增长的形态，一定程度反映了医疗服务建设需进一步加强，如2021年年末深圳市每千人口床位数3.62张，远低于北京、上海、广州、杭州等一线城市每千人口床位数。老有颐养指数低于总指数且缓慢增长，受两方面因素的影响：一是养老市场的供需矛盾突出，根据第七次全国人口普查结果，深圳市60岁及以上人口为940716人，占5.36%，潜在巨大的刚性需求，而每千名老人拥有养老床位数不到40张，街道综合性养老服务中心覆盖率偏低，有效供给不足；二是养老金替代率不断走低，无法满足老年人日益增长的美好生活需要。[1] 上述两个因素应引起重视并着力解决。

学有优教、弱有众扶两领域指数围绕总指数上下波动，指数成长连续性和稳定性较差。学有优教指数多年围绕总指数上下波动，但振幅较小，且逐年保持正增长形态，近几年指数值略高于总指数，表现较优，充分显示了深圳市民生保障的力度与温度。弱有众扶指数2014年至2020年高于总指数运行，2021年增长变缓，低于总指数运行。近年来，深圳市把维护困难群众基本权益作为社会救助工作的出发点和落脚点，持续完善制度体系，稳步提升保障水平，先行示范打造"弱有众扶"幸福标杆，为深圳市民生幸福标杆城市建设发展提供了基础支撑和发展动能。尽管深圳市在弱有众扶

---

[1] 深圳市统计局、深圳市第七次全国人口普查领导小组办公室：《深圳市第七次全国人口普查公报》，《深圳特区报》2021年5月17日第A08版。

领域取得了一定的成绩，但从总体看，仍存在低保标准和补助水平尚未出现示范的新做法与新实践，深圳的社会救助法规体系尚不完备，资金、基础设施投入不足等问题，仍需持续优化发展新型"弱有众扶"发展格局。

五 2021年深圳市民生"七有"领域指数同比发展情况

2021年深圳市民生幸福标杆城市总指数为160.96，与上年相比上升了13.78点，同比升幅9.36%。2021年幼有善育、学有优教、劳有厚得、病有良医、老有颐养、住有宜居、弱有众扶七领域指数分别为242.55、189.07、119.44、131.83、120.05、238.95、156.25，均呈现正增长形态。

与2020年比，2021年度深圳市民生幸福标杆城市七领域指数总体保持稳定增长（表8-7、图8-3）。幼有善育、学有优教、劳有厚得、病有良医、老有颐养、住有宜居、弱有众扶七领域指数保持提升，其中学有优教、幼有善育升幅较高，分别同比增长28.35%、20.64%。从指数排名看，幼有善育、住有宜居指数两年稳定保持前2位；幼有善育、学有优教指数同比上升1个位次；住有宜居、弱有众扶指数同比出现下滑；劳有厚得、病有良医、老有颐养指数持续处于低位。

表8-7 2021年深圳市民生幸福标杆城市指数各领域排名

领域	2021年指数	较上年增长	排名 2021年	排名 2020年
总指数	160.96	9.36%	—	—
幼有善育	242.55	20.64%	1	2
学有优教	189.07	28.35%	3	4
劳有厚得	119.44	3.49%	7	7
病有良医	131.83	3.15%	5	5
老有颐养	120.05	3.87%	6	6
住有宜居	238.95	9.95%	2	1
弱有众扶	156.25	3.18%	4	3

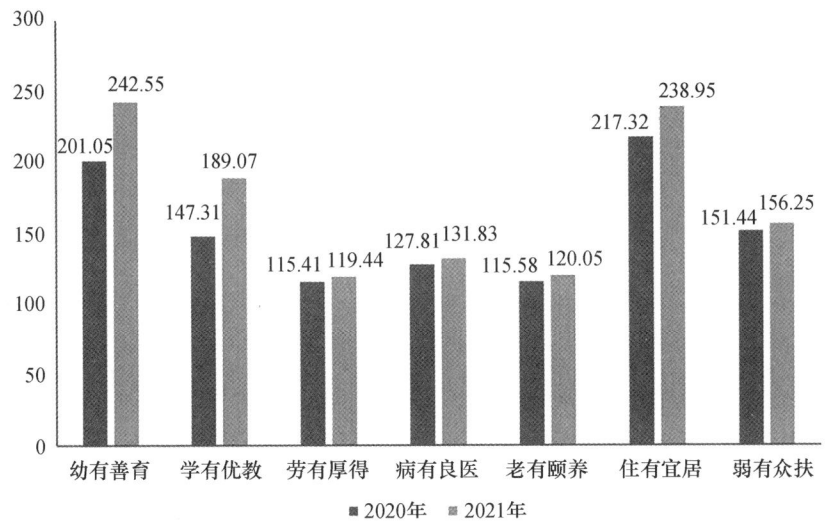

图 8-3　2020—2021 年深圳市民生幸福标杆城市指数各领域对比

第五节　2021 年深圳市民生"七有"领域指数的四象限评价

运用波士顿矩阵（四象限评价）分析法，对深圳市民生幸福标杆城市建设七个领域指数进行聚类评价。以指数排名和增速两个维度进行组合，以排名第 4 位为中值，增速 3.87% 为切割点，把七个领域指数映射在四个象限（排名大小为横轴、增速高低为纵轴组成的坐标系）上，进行分类评价，研究管理对策（图 8-4）。

第一象限是明星领域，指数增幅大且排名高，幼有善育、学有优教指数属于该领域，应采取持续投入，保持优势的对策；第二象限是培育领域，指数增幅大，但排名较低，老有颐养指数属于该领域，应采取集中投入资源，加强精细化管理，进行重点培育，使之成为新增长亮点的对策；第三象限是待提升领域，指数增幅小且排名低，劳有厚得、病有良医指数属于该领域，其有很大的上升空间和潜力，应加强针对性措施，打牢基础，突出重点，深化体制机制改革，短期内能取得明显阶段性成果；第四象限是成熟领域，指数增幅较小，排名高，住有宜居、弱有众扶指数属于该领域，应采取创新发展焕发新活力，努力提高增速的对策。

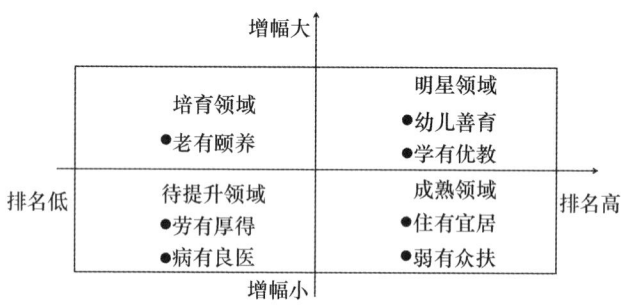

图 8-4　2021 年深圳市民生幸福标杆城市各领域指数四象限分布

一　明星领域之幼有善育

2021 年幼有善育指数为 242.55，比 2020 年上升 41.5 点，升幅 20.64%，高于总指数 81.59 点，连续两年在各指数中排名前 2 位（图 8-5），依旧表现出高指数高增长的特征。近年来，深圳学前教育不断加大投入，全市财政公共预算学前教育投入从 2018 年年初的 20.79 亿元，增至 2020 年年初的 72.14 亿元，年均增长率达 86.28%[1]。2020 年 11 月，深圳公办园在园儿童占比已从 2018 年底的不足 4% 跃升到 50.85%，公办园和普惠性民办园在园幼儿占比达到 86.4%[2]，普惠性学前教育资源大幅增加。而在 2021 年上半年，深圳全市新增幼儿园 44 所，新增学位 13320 个，幼儿园招生工作平稳有序开展，有力保障了民生。值得注意的是：尽管幼有善育指数同比大幅上升，与上海等其他一线城市相比仍存在差距。截至 2021 年年末，上海共有 1098 家托育服务机构，其中普惠

---

[1] 《市第六次党代会以来｜深圳：快速补齐民生短板　迅速树起幸福标杆》，《深圳特区报》，https：//baijiahao.baidu.com/s? id = 1697616268415142289&wfr = spider&for = pc，2021 年 4 月 21 日。

[2] 《先行示范区｜深圳：以教育医疗事业为先导持续改善民生福祉》，《深圳特区报》，https：//baijiahao.baidu.com/s? id = 1688381103012500614&wfr = spider&for = pc，2021 年 1 月 9 日。

性托育机构 627 个，普惠性托育点覆盖了全市 95% 以上的街镇[1]，但目前深圳仅有提供托育服务的机构 780 家，因此，深圳市政府在推进幼有善育、增进民生福祉、提供高质高效的服务方面还需加大力度。

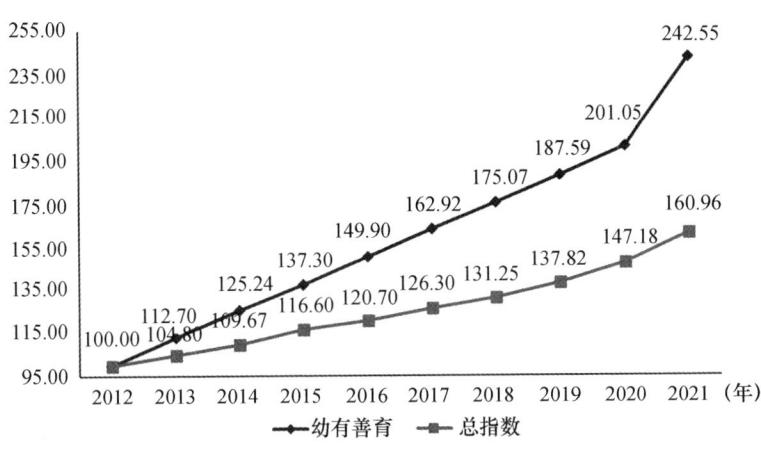

图 8-5 幼有善育指数走势

二 明星领域之学有优教

学有优教主要指持续提升教育内涵和品质，构建高质量、有特色、多样化、可选择的办学局面以满足个体与社会发展需要，普惠均衡和优质高效是其最重要的要求。2021 年学有优教指数 189.07，比 2020 年上升 41.76 点，升幅 28.35%，高于总指数 28.11 点（详见图 8-6）。

2021 年度学有优教指数快速拉升，在教育投入方面，根据 2020 年 12 月出台的《深圳市关于加快学位建设推动基础教育优质发展实施意见》，2021 年深圳市进一步加大教育投入，持续增大基础学位供给。2021 年，深圳市本级九大类民生共安排资金 1296 亿元，比上年增长 4.9%。其中，市本级教育支出安排 383.1 亿元，增长 18.2%。截至 2021 年 10 月，全市共有 130 所学校建成投入使用，

---

[1] 张鹏：《上海全方位推进"幼有善育"工作 科学呵护"最柔软群体"》，《文汇报》2021 年 12 月 6 日第 1 版。

图 8-6 学有优教指数走势

新增各类基础教育学位约 12 万座。其中公办普高 9 所；公办义务教育学校 60 所；幼儿园 61 所。新增学位数量和增速均居全国首位。不仅如此，近年来深圳一方面引入名校优质资源助力新校建设，大力推进集团化办学，打造"名校+新校"发展模式，实现优质教育资源共享，促进教育均衡优质发展；另一方面，精心谋划，高标准配置教育教学硬件设施设备，高水准选配师资团队，尽力让新建学校颜值、内涵俱佳。

但是深圳教育面临扩规模与提质量的双重挑战，教育发展不平衡不充分问题仍然一定程度上存在，与先行示范目标还有差距。基础教育学位供需矛盾尚未得到根本性缓解，优质教育资源还不能有效满足市民需求；高等教育、职业教育支撑城市创新发展的能力还有不足；素质教育有待深化，创新人才培养体制机制有待健全；未来教育探索有待进一步深入。

三 成熟领域之住有宜居

2021 年住有宜居指数 238.95，较上年度上升 21.63 点，同比增长 9.95%，高于总指数 77.99 点，连续两年在各指数中排名前 2 位（图 8-7）。

2021 年住有宜居指数持续攀升，增长幅度较大，远高于总指数。住有宜居是指城市或区域经济、社会、文化、环境协调发展，

第八章 基于层次分析法的深圳市民生幸福标杆城市指标体系与评价研究　175

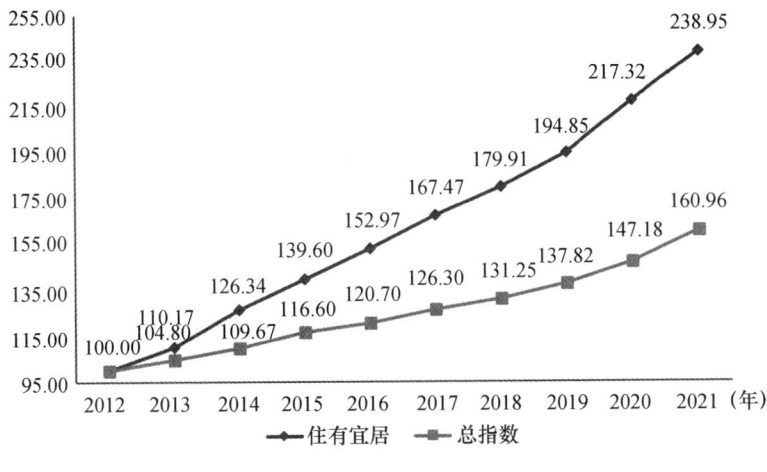

图 8 - 7　住有宜居指数走势

人居环境良好，能够满足居民物质和精神生活需求，适宜人类居住生活和从事各种经济活动，主要包含住房保障和居住环境两大方面，住有宜居指数不断提高主要体现在居住环境方面，近几年在习近平生态文明思想的引领下，深圳市生态治理稳步推进，治水提质、生活垃圾回收利用、空气质量、绿化覆盖率等建设成果显现，居住环境不断得到改善。在住房保障方面，2021 年深圳供应住宅用地 3.63 平方千米，新开工住房 1528 万平方米，建设筹集公共住房 9.65 万套（间），供应分配 4.23 万套（间）、租赁住房 11.7 万套（间）。无论是住宅用地供应还是新开工住房都超过 2020 年，又创下了历史新高。

住房问题是一个高度敏感的热点话题。"宜居"方能"宜业"，经过多年努力，深圳市在住房保障方面取得了实实在在的成效，尽管如此，解决"居者有其屋"的问题依然是今后一个时期深圳市民生幸福建设的首要工作。随着人口大量净流入和城市快速发展，深圳面临着住房供给紧张、房价水平较高、住房面积较小、居住品质不高、住房保障不充分等问题。一是住房供需不平衡，随着人口净流入，深圳住房需求规模持续增加，但因可新增拓展空间有限，保障性住房建设不足；二是房价水平较高，对部分企业和人才产生挤出效应，影响了城市竞争力和吸引力，通过严格调控，2020年深圳新房平均价格为5.4万元/平方米左右，二手房平均价格为6.6万元/平方米，中心城区平均房价约10万元/平方米；三是人均居住面积小，居住品质不高，按常住人口1756万人计算，深圳人均住房面积为35平方米左右，基本达到小康水平，但常住人口住房自有率仅约23%，超7成市民需要租房；四是住房保障不够充分，保障性住房供应规模增长滞后于需求人群规模增长，保障性住房覆盖率在5%左右，低于国家规定的23%下限要求，也远低于国内一线城市，五是住房结构不合理，当前全市住房建筑面积约6.21亿平方米，基本满足居民居住需求，但功能较差、配套不足的城中村和各类宿舍等住房占比较高，功能完善、配套齐全的商品住房和公共住房占比较低，与人们对宜居生活的美好向往不相匹配。

四 成熟领域之弱有众扶

2021年弱有众扶指数156.25，比2020年上升4.81点，升幅3.18%，低于总指数4.71点，在总指数排名第4，比2020年下降1个位次（图8-8）。

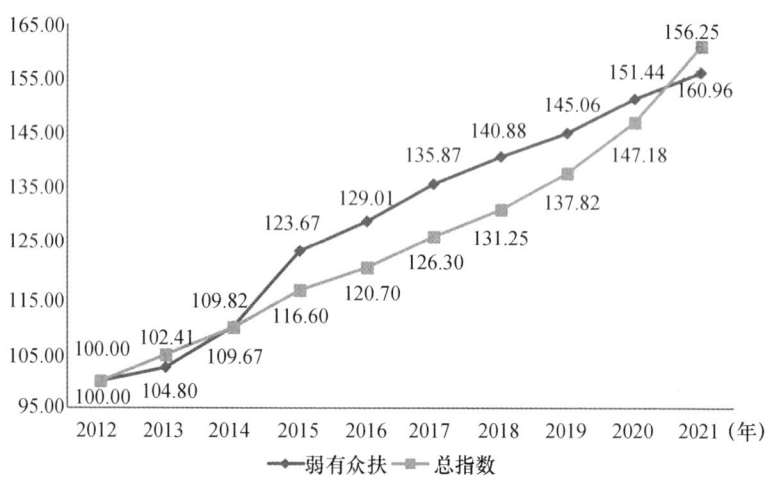

图8-8 弱有众扶指数走势

弱有众扶指数2014年至2020年高于总指数运行，2021年增长变缓，低于总指数运行。其中残疾适龄儿童入学安置率、最低工资标准较2020年持平，城市最低生活保障标准占当地上年度常住居民人均可支配收入的比例、每万人注册志愿者人数、每万人持证社会工作者数量较2020年小幅上涨。目前，虽然全市统一的低保标准是走在全国前列的，但从总体看，低保标准和补助水平仍然较低，救助金额仅能维持受助者的基本生活。现行低保线大致为居民收入中位值的10%，离发达国家相对贫困标准的50%—60%相差较远，国内横向比较来看，深圳的低保覆盖率同样偏低。现有社会救助方式仍以传统的、单一的物质和现金救助为主，缺乏生活照料、精神慰藉、心理疏导、能力提升、社会融入等服务型救助方式。

五　培育领域之老有颐养

2021年老有颐养指数为120.05，较2020年上升4.47点，同比升幅3.87%，低于总指数40.91点，在总指数中排名第6，较2020年位次不变（图8-9）。

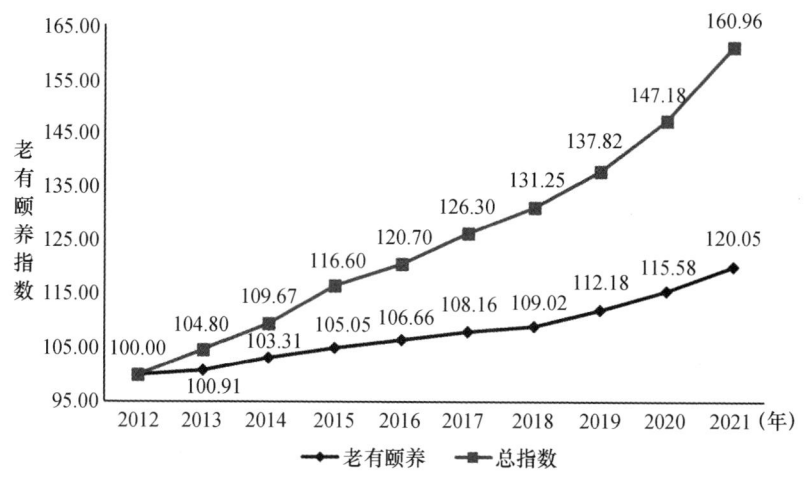

图8-9　老有颐养指数走势

老有颐养指数十年持续低于总指数运行，与总指数比水平差距明显。尽管深圳年轻人众多，老龄化程度在一线城市中最低，但深圳有与其他一线大城市相当不同的老龄化问题要处理，即大部分老人的老家通常是在省外，跨省领取社保医保等比较困难。此外，截至2021年6月底，在养老机构数量上，北京拥有养老机构591家，上海拥有683家，而深圳除去3家由于升级改造而停运/暂时关停的养老机构后仅有45家，不足北京、上海数量的零头。在养老机构床位方面，深圳拥有9248张床位，仅为北京数量的8%和上海数量的6%①。作为一线城市，深圳无论是在养老机构还是养老床位上，同北京、上海等地差距明显。当然，这也可能与深圳采取的养老方式主要是居家养老+社区养老，而北京、上海的机构养老占比更高有关。养老金替代率是指劳动者退休时的养老金领取水平与退休前工资收入水平之间的比率。国际劳工组织1994年发布的《社会保障最低标准公约》指出：55%是养老金替代率的警戒线，养老金替代率低于55%，退休生活水平将会严重下降。深圳市养老金替代率远低于55%，这主要源于两方面，一是深圳工资收入水平相对较高；二是深圳以民企为主，长期按最低标准缴存养老金，造成养老金的累积缴存金额比较低。伴随着人口老龄化程度逐渐加深，深圳未来如何实现老有所养、老有所居，提供高质量养老服务，是一个亟待解决的社会问题。

六　待提升领域之劳有厚得

2021年劳有厚得指数119.44，较2020年上升4.03点，同比增长3.49%，低于总指数41.52点，在总指数中排名第7，较2020年位次不变（图8-10）。

疫情冲击下深圳的就业形势严峻，对深圳"稳就业"工作带来巨大挑战。尽管居民收入有所增长，2021年深圳居民人均可支配收入70847元，较上年增加5969元，增长9.2%，但深圳消费水平较高，2021年深圳居民人均消费支出46286元，较上年增加5705元，

---

① 《智慧时代下："年轻"的深圳，也在积极"备老"？》，医信邦，https://view.inews.qq.com/a/20211208A012TO00，2021年12月8日。

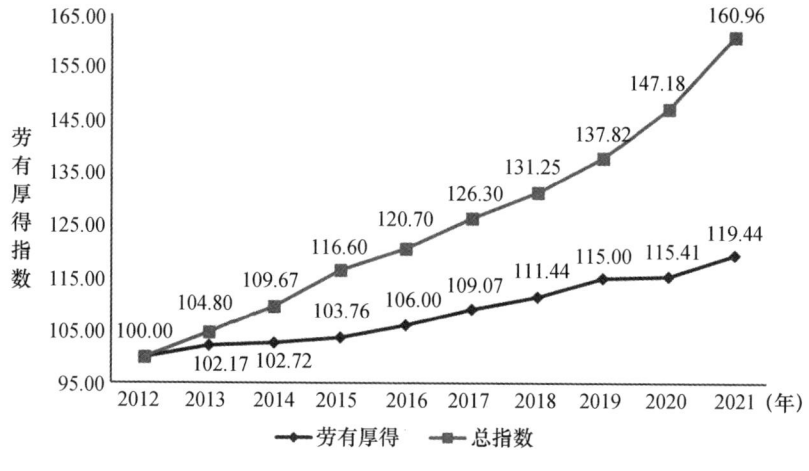

图8-10 劳有厚得指数走势

增长14.1%，扣除价格因素实际增长13.0%[①]，与消费支出增速相比，居民收入增长慢的焦虑感进一步加深。此外，深圳市灵活就业人员人数庞大，尽管深圳社保部门对灵活就业人员参保做出了较为宽松的规定，但灵活就业人员社保参保率仍偏低。在经济新常态之下，如何保障劳有厚得，对提高居民幸福感、加快深圳市民生幸福标杆城市建设具有重要意义。为此，深圳市应对此持续关注，研究对策加以监控。

七 待提升领域之病有良医

2021年病有良医指数131.83，比2020年上升4.02点，升幅3.15%，低于总指数29.13点，在总指数中排名第5，较2020年位次不变（图8-11）。

2021年度病有良医指数总体运行平稳上升，但仍低于总指数，主要源于：一是医疗投入同比上升，在这座超大型的一线城市，充足的医疗服务是刚需，深圳近年来一直在加大投入补齐医疗方面的短板，2021年全市医疗卫生事业费投入510.50亿元，卫生事业费

[①] 深圳市统计局、周家统计局深圳调查队：《深圳市2021年国民经济和社会发展统计公报》，《深圳特区报》2022年5月7日第A04版。

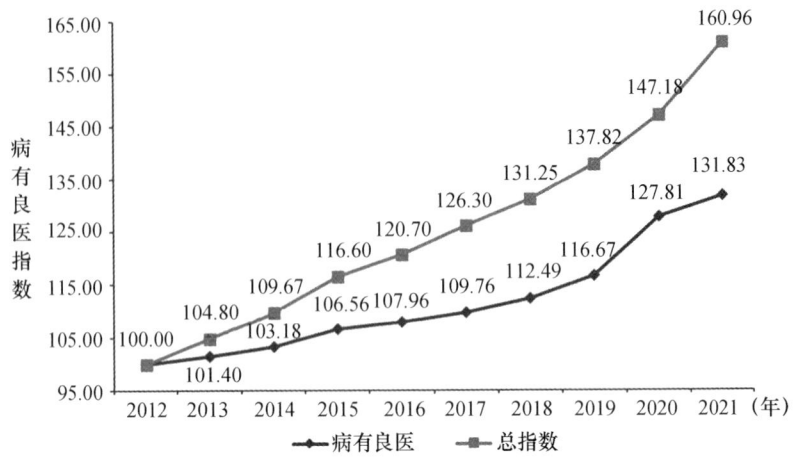

图 8-11 病有良医指数走势

占地方财政支出比例 11.17%，较上年上升 0.64 个百分点，按常住人口 1768.16 万人计算，人均卫生事业费 2887.16 元；二是医疗资源增加，2021 年年末全市拥有医疗卫生机构 5241 家，比上年增加 555 家，医院 145 家，全市床位 63990 张，其中医院病床 58795 张，全市拥有卫生工作人员 139781 人，增加 7.3%。[①] 但是由于长期以来深圳医疗资源相对欠缺，扩大优质医疗资源供给，建成优质高效医疗卫生服务体系仍需要较长的时间。

小　结

民生幸福标杆指数的构建是评估深圳市民生发展的基础，科学合理的指数不仅全面系统地反映七个民生领域建设的进展，而且还通过权重设置对重点领域进行倾斜，还能方便地进行不同区域的横向比较和不同年份的纵向比较。课题组提出了设定民生服务的基本

---

① 深圳市卫生健康委员会：《2021 年深圳市卫生健康统计提要》，深圳政府在线，http://www.sz.gov.cn/szzt2010/sjfb/sjkd/content/mpost_9896222.html，2022 年 6 月 20 日。

标准和提升标杆，基本标准反映当前国家政策要求和社会基本需求，提升标杆设立"十四五"发展目标、提升市民幸福感和城市竞争力。

基于上述分析，本章提炼出4个研究的局限性和未来展望。（1）收集到的数据存在缺失值，且带有群体统计特征，未充分考虑到个体的差异，存在一定的数据误差；未来可以充分利用官方渠道获取更全面的数据，同时在指标设计与数据收集的过程中考虑指标的差异，使数据分析结果更加准确。（2）不同的无量纲处理处理方法，得出的数据分析结果不同，本章仅采用指数化方法对指标进行无量纲处理，没有对比分析其他的无量纲处理处理方法，可能使数据分析结果不完善；未来考虑利用多种无量纲处理处理方法，并进行对比分析，选择最适合的方法，使数据分析结果更加完善。（3）采用专家咨询法建立指标体系和确定各因素权重，不可避免地存在一定的主观评价因素影响，可能会影响到结果的准确性；未来可以制定更加完善的专家咨询规则，尽可能避免个人主观因素的影响。[①]（4）本章假设各因素具有独立性，未充分考虑到各因素之间的相互影响作用；未来可以设计更加完善的指标体系和研究方案，充分考虑各因素之间的相互影响作用，提高分析结果的全面性和准确性。

本章建立了一个深圳民生幸福标杆评价指标体系，包括7个一级维度和35个二级评价指标。评估了深圳在2012—2021年这十年在民生福祉建设发展现状，分析了其时序演化规律。从时间维度来看，深圳民生幸福标杆指数逐年稳定有序增长，逐年走强，特别是幼有善育、学有优教属于明星领域，老有颐养属于培育领域，劳有厚得、病有良医属于待提升领域，住有宜居、弱有众扶属于成熟领域。

---

① 陈惠雄、潘护林：《基于经济社会发展的幸福指标体系：构建与解释》，《社会科学战线》2015年第3期；王俊秀：《社会心态的结构和指标体系》，《社会科学战线》2013年第2期。

第九章　深圳民生幸福标杆建设满意度与幸福感评价研究

　　高质量的主观社会指标的量化评估深圳民生福祉服务质量和民众幸福感现状，将会为深圳下一步更精准的民生福祉施政提供切实的证据。本章使用横断面问卷调研方法，分析了深圳市居民对深圳民生福祉服务满意程度；探索了民生项目满意度对居民民生福祉满意度以及主观幸福感的影响，提出了进一步建设深圳民生幸福标杆城市的几点政策建议。本章采用分层整群随机抽样方法于 2021 年 8 月 23—30 日对深圳市福田、罗湖、南山等 10 个区的常住人口进行了问卷调查，使用问卷星在线调研（问卷详见附录·四、抽样方案详见附录·五）；发放问卷 8741 份，有效问卷 8098 份，有效回收率为 92.6%。样本群体平均年龄为 36.69 岁。研究发现如下。

　　第一，居民关于幼托服务的满意度得分为 3.37±1.00 分（1＝非常不满意，5＝非常满意），处于中等水平；最满意的三个方面是儿童户外活动场所多、婴幼儿卫生保健服务好、科学育儿指导较好；最不满意的三个方面是幼儿园费用高、普惠性幼托机构少、幼儿园入园难。超半数受访者建议加大普惠性幼托机构和幼儿园建设。

　　第二，居民关于基础教育的满意度得分为 3.48±0.89 分，处于中等水平；最满意的三个方面是学校硬件条件好、教育质量高、老师素质高；最不满意的三个方面是学位紧张、教育资源不均衡、普通高中录取率低。超过六成受访者建议增加义务教育的普通高中学位供给。

　　第三，居民关于劳动就业的满意度得分为 3.42±0.86 分，处于中等水平；最满意的三个方面是就业机会多、发展空间大、公共就业服务政策好；最不满意的三个方面是生活成本高、工作节奏快、工资水平低。半数受访者建议多发展吸纳就业能力强的产业和企业。

第四，居民关于医疗服务的满意度得分为 3.52±0.91 分，处于中上水平；最满意的三个方面是医院设备好、医保报销完善，就医便利度高；最不满意的三个方面是看病等待时间长、看病价格高、社康中心缺医少药。超过半数的受访者建议提高社康中心医疗水平、引进高水平医生和解决看病贵问题。

第五，居民关于养老服务的满意度得分为 3.52±0.88 分，处于中上水平；最满意的三个方面是敬老优待政策优惠、老年人免费体检、养老院入住比较容易；最不满意的三个方面是社区养老设施和服务内容不完善、居家养老专业化水平低、缺少家庭养老服务。超四成受访者建议提高居家养老专业化水平和加大社区养老设施建设。

第六，居民关于居住状况的满意度得分为 3.48±0.94 分，处于中等水平；最满意的三个方面是居住生态环境较好、住房配套设施较好、住房建筑质量较高；最不满意的三个方面是房价过高、房租过高、保障性住房申请较难。多数人建议控制房价和房租水平。

第七，居民关于社会福利与社会救助的满意度得分为 3.62±0.82 分，处于中上水平；最满意的三个方面是：有很强的志愿精神、社会保险体系比较完善、综合社会救助水平高；最不满意的三个方面是缺乏心理救助、社会救助的受惠面较小、大病等支出型贫困救助不完善。超六成受访者建议完善专项救助和扩大社会福利与救助的范围。

第八，居民关于城市安全的满意度得分为 4.09±0.71 分，满意度较高；最满意的三个方面是社会治安、交通安全、供水供电安全；最不满意的三个方面是食品安全、信息安全和交通安全。超六成受访者建议加大电信诈骗的防范治理，保护信息安全和个人隐私。

为了更高质量的率先实现"民生七有"到"民生七优"，本章提出了"立标杆、补短板、强特色"的政策建议，即"立标杆"：增加就业机会，拓宽就业渠道，扩大社会救助范围，提供优质养老服务，加强城市安全建设；"补短板"：控制房价，扩大中小学学位供应，扩大优质医疗资源供给；"强特色"：以志愿服务优化社会治理，坚持生态优先，建设美丽深圳。

第一节 研究对象与方法

一 研究对象

研究样本的详细人口学特征请见表 9-1。

表 9-1 人口学特征

项目	项目类别	频数/平均值	百分比/标准差
性别	男	2422	29.9%
	女	5676	70.1%
年龄	12—17 岁	110	1.4%
	18—29 岁	1370	16.9%
	30—39 岁	3856	47.6%
	40—49 岁	2201	27.2%
	50—59 岁	374	4.6%
	60 岁及以上	187	2.3%
婚姻	未婚	1099	13.6%
	已婚	6672	82.4%
	离婚	277	3.4%
	丧偶	50	0.6%
学历	初中及以下	801	9.9%
	高中、技校及中专	1483	18.3%
	大专	2230	27.5%
	大学本科	3000	37.0%
	硕士及以上	584	7.2%
户籍	深圳户籍	4829	59.6%
	省内非深户籍	1574	19.4%
	内地其他省市	1601	19.8%
	港澳台地区	62	0.8%
	其他国籍	32	0.4%

续表

项目	项目类别	频数/平均值	百分比/标准差
住房	自购商品房/政策性住房	3107	38.4%
	自建住房	613	7.6%
	租住商品房	1214	15.0%
	租住自建房	1824	22.5%
	租住政策性住房或集体宿舍	697	8.6%
	住在亲友家	232	2.9%
	其他	411	5.1%
收入	3000元及以下	918	11.3%
	3001—5000元	1808	22.3%
	5001—10000元	2683	33.1%
	10001—20000元	1670	20.6%
	20001—50000元	816	10.1%
	50000元以上	203	2.5%
居住年限	半年以内	200	2.5%
	半年到1年	261	3.2%
	1年（含）至5年	997	12.3%
	5年（含）至10年	1397	17.3%
	10年（含）以上	5243	64.7%
生育情况	未生育	1416	17.5%
	生育1个孩子	2663	32.9%
	生育2个孩子	3466	42.8%
	生育3个孩子及以上	553	6.8%
社会地位	5年前社会地位	4.56	2.07%
	目前社会地位	4.93	2.01%
	5年后社会地位	5.73	2.17%

二 研究方法

本研究属于定量研究和定性研究相结合，采用问卷调查法，在阅读、归纳、整理相关研究成果的基础上，结合本研究的主题和目的设计调研问卷（详见附录·四），根据深圳市10个区的人口数量等比例的发放问卷（详见附录·五）。

三 数据统计和分析

共回收有效问卷8098份。运用SPSS Statistics 22.0软件对数据进行统计分析，主要采用的统计方法有描述性分析、t检验、方差分析、Pearson相关分析和多元回归分析等。要说明的是，$p<0.05$表示差异有统计学意义；多元线性回归方程变量的纳入标准为0.05，排除标准为0.10。

四 假设模型

本研究提出了图9-1的假设模型，一个超大型城市市民的人口学变量在民生服务的不同主题上存在着个体与群体差异；市民的民生服务的主观感知状况，将会有效地预测市民的幸福感。

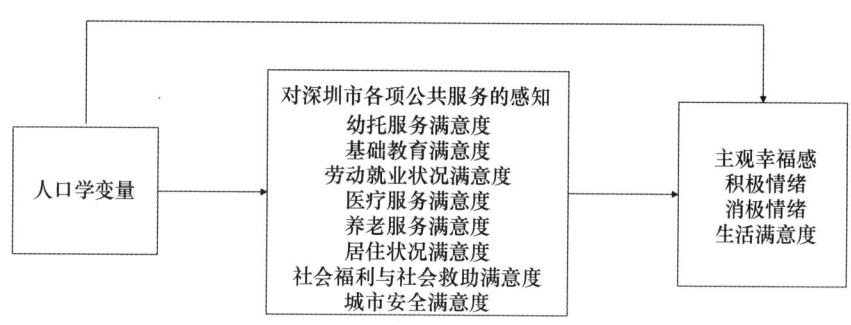

图9-1 假设模型

第二节 幼托服务

为探究深圳市居民对深圳幼托服务的满意程度，本调研从总体满意度、满意的方面、不满的方面以及居民建议四个维度对深圳市的幼托服务进行分组分析和政策建议。

一 幼托服务满意度总体情况

37.9%（3066人）的受众对深圳市幼托服务感到满意，

14.2%（1152人）对深圳市幼托服务感到不满意，而15.1%的人不了解深圳市提供幼托服务的情况。剔除"不清楚"这一部分的数据，受访者的幼托服务满意度平均得分为 3.37 ± 1.00 分（1 = 非常不满意，5 = 非常满意），处于"一般"和"比较满意"之间。由此可见，居民对深圳市的幼托服务总体上基本满意（详见图 9 - 2）。

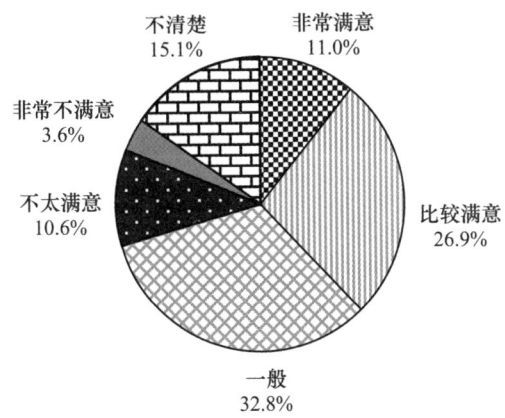

图 9 - 2　幼托服务满意度总体情况

二　幼托服务满意度的人口学差异（N = 6875）

进一步分析不同人群对深圳市的幼托服务满意度情况。结果显示，不同年龄、婚姻状况、受教育程度、户籍、居住房屋类型、居住年限、月收入、生育情况、主观社会地位的群组基础教育满意度不同。关于基础教育满意度人口学差异具体如图 9 - 2 所示。

表 9 - 2　幼托服务满意度的人口学特征的 F 检验

项目	分组	满意度	样本量	F	p
性别	男	3.34	2031	1.33	0.25
	女	3.32	4844		

续表

项目	分组	满意度	样本量	F	p
年龄	30岁以下	3.71	1045	85.47	<0.01
	30—49岁	3.29	5361		
	50岁及以上	3.52	469		
婚姻状况	未婚	3.71	648	42.97	<0.01
	已婚	3.33	5957		
	其他	3.39	270		
生育情况	未生育	3.69	863	63.03	<0.01
	生育1个孩子	3.39	2339		
	生育2个孩子及以上	3.27	3673		
受教育程度	大专以下	3.44	1953	15.35	<0.01
	大专及本科	3.35	4485		
	硕士及以上	3.17	437		
主观社会地位	下等水平	3.09	1594	132.23	<0.01
	中等水平	3.40	4609		
	上等水平	3.80	672		
户籍	深圳户籍	3.30	4150	41.50	<0.01
	非深户籍	3.46	2725		
居住房屋类型	自有住房	3.41	3300	5.83	<0.05
	租房	3.33	3063		
	其他	3.30	512		
居住年限	1年以内	3.71	355	65.88	<0.01
	1—5年	3.66	749		
	5年及以上	3.31	5771		

1. 幼托服务满意度在年龄上呈U型变化

幼托服务满意度在性别上不存在显著性差异，在年龄上成U型变化。30岁以下人员对幼托服务满意度最高（3.72分），其次是50岁及以上人员，满意度最低的是30—49岁人员，为3.52分。该年龄人群正处于适育年龄，为幼托服务的主要消费人群，更了解幼托服务的痛点，故满意度更低。

2. 已婚已育人群幼托服务满意度较低

与未婚人员（3.71分）相比，已婚人员满意度（3.39分）更低。与未生育人员相（3.69分）比，已生育人员满意度更低（其中生育1个孩子的人员满意度为3.39分，生育2个孩子及以上的人员满意度为3.27分）。已婚已育人群，与上述30—49岁人群高度重合，更需要幼托服务，故满意度较低。

3. 学历越高，幼托服务满意度越低

幼托服务满意度随学历升高而降低，大专以下学历人员满意度为3.44分，硕士及以上人员的满意度为3.17分。学历越高，对教育的重视程度越高，所以对幼托服务的质量要求更高，故满意度更低。

4. 幼托服务满意度随主观社会地位的升高而升高

幼托服务满意度随主观社会地位的升高而升高，认为处于下等社会地位的人员满意度得分为3.09分，而认为处于上等社会地位的人员满意度得分为3.80分。主观社会地位高的人员往往掌握了更多的社会资源，能够获得更多更高质量的幼托服务。

5. 深圳户籍人员的幼托服务满意度较低

深圳户籍人员对幼托服务的满意度（3.30分）比非深圳户籍人员满意度（3.46分）低，可能是因为非深户籍人员的孩子留在家乡，对深圳的幼托服务了解程度比深户人员低，对深圳幼托服务的评价有比较优势，因此对深圳市幼托服务评价偏高。

6. 自有住房群组的幼托服务满意度较高

自有住房人员的满意度（3.41分）比租房居住的人员满意度（3.33分）高，可能是因为公办幼托服务机构的入学与房子挂钩，自有住房人员能优先享受公办的幼托机构的服务，因此满意度较高。

7. 幼托服务满意度随在深圳居住年限的增长而降低

满意度随在深圳居住年限的增长而降低，在深圳居住年限较短的人员初到深圳，对深圳的幼托服务可能尚未接触或未了解，认为深圳市的幼托服务会比别的城市更好，但居住5年以上人员更有可能正是需要幼托服务的人群，了解幼托服务的痛点，因此满意度更低。

三 "儿童户外活动场所多"和"婴幼儿卫生保健服务好"是受访者幼托服务满意的前两位

调查显示，受访者对深圳市幼托服务最满意的方面依次为：（1）儿童户外活动场所多（2685人，39%）；（2）婴幼儿卫生保健服务好（2320人，34%）；（3）科学育儿指导较好（2291人，33%）；（4）母婴室建设比较完善（2158人，31%）；（5）幼托机构选择多（2099人，30%）。说明幼托服务中的场所设施等硬件措施和卫生保健与育儿指导得到较广泛的认可，如图9-3所示。

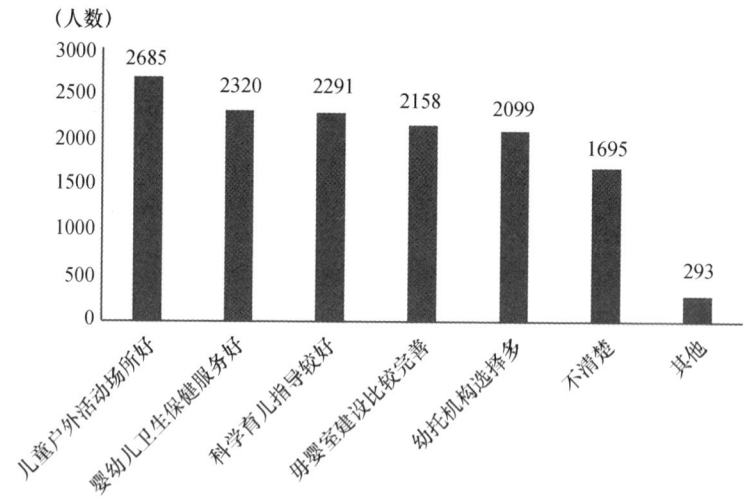

图9-3 对深圳市幼托服务满意的具体内容排序

四 "幼儿园费用高"和"缺少普惠性幼托机构"是受访者幼托服务不满意的前两位

调查显示，受访者对深圳市幼托服务不满意的方面依次为：（1）幼儿园费用高（3938人，57%）；（2）缺少普惠性幼托机构

(3832人,56%);(3)幼儿园入园难(2583人,38%);(4)产假、陪护假等假期较少(1860人,27%);(5)幼儿园师资差(1767人,26%)等,如图9-4所示。

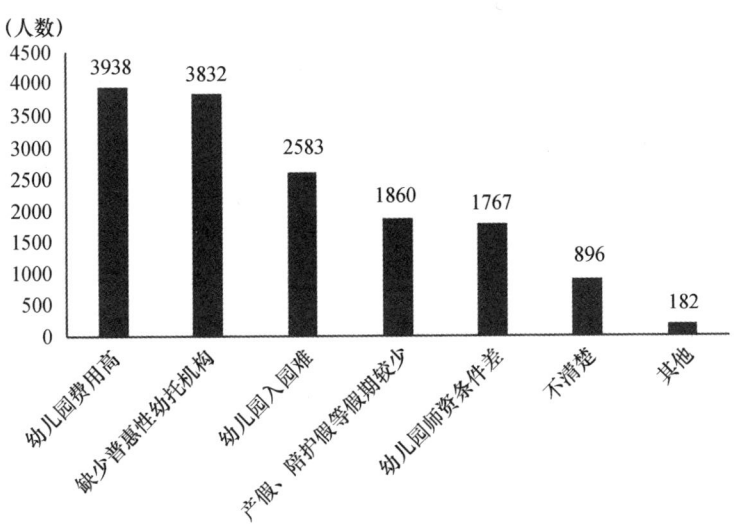

图9-4 对深圳市幼托服务不满意的具体内容排序

五 超过半数受访者建议加大普惠性幼托机构和幼儿园的建设

在问及"您对于深圳市的幼托服务有哪些建议?"时,调查表明,受访者对认可的完善托幼服务的意见建议依次为:(1)在街道、社区建设普惠性托幼机构(3790人,56%);(2)加大公办或普惠性幼儿园建设(3605人,53%);(3)给生育孩子家庭提供补贴和育儿指导(3059人,44%);(4)提高幼托机构、幼儿园教师的整体素质(2912人,42%);(5)支持幼儿园开设2—3岁幼儿托班(2607人,38%);(6)支持用人单位提供婴幼儿照护服务(2507人,37%);(7)落实产假、哺乳假等休假政策,探索育儿假(2430人,35%)等,如图9-5所示。

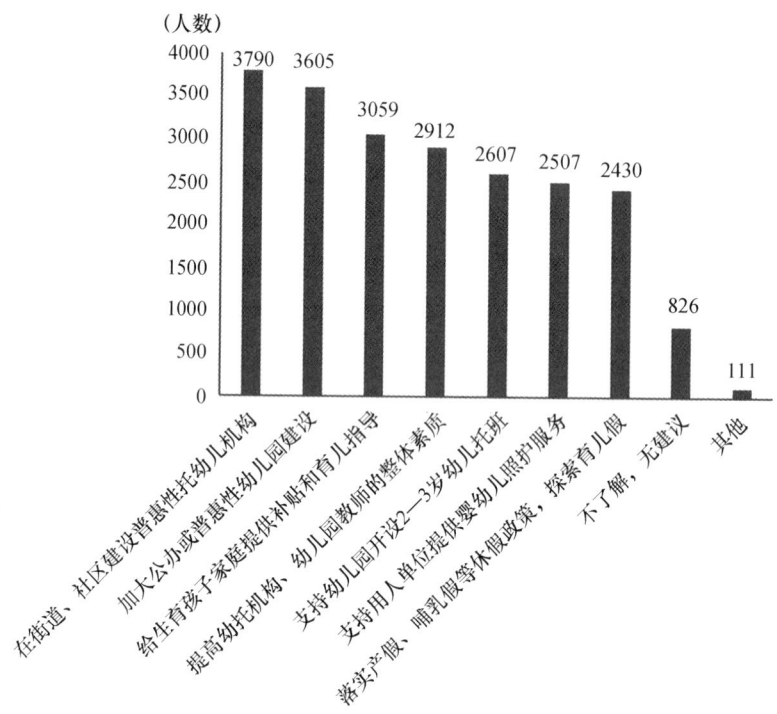

图 9-5 对幼托服务的建议

第三节 基础教育

一 基础教育满意度

为探究深圳市居民对深圳基础教育的满意程度，本调研从总体满意度、满意的方面、不满的方面以及居民建议四个维度对深圳市的基础教育进行分组分析和政策建议。

1. 基础教育满意度总体情况

4268 人（52.7%）对深圳市基础教育感到满意，935 人（11.5%）对深圳市基础教育感到不满意。受访者的基础教育满意度平均得分为 3.48±0.89 分（1＝非常不满意，5＝非常满意），处于"一般"和"比较满意"之间。由此可见，居民对深圳市的基础服务总体上基本满意，如图9-6所示。

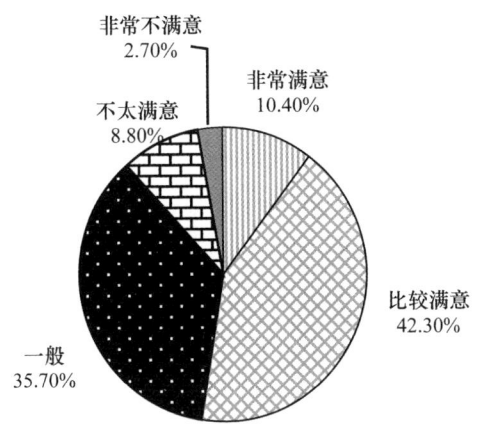

图9-6 基础教育满意度总体情况

2. 基础教育满意度的人口学差异（N=8098）

进一步分析不同人群对深圳市基础教育满意度情况，结果显示，不同年龄、婚姻状况、教育程度、户籍、居住房屋类型、居住年限、月收入、生育情况、主观社会地位的群组基础教育满意度不同。关于基础教育满意度人口学差异具体如表9-3所示。

表9-3　　　　　　基础教育满意度的人口学差异

项目	分组	满意度	样本量	F	p
年龄	30岁以下	3.74	1480	78.56	<0.001
	30—49岁	3.42	6057		
	50岁及以上	3.53	561		
婚姻状况	未婚	3.66	1099	24.02	<0.001
	已婚	3.46	6672		
	其他	3.40	327		
受教育程度	大专以下	3.55	2284	28.40	<0.001
	大专及本科	3.49	5230		
	硕士及以上	3.24	584		

续表

项目	分组	满意度	样本量	F	p
户籍	深圳户籍	3.44	4829	33.43	<0.001
	非深户籍	3.69	3269		
居住房屋类型	自有住房	3.52	3720	4.26	<0.05
	租房	3.46	3735		
	其他	3.46	643		
居住年限	1年以内	3.80	461	54.67	<0.001
	1—5年	3.66	997		
	5年及以上	3.44	6640		
月收入	5000元及以下	3.51	2726	5.39	=0.001
	5001—10000元	3.49	2683		
	10001—20000元	3.51	1670		
	20000元以上	3.38	1019		
生育情况	未生育	3.65	1416	29.75	<0.001
	生育1个孩子	3.47	2663		
	生育2个孩子及以上	3.44	4019		
主观社会地位	下等水平	3.25	1983	131.64	<0.001
	中等水平	3.53	5379		
	上等水平	3.83	736		

基础教育满意度在年龄上呈U型分布。不同年龄群组对深圳市提供的基础教育满意度不同。30岁以下的群组基础教育满意度最高（3.74分），30—49岁群组基础教育满意度最低（3.42分）。由此可见，与其他年龄段群体相比，中年群体对深圳市提供的基础教育满意度更低。

已婚已育群组的基础教育满意度低。不同婚姻状况群组、不同生育状况群组对深圳市提供的基础教育满意度不同。未婚群组（3.66分）基础教育满意度比已婚群组（3.46分）高，未生育群组（3.65分）的基础教育满意度比已育群组（3.44—3.47分）高。其可能是30—49岁，以及已婚已育群体，其孩子正在接受基础教育，作为家长，对深圳市的基础教育现状了解更加清楚，对其暴露的问题更有体会，因此满意度更低。

高学历、高收入群组的基础满意度更低。基础教育满意度随着受教育程度的提高而下降。大专以下学历的群组在基础教育方面满意度更高（3.55分），硕士及以上群组的基础教育满意度都更低（3.24分）。月收入在20000元以下的三个群组基础教育满意度基本持平，均在3.51分左右，而收入为20000元以上的群组满意度最低（3.38分）。其可能原因是学历越高、收入越高的群组由于自身学历、经济状况的一定优势，对孩子的基础教育要求较高，不拘泥于传统的义务教育内容，对学校的教育教学需求量居多，从而导致该群体对基础教育的质量要求偏高，基础教育的满意度偏低。

基础教育满意度随主观社会地位的升高而升高，认为处于下等社会地位的人员满意度得分为3.25分，而认为处于上等社会地位的人员满意度得分为3.83分。主观社会地位高的人员往往掌握了更多的社会资源，能够获得更多更高质量的基础教育服务。

深圳户籍人员的幼托服务满意度较低。深圳户籍人员对基础教育的满意度（3.44分）比非深圳户籍人员满意度（3.69分）低，可能是因为非深户籍人员的孩子留在家乡，对深圳的基础教育了解程度比深户籍人员低，对深圳基础教育的评价带有"滤镜"，因此对深圳市基础教育服务评价偏高。

自有住房群组的基础教育满意度较高。自有住房人员的满意度（3.52分）比租房居住的人员满意度（3.46分）高，可能是因为公办基础教育学校的入学与房子挂钩，自有住房人员能优先进入公办中小学，而深圳市的公办中小学的教育资源比民办中小学的教育资源好，因此自有住房人员的对深圳市的基础教育满意度更高。

基础教育满意度随着居民居住年限的增加而降低。在深圳居住年限较短的人员初到深圳，对深圳的基础教育可能尚未接触或未了解，认为深圳市的基础教育会比别的城市更好，但居住5年以上人员更有可能正是需要基础教育的人群，了解深圳市基础教育的痛点，因此满意度更低。

二 "学校硬件好"和"教育质量高"是受访者基础教育满意的前两位

调查显示，受访者对深圳市基础教育最满意的方面依次为：(1) 学校硬件条件好（3502人，43%）；(2) 教育质量高（2960人，37%）；(3) 老师素质高（2932人，36%）；(4) 政府投入大（2543人，31%）；(5) 教学理念先进（2525人，31%）；(6) 午托和课后延时服务解决较好（1972人，24%）；(7) 升学率高（921，11%），如图9-7所示。

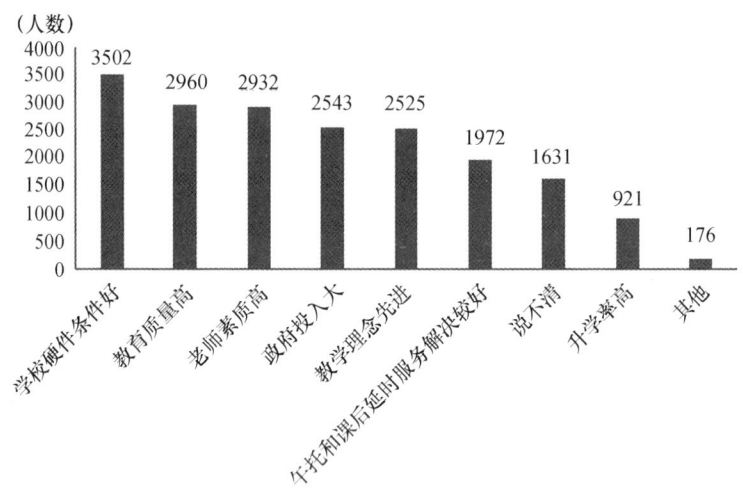

图9-7 对深圳市基础教育满意的方面

三 "学位紧张、入学难"和"教学资源不均衡"是受访者基础教育不满意的前两位

调查显示，受访者对深圳市基础教育最不满意的方面依次为：(1) 学位紧张、入学难（5691人，70%）；(2) 教育资源不均衡，名校和普通学校差距大（4524人，56%）；(3) 普高录取率低（3354人，41%）；(4) 课外负担压力大（2876人，36%）；(5) 课程内学业负担重（2776人，34%）；(6) 午托

和校外延时服务不完善（1756人，22%）；（7）大班额问题（1364人，17%）；（8）教学水平不高（1224人，15%），如图9－8所示。

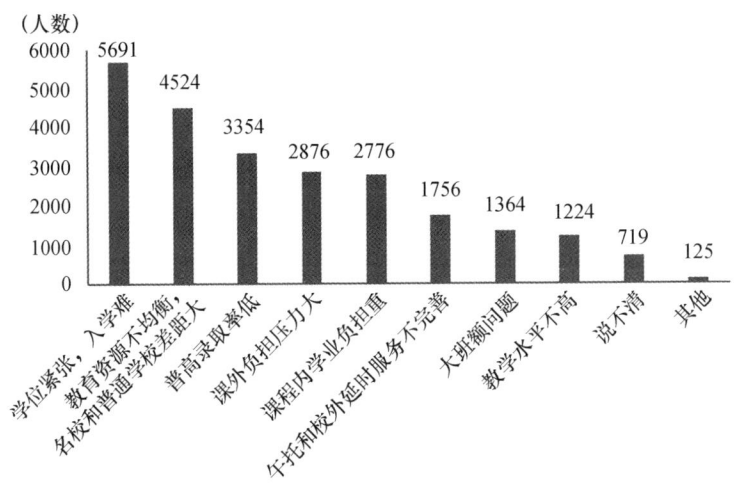

图9－8 对深圳市基础教育不满意的方面

四 超过六成受访者建议增加义务教育和普通高中的学位供给

当被问及完善深圳市基础教育的建议时，调查表明，受访者对认可的完善基础建议的建议依次为：（1）加大义务教育学位供给（5435人，67%）；（2）加大普通高中学位供给（5321人，66%）；（3）实施均衡发展，缩小学校之间差距（3923人，48%）；（4）减轻中小学学业负担（3697人，46%）；（5）更加重视素质教育（3693人，46%）；（6）义务教育阶段实施大学区政策（2974人，37%）；（7）多引进国内外优质学校（1907人，24%）；（8）减少大班额现象（1848人，23%），如图9－9所示。

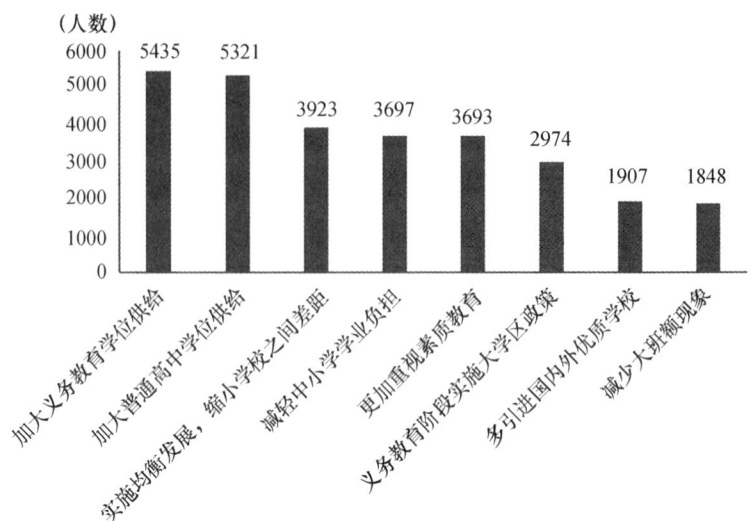

图9-9 对基础教育的建议

第四节 劳动就业

一 劳动就业状况满意度

为探究深圳市居民对深圳劳动就业状况的满意程度,本调研从总体满意度、满意的方面、不满的方面以及居民建议四个维度对深圳市的劳动就业状况进行分组分析和政策建议。

1. 劳动就业状况满意度总体情况

3495人(43.2%)对深圳市劳动就业状况感到满意,818人(10.1%)对深圳市劳动就业状况感到不满意。剔除"未工作"和"退休"人群,受访者的劳动就业满意度平均得分为3.42±0.86分(1=非常不满意,5=非常满意),处于"一般"和"比较满意"之间。由此可见,深圳市居民对自身的劳动就业状况总体上基本满意,如图9-10所示。

2. 劳动就业状况满意度的人口学差异(N=7594)

进一步分析不同人群对自身的劳动就业状况满意度情况,结果

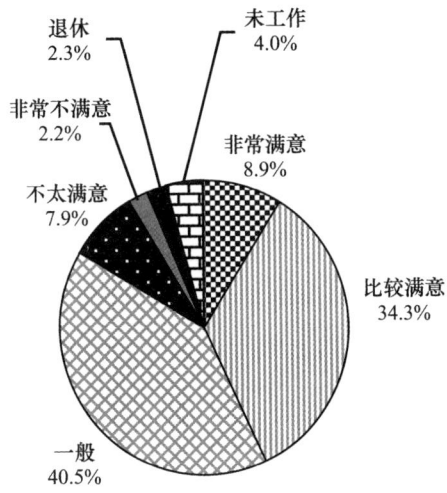

图 9-10 劳动就业状况满意度总体情况

显示，不同年龄、受教育程度、户籍、居住房屋类型、居住年限、月收入、生育情况、主观社会地位的群组基础教育满意度不同。关于劳动就业满意度人口学差异具体如表 9-4 所示。

表 9-4　　　　　　劳动就业满意度的人口学差异

项目	分组	满意度	样本量	F	P
年龄	30 岁以下	3.57	1366	23.61	<0.001
	30—49 岁	3.39	5852		
	50 岁及以上	3.41	376		
婚姻状况	未婚	3.44	1008	0.60	<0.512
	已婚	3.42	6299		
	其他	3.38	287		
受教育程度	大专以下	3.37	2019	6.10	0.002
	大专及本科	3.44	5004		
	硕士及以上	3.49	571		
户籍	深圳户籍	3.40	4493	5.67	0.017
	非深户籍	3.45	3101		

续表

项目	分组	满意度	样本量	F	P
居住房屋类型	自有住房	3.51	3464	32.89	<0.001
	租房	3.36	3550		
	其他	3.32	580		
居住年限	1年以内	3.59	423	18.51	<0.001
	1—5年	3.53	920		
	5年及以上	3.40	6251		
月收入	5000元及以下	3.24	2387	5.39	0.001
	5001—10000元	3.42	2580		
	10001—20000元	3.59	1628		
	20000元以上	3.61	999		
生育情况	未生育	3.47	1315	8.97	<0.001
	生育1个孩子	3.46	2494		
	生育2个孩子及以上	3.38	3785		
主观社会地位	下等水平	3.04	1831	299.67	<0.001
	中等水平	3.51	5096		
	上等水平	3.81	667		

劳动就业满意度随年龄增加而下降。通过对不同年龄群组对深圳市提供的劳动就业状况满意度调查，30岁以下群组的劳动就业满意度最高（3.57分）。其原因可能在于对于低年龄群体，深圳可以提供其他城市所没有的就业机会与视野，且该年龄群组的职业发展不完全，导致其更少考虑负面信息（比如生存压力等），更多考虑未来的可能性，因此30岁以下群组的劳动就业满意度显著高于其他群组（3.39—3.41分）。

劳动就业满意度随受教育程度的提高而上升。劳动就业满意度随着学历的提高而上升，大专及以下学历群组的劳动就业满意度为3.37分，显著低于硕士及以上学历群组（3.49分）。这可能是因为相比于低学历群体，高学历群体能够获得更多、更好的工作机会。

劳动就业满意度随着居民居住年限的增加而下降。不同居住年限群组对劳动就业状况满意度不同。居住年限为 5 年以下群组的满意度高于 5 年以上群组。其原因可能是短时期内居民会对深圳的高工资、更开阔的视野，以及更多元丰富的生活环境感到满意。但随着居住时间的增长，很多隐性、长期性问题也逐步凸显，如过大的贫富差距、较高的生活成本、过快的生活节奏。因此，居住年限长的居民满意度更低。

深圳户籍群体的劳动就业满意度低于非深户籍群体。不同户籍群组对劳动就业状况满意度不同。深圳户籍群体的劳动就业满意度低于非深户籍群体。其原因可能为非深户籍群组不打算在深圳定居，不必承担深圳的高房价所带来的巨大压力，故对自身的就业状况满意度相对更高。

劳动就业满意度随收入的上升而上升。劳动就业满意度随收入的上升而上升。收入是评价就业的重要指标，收入越高的人群，对劳动就业的满意度越高。

劳动就业满意度随着生育孩子数量的增加而下降。未生育群体的劳动就业满意度显著高于已生育群组。其原因可能是随着孩子的增加导致自身需要承担更多的经济责任，故对收入有了更高要求；同时，孩子也需要花费更多时间精力照顾，导致在工作上的时间精力可能减少。

劳动就业状况满意度随着社会地位的上升而提高。其原因可能是主观社会地位高的群体，往往是高学历高收入人群，拥有更多的社会资源，在工作上更能得心应手，因此满意度更高。

二 "就业机会多"和"发展空间大"是受访者劳动就业满意的前两位

调查显示，受访者对深圳市劳动就业状况最满意的方面依次为：（1）就业机会多（3906 人，48%）；（2）发展空间大（2732 人，34%）；（3）公共就业服务政策好（2568 人，32%）；（4）创业环境好（2525 人，31%）；（5）工资水平相对较高（2274 人，28%）；（6）自我提升块（1801 人，22%），如图 9-11 所示。

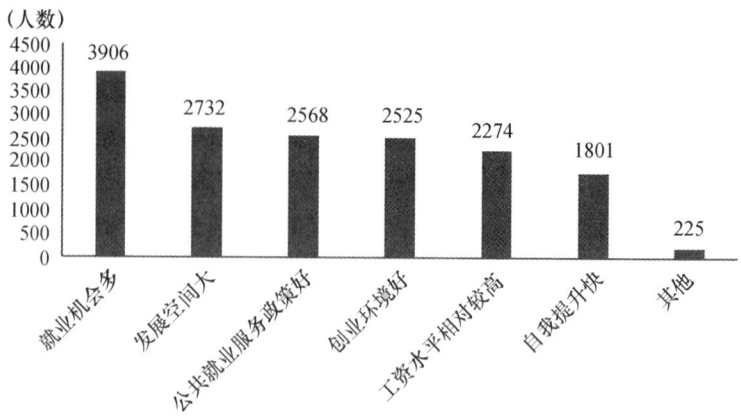

图 9-11 对深圳市劳动就业状况满意的方面

三 "生活成本高"和"工作节奏快"是受访者劳动就业不满意的前两位

调查显示，受访者对深圳市劳动就业状况不满意的方面依次为：（1）生活成本高（5878人，73%）；（2）工作节奏快（4075人，50%）；（3）工资水平低（2874人，36%）；（4）缺少在职培训（1677人，21%）；（5）五险一金的保障不规范（1358人，17%）；（6）劳动合同签订不规范（1251人，15%）；（7）就业机会少（1197人，15%）；（8）劳动环境差（612人，8%），如图9-12所示。

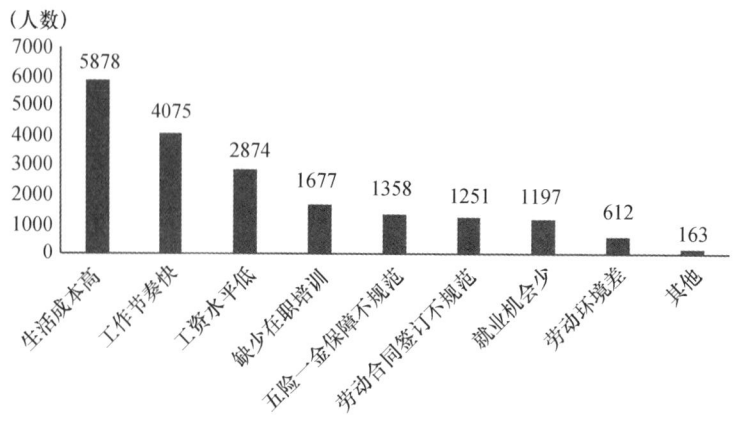

图 9-12 对深圳市劳动就业状况不满意的方面

四 半数受访者建议多发展吸纳就业能力强的产业和企业

在问及"您对于深圳市的劳动就业方面有哪些建议?"时,调查表明,受访者对认可的完善深圳市劳动就业服务的意见建议依次为:(1)多发展吸纳就业能力强的产业和企业(4060人,50%);(2)帮助就业困难群体就业(3783人,47%);(3)加大在职员工职业技能培训(3758人,46%);(4)积极发展新兴产业新兴业态(3640人,45%);(5)多开发公益性岗位(3384人,42%);(6)通过贷款、孵化等方式,扶持创业带动就业(2342人,29%),如图9-13所示。

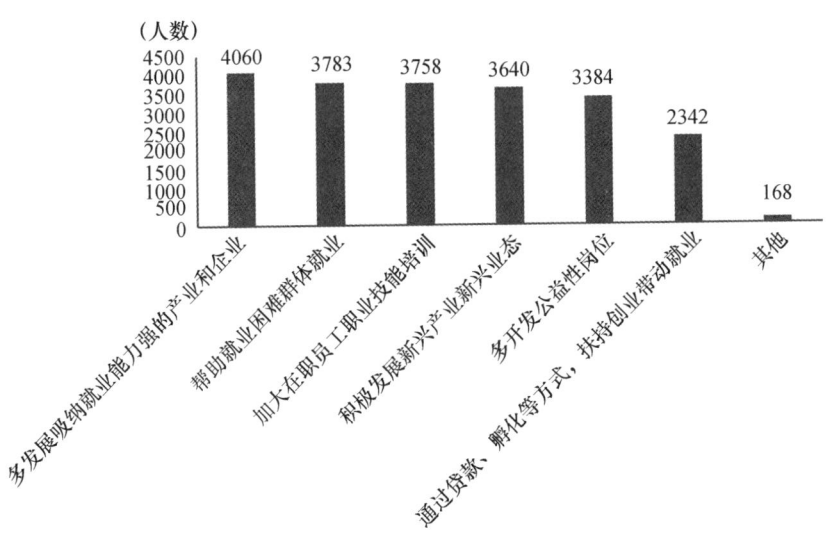

图9-13 对劳动就业状况的建议

第五节 医疗服务

一 医疗服务满意度

为探究深圳市居民对深圳医疗服务的满意程度,本调研从总体满意度、满意的方面、不满的方面以及居民建议四个维度对深圳市的医疗服务进行分组分析和政策建议。

1. 医疗服务满意度总体情况

4424 人（54.7%）对深圳市医疗服务感到满意，917 人（11.3%）对深圳市医疗服务感到不满意。受访者对深圳市医疗服务的满意度平均得分为 3.52±0.91 分（1＝非常不满意，5＝非常满意），处于"一般"和"比较满意"之间。由此可见，居民对深圳市的幼托服务总体上基本满意，如图 9-14 所示。

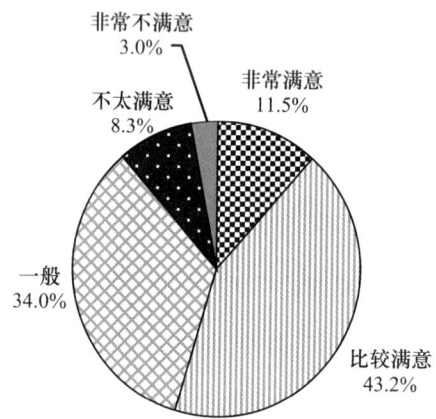

图 9-14　医疗服务满意度总体情况

2. 医疗服务满意度的人口学差异（N=8098）

进一步分析不同人群的医疗服务满意度。结果显示，不同年龄、婚姻状况、受教育程度、户籍、居住房屋类型、居住年限、月收入、生育情况、主观社会地位的医疗服务满意度不同。关于医疗服务满意度人口学差异具体如表 9-5 所示。

表 9-5　　　　　　医疗服务满意度的人口学差异

项目	分组	满意度	样本量	F	p
年龄	30 岁以下	3.82	1480	100.89	<0.001
	30—49 岁	3.45	6057		
	50 岁及以上	3.49	561		

续表

项目	分组	满意度	样本量	F	p
婚姻状况	未婚	3.73	1099	36.25	<0.001
	已婚	3.49	6672		
	其他	3.44	327		
受教育程度	大专以下	3.53	2284	14.41	<0.001
	大专及本科	3.53	5230		
	硕士及以上	3.32	584		
户籍	深圳户籍	3.48	4829	14.80	<0.001
	非深户籍	3.65	3269		
居住房屋类型	自有住房	3.53	3720	3.91	<0.05
	租房	3.52	3735		
	其他	3.42	643		
居住年限	1年以内	3.79	461	51.49	<0.001
	1—5年	3.71	997		
	5年及以上	3.47	6640		
月收入	5000元及以下	3.51	2726	5.32	<0.01
	5001—10000元	3.54	2683		
	10001—20000元	3.56	1670		
	20000元以上	3.42	1019		
生育情况	未生育	3.72	1416	47.20	<0.001
	生育1个孩子	3.51	2663		
	生育2个孩子及以上	3.45	4019		
主观社会地位	下等水平	3.38	1983	115.58	<0.001
	中等水平	3.54	5379		
	上等水平	3.86	736		

医疗服务满意度在年龄上呈U型分布。不同年龄群组对深圳市提供的医疗服务满意度不同，30岁以下群组的医疗服务满意度最高（3.82分），30—49岁群组的医疗服务满意度最低（3.45分），而50岁及以上的群组满意度较低（3.49分）。其原因可能是，不同年龄段对医疗服务需求的种类，以及需求的程度不同，年龄较大群体

对医疗服务的需求较高且相对较复杂，故同等水平医疗服务下，年龄较大群体的满意阈值较高，满意度较低。总体而言，当前深圳市医疗服务较不能满足中年、老年群体的需求。

医疗服务满意度随着生育子女数的增加而下降。不同婚姻状况、生育情况群组对深圳市提供的医疗服务满意度不同。未婚人员的医疗服务满意度（3.73分）高于已婚人员（3.49分）；未生育群组的医疗服务满意度（3.72分）高于已生育群组（3.45分）。一方面，随着生育子女数上升，家庭获取医疗服务的需求增加，频率上升；另一方面，生育子女数的上升也伴随着该群体年龄的增长，医疗服务需求也增加。已生育群体接触或了解到的医疗服务所暴露的问题随之增加，因此满意度较低。

高学历，高收入人群的医疗服务满意度较低。医疗服务满意度随学历的升高而降低，本科及以下人员的医疗服务满意度为3.53分，硕士及以上人员的满意度为3.32分。从收入看，医疗服务满意度以月收入20000元为分界点，超过20000元的人群的满意度明显比收入低于20000元的人群低。学历越高，收入越高，对医疗服务，比如医疗质量、医生态度等的要求更高，故满意度更低。

医疗服务满意度随主观社会地位的升高而升高。医疗服务满意度随主观社会地位的升高而升高，认为处于下等社会地位的人员满意度得分为3.38分，而认为处于上等社会地位的人员满意度得分为3.86分。主观社会地位高的人员往往掌握了更多的社会资源，能够获得更多更高质量的医疗服务。

深圳户籍人员的医疗服务满意度较低。深圳户籍人员的医疗服务满意度（3.48分）比非深圳户籍人员满意度（3.65分）低。可能是因为相比于国内一线城市，深圳市的医疗发展较薄弱，而深圳户籍人员更多是在本市就医，非深圳户籍人口是在老家就医，或者是北上广等医疗更发达的地区就医，因此相比于非深户籍人员，深圳户籍人员对深圳市的医疗服务更敏感，对其不足相对更加不满，故满意度较低。

医疗服务满意度随着居民居住年限的增加而下降。不同居住年限群组对深圳市提供的医疗服务满意度不同。居住年限为5年以下群组的满意度高于 5 年以上群组。分析其原因，可能是随着居住年限上升，个体接触或了解到的医疗服务所暴露的问题随之增加，故造成满意度的下降。另外，此原因或与个体年龄增长带来的健康问题的出现也有关。

二 "医院设备好"和"医保报销比较完善"是受访者对医疗服务满意的前两位

调查显示，受访者对深圳市幼托服务最满意的方面依次为：(1) 医院设备好 (4122 人，51%)；(2) 医保报销比较完善 (3899 人，48%)；(3) 就医便利度高 (3213 人，40%)；(4) 医疗智能化、数字化程度高 (2935 人，36%)；(5) 医疗技术好 (2601 人，32%)；(6) 医疗机构服务态度好 (2309 人，29%)；(7) 医风医德好 (1280 人，16%)，如图 9-15 所示。

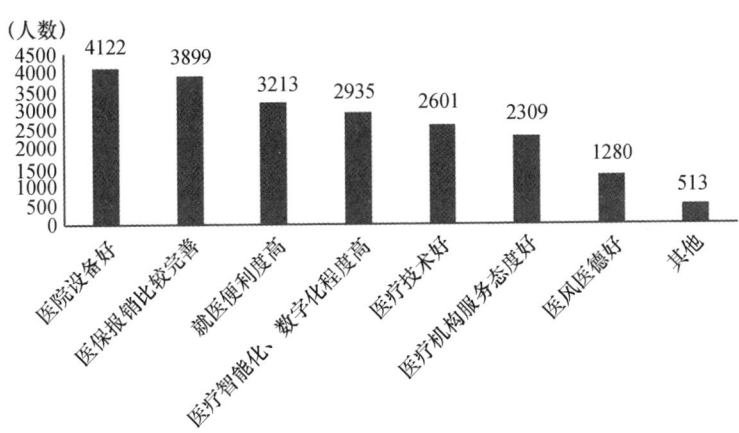

图 9-15 对深圳市医疗服务满意的方面

三 "等待时间长"和"看病贵"是受访者对医疗服务不满意的前两位

调查显示，受访者对深圳市医疗服务不满意的方面依次为：(1) 看病等候时间长，就诊流程费时耗力 (5123 人，63%)；(2) 看病价格较贵 (4416 人，55%)；(3) 社康中心缺医少药 (3447 人，43%)；(4) 大病还需要到外地治疗 (2312 人，29%)；

(5) 乱开药，过度检查、诊疗问题 (1910人，24%)；(6) 医生服务态度差，医患沟通不到位 (1675人，21%)；(7) 医保报销不方便 (1030人，13%)，如图9-16所示。

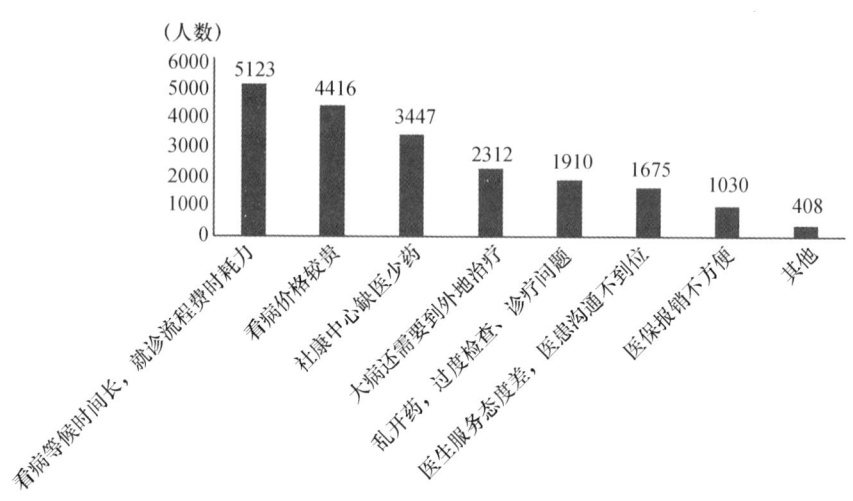

图9-16 对深圳市医疗服务不满意的方面

四 超过半数的受访者建议提高社康中心医疗水平、引进高水平医生、解决看病贵问题

在问及"您对于深圳市的幼托服务有哪些建议？"时，调查表明，受访者对认可的完善医疗服务的意见建议依次为：(1) 提高社康中心医疗水平 (5358人，66%)；(2) 引进或培养更多高水平医生 (4426人，55%)；(3) 解决看病贵问题 (4391人，54%)；(4) 多建高水平医院 (4017人，50%)；(5) 完善医疗异地报销制度 (2699人，33%)；(6) 增加医学院数量 (2542人，31%)；(7) 改善医患关系 (2518人，31%)；(8) 改善医生服务态度问题 (2214人，27%)；(9) 改善就医环境 (2060人，25%)，如图9-17所示。

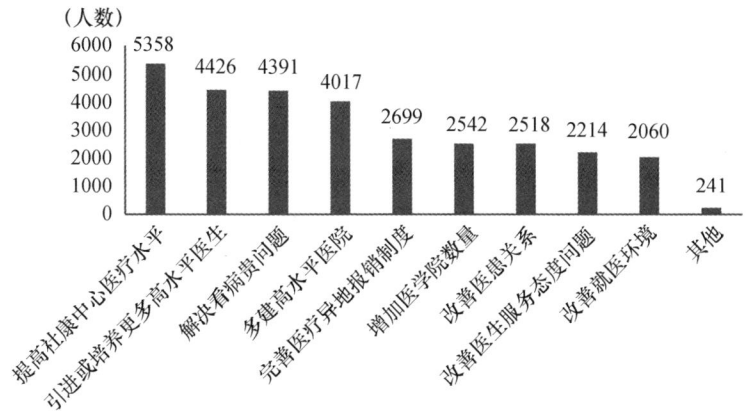

图 9-17　对医疗服务的建议

第六节　养老服务

一　养老服务满意度

为探究深圳市居民对养老服务的满意程度，本调研将从总体满意度、满意的方面、不满的方面以及居民建议四个方面对深圳市的养老服务进行分组分析和政策建议。

1. 养老服务满意度总体情况

2993 人（37.0%）对深圳市的养老服务感到满意，531 人（6.6%）对养老服务感到不满意。2321 人（28.7%）不清楚深圳市的养老服务。剔除"不清楚"这一部分的数据，受访者的养老服务满意度平均得分为 3.52±0.88 分（1 = 非常不满意，5 = 非常满意），处于"一般"和"比较满意"之间。由此可见，居民对深圳市的养老服务总体上基本满意，如图 9-18 所示。

2. 养老服务满意度的人口学差异（N = 5777）

进一步分析不同人群的养老服务满意度情况，结果显示，不同年龄、婚姻状况、受教育程度、户籍、居住年限、月收入、生育情况、主观社会地位的养老服务满意度不同。关于养老服务满意度人口学差异具体如表 9-6 所示。

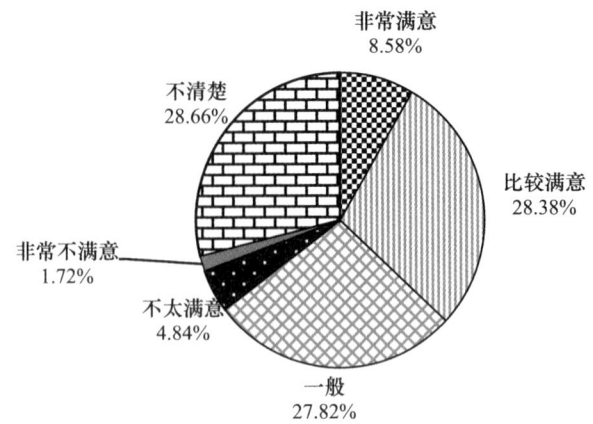

图 9-18 养老服务满意度总体情况

表 9-6　　　　　　养老服务满意度的人口学差异

项目	分组	满意度	样本量	F	p
年龄	50 岁以下	3.75	1094	48.68	<0.001
	50—59 岁	3.47	4243		
	60 岁及以上	3.42	440		
婚姻状况	未婚	3.69	760	15.55	<0.001
	已婚	3.50	4792		
	其他	3.45	225		
受教育程度	大专以下	3.59	1495	16.26	<0.001
	大专及本科	3.52	3901		
	硕士及以上	3.31	381		
户籍	深圳户籍	3.47	3556	23.07	<0.001
	非深户籍	3.55	2221		
居住年限	1 年以内	3.78	350	34.9	<0.001
	1—5 年	3.69	734		
	5 年及以上	3.48	4693		
月收入	5000 元及以下	3.53	1899	2.85	<0.05
	5001—10000 元	3.53	1913		
	10001—20000 元	3.55	1261		
	20000 元以上	3.43	704		

续表

项目	分组	满意度	样本量	F	p
生育情况	未生育	3.68	991	21.64	<0.001
	生育1个孩子	3.52	1970		
	生育2个孩子及以上	3.47	2816		
主观社会地位	下等水平	3.38	1227	6.35	<0.01
	中等水平	3.50	3919		
	上等水平	3.63	631		

养老服务满意度随着年龄的增加而降低。不同年龄群组对深圳市提供的养老服务满意度不同。其中，50岁以下的群组养老服务满意度最高（3.75分），60岁及以上群组养老服务满意度最低（3.42分）。其原因是年老人群本身需要养老服务，对其了解得更多，其缺点暴露得更多，因此满意度偏低。

已婚已育群体的养老服务满意度较低。与未婚人员（3.69分）相比，已婚人员的养老服务满意度（3.50分）更低。与未生育人员（3.68分）相比，已生育人员的养老服务满意度（3.47—3.53分）更低。其可能原因是，已婚已育人群中，可能本身需要养老服务，也可能是家里父母需要养老服务，对养老服务接触得多，了解其缺点，满意度更低。

高学历、高收入的群组养老服务满意度都更低。由表9-6可以看出，大专以下学历的群组在养老服务方面满意度更高（3.59分），硕士及以上群组的养老服务满意度都更低（3.31分）。月收入在20000元以下的三个群组养老服务满意度基本持平，均在3.54分左右，而收入为20000元以上的群组满意度最低（3.43分）。其可能原因是学历越高、收入越高的群组由于自身学历、经济状况的一定优势，对养老服务的要求较高，对于生活品质的追求更高，从而导致该群体对养老服务的质量要求偏高，养老服务的满意度偏低。

养老服务满意度随主观社会地位的升高而升高。养老服务满意度随主观社会地位的升高而升高，认为处于下等社会地位的人员满意度得分为 3.38 分，而认为处于上等社会地位的人员满意度得分为 3.63 分。主观社会地位高的人员往往掌握了更多的社会资源，能够获得更多更高质量的养老服务。

深圳户籍人员的养老服务满意度较低。深圳户籍人员对养老服务的满意度（3.47 分）比非深圳户籍人员满意度（3.55 分）低。这可能是因为相比于非深圳户籍人员，深圳户籍的人员对本市的养老服务需求更多，接触更多，对其暴露的缺点也就更了解，因此满意度更低。

养老服务满意度随着居民居住年限的增加而降低。在深圳居住时间 5 年以上的群组对养老服务的满意度（3.48 分）显著低于在深圳居住 1 年以下的群组（3.78 分）。其原因可能是居民在深的居住年限越长，对深圳市的养老服务存在的问题反响更多，因此满意度更低。

二 "敬老优待政策比较优惠"和"老年人免费体检"是受访者对养老服务满意的前两位

调查显示，受访者对深圳市养老服务最满意的方面依次为：（1）敬老优待政策比较优惠（4059 人，50%）；（2）老年人免费体检（3078 人，38%）；（3）养老院入住比较容易（2537 人，31%）；（4）高龄津贴标准较高（1575 人，19%）；（5）老年人文体活动比较丰富（1255 人，16%）；（6）医养结合比较完善（1079 人，13%），如图 9-19 所示。

三 "社区养老设施和服务内容不完善"和"居家养老专业化水平低"是受访者对养老服务不满意的前两位

调查显示，受访者对深圳养老服务不满意的方面依次为：（1）社区养老设施和服务内容不完善（2954 人，37%）；（2）居家养老专业化水平低（2855 人，35%）；（3）缺少家庭养老服务（2829 人，35%）；（4）养老院收费高（2310 人，29%）；（5）养老服务人员素质不高（1755 人，22%）；（6）缺少高端养老公寓（1584 人，20%），如图 9-20 所示。

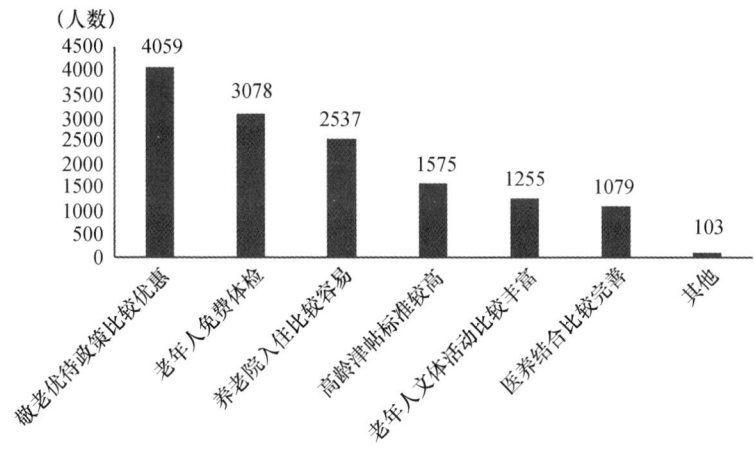

图 9-19　对深圳市养老服务满意的方面

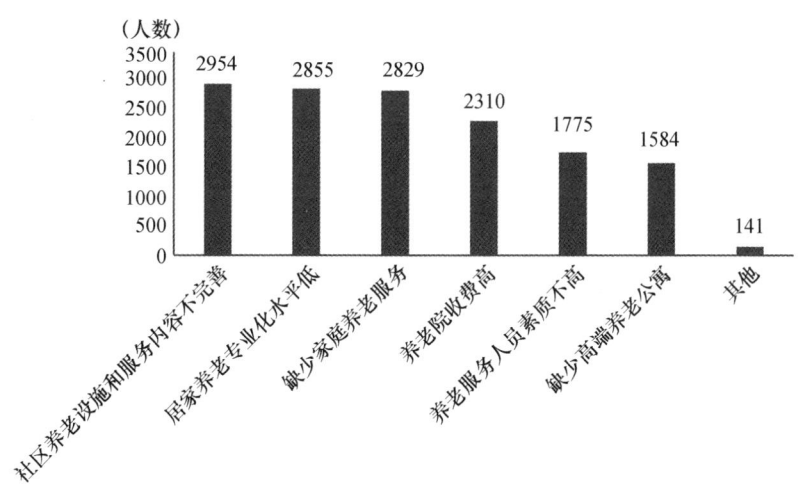

图 9-20　对深圳市养老服务不满意的方面

四　超过四成受访者建议提高居家养老专业化水平和加大社区养老设施建设

在问及"您对于深圳市的养老服务有哪些建议？"时，调查表明，受访者对认可的完善养老服务的意见建议依次为：（1）提高居家养老专业化水平（4099 人，51%）；（2）加大社区养老设施建设（3432 人，42%）；（3）加 大 养 老 院 建 设（3109 人，38%）；

(4) 实施家庭适老化改造 (2667人, 33%); (5) 提供家庭养老床位服务 (2641人, 33%); (6) 大力推进医养融合养老模式 (2450人, 30%); (7) 创新发展智慧养老服务 (2188人, 27%); (8) 提供面向照料者的临时替代服务 (喘息服务) (2155人, 27%); (9) 提高养老服务队伍专业化水平 (1791人, 22%), 如图9-21所示。

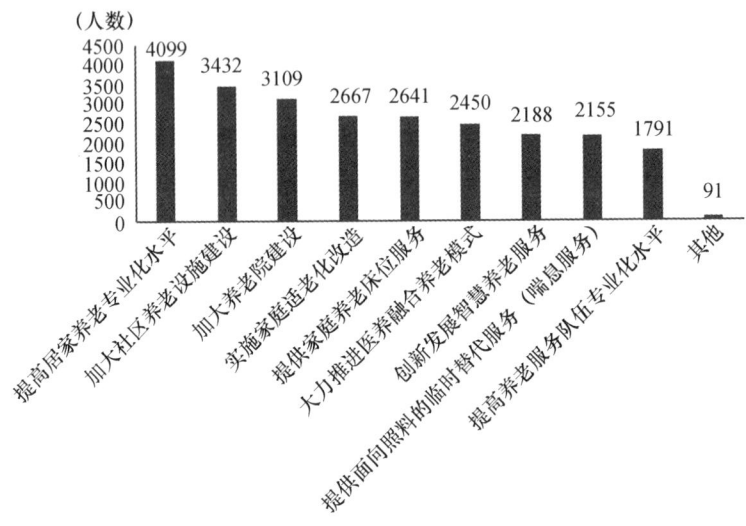

图9-21 对养老服务的建议

第七节 居住状况

一 居住状况满意度

为探究深圳市居民对自身在深圳的居住状况的满意程度, 本调研将从总体满意度、满意的方面、不满的方面以及居民建议四个方面对深圳市居民的居住状况进行分组分析和政策建议。

1. 居住状况满意度总体情况

4233人 (52.3%) 对自身在深圳的居住状况感到满意, 2824

人（34.9%）对自身的居住状况评价一般，而1041人（12.9%）对自身在深圳的居住状况不满意。受访者的养老服务满意度平均得分为3.48±0.94分（1=非常不满意，5=非常满意），处于"一般"和"比较满意"之间。由此可见，居民对居住状况总体上基本满意，如图9-22所示。

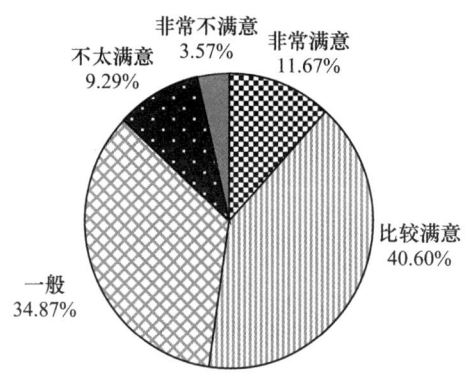

图9-22 居住状况满意度总体情况

2. 居住状况满意度的人口学差异（N=8098）

进一步分析不同人群的养老服务满意度情况，结果显示，不同年龄、婚姻状况、受教育程度、户籍、居住房屋类型、居住年限、月收入、生育情况、主观社会地位的居住状况满意度不同。关于居住状况满意度人口学差异具体如表9-7所示。

表9-7　　　　　　居住状况满意度的人口学差异

项目	分组	满意度	样本量	F	p
年龄	30岁以下	3.62	1480	36.63	<0.001
	30—49岁	3.42	6057		
	50岁及以上	3.65	561		
婚姻状况	未婚	3.54	1099	3.57	0.028
	已婚	3.47	6672		
	其他	3.41	327		

续表

项目	分组	满意度	样本量	F	p
受教育程度	大专以下	3.43	2284	7.78	<0.001
	大专及本科	3.50	5230		
	硕士及以上	3.39	584		
户籍	深圳户籍	3.53	4829	43.98	<0.001
	非深户籍	3.39	3269		
居住房屋类型	自有住房	3.74	3720	298.17	<0.001
	租房	3.24	3735		
	其他	3.30	643		
居住年限	1年以内	3.69	461	16.44	<0.001
	1—5年	3.54	997		
	5年及以上	3.45	6640		
月收入	5000元及以下	3.39	2726	33.34	<0.001
	5001—10000元	3.42	2683		
	10001—20000元	3.61	1670		
	20000元以上	3.64	1019		
生育情况	未生育	3.54	1416	13.71	<0.001
	生育1个孩子	3.52	2663		
	生育2个孩子及以上	3.42	4019		
主观社会地位	下等水平	3.08	1983	318.05	<0.001
	中等水平	3.55	5379		
	上等水平	3.98	736		

居住状况满意度在年龄上呈U型分布。30岁以下的受访者住房满意度相对较高，30—49岁的受访者住房满意度相比较低。这可能是来深工作10—20年的人士，赶上了深圳房价暴涨时期，住房压力明显。

已婚已育人群的居住状况满意度较低。与未婚人员（3.54分）相比，已婚人员的居住状况满意度（3.47分）更低。与未生育人员（3.54分）相比，已生育人员的住房满意度（3.46分）更低。

这说明已婚已育家庭，住房、养育成本成为实实在在的民生障碍性因素。

居住状况满意度在学历上呈倒 U 型变化。大专及本科学历的受访者住房满意度最高，为 3.50 分，大专以下受访者为 3.43 分，硕士以上受访者的住房满意度最低，为 3.39 分。可见，高层次人才的住房质量却最低，理应引起高度重视。

收入越高，主观社会地位越高，居住状况满意度越高。随着主观社会地位的升高而升高。高收入和高主观社会地位的人员，往往能够购买地段好、环境好的房子，因此居住状况满意度更高。

深圳户籍人员的居住状况满意度较高。非深户籍的住房满意度（3.39 分）明显低于深圳户籍（3.53 分）。进一步分析，发现深圳户籍人员多数（63%）拥有自己的住房，而非深户籍人员多数（79%）为租房居住，因此非深户籍人员的居住状况满意度较低。

二 "居住生态环境较好"和"住房配套设施较好"是受访者对居住状况满意的前两位

调查显示，受访者对居住状况最满意的方面依次为：（1）居住生态环境较好（空气、绿化、水等）（4417 人，55%）；（2）住房配套设施较好（3325 人，41%）；（3）住房建筑质量较高（2130 人，26%）；（4）保障房申请比较便捷（1340 人，17%），如图 9-23 所示。

三 "房价过高"和"房租过高"是受访者对居住状况不满意的前两位

调查显示，受访者对深圳市居住状况不满意的方面依次为：（1）房价过高（5798 人，74%）；（2）房租过高（4725 人，58%）；（3）保障性住房申请较难（3540 人，44%）；（4）交通、商业服务等配套设施需要加强（2680 人，33%）；（5）职住分离问题严重（2597 人，32%），如图 9-24 所示。

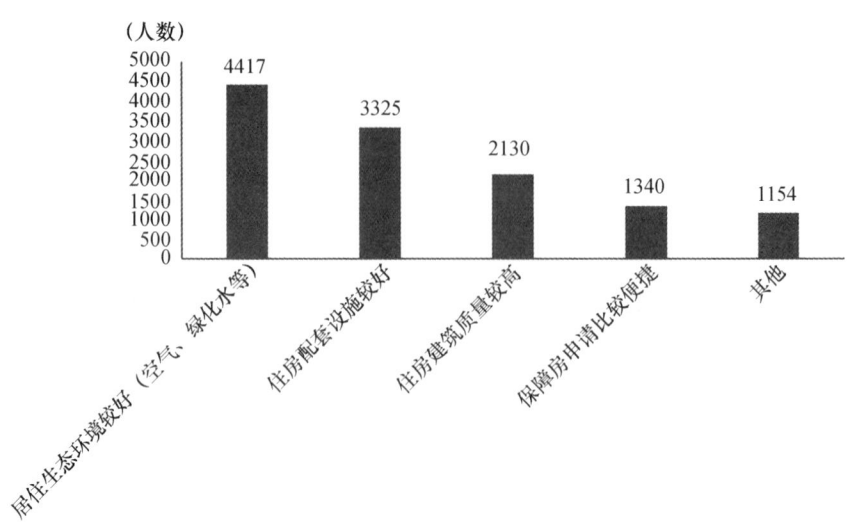

图 9-23 对深圳市居住状况满意的方面

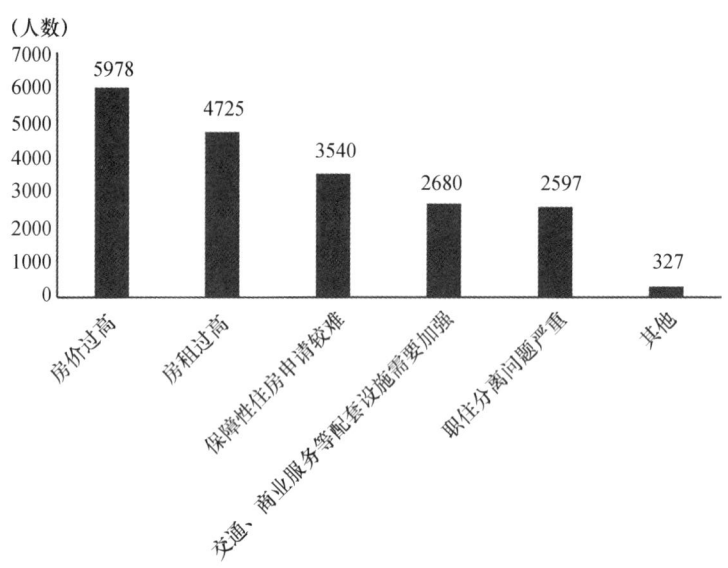

图 9-24 对深圳市居住状况不满意的方面

四 多数人建议控制房价和房租水平

在问及"您对于深圳市的居住状况有哪些建议?"时,调查表明,受访者对认可的完善居住状况的意见建议依次为:(1)控制房地产价格（5180人，64%）；（2）控制房租水平（4485人，55%）；（3）多建保障性住房、保障更多人群（4393人，54%）；（4）给中低收入者一定住房补贴（4335人，54%）；（5）完善配套设施，改善居住环境（3634人，45%）；（6）妥善解决职住分离问题（2548人，32%），如图9-25所示。

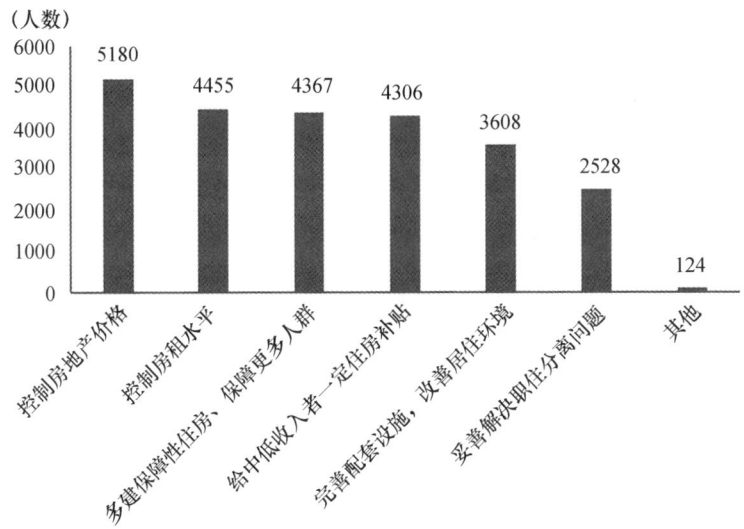

图9-25 对居住状况的建议

第八节 社会福利与社会救助

一 社会福利与社会救助满意度

为探究深圳市居民对社会福利和社会救助的满意程度，本调研将从总体满意度、满意的方面、不满意的方面以及居民建议四个维度对深圳市的社会福利和社会救助进行分组分析和政策建议。

1. 社会福利与社会救助满意度总体情况

3687人（45.5%）对深圳市的社会福利和社会救助感到满意，

389人（4.8%）对深圳市的社会福利和社会救助感到不满意，1692人（20.9%）不清楚深圳市该方面的情况。剔除"不清楚"这一部分的数据，受访者的社会福利与社会救助满意度平均得分为3.62±0.82分（1=非常不满意，5=非常满意），处于"一般"和"比较满意"之间。由此可见，居民对深圳市的社会福利与社会救助总体上基本满意。由此可见，居民对深圳市的养老服务总体上基本满意，如图9-26所示。

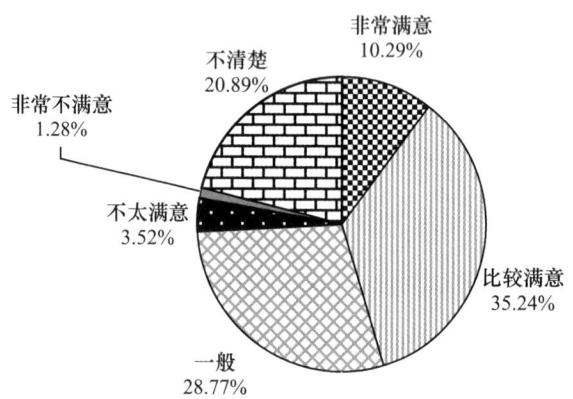

图9-26　社会福利与社会救助满意度总体情况

2. 社会福利与社会救助满意度的人口学差异（N=6406）

进一步分析不同人群的社会福利与社会救助满意度情况，结果显示，不同年龄、婚姻状况、受教育程度、户籍、居住年限、月收入、生育情况、主观社会地位的群组社会福利与社会救助满意度不同。关于社会福利与社会救助满意度人口学差异具体如表9-8所示。

表9-8　　　　社会福利与社会救助满意度的人口学差异

项目	分组	满意度	样本量	F	p
年龄	30岁以下	3.80	1233	33.42	<0.001
	30—49岁	3.58	4710		
	50岁及以上	3.65	463		

续表

项目	分组	满意度	样本量	F	p
婚姻状况	未婚	3.75	863	10.38	<0.001
	已婚	3.61	5296		
	其他	3.60	247		
受教育程度	大专以下	3.59	1756	3.76	<0.05
	大专及本科	3.65	4225		
	硕士及以上	3.61	425		
户籍	深圳户籍	3.63	3089	6.84	<0.001
	非深户籍	3.70	3317		
居住年限	1年以内	3.76	389	22.84	<0.001
	1—5年	3.78	832		
	5年及以上	3.60	5185		
月收入	5000元及以下	3.57	2122	10.80	<0.001
	5001—10000元	3.61	2171		
	10001—20000元	3.73	1352		
	20000元以上	3.66	761		
生育情况	未生育	3.75	1139	24.66	<0.001
	生育1个孩子	3.66	2137		
	生育2个孩子及以上	3.56	3130		
主观社会地位	下等水平	3.34	1428	140.46	<0.01
	中等水平	3.68	4329		
	上等水平	3.94	652		

社会福利与社会救助满意度在年龄上呈 U 型分布。不同年龄群组对深圳市提供的社会福利和社会救助满意度不同。30 岁以下群组对深圳市的社会福利和社会救助满意度最高（3.80 分），30—49 岁的市民对深圳市的社会福利和社会救助满意度最低（3.58 分）。该年龄段承担了家庭中的育儿、教育、养老等责任，对社会福利与社会救助的需求更多，故满意度更低。

已婚已育人群的社会福利与社会救助满意度较低。不同婚姻状况、不同生育状况的群体对深圳市提供的社会福利和社会救助满意度不同。已婚已育人群的社会福利与社会救助满意度较低。已婚已育人群，与上述30—49岁人群高度重合，对社会福利与社会救助的需求更多，故满意度更低。

大专以下群组的社会福利与社会救助满意度最低。不同受教育程度群组对深圳市提供的社会福利和社会救助满意度差异较为显著。学历为大专及本科群组对在深圳的社会福利和社会救助满意度（3.65分）最高，大专及以下群组满意度（3.59分）最低。

收入在10001—20000元群组的社会福利与社会救助满意度最高。不同收入群组对深圳市提供的社会福利和社会救助满意度不同。月收入小于20000元的深圳市居民对社会福利和社会救助满意度随月薪增加而提高，月薪高于10000元的居民对社会福利和社会救助的满意度最高。应该更给予低收入人群社会福利与社会救助的政策倾斜。

社会福利与社会救助满意度随主观社会地位的升高而升高。认为处于下等社会地位的人员满意度得分为3.34分，而认为处于上等社会地位的人员满意度得分为3.94分。主观社会地位低的人员往往拥有更少的社会资源，希望能得到更多的社会福利和社会救助，因此满意度更低。

深圳户籍群体的社会福利与社会救助满意度较低。深圳户籍群体的满意度（3.70分）低于非深户籍群体（3.63分）。

二 "有很强的志愿精神"和"社会保险体系比较完善"是受访者对社会福利和社会救助满意的前两位

调查显示，受访者对深圳市社会福利与社会救助满意的方面依次为：（1）有很强的志愿精神（3014人，47%）；（2）社会保险体系比较完善（2927人，46%）；（3）综合社会救助水平高（含教育、住房、医疗等救助）（2572人，40%）；（4）最低生活保障标准高（2451人，38%）；（5）社会救助申请比较便利（2198人，34%）；（6）社会组织较为发达（2173人，34%）；（7）儿童友好型保障较好（1243人，15%），如图9-27所示。

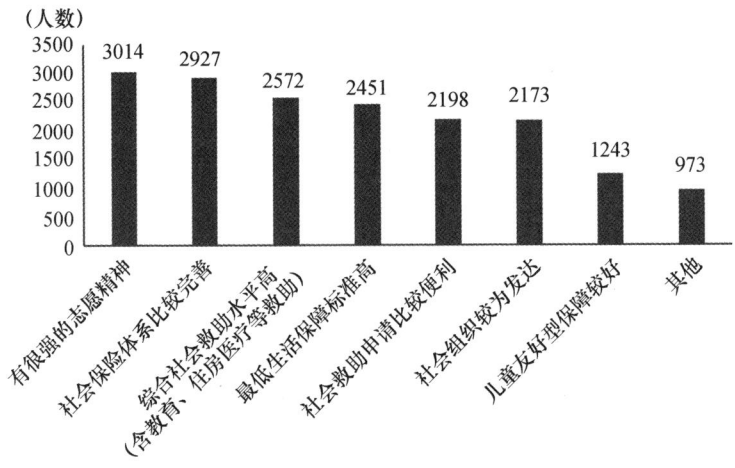

图 9-27 对深圳市社会福利与社会救助满意的方面

三 "缺乏心理救助"和"社会救助的受惠面较少"是受访者对社会福利与社会救助不满意的前两位

调查显示，受访者对深圳市社会福利与社会救助不满意的方面依次为：（1）缺乏心理救助（2824人，44%）；（2）社会救助的受惠面较少（2820人，44%）；（3）大病等支出型贫困救助不完善（2231人，28%）；（4）无障碍设施不完善（2137人，35%）；（5）社会救助的专业化水平不高（1956人，31%）；（6）自闭症等特殊群体救助不完善（1954人，24%）；（7）残疾人就业难（1687人，26%），如图 9-28 所示。

四 超六成受访者建议完善专项救助和扩大社会福利与救助范围

在问及"您对于深圳市的社会福利与社会救助有哪些建议？"时，调查表明，受访者对认可的完善社会福利与社会救助的意见建议依次为：（1）完善住房、教育、医疗等专项救助（4528人，71%）；（2）适当扩大社会福利和救助范围，实施更加普惠性的社会福利和救助政策（3861人，60%）；（3）增加心理救助（3323人，52%）；（4）提高最低生活保障标准（3277人，51%）；（5）实施更为精准的救助（2572人，40%）；（6）保护

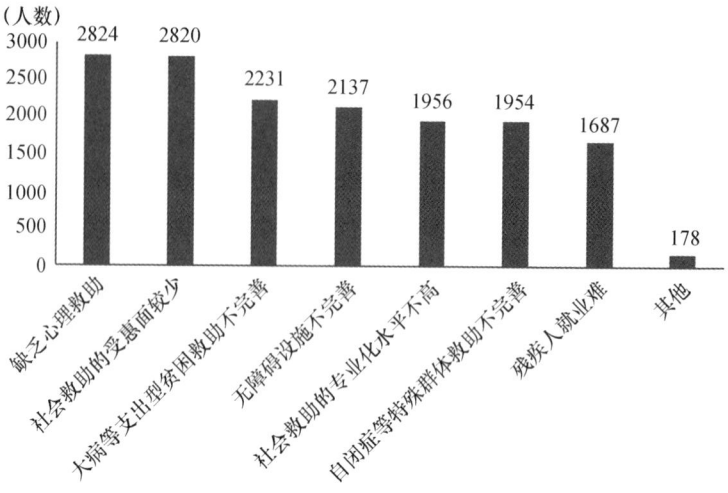

图 9-28 对深圳市社会福利与社会救助不满意的方面

受助者的隐私（2558 人，40%）；（7）提高社会救助专业化水平（2471 人，39%），如图 9-29 所示。

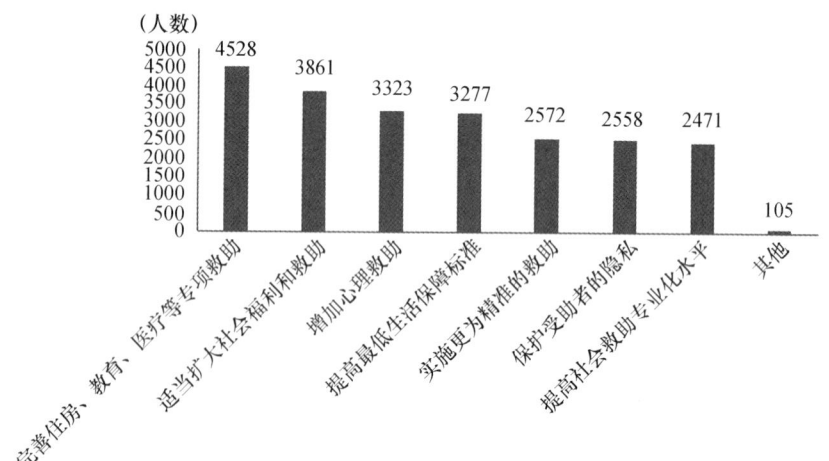

图 9-29 对社会福利与社会救助的建议

第九章 深圳民生幸福标杆建设满意度与幸福感评价研究 225

第九节 城市安全建设

一 城市安全建设满意度

为探究深圳市居民对深圳的城市安全建设的满意程度，本调研从总体满意度、满意的方面、不满的方面以及居民建议四个维度对深圳市的城市安全建设进行分组分析和政策建议。

1. 城市安全建设总体满意度

6815人（84.2%）对深圳市的城市安全建设感到满意，仅149人（1.8%）认为深圳市的城市安全建设不够好。受访者的城市安全建设满意度平均得分为4.09±0.71分（1=非常不满意，5=非常满意），处于"一般"和"比较满意"之间。由此可见，居民对深圳市的城市安全建设总体上基本满意，如图9-30所示。

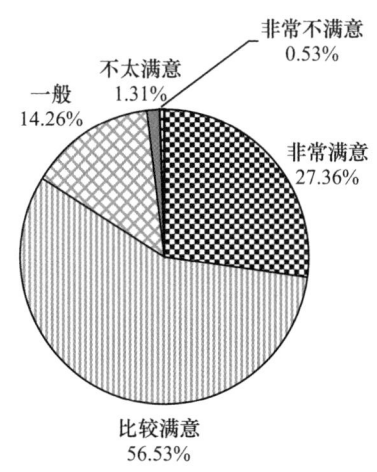

图9-30 城市安全满意度总体情况

2. 城市安全建设满意度的人口学差异（N=8098）

进一步分析不同人群的城市安全建设满意度。结果显示，不同性别、年龄、受教育程度、户籍、居住房屋类型、月收入、生育情况、主观社会地位的城市安全建设满意度不同。关于城市安全建设满意度人口学差异具体如表9-9所示。

表 9-9　　城市安全建设满意度的人口学差异

项目	分组	满意度	样本量	F	P
性别	男性	4.16	2422	36.72	<0.001
	女性	4.06	5676		
年龄	30 岁以下	4.12	1480	7.25	<0.001
	30—49 岁	4.07	6057		
	50 岁及以上	4.18	561		
受教育程度	大专以下	4.04	2284	9.74	<0.001
	大专及本科	4.11	5230		
	硕士及以上	4.06	584		
户籍	深圳户籍	4.10	4829	7.18	<0.001
	非深户籍	4.10	3269		
居住房屋类型	自有住房	4.14	3720	20.01	<0.05
	租房	4.05	3735		
	其他	4.02	643		
月收入	5000 元及以下	4.01	2726	21.05	<0.01
	5001—10000 元	4.09	2683		
	10001—20000 元	4.16	1670		
	20000 元以上	4.17	1019		
生育情况	未生育	4.11	1416	10.50	<0.001
	生育 1 个孩子	4.13	2663		
	生育 2 个孩子及以上	4.05	4019		
主观社会地位	下等水平	3.98	1983	35.70	<0.001
	中等水平	4.12	5379		
	上等水平	4.19	736		

男性对城市安全建设的满意度明显高于女性。不同性别群组对深圳市的城市安全建设满意度不同。男性对城市安全建设的满意度（4.16 分）明显高于女性（4.06 分）。其原因可能在于，安全建设方面，女性面临的安全问题其数量、种类以及危害程度要高于男性，故女性对城市安全建设的需求较大，对同等水平的城市安全建设满意度较低。

城市安全建设满意度在年龄上呈 U 型变化。不同年龄群体对深圳市的城市安全建设满意度不同，30—49 岁群组满意度最低，为 4.07 分，应该更关注该年龄段人群的安全建设需求。

城市安全建设满意度随着生育子女数的增加而下降。不同生育情况群组对深圳市的城市安全建设满意度不同。生育 2 个孩子及以上群组对城市安全建设的满意度（4.05 分）最低。此现象的产生，其原因或与家庭对城市安全建设的需求及期望相关。随着生育子女数的上升，子女年龄跨度增大，意味着可能面临的城市安全问题的数量、发生频率的提升；同时，家长对下一代成长环境的安全建设期待也更为广泛。所以，生育子女数较高的群体对城市安全建设的满意度呈现较低的水平。

城市安全建设满意度在学历上呈倒 U 型变化。不同学历群组对深圳市的城市安全建设满意度不同，大专及本科群组满意度最高，为 4.11 分，大专以下群组为 4.04 分，硕士及以上群组为 4.06 分。

城市安全建设满意度随收入、主观社会地位的上升而升高。城市安全建设满意度随收入的增加而升高，收入在 5000 元及以上群组得分为 4.01，而收入在 20000 元以上的群组为 4.17 分。城市安全建设满意度随主观社会地位的上升而升高，认为处于等水平的群体满意度为 3.98 分，而上等水平群体的满意度为 4.19 分。

自有住房群组的城市安全建设满意度最高。不同居住房屋类型群组对深圳城市安全建设满意度不同。自有住房群组对城市安全建设的满意度显著高于租房群组和其他群组。分析其原因，可能是自有住房群组其居住场所较稳定，居住条件较好，治安问题或有小区物业等作为等保障。另外，是否自有住房也与户籍、居民收入、社会地位等因素相关，且在这几个因素的维度上呈现的城市安全建设满意度均与因素水平呈正相关。故可以推测，随着居民个体经济条件的提升，所面临的安全问题相对减少，享有的城市安全保障质量相对提高。

二 "社会治安"和"交通安全"是受访者对城市安全建设满意的前两位

调查显示，受访者对深圳市城市安全建设最满意的方面依次为：

(1) 社会治安（6217人，77%）；(2) 交通安全（4553人，56%）；(3) 供水供电安全（3956人，49%）；(4) 公共卫生安全（3684人，46%）；(5) 消防安全（3389人，42%）；(6) 灾害防御安全（2758人，34%）；(7) 食品安全（2392人，30%）；(8) 信息安全（1470人，18%），如图9-31所示。

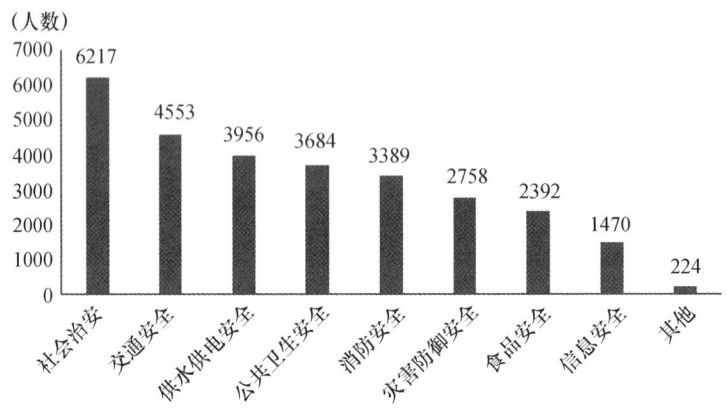

图9-31 对深圳市城市安全建设满意的方面

三 "食品安全"和"信息安全"是受访者对城市安全建设不满意的前两位

调查显示，受访者对深圳市城市安全建设不满意的方面依次为：(1) 食品安全（4595人，57%）；(2) 信息安全（3647人，45%）；(3) 交通安全（2464人，30%）；(4) 灾害防御安全（2130人，26%）；(5) 公共卫生安全（2095人，26%）；(6) 消防安全（1903人，24%）；(7) 社会治安（1507人，19%）；(8) 供水供电安全（1462人，18%），如图9-32所示。

四 超六成受访者建议加大电信诈骗的防范治理，保护信息安全和个人隐私

在问及"您对于深圳市城市安全建设有哪些建议？"时，调查表明，受访者对认可的完善城市安全建设的意见建议依次为：(1) 加大电信诈骗的防范治理（5732人，71%）；(2) 保护信息安

第九章 深圳民生幸福标杆建设满意度与幸福感评价研究 229

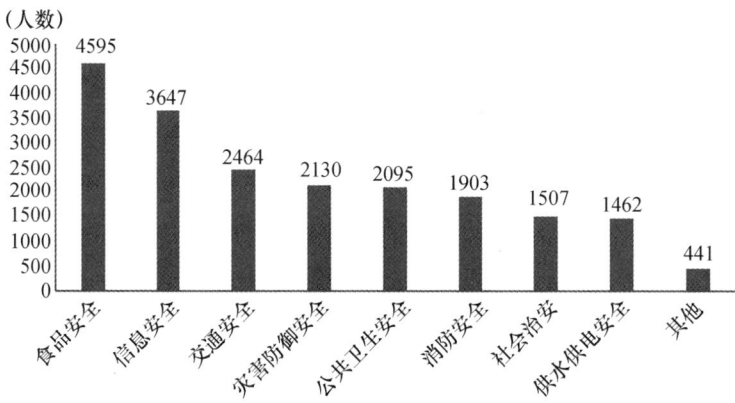

图 9-32 对深圳市城市安全建设不满意的方面

全和个人隐私（5208人，64%）；（3）持续推动"扫黑除恶"专项行动（4890人，60%）；（4）提高食品药品安全水平（4826人，60%）；（5）加大交通安全整治（3703人，46%）；（6）提高市民公共安全意识（3604人，45%）；（7）加大消防安全整治（3589人，44%）；（8）加大公共卫生安全（3108人，38%），如图 9-33 所示。

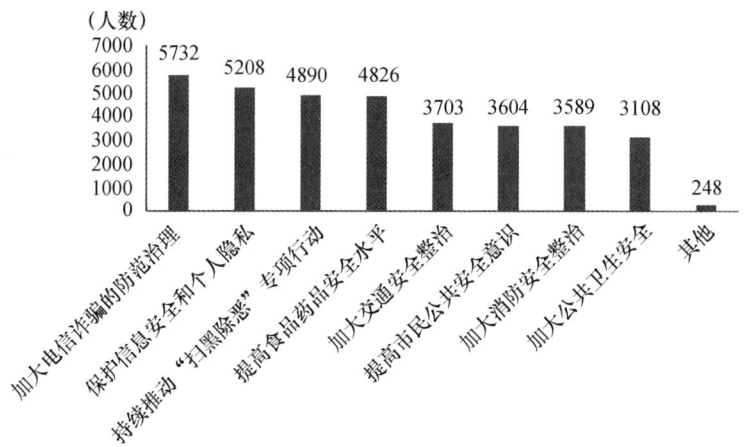

图 9-33 对城市安全建设的建议

第十节 民生福祉总体满意度

一 民生福祉满意度总体情况

问及受访者对以上幼托服务、基础教育、劳动就业、医疗服务、养老服务、住房、社会福利与社会救助、城市安全建设等各方面的民生福祉的总体满意度时，4743人（58.5%）选择"比较满意"和"非常满意"，815人（10.1%）选择"不太满意"和"非常不满意"。受访者的民生福祉满意度平均得分为3.62±0.92分（1=非常不满意，5=非常满意），处于"一般"和"比较满意"之间。由此可见，居民对深圳市总体的民生福祉基本满意，如图9-34所示。

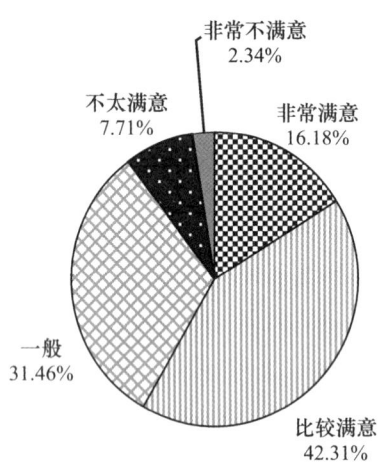

图9-34 民生福祉满意度总体情况

二 民生福祉满意度的人口学差异（N=8098）

进一步分析不同人群的民生福祉满意度情况，结果显示，不同年龄、婚姻状况、受教育程度、户籍、月收入、居住年限、生育情况、主观社会地位的民生福祉满意度不同。关于民生福祉满意度人口学差异具体如表 9-10 所示。

表 9-10　　民生福祉满意度的人口学差异

项目	分组	满意度	样本量	F	p
年龄	30 岁以下	3.77	1480	19.38	<0.001
	30—49 岁	3.57	6057		
	50 岁及以上	3.84	561		
婚姻状况	未婚	3.71	1099	5.01	<0.01
	已婚	3.61	6672		
	其他	3.63	327		
受教育程度	大专以下	3.58	2284	3.32	<0.05
	大专及本科	3.64	5230		
	硕士及以上	3.65	584		
户籍	深圳户籍	3.66	4829	18.13	<0.001
	非深户籍	3.57	3269		
月收入	5000 元及以下	3.53	2726	25.37	<0.01
	5001—10000 元	3.60	2683		
	10001—20000 元	3.74	1670		
	20000 元以上	3.75	1019		
居住年限	1 年以内	3.79	461	14.91	<0.001
	1—5 年	3.71	997		
	5 年以上	3.60	6640		
生育情况	未生育	3.72	1416	27.54	<0.001
	生育 1 个孩子	3.69	2663		
	生育 2 个孩子及以上	3.55	4019		
主观社会地位	下等水平	3.24	1983	293.09	<0.001
	中等水平	3.71	5379		
	上等水平	4.05	736		

第十一节 主观幸福感

为探究主观幸福感，我们用生活满意度的 z 分数加上积极情感的 z 分数再减去消极情感的 z 分数，用于衡量个体生活质量的综合心理指标。

主观幸福感在年龄上呈 U 型分布，30—49 岁群组的主观幸福感最低。利用单因素方差分析发现年龄的主效应显著（$F = 22.56$，$p < 0.001$）。主观幸福感在 30—39 岁的群组里面是最低的。综合来看，主观幸福感得分也呈类"U"形曲线，如图 9 - 35 所示。

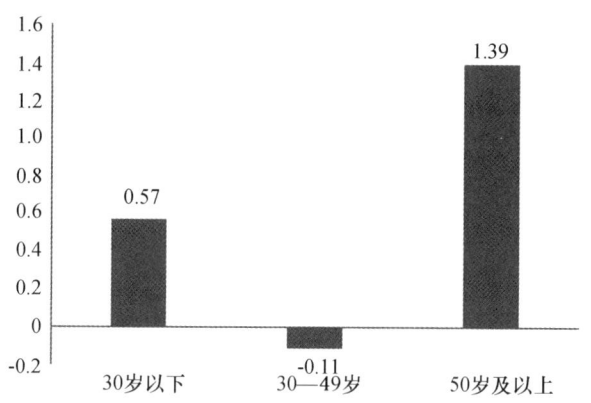

图 9 - 35　不同年龄群组的主观幸福感

女性的主观幸福感明显高于男性。此外，我们用 t 检验发现主观幸福感也存在性别的差异（$t = 2.21$，$p < 0.05$），女性的主观幸福感要明显高于男性，说明男性的主观幸福感低下值得后续关注，如图 9 - 36 所示。

已婚群组的主观幸福感显著高于未婚以及其他群组。对于婚姻状况进行单因素方差分析，主观幸福感的主效应显著（$F = 37.52$，$p < 0.001$）。已婚群组的主观幸福感要显著高于未婚以及其他群组，如图 9 - 37 所示。

第九章 深圳民生幸福标杆建设满意度与幸福感评价研究 233

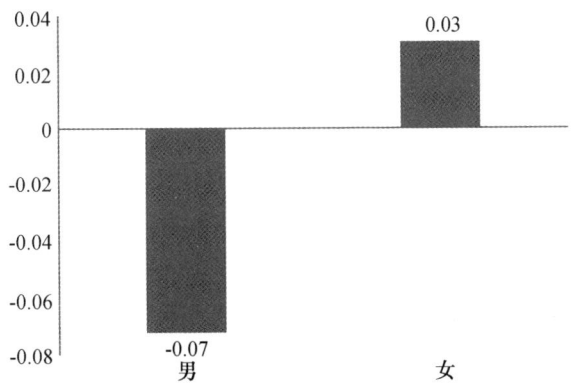

图 9-36 不同性别群组的主观幸福感

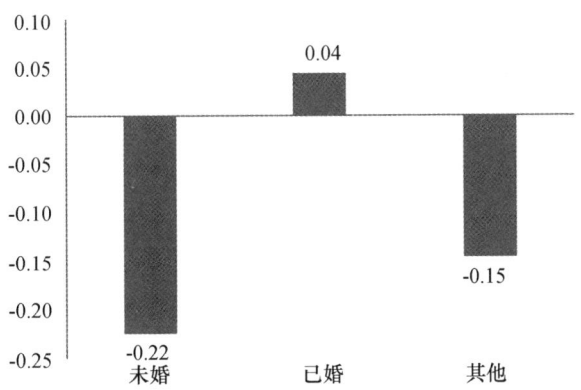

图 9-37 不同婚姻状况群组的主观幸福感

硕士及以上群组的主观幸福感显著高于其他群组。对于受教育程度进行单因素方差分析，主观幸福感的主效应显著（$F = 29.38$，$p < 0.001$）。大专以下的群组主观幸福感要显著低于大专及本科以及硕士及以上的群组，大专及本科的群组主观幸福感要显著低于硕士及以上的群组，如图 9-38 所示。

内地其他省市群组的主观幸福感最低。对于户籍进行单因素方差分析，主观幸福感的主效应显著（$F = 25.78$，$p < 0.001$）。省内非深户籍和深圳户籍的群组主观幸福感显著高于内地其他省市的群组，内地其他省市群组的主观幸福感最低，如图 9-39 所示。

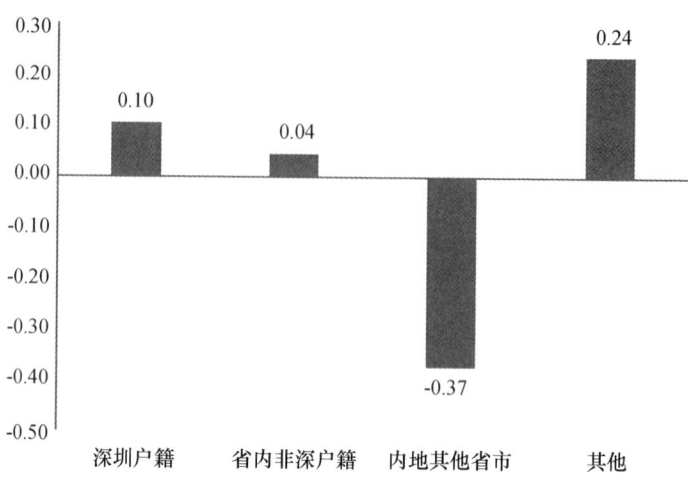

图 9-38　不同受教育程度群组的主观幸福感

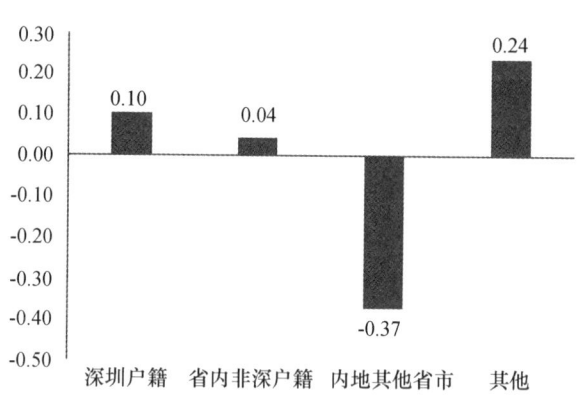

图 9-39　不同户籍群组的主观幸福感

主观幸福感随着收入的增加而提升。对于月收入进行单因素方差分析，主观幸福感的主效应显著（$F=93.67$，$p<0.001$）。5000元及以下群组的主观幸福感显著低于其他层次收入群组，收入在5001—10000元的群组主观幸福感显著低于10001—20000元和20000元以上的群组，如图9-40所示。

生育1个孩子的群组主观幸福感最高。对生育情况进行单因素方差分析，主观幸福感的主效应显著（$F=24.60$，$p<0.001$）。生育1个孩子的群组主观幸福感显著高于其他生育情况，见图9-41。

第九章 深圳民生幸福标杆建设满意度与幸福感评价研究　235

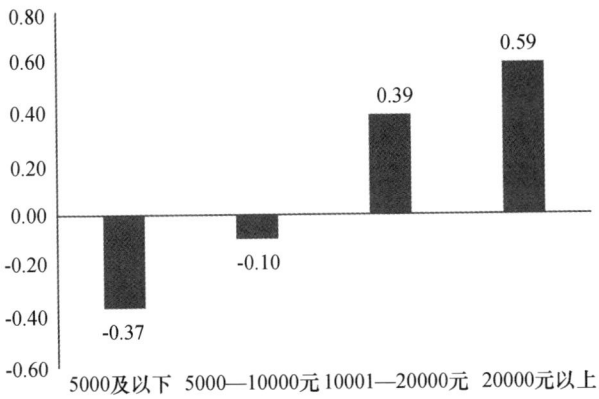

图9-40　不同收入群组的主观幸福感

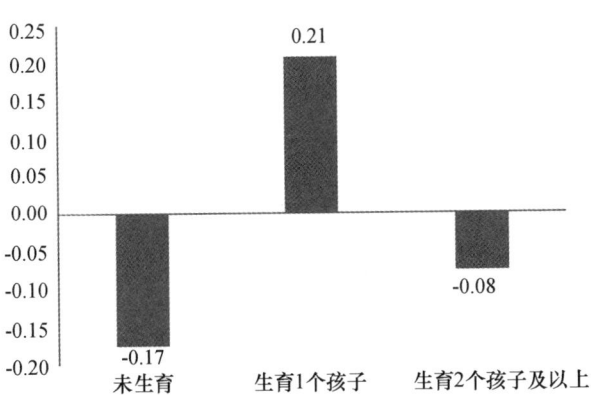

图9-41　不同生育情况群组的主观幸福感

主观幸福感随着社会地位的上升而提高。中等水平群组的主观幸福感显著高于下等水平，且上等水平群组的主观幸福感显著高于中等水平和下等水平群组，如图9-42所示。

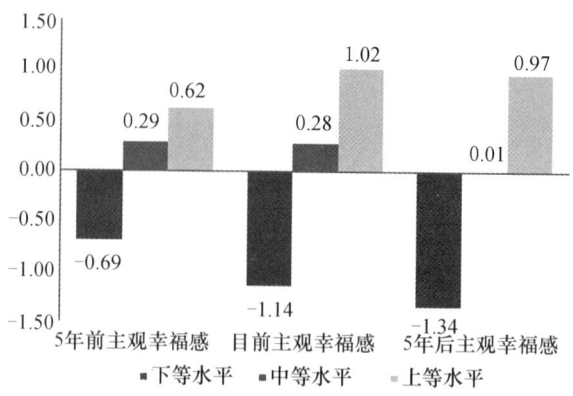

图 9-42 不同社会地位群组的主观幸福感

小 结

《中共中央、国务院关于支持深圳建设中国特色社会主义先行示范区的意见》指出，深圳市应定位为民生幸福标杆城市，构建优质均衡的公共服务体系，建成全覆盖可持续的社会保障体系。

民生福祉满意度得分为 3.62 ± 0.92 分，处于中上水平。在控制人口学变量的影响后，对民生福祉满意度影响最大的前三个民生项目依次是基础教育、居住状况和医疗服务。住房、教育和医疗依然是深圳"十四五"期间优先建设的三大民生领域。值得欣慰的是，深圳正在可持续地优先布局。2021年，深圳市九大类民生支出3197亿元、比上年增长12.6%，占一般公共预算支出比重超过了70%。以教育为例，2022年深圳市一般公共预算安排教育支出1054.2亿元，比上年增长6.7%，占全市一般公共预算支出比重超过20%。预计"十四五"期间，教育为深圳市财政最大支出事项。

基于上述分析，本章提炼出"立标杆，补短板，强特色"七条建议，并具体分析了居住和幼托领域的更加具体的建议。

一 总体建议上要"立标杆，补短板，强特色"

在立标杆方面，（1）拓宽就业渠道，以就业促进经济发展，不断提高居民收入水平；（2）通过加大财政对公办托幼机构建设和运行费用的补贴、利用大数据精准鉴定中低收入家庭并提供财政补贴等多渠道降低托幼服务价格，并通过制定托幼机构设置标准和运营规范等建立提升托幼服务品质的长效机制；（3）充分利用深圳市人口结构年轻化的窗口期，加快建立健全相关政策体系和制度框架，促进老年人养老服务、健康服务、社会保障、社会参与权益保障等统筹发展。建立健全社会保障体系、养老服务体系、健康支撑体系，统筹推进老龄产业发展，积极推动养老机构建立医养结合机制，落实敬老优待政策，加快打造"老有颐养"民生幸福标杆城市。

在补短板方面，（1）深圳应建立和完善房地产市场平稳健康发展的长效机制，控制房价和房租水平。建造更多保障性住房，完善保障性住房与人才住房制度，进一步调整现有保障性住房供给和分配结构，降低申购标准，优化申购流程。深圳应针对不同收入水平的居民和专业人才等各类群体，着力构建多层次、差异化、全覆盖的住房供应与保障体系。（2）深化教育制度改革，加大教育投入，推进教育公平发展，统筹优质学校布局，探索多种集团化办学模式，实现学区化、集团化办学全覆盖，加大对教育集团增值发展的政策支持，实现教学资源共享。（3）构建优质高效医疗卫生服务体系，完善医疗项目定价制度，提高医疗保险财政补助标准，创新医保基金管理模式，保障居民"看得起病"，促进医疗卫生服务公平可及。推广"罗湖医院集团"模式，建立"三级医院＋二级医院＋社康机构"的紧密型医联体，建立和完善医院与社康融合发展的运营管理模式，医防融合的学科发展模式。

在强特色方面，以志愿服务优化社会治理，"来了就是深圳人，来了就当志愿者"，深圳全市注册志愿者达212万人。深圳应该充分发挥志愿者的专业技能优势和人离资源优势，引导志愿服务社区化、项目化、专业化发展，建立社区联动的社会工作服务模式，引导志愿者有序参与到心理卫生、环保等领域的社会治理中去，打造"弱有众扶"幸福标杆，让深圳民生保障有力度有温度。

二 对改善深圳市"住有宜居"的建议

本次调研采用国际通用的主观幸福感测量工具,从积极消极情绪与生活满意度的测量角度,评价了我市居民幸福感。回归分析结果显示,居住状况满意度是影响居民幸福感的首要因素。结合问卷调查中市民的意见建议,提出如下建议:

1. 降低住房居住成本,覆盖更广泛人群

近年来,我市房地产价格上涨趋势已经得到有效遏制,但居住成本仍然较高。问卷调查显示,在受访者选择的建议中,控制房地产价格、控制房租水平、给中低收入者一定的住房补贴都属于降低住房成本的选项,因此,降低居住成本,是市民的普遍诉求。建议从控制房价、控制房租和完善住房租赁补贴的角度,控制或降低居民的居住成本。

2. 改进公共住房的供给和分配结构

调查显示,广东省外内地其他省市非深户籍的人士,居住在深圳5年及以上者高达74.6%,其中71.4%在深圳组建了家庭,28.1%生育了一个孩子,47.0%生育了两个孩子。他们热爱深圳,把家庭安在了深圳这一方热土,深圳认同感和归属感强烈。当前住房保障体系更多强调了高端人才和部分高端技术工人。因此,建议进一步调整现有保障性住房供给和分配结构,把住房保障范围适当扩大到包括产业工人在内的常住人口,根据保障产业工人住房的实际需求,大力发展供产业工人等低收入群体居住的公共租赁房,实现产业工人的安居梦。

3. 完善居住配套设施、改善居住环境

"住有宜居"是"住有所居"的民生幸福标杆的高级阶段,要进一步的完善居住配套设施、改善居住环境。依法依规推进居住社区的物业管理现代化服务水平,提升居住小区的服务质量。完善居民配套设施、从生理健康需求、安全需求、社区社会归属和爱的需求、服务社会尊重需求等多维度需求层面,推动精准精细化的居住配套公共服务供给。

4. 妥善解决职住分离问题

职住分离是特大城市的一个普遍问题,影响着居民的居住感受。

建议通过规划、改善交通和完善公共服务等措施提升市民的居住体验。一是完善规划，按新城市主义的理念加强职住一体的城市规划建设，减少职住分离。二是改善交通，减少通勤时间。提高轨道交通的运行效率，进一步加强多层次城市公共交通系统，增加运营质量效率，从时效上弥补了由职住分离所带来的空间距离。三是完善公共服务，提高公共服务可及性。完善居住区的公共服务内容，提升公共服务的可及性，建立跨区域公共服务合作机制，为职住分离的居民提供良好的公共服务，以弥补职住分离造成的福利损失。

三 对改善深圳市"幼有善育"的建议

结合问卷调查中市民的意见建议，从托幼服务全覆盖、托幼服务可负担和托幼服务素质质量三个方面提出建议。

1. 采用灵活的形式实现托幼服务全覆盖

普惠性托幼机构数量少、可及性差是当前深圳市托幼服务发展面临的首要问题，需结合服务的需求和供给现状，采用政府和市场相结合的方式，针对性地灵活提供托幼服务：一是针对自有住房人员，在居住地区建立充足数量的普惠性、公办托幼机构，实现就近托幼；二是针对租房或住房不固定，但工作相对稳定的人员，鼓励用人单位提供托幼服务，政府对用人单位给予财政补贴；三是针对多子女家庭，鼓励幼儿园开设托班，实行托幼一体化服务新模式，对未生育子女的家庭，重点是落实休假政策和用人机构的托幼服务；四是建立不同类型托幼服务的衔接机制，确保托幼服务"可携带"。

2. 提升托幼服务的可负担性

费用高是阻碍深圳居民公平享有托幼服务的关键因素，亟须提高托幼服务的可负担性，建议：一是合理制定公办、普惠性和用人单位托幼机构的价格和收费标准，加大财政对公办托幼机构建设和运行费用的补贴；二是利用大数据在社区层面建立经济审查机制，精准鉴定中低收入家庭并提供财政补贴；三是鼓励政府或若干个用人单位组建联盟，采取议价或招标的方式，向营利性机构集中购买托幼服务，降低价格。

3. 提升托幼服务质量

质量是实现"幼有善育"的难点，需建立长效机制提升托幼服务品质：一是制定托幼机构设置标准和运营规范；二是短期内通过人才引进的方式从内地招募有经验的托幼教师，中期内建立托幼教师的培训机制，长期来看需要建立托幼教师的职业人才培养制度，实现人员的可持续发展；三是引导托幼机构建立质量管理机制，建立公平透明的绩效考核机制和综合评估报告发布机制；四是建立严格的监管机制，发挥政府主管部门、社会和幼儿父母等利益相关者对托幼机构的质量监管作用。

第十章　基于地铁微博情感分析的深圳民生幸福标杆大数据研究

高质量的心理与行为大数据研究将会有效地驱动基于整体主义的宏观定量分析，全景呈现深圳全域的民生幸福现状。[①] 本章提出了一种基于微博文本和位置数据的深圳地铁站微博情感分析方法，通过微博数据爬取、基于情感词典的情感分析方法以及微博 GIS 数据的分析方法，[②] 对带有深圳地铁站位置信息的微博打卡文本数据进行情绪计算，开展了情感地理特征的计算与可视化分析，绘制了深圳"情绪地图"。研究发现如下。（1）深圳平均情绪效价值为 0.57，表明深圳整体情感是积极的。情感地理位置分布差异明显，平均情感值最高的地铁站是"深圳北"，最密集的情感积极区是"蛇口""深圳湾公园"区域；平均情感值最低的地铁站是"机场东"站，号线上水径到百鸽笼（包括深圳东站在内）、深圳北站区域等轻钢倾向较为消极。（2）深圳微博情绪与房价和土地地价有中度相关性，较高的社会地位、良好的收入水平可能会带来更为积极的情绪状态。（3）词云分析了各个地铁站高频词汇，可以看出不同情绪均值下其高频词汇有所不同，且和日常语言习惯基本吻合。

第一节　背景

情感一词的英文 Emotion 发源于希腊文中的"Pathos"，最初用

[①] 陈云松：《当代社会学定量研究的宏观转向》，《中国社会科学》2022 年第 3 期。
[②] 地理信息系统（Geographic Information System，GIS）是一门综合性学科，结合地理学与地图学，已经广泛地应用在不同领域，是用于输入、存储、查询、分析和显示地理数据的计算机系统，一般分为人员、数据、硬件、软件和过程五个部分。

于表述人们观看悲剧时强烈的伤感、悲悯的情绪。人类能够产生和表达自己的情感,并识别与理解他人的情感,在人类交流沟通中极其重要。情感计算,又可以称为"情感分析""意见挖掘"等,旨在让计算机系统能识别、理解、适应人的情感,从而具有更高级更全面的智能。这一概念最早被 MIT 媒体实验室 Picard 教授在 1997 年出版的书籍 *Affective Computing* 中正式提出。[①]

近年来,情感计算已经成为社会学、心理学、计算机科学等众多领域的热门研究内容,体现出很强的学科交叉属性,同时具有鲜明的社会意义和应用潜力。根据输入信号的不同、应用场景的区别,情感计算包含了许多不同的研究方向。

多模态情感计算通过对图像、视频、音频、文本、生理信号等多种模态数据进行分析,提取和计算其中的情感信号,完成分类、回归、检测和检索等任务。传统的多模态情感计算主要通过设计实验、引导参与者产生目标情感、在实验过程中采集多模态数据来进行研究。大数据时代,人类通过互联网特别是移动互联网产生、交换、传达的信息量以爆发式的速度增长,越来越多用户在社交媒体上发布含有情感倾向的图像、视频、音频和文本内容,例如自我生活的记录、关于电影和餐厅评论等。

这些用户自我生产的内容具有数据模态多样、数据量巨大、数据客观真实等特点,弥补了传统实验采集方法采集难度大、样本数量小等不足,具有极大的科学研究价值。但同时,如何合理、高效地处理大数据,从中提取出对社会发展与人类生活有益的信息,也是一个严峻的挑战。

党的十八大以来,深圳大力建设智慧城市,运用大数据、物联网等新一代信息技术,实现智慧交通、智慧政务、智慧教育等平台和应用项目建设,推动民生福祉的工业化、信息化和智能化。目前对智慧城市建设成效的评价标准主要以技术实现的硬性效果为导向,例如"公共场所无线网络覆盖率""城市道路传感终端

[①] Daily, B. Shaundra, et al. , "Affective Computing: Historical Foundations, Current Applications, and Future Trends", *Emotions and Affect in Human Factors and Human-computer Interaction*, 2017, pp. 213 – 231.

安装率"等①，但此种评价方式并未考虑居民的主观认知，因此导致了诸多问题。例如针对深圳部分城市居民进行的智慧城市满意度和认知度调研显示，居民对于智慧城市满意度普遍不高、感知不强。智慧城市建设作为民生福祉设施与现代化社会治理的重要组成，最重要的目的是"让人民能够分享到改革发展的成果"，增强人民的"获得感、安全感、幸福感"。了解城市居民的"获得感、安全感、幸福感"，对于评估深圳民生福祉的建设成效具有重要意义。

基于深圳城市居民日常生活中产生大数据进行情感计算，有助于评估城市运行状况、了解居民的情绪分布及变化，从而为更好地开展民生幸福标杆城市建设工作、城市规划，提升城市居民幸福感提供决策支撑。

第二节 国内外相关研究

情感计算的常用输入信息包括文本、音频、视频、肢体动作、面部表情、生理信号等，针对不同信号发展出了多样的研究方法：例如基于面部的几何纹理特征分类进行面部表情识别；基于"SetiWordNet"②、中国台湾大学"NTUSD"等情感词典，根据情感词的强度对文本进行"积极""中性""消极"情感的分类统计分析等。随着机器学习的兴起，一些常见的机器学习算法如SVM、贝叶斯分类器、KNN等都被用于情感计算分析中，例如Bhakre等学者使用朴素贝叶斯对音频进行了四种情感分类。③ 近年来神经网络快速发展，卷积神经网络、长短期记忆网络等也在多模态情感计算领域体现出了良好运用。

在诸多输入信号数据中，文本内容获取门槛相对低、内容相对

---

① 王艳：《智慧城市的居民获得感评价与提升路径研究》，硕士学位论文，东南大学，2020年，第136页。

② Turian, Joseph, Lev Ratinov, and Yoshua Bengio, "Word Representations: A Simple and General Method for Semi-supervised Learning", Proceedings of the 48th Annual Meeting of the Association for Computational Linguistics, 2010.

③ SVM，是指支持向量计算法（Support Vector Machine, SVM）；KNN，是指K最邻近分类算法（K-Nearest Neighbor），均为有监督机器学习的分类算法。

简明直观、可解释性强,适合用于研究深圳城市居民的整体情绪。因此本章主要选取国内用户数量庞大的社交网络平台"微博"上的文本内容作为数据来源。

一 研究方法

基于文本的情感计算常用方法可以分为三类,分别是基于情感词典的文本情感分析、基于机器学习的文本情感分析和引入特殊模型的文本情感分析。

基于情感词典的文本情感分析利用预设的情感词典,对文档中情感词的情感值进行计算,再通过加权算法确定文档整体情感在"积极""中性""消极"光谱上的位置。一般流程如图10-1所示。

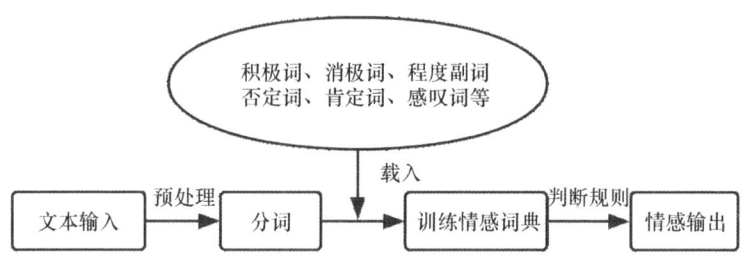

图 10-1 基于情感词典的文本情感分析流程

英文情感计算研究起步较早,在情感词典的构建上也相对完善,中国使用较为广泛的情感词典包括了知网的"HowNet"、我国台湾大学的"NTUSD"和大连理工大学的"中文情感词汇本题库"等。因为本章希望调研深圳城市居民的情感,因此选取国内用户数量大的社交网络平台微博为情感分析的数据来源。Zhang 等[1]选择了基于文本词典的文本情感分析方法,计算了微博文本,结合其特点对传统的情感词典进行了扩充与修改,构建了包含情感、否定词等多方面的6个情感词典,提出的新模型在积极、中性、消极三种情感标签上准确率都超过此前其他模型5%以上,其中中性标签的准确率达到了

---

[1] Zhang, et al., "Sentiment Analysis of Chinese Micro-blog Text Based on Extended Sentiment Dictionary", *Future Generation Computer Systems*, Vol. 81, 2018, pp. 395–403.

74.8%。由此可见，基于情感词典的微博文本情感分析已经有了丰富模型可供使用，可以实现较高的准确性，提供较高的可解释性。

针对微博的海量数据，赵妍妍等[1]构建了一个包含超十万词汇的超大型情感词典，对于中文互联网文本信息情感分类效果带来了很大提升。邱全磊等[2]将颜文字（字符表情）和语气词纳入情感词典，将颜文字标签和语气对情感的影响加入了情感计算法之中。

基于机器学习的文本情感分析，指的是构造一系列函数集合，输入大量有标签或无标签的文本，使用相关学习算法，提取文本特征、输出代价函数最小的结果。常用的学习算法包括 SVM 和朴素贝叶斯等。例如杨爽等[3]基于 SVM 算法，以词性特征、情感特征、句式特征、语义特征等作为依据，进行五级情感分类，准确率达到了 82.4%。

引入特殊模型的文本情感分析方法主要基于深度学习的方法，其实是机器学习方法中的一个子集，因为其综合了多领域的知识，将多层神经网络运用于学习中，解决了以往机器学习难以解决的许多问题，所以常被人单独作为一种方法讨论。目前常用的模型包括 CNN、循环神经网络、LSTM、注意力机制等[4]。

二 研究路径

根据上述分析，可以总结出常用的文本情感分析研究路径如图 10-2 所示。

文本数据来源主要有社交网络、电商评论、新闻评论、书籍文本等，其中数据量最庞大、涉及人群最广的当数社交网络；文本数据处理过程包括分词、去无用词、统一数据类型等，要实现尽可能准确的分析，需要在前期对数据进行精细的清洗工作；最后为了得

---

[1] 赵妍妍、秦兵、石秋慧、刘挺：《大规模情感词典的构建及其在情感分类中的应用》，《中文信息学报》2017 年第 2 期。

[2] 邱全磊、崔宗敏、喻静：《基于表情和语气的情感词典用于弹幕情感分析》，《计算机技术与发展》2020 年第 8 期。

[3] 杨爽、陈芬：《基于 SVM 多特征融合的微博情感多级分类研究》，《数据分析与知识发现》2017 年第 2 期。

[4] CNN，是指卷积神经网络（Convolutional Neural Networks）；LSTM，是指长短期记忆模型（Long-Short Term Memory），均为常见的深度学习算法。

到有实际社会价值的结论,可以对于情感分析结果进行一系列可视化分析,包括情感主题词可视分析、情感关联可视分析、情感演变可视分析、情感时空分布可视分析等。

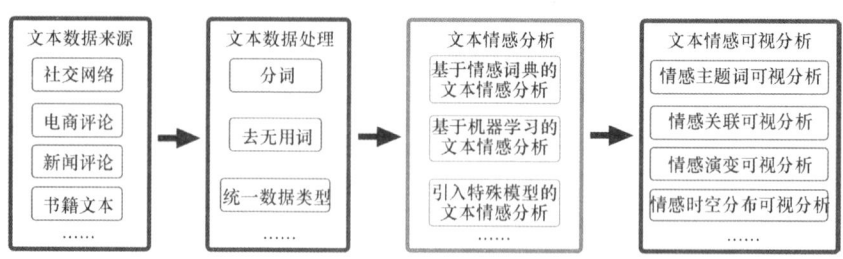

图10-2 文本情感分析研究路径

三 研究案例

国际上情感计算研究和应用历史相对更久,通过对社交媒体上产生的大数据进行文本情感分析,在公共卫生领域、城市基础设施满意度、舆情监督等方面已经有了不少研究成果。例如,CHOI 等通过文本情感计算研究了澳门旅游形象,并验证了文本分析方法在定量研究上的有效性。[①] Radojevic 等分析了欧洲6000家酒店的200多万条在线评论数据,发现评论能有效反映用户对酒店的满意度,比评分值更有效率。[②]

除传统的文本、音频、视频等输入信号外,社交媒体上发布的许多内容还带有地理位置信息,将文本情感分析与地理信息相结合,或许可以更好地反映情感与现实空间的关联。国外有部分学者以 Twitter 为数据来源,进行了文本情感分析与 GIS 相结合的英文研究。来自佐治亚大学的 Yang 等设计了一套程序自动检测 Twitter 上的抑郁用户,并利用 GIS 技术分析抑郁用户的空间模式,这个研究

[①] Choi, X. Y. Lehto and A. M. Morrison, "Destination Image Representation on the Web: Content Analysis of Macau Travel Related Websites", *Tourism Management*, Vol. 28, No. 1, 2007, pp. 118–129.

[②] Radojevic, N. Stanisic and N. Stanic, "Ensuring Positive Feedback: Factors that Influence Customer Satisfaction in the Contemporary Hospitality Industry", *Tourism Management*, Vol. 51, 2015, pp. 13–21.

将 GIS 方法应用于社交媒体数据，为公共卫生研究提供了新视角。[1]

在另一项研究中，Anna Kovacs-Györi 等使用 Twitter 数据关注市民访问伦敦市公园的时空模式和情绪，以低成本高效率的方法调查了全市所有公园情况，并总结出了市民对公园的情感变化、访问公园的几种范式。[2] 这项研究启发我们，相比考察整个城市的所有空间，合理选取城市中的若干地理位置，可以得出更有代表性的结论。

哈佛大学 Cao 等通过对马萨诸塞州 26060 名活跃用户发布的 880937 条推文进行文本情感分析，结合推文的时间与地理空间信息，采用多元线性混合效应模型量化土地利用类型以及发布时间对情感值变化的影响。[3] 研究结果显示，该州用户的情感具有明显的时空模式分布。较高的情感得分主要出现在商业区和公共区域，时间主要是中午、晚上以及周末。这项研究说明了使用社交媒体文本情感分析与 GIS 结合，了解城市市民幸福感是可行的。

目前国内对于文本情感分析的算法和模型研究已经走在了国际前沿，但将文本情感分析与 GIS 分析结合，应用于具体城市市民幸福感分析的研究还相对较少。武汉大学的研究团队通过非假日与假日的共两周发布的 345 万条微博探索了城市微博情感的空间分布特征，并分析了时空域中的热点冷点模式及趋势。[4] 研究发现进行个体微博的情感地理可视化时，无明显特征；而在进行中等城市情感分布可视化时发现，不同城市的幸福指数的空间分布是不均匀的，存在明显的空间差异。该研究启示我们，应将研究尺度从个体转变为群体，且在已知全国不同城市存在幸福感差异的背景下，可以再探索城市内部是否存在此种空间分布差异。

---

[1] Yang and L. Mu, "GIS Analysis of Depression among Twitter Users", *Applied Geography* (*Sevenoaks*), Vol. 60, 2015, pp. 217–223.

[2] Kovacs-Györi, et al., "Beyond Spatial Proximity—Classifying Parks and Their Visitors in London Based on Spatiotemporal and Sentiment Analysis of Twitter Data", *ISPRS International Journal of Geo-information*, Vol. 7, No. 9, 2018, p. 378.

[3] Cao, et al., "Using Twitter to Better Understand the Spatiotemporal Patterns of Public Sentiment: A Case Study in Massachusetts, USA", *International Journal of Environmental Research and Public Health*, Vol. 15, No. 2, 2018.

[4] 王海起等：《利用中文微博数据的地理情感特征挖掘》，《武汉大学学报》（信息科学版）2020 年第 5 期。

第三节 技术路线图

本章的技术路线图详见图 10-3。

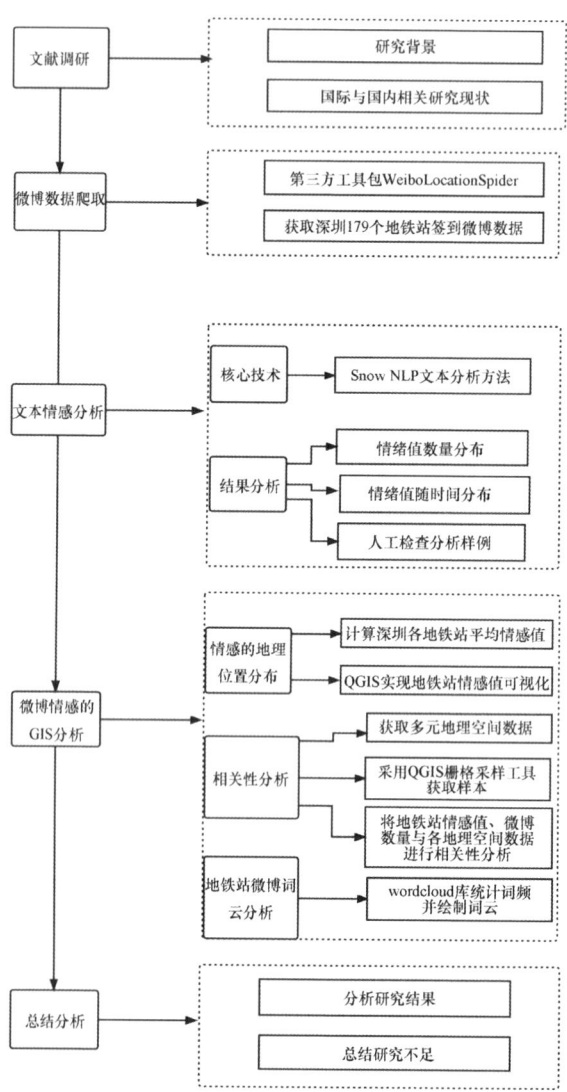

图 10-3 深圳地铁站微博情感分析的技术路线

第四节 数据爬取

一 第三方工具：WeiboLocationSpider

由于新浪微博 API 提供的位置搜索接口已归入商业数据接口，不再免费向个人用户免费开放，故本研究寻找了第三方工具包 WeiboLocationSpider 作为数据爬取工具[①]。该工具包基于 Python 开发，根据输入的地点关键词，可自动爬取在该地点打卡发布的最新微博 1000—3000 条。

首先，我们获取了 2020 年深圳市地铁站的 Shapefile 文件。该 Shapefile 文件中的属性表包含地铁站名称字段。将属性表导出为 csv 文件，即可获得 179 个地铁站的名称信息。

其次，依次把各个地铁站名称作为关键词进行爬取。经过对微博签到关键词的观察，为排除非地铁站的同名地点，在地铁站名后分别添加"（地铁站）""［地铁站］""地铁站"三个后缀进行检索。如"下梅林"站，分别以"下梅林（地铁站）""下梅林［地铁站］""下梅林地铁站"进行检索，并将结果合并得到下梅林地铁站的微博数据。

本研究所用数据爬取时间为 2022 年 5 月 8 日 08：30—2022 年 5 月 9 日 06：00，共计 287044 条数据，其中"人民南"和"怡海"两个地铁站未爬取到数据。由于此工具获取到的微博数据是截至爬取时间最新的 1000—3000 条，故各个站点的微博数据条数和时间跨度上略有差异，主要与站点的微博签到数量有关。例如，"皇岗村"地铁站共抓取到 982 条数据，时间跨度为 2022 年 5 月 4 日—2022 年 5 月 8 日；"上水径"地铁站共抓取到 1819 条数据，时间跨度为 2018 年 10 月 1 日—2022 年 5 月 8 日。

---

① BuyiXiao：《【稳定可用 | 2022 最新】微博超级爬虫》，https：//buyixiao.github.io/blog/weibo-super—spider.html，2022 - 07 - 24。

二 数据样例

如图 10-4 所示，为爬取并合并后得到的 csv 数据样例。元数据包含了 id（mid）、用户名（user_name）、用户主页链接（user_link）、微博链接（weibo_link）、发布时间（publish_time）、文本内容（content）、图片链接（image_urls）、转发数（forward_num）、评论数（comment_num）、点赞数（like_num）、设备类型（phone_type），另加上搜索时使用的关键字（keyword）和代表的地铁站名（station），共计 13 个字段。其中的文本内容（content）字段即用户发布微博时编辑的文案内容，后续情感计算主要基于这一字段。

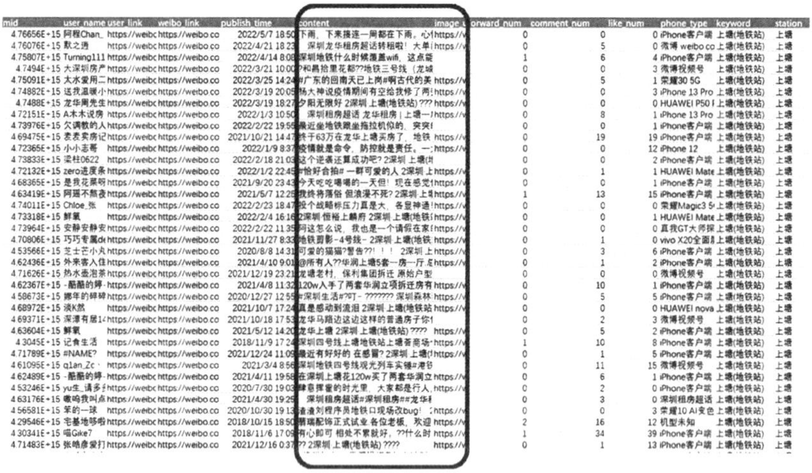

mid	user_name	user_link	weibo_link	publish_time	content	image_u	forward_num	comment_num	like_num	phone_type	keyword	station
4.76656E+15	阿程Chan_	https://weibc	https://weibo.co	2022/5/7 18:50	下雨。下来接连一周都在下雨。心f	https://v	0	0	0	iPhone客户端	上塘(地铁站)	上塘
4.76076E+15	默之过	https://weibc	https://weibo.co	2022/4/21 18:23	深圳龙华租房超话转租啦！大单i	https://v	0	5	0	微博 weibo co	上塘(地铁站)	上塘
4.75807E+15	Turning111	https://weibc	https://weibo.co	2022/4/14 8:08	深圳地铁什么时候覆盖wifi，这点能		1	6	4	iPhone客户端	上塘(地铁站)	上塘
4.7494E+15	大深圳房产	https://weibc	https://weibo.co	2022/3/21 10:00	?和昌拾里花都??地铁三号线（龙城		0	0	3	微博视频号	上塘(地铁站)	上塘
4.75091E+15	大水爱用二	https://weibc	https://weibo.co	2022/3/25 14:24	#广东的回南天已上岗#啊古代的美	https://v	0	5	1	荣耀30 5G	上塘(地铁站)	上塘
4.74882E+15	送我温暖小	https://weibc	https://weibo.co	2022/3/19 20:05	杨大神说疫情期间有空给我修了两	https://v	0	0	3	iPhone 13 Pro	上塘(地铁站)	上塘
4.7488E+15	龙华周先生	https://weibc	https://weibo.co	2022/3/19 18:27	夕阳无限好 2深圳 上塘(地铁站) ???	https://v	0	0	0	HUAWEI P50	上塘(地铁站)	上塘
4.72151E+15	A木木说房	https://weibc	https://weibo.co	2022/1/3 10:50	深圳租房超话 龙华租房丨上塘一	https://v	0	8	1	iPhone 13 Pro	上塘(地铁站)	上塘
4.73976E+15	欠调教的人	https://weibc	https://weibo.co	2022/2/22 19:55	最近坐地铁跟坐拖拉机似的，突突		0	0	1	iPhone客户端	上塘(地铁站)	上塘
4.69475E+15	袁袁卖房记	https://weibc	https://weibo.co	2021/10/21 14:47	终于63万在龙华上塘买房了，地铁	https://v	0	19	19	iPhone客户端	上塘(地铁站)	上塘
4.72365E+15	小小志哥	https://weibc	https://weibo.co	2022/1/9 8:37	疫情就是命令，防控就是责任。一	https://v	0	0	12	iPhone 12	上塘(地铁站)	上塘
4.73833E+15	梁柱0622	https://weibc	https://weibo.co	2022/2/18 21:03	这个逆袭还算成功吧？2深圳 上塘(		0	0	2	iPhone客户端	上塘(地铁站)	上塘
4.72132E+15	zero进度条	https://weibc	https://weibo.co	2022/1/2 22:45	#恰好合拍# 一群可爱的人 2深圳 上	https://v	0	1	1	HUAWEI Mate	上塘(地铁站)	上塘
4.68365E+15	是我花菜呀	https://weibc	https://weibo.co	2021/9/20 23:43	今天吃吃喝喝的一天但！现在感觉	https://v	0	0	1	iPhone客户端	上塘(地铁站)	上塘
4.63419E+15	阿猫不熬夜	https://weibc	https://weibo.co	2021/5/7 12:25	我终将落俗 但浪漫不死？2深圳 上	https://v	1	13	15	iPhone客户端	上塘(地铁站)	上塘
4.74011E+15	Chloe_张	https://weibc	https://weibo.co	2022/2/23 18:47	投个战略标压力真是大，各显神通！	https://v	0	0	0	荣耀Magic3 5	上塘(地铁站)	上塘
4.73318E+15	鲜氧	https://weibc	https://weibo.co	2022/2/4 16:16	2深圳 恒裕上麟府 2深圳 上塘(地铁	https://v	0	0	1	HUAWEI Mate	上塘(地铁站)	上塘
4.73964E+15	安静安静安	https://weibc	https://weibo.co	2022/2/22 11:35	阿这怎么说，我也是一个请假在家	https://v	0	0	0	真我GT大师探	上塘(地铁站)	上塘
4.70806E+15	巧巧专属de	https://weibc	https://weibo.co	2021/11/27 8:33	地铁剪影-4号线- 2深圳 上塘(地铁	https://v	0	1	0	vivo X20全面	上塘(地铁站)	上塘
4.53566E+15	芝士芒小丸	https://weibc	https://weibo.co	2020/8/8 14:31	可爱的猫猫?警告??！！！ 2深圳 上	https://v	0	3	6	iPhone客户端	上塘(地铁站)	上塘
4.62436E+15	外来客入住	https://weibc	https://weibo.co	2021/4/10 9:01	@所有人??华润上塘5套一房一厅	https://v	0	1	2	iPhone客户端	上塘(地铁站)	上塘
4.71626E+15	热水壶泡茶	https://weibc	https://weibo.co	2021/12/19 23:21	龙塘老村，保利集团拆迁 原始户型		0	0	0	微博视频号	上塘(地铁站)	上塘
4.62367E+15	-酷酷的脾-	https://weibc	https://weibo.co	2021/4/8 11:32	120w入手了两套华润立项拆迁房有	https://v	0	10	1	iPhone客户端	上塘(地铁站)	上塘
4.58673E+15	娜年的碎碎	https://weibc	https://weibo.co	2020/12/27 12:55	#深圳生活#?叮 - ??????? 深圳森林	https://v	0	5	5	iPhone客户端	上塘(地铁站)	上塘
4.68972E+15	淡K然	https://weibc	https://weibo.co	2021/10/7 17:24	真是感动到流泪 2深圳 上塘(地铁站	https://v	0	0	0	HUAWEI nova	上塘(地铁站)	上塘
4.69371E+15	深漂有居1	https://weibc	https://weibo.co	2021/10/18 17:53	龙华马路边这边这样的普通房子你		0	2	3	微博视频号	上塘(地铁站)	上塘
4.63604E+15	鲜氧	https://weibc	https://weibo.co	2021/5/12 14:20	龙华上塘 2深圳 上塘(地铁站) ????	https://v	0	5	2	iPhone客户端	上塘(地铁站)	上塘
4.3045E+15	记食生活	https://weibc	https://weibo.co	2018/11/9 17:24	深圳四号线上塘地铁站上塘荟商场	https://v	1	10	8	iPhone客户端	上塘(地铁站)	上塘
4.71789E+15	#NAME?	https://weibc	https://weibo.co	2021/12/24 11:09	最近有好好的 在感冒？2深圳 上塘(	https://v	0	1	5	iPhone客户端	上塘(地铁站)	上塘
4.61095E+15	qlan_Zc ·	https://weibc	https://weibo.co	2021/3/4 8:56	深圳地铁四号线观光列车实锤#港铁		0	11	15	微博视频号	上塘(地铁站)	上塘
4.62489E+15	-酷酷的脾-	https://weibc	https://weibo.co	2021/4/11 19:58	在深圳上塘花120w买了两套华润立	https://v	0	6	1	iPhone客户端	上塘(地铁站)	上塘
4.53246E+15	yu生_请多	https://weibc	https://weibo.co	2020/7/30 19:03	肆意挥霍的时光里，大家都是行人，	https://v	0	2	0	iPhone客户端	上塘(地铁站)	上塘
4.63176E+15	嗷呜我叫点	https://weibc	https://weibo.co	2021/4/30 19:25	深圳租房超话#深圳租房##龙华		0	3	0	深圳租房超话	上塘(地铁站)	上塘
4.56581E+15	笨的一球	https://weibc	https://weibo.co	2020/10/30 19:13	渣渣刘程序员地铁口现场改bug！	https://v	0	0	3	荣耀10 AI变色	上塘(地铁站)	上塘
4.29546E+15	宅基地哆啦	https://weibc	https://weibo.co	2018/10/15 18:50	晴瑞配饰正式试业 各位老板，欢迎	https://v	2	16	12	机型未知	上塘(地铁站)	上塘
4.30341E+15	喵Gike7	https://weibc	https://weibo.co	2018/11/6 17:09	有心即可 相处不累就好，??什么时	https://v	1	34	39	iPhone客户端	上塘(地铁站)	上塘
4.71483E+15	张皓彦爱打	https://weibc	https://weibo.co	2021/12/16 0:37	?? 2深圳 上塘(地铁站) ????	https://v	0	1	13	iPhone客户端	上塘(地铁站)	上塘

图 10-4 爬取后整理得到的数据样例

第五节 情感计算和分析

一 工具介绍

目前存在的自然语言处理库大部分都是基于英文进行文本分析的，而 Snow NLP 正是受到了 TextBlob 的启发，而写出的一个 Python 中专门用于处理中文文本的类库，具有非常丰富的功能。它可以实现包括中文分词、词性标注、情感分析、提取文本关键词、提取文本摘要以及计算文本相似度等多种功能。使用 Snow NLP 对文本进行情感分析是通过情感词典这一方式实现的。通过查看与分析其源码可以得知，它的整个情感判断过程主要包含了以下几个步骤：首先，读取分类好的文本内容，对待分析的文本进行分词，并去除当中的停用词；其次，计算每个词在其中出现的频数，同时计算文本的先验概率和后验概率，选择概率较大的类别；最终，会输出一个取值范围在 0—1 的情感分数值。

本章通过 Snow NLP 对爬取到的微博内容进行情绪分析；以 0.50 为分界线，将获得的情感分数值大于 0.500 的微博当作发帖人对自己正面情绪的表达，反之，小于 0.500 的视作表达负面情绪。

二 分析样例

通过人工比对 Snow NLP 获得的情绪值，发现该工具可以较为准确地判断出微博文本的情绪正负面。带有强烈语气的一些微博内容在分析中获得了完全的 1 或者 0 得分，比如：

文本"今日小惊喜??！心怡给欧尼买了冰墩墩和雪容融真的好可爱!!!!!! 后脑勺也冒泡得可爱！"在分析中获得了 1.000 的正面情绪。

文本"是抖音要逼我们广大用户卸载吗？太恶心了#抖音##抖音平台被行政处罚##抖音乱处罚##抖音人工摆设#凭什么乱处罚????凭什么申诉秒通过失败????怎么人家花钱就可以给解除处罚???是变相坑用户的钱吗？一搜抖音吐槽全是乱封乱处罚然后一堆收费解除的@抖音"在分析中获得了 0.000 的完全负面情绪。

此外，其他的、在全部数据中占据了大部分的并没有很强烈表达情绪的语句在分析中也得到了相应正确的情绪值，比如：文本"月初放松的日子早上睡到十点自然醒吃了午餐，午睡到四点半月底的疲惫一扫而空五月加油"的情绪值为 0.8513，从句子中我们也可以感受到发帖者想要传达的是一个相对积极但也不是完全正面的情绪，它获得的分数值可以较好地描述其中传递的情绪；文本"最近的状态真的有点疲惫，提不起劲儿"偏向于负面，得分为

0.2203，比较符合。

但同时，我们也发现该类库对其中小部分的微博内容不能得到一个完全正确的情绪倾向分数。比如，一条微博内容为"关于我五一假期干的那些饭我可以改行去当美食达人了"的文本获得了0.24的负面情绪值，但事实上它应该是属于比较客观的内容；还有一条"终于可以休息一下下明天肥去找我家培宝"的文本获得了一个极低的0.02的负面情绪值，但是我们可以直观地发现文本中的"肥"字本来应该为"飞"字，尽管前半句带有一些消极倾向，但其实还算是一条表达正面情绪的句子。

造成情绪值分析出现误差的可能有以下2个方面：(1) 因为本次研究只是对Snownlp库的基本使用，通过情感打分和设置梯度来简单地判断微博文本的情感，并没有在其之外构建该领域特有的语料库。如果在分析前构建详细的专属语料库，替换原来的默认语料库，那么最终结果的准确率可以相对地提高很多；(2) 该方法对文本的处理只是过滤掉了其中存在的其他字符，提取出了中文进行分析，这也可能会导致分析错误。

三　分析结果

最终获得的情绪分析值在数值方面的分布情况如图10-5所示。

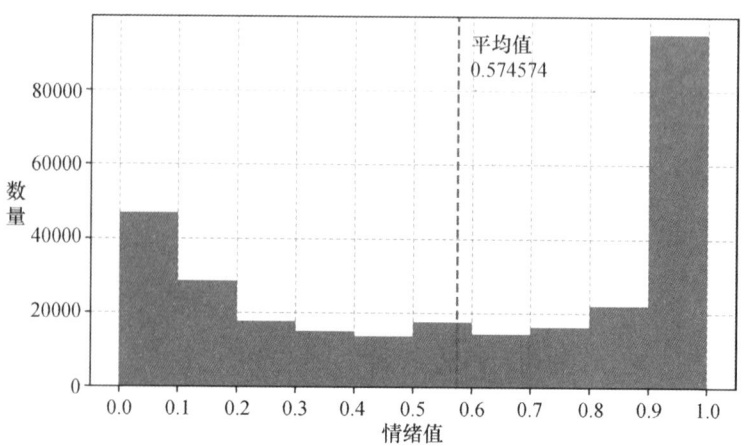

图10-5　深圳地铁站情绪分析值的数值分布

从图 10-5 可以看出，所有文本的情绪平均值为 0.575，是一个正面的情绪。在总体上，传递积极情绪的微博数量在全部微博数中占比相较于消极情绪会更多一些，在全部数据中占了 58%（见图 10-6）。与此同时，情绪值在 0.9—1.0 范围区间内的微博文本数量是最多的。这与我们原先预想的情绪值是比较符合的；有研究表明，有习惯在以此次数据的来源微博为例的各种公共平台发表自己看法和分享自己生活的人，比较倾向于表达出自己倾向于正面的情绪。

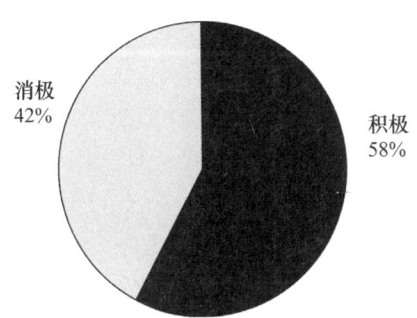

图 10-6 深圳地铁站情绪的消极与积极整体分布

在此基础上，针对获得的所有情绪分析值按照星期的方式进行平均处理，得到一周中每天的情绪均值情况，结果如图 10-7 所示。我们可以清晰地发现，深圳微博用户在周五的时候情绪均值达到了 0.6014 分，为一周中最积极正面的日子，在周末情绪均值有所下降，在周一至周三情绪均值更是显著地降低，于周三迎来了微博情绪的最低谷 0.5618 分。由此，我们可以合理地推测深圳微博用户的情绪在很大程度上受到了工作日和休息日的影响：由于周一是开始工作的日子，情绪均值相对于其他时间会偏低，而在经历了两天工作后还要接着工作几天的周三，情绪均值便达到了一周最低值。此外，人们在迎接休息的周五普遍表现出快乐、兴奋的情绪，而在真正的周末由于加班、日常琐事或者即将又要进入工作中等各种因素的影响，相较于周五情绪均值降低。

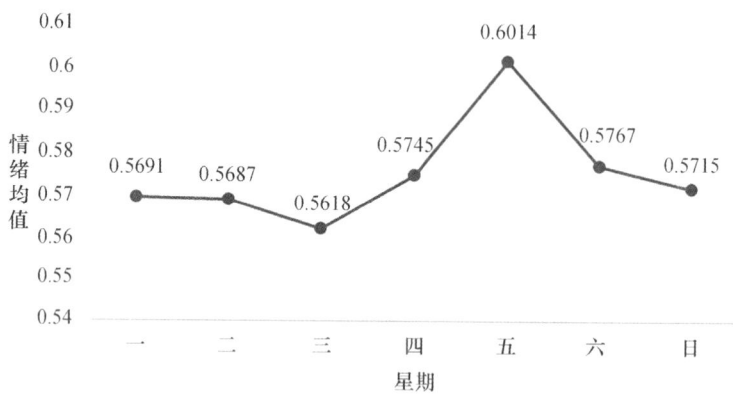

图 10-7 深圳地铁站情绪值随星期变化

最后,再根据微博发布的具体时间段对获得的情绪分析值进行一个每小时为分析单元的平均值计算,得到一天中 24 小时时间段内每个小时对应的平均情绪值。由结果分布可知,深圳微博用户在不同时间段内发帖的情绪具有较为明显的差别和特征。在 5—6 点和 9—10 点这两个时间段中,发帖人的情绪是最积极、正面的,高于 0.600;而在 11—12 点和 19—20 点的两个时间段帖人的情绪则是最消极的。这在一定程度上也验证了上文针对工作与休息对微博情绪造成直接影响的推测:经过了疲惫的上午和下午上班时间后的 11—12 点和 19—20 点,深圳微博用户表达出的情绪相较于其他时间会偏负面一些(详见图 10-8)。

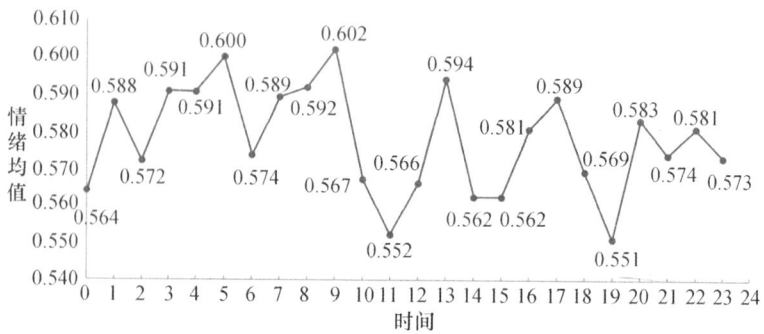

图 10-8 深圳地铁站情绪值随时间变化

第六节 情感的地理特征

微博签到数据除了文本所包含的信息价值,还有其坐标位置包含的地理空间价值。将文本的情感状态反映到深圳城市空间中,可以从空间维度分析情感的影响因素。

一 情感的位置分布

如图10-9所示,计算得到所有微博的情感值后,将微博按照地铁站分组,并计算出每个地铁站的平均情感值。将得到的csv文件通过QGIS导入地图中,每一个地铁站的平均情感值及相关信息也被一同载入地铁站空间点要素的属性表中。利用QGIS的数据驱动样式和分级可视化,可将每个地铁站点的样式与其属性值大小关联,从而呈现出不同维度的信息。

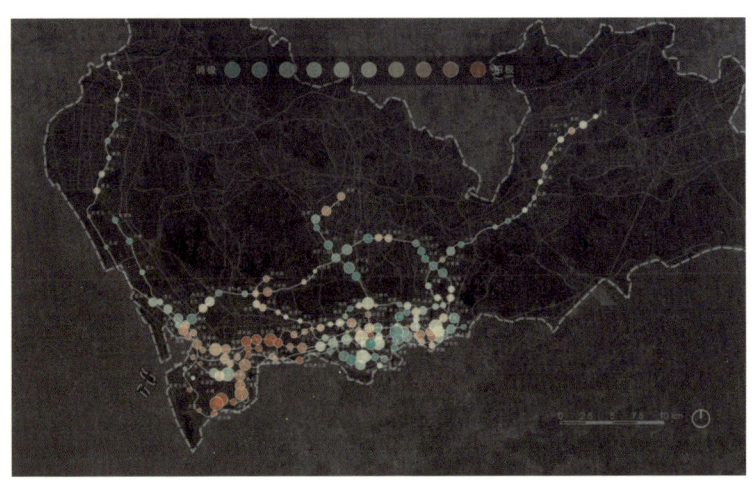

图10-9 深圳地铁站微博情感空间分布

图中的圆圈代表深圳市177个地铁站(2020年,已除去两个没有数据的地铁站)的位置,圆圈的颜色与该地铁站的平均情感值相关,越接近绿色代表越消极,越接近红色代表越积极,浅黄色则表明情感值较为中立;圆圈的半径与爬取到的该地铁站的微博数量相关,圆圈半径越大表明该在地铁站发布微博的数量越多,人流量越大。

消极与积极的情感在空间上的分布差异明显。最小值为0.440,最大值为0.940,说明总体上各地铁站情感倾向是偏于积极的。

平均情感值最高的地铁站是"机场北"站,情感值为0.940。最密集的情感积极区位于西南部的蛇口、深圳湾公园一带;在福田区众多的情感消极地铁站点之中,围绕着市民中心这一情感积极的地铁站点呈现了散点分布。在离市中心相对较远的地铁站中,东北侧龙岗区3号线末端几个地铁站情感略偏积极。

平均情感值最低的地铁站是"机场东"站,情感值为0.440,严格地讲这属于较为中间的情感倾向,但本章仍做相对的"消极"看待。情感消极的地铁站主要集中在福田区尤其是靠近香港一带,在深圳北站附近的几个地铁站中也有较多的消极情感分布。此外,5号线上水径到百鸽笼(包括深圳东站在内)连续几个地铁站情感倾向较为消极。

总而言之,深圳市各地铁站的平均情感值大体上呈现西部积极东部消极的分布情况,其中形成了诸如深圳湾公园、龙岗区段2个情感积极区和福田区、深圳北站、深圳东站3个情感消极区。

二 微博情感与空间因素的相关性分析

对深圳市各地铁站的平均情感空间分布有了大致了解之后,我们希望进一步探讨影响各地铁站平均情感值的社会、经济、环境等因素。从经验上判断,情感值似乎与城市环境、公园绿化等城市宜居要素相关,或者与人流量反映的拥挤程度相关。为了验证我们的猜想,需要寻找多源的地理空间数据来进行分析。

考虑到对在地铁站的深圳市民情感的空间分布的影响因素,我们从区位特征、空间品质、社会经济三个维度出发,兼顾数据的可获取性,共选择了10种相应的地理空间数据。反映地铁站区位特征的数据包括:到公园距离、到办公楼距离、附近建筑规模;反映地铁站周边城市空间品质的数据包括：步行指数、人口密度；反映地铁站附近社会经济水平的数据包括碳排放（化石燃料燃烧）、房价、GDP、土地地价（商业）、土地地价（住宅）。

以下是各个空间数据的获取来源及处理过程。

到公园距离：公园位置数据来自 OpenStreetMap（简称 OSM 地图）。搜索并下载 OSM 地图的 leisure 类要素（包括公园 POI 点、AOI 面），计算各地铁站点到达最近 leisure 要素的欧氏距离，得到各站点到最近公园距离的栅格数据。

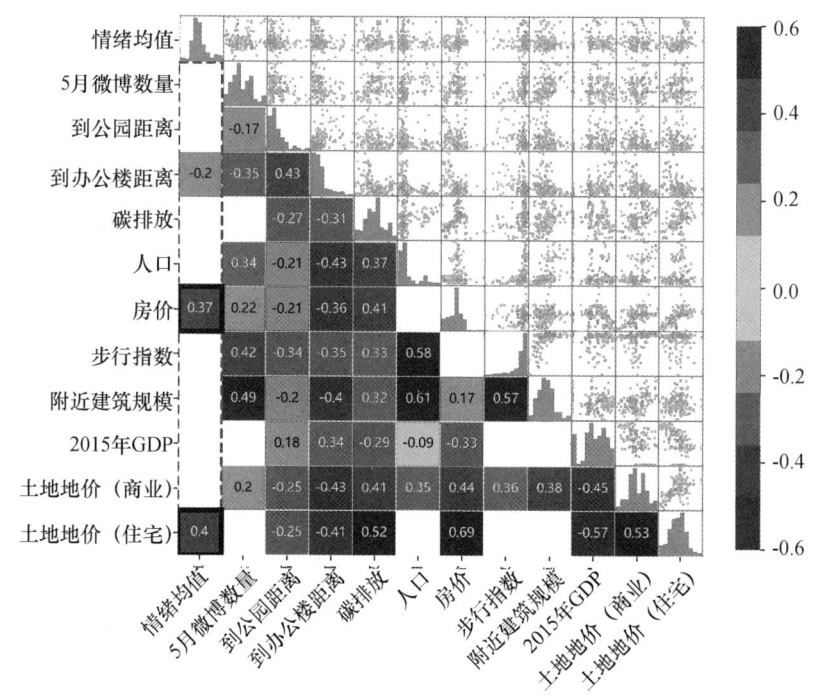

图 10-10　微博情感与空间因素相关性分析矩阵

到办公楼距离：办公楼位置数据来自 OpenStreetMap。搜索并下载 OSM 地图的 office 类要素（包括办公楼 POI 点、AOI 面），计算各地铁站点到达最近 office 要素的欧氏距离，得到各站点到最近办公楼距离的栅格数据。

附近建筑规模：深圳市建筑轮廓数据来自百度地图，是带有建筑楼层数字段的 ShapeFile 文件。在此数据的基础上，以各地铁站点画半径 500 米的缓冲区，计算缓冲区内所有建筑面积（建筑轮廓面积乘以建筑层数）的总和，作为该地铁站点的附近建筑规模指标。

步行指数：来自 BCL 北京城市实验室，为各城市道路的线状矢量数据。[1] 在此数据的基础上，以各地铁站点画半径 500 米的缓冲区，计算缓冲区内所有道路的步行指数均值，作为该地铁站点的步行指数。

人口密度：来自 WorldPop 的人口栅格数据，[2] 数据时间为 2020 年，下载后为空间分辨率 1km 的栅格数据。

碳排放（化石燃料燃烧）：来自全球环境研究中心的 ODIAC 化石燃料排放数据集，年份为 2017 年，下载后是空间分辨率 1km 的栅格数据。

深圳房价：来自 CSDN 用户共享数据，为带坐标的 csv 文件。在此数据基础之上，利用反距离权重法插值，得到 500 米分辨率的栅格数据。

GDP 空间分布：来自中科院资源环境科学与数据中心，数据时间为 2015 年，为空间分辨率 1km 的栅格。

土地地价（商业）：爬取自中国地价信息服务平台（https://www.landvalue.com.cn/Home），是最新的 2022 年数据。数据类型为带坐标的 csv 文件，利用反距离权重法插值成空间分辨率 500 米的栅格。

土地地价（住宅）：爬取自中国地价信息服务平台，是最新的 2022 年数据。数据类型为带坐标的 csv 文件，利用反距离权重法插值成空间分辨率 500 米的栅格。

对于上述栅格类型的数据，用 QGIS 的栅格采样工具，将 177 个地铁站点对应的各个栅格值提取到地铁站点 shp 的属性表中；对于

---

[1] 龙瀛等：《中国主要城市街道步行指数的大规模测度》，《新建筑》2018 年第 3 期。

[2] Tomohiro Oda, Shamil Maksyutov (2015), ODIAC Fossil Fuel CO2 Emissions Dataset ODIAC2017, Center for Global Environmental Research, National Institute for Environmental Studies.

矢量类型的数据，使用连接工具将计算出的属性值按照地铁站名连接到地铁站点的属性表中。由此得到 177 个地铁站点情感平均值及其空间要素值的样本。获得样本后，把地铁站平均情感值以及 5 月以后的微博数量分别与 10 个地理空间要素做相关性分析。由于所有要素均为定距变量，且除了碳排放、土地地价的数据外均不满足正态分布，故采用斯皮尔曼系数计算相关性，排除 $p \geqslant 0.05$ 的值，得到相关性矩阵如图 10-10 所示。

与经验判断不同，情感均值与房价和住宅用地的地价有中度相关性，而与步行指数、到公园距离等反映人居环境的因素未发现相关性。将房价、住宅用地地价信息以热力图的形式叠加到地铁站点图层下，可以看到二者的大致空间关系（如图 10-11、图 10-12）。

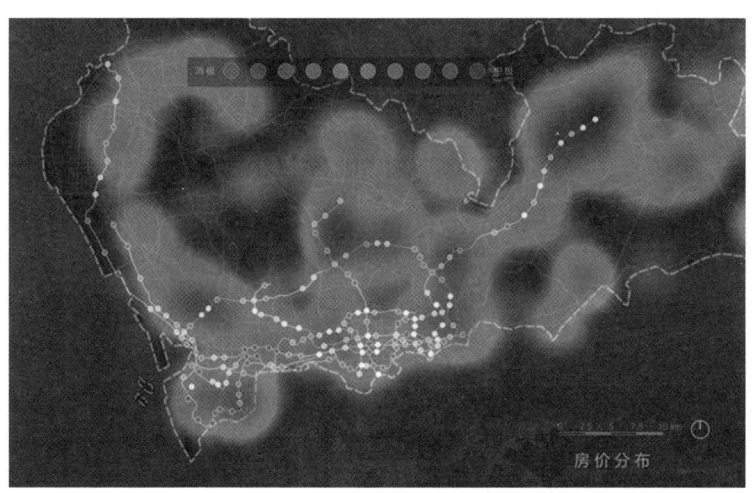

图 10-11 地铁站微博情感与房价空间关系

房价和住宅用地地价反映的是社会地位、收入水平等经济方面的特征，这似乎印证了经济条件对人的心理状态的影响——人的情感世界的贫富与现实世界的贫富是相通的。当然，要严谨地判断情感值与社会地位、收入水平是否有相关性甚至因果性，还需要进一步获取这方面的空间数据甚至设计心理学实验来收集证据来佐证。

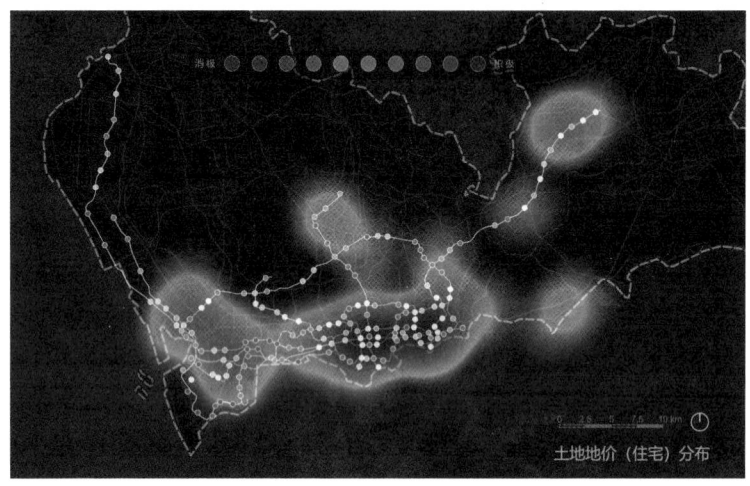

图 10-12　地铁站微博情感与土地地价（住宅）空间关系

从另一个角度看，房价和住宅用地地价也反映了一个深圳城市的区位优势、环境品质，越高档的住宅区，其周边配套设施与环境往往与之相配，于是地铁站及其附近城市空间品质自然略胜一筹。要验证这方面的推测，还需对深圳各地铁站周边的城市环境、基础设施等进行更客观的量化评估。

另外值得注意的是，本研究存在的覆盖误差可能也是导致房价等因素成为地铁站情感值影响因素的原因之一。因为在地铁站发布微博的人，可能更多的是城市白领以上的社会阶层，他们的经济条件本就在深圳全市人群的社会经济地位上处于较高位置。要获得更全面的代表性数据，探寻更具普适性的规律，需要能够覆盖全市的微博商业位置数据的支持。

第七节　词云分析

词云，顾名思义即将文本数据进行分词，统计各个词语出现的次数，然后根据词语出现次数来设置不同显示格式，如大小或颜色等。从而使读者能够快速准确了解文本主要内容和文章主旨。这种表现形式也在各种行业报告中得到广泛应用。所以我们接下来进行词云分析,一方面使得报告更加生动形象,另一方面也可以进一步讨论和验证之前的结果。

词云分析中所用到的工具是 Wordcloud 库,这个库的主要作用就是创建词云,但是由于其设计的功能主要是对英文进行分词,所以对于中文文本还要通过 jieba 库进行分词,然后再进行词云生成。然而初步生成的词云经过观察后发现具有很多无效系统词语,如微博自带的"展开全文、分享图片、深圳地铁站、分享视频"等,严重影响了词云的效果和分析效率。于是采取 stopwords 去除连接词和手动屏蔽部分词语两种方法,如无效地名、无效系统词语、无效字符数字等,最终生成的词云图如图 10 – 13、图 10 – 14、图 10 – 15 和图 10 – 16 所示。

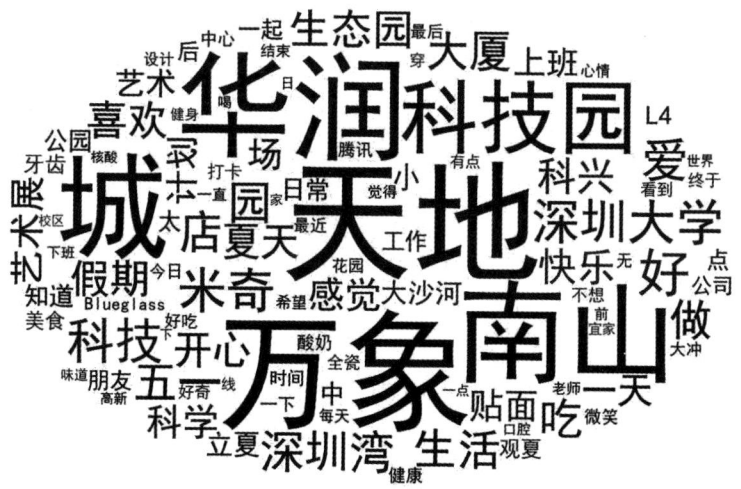

图 10 – 13　地铁站微博情感词词云示意（高新院站）

随后进行了不同情绪值地铁站的词云分析,差异还是比较明显的,在平均情绪比较积极的地铁站附近,词云分析显示相关地区的微博高频词汇除地名以外通常都是一些积极词汇,如"得意""开心""好"等,和情绪分析基本吻合。在平均情绪比较消极的地铁站附近,词云分析显示相关地区微博高频词汇除了地名和一些日常

图 10-14　地铁站微博情感词词云示意（海上世界站）

词汇以外，消极词汇含量有所提升，如"做自己""慢生活""疫情""再见"等，也和情绪分析基本吻合。

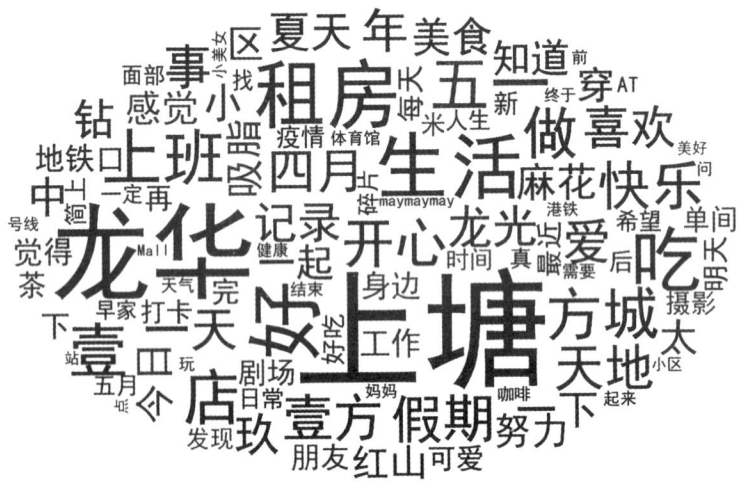

图 10-15　地铁站微博情感词词云示意（上塘站）

综上可以得出结论，不同情绪均值下其高频词汇有所不同，且和日常语言习惯基本吻合，基本符合深圳的实际情况。

图 10-16　地铁站微博情感词词云示意（购物公园站）

小　结

在移动虚拟互联时代，深圳市民的现实生活和网络空间紧密相连，社交媒体为我们提供了调研深圳市民生幸福感的优质数据来源。

评价深圳这座城市的民生幸福感，实际上是评价生活在城市中市民的整体幸福感。在深圳这样巨大的城市里，不同空间的经济、环境、产业类型都有显著差异，地铁站是城市的地理节点，本章试图通过了解不同地铁站市民的微博情绪，来绘制深圳的市民情绪分布，继而获得对深圳城市幸福感的整体可视化。

本章内容是对习近平关于量化范式的重要论述的贯彻与响应："对现代社会科学积累的有益知识体系，运用的模型推演、数量分析等有效手段，我们也可以用，而且应该好好用。"[①] 本章通过对带

---

① 习近平：《在哲学社会科学工作座谈会上的讲话》，《人民日报》2016 年 5 月 19 日第 1 版。

有深圳地铁站位置信息的微博打卡文本数据进行了情绪计算和分析，结合爬取、情感分析、数据可视化等工具，不仅将所得分析值与对应的各种空间因素进行了一个相关性分析，而且也对各个地铁站的文本内容进行了词云分析以对每个站点的情绪值原因有更深刻的理解。

研究结果总结如下。（1）对利用第三方工具 WeiboLocationSpider 进行数据爬取，通过 SnowNLP 进行情绪分析，情感数值在 0—1，以 0.5 为积极消极分界线，经过人工比对进行验证。数据结果表明，带有正面情绪的微博数量略多于负面情绪，平均情绪值为 0.57。（2）微博情绪与房价和土地地价有中度相关性，表明较高的社会地位、良好的收入水平可能会带来更为积极的心理情绪状态。（3）通过词云分析各个地铁站高频词汇，可以看出不同情绪均值下其高频词汇有所不同，且和日常语言习惯基本吻合。

在本次研究中，因为时间等限制，在获取微博信息的时候还没有对广告微博、机器人账号等进行一个严格筛除。同时，使用的情绪分析工具 SnowNLP 本身使用的语料是电商网站评论，当我们用它来分析微博发表内容时，其自带的模型可能容易出现误差导致准确性降低。

基于以下不足，现提出以下两点展望：（1）对爬取到的微博文本进行更加谨慎和细致的数据清洗工作，以获得具有更大参考价值和学术价值的严肃成果；（2）使用更加丰富的自定义语料进行模型训练，使得获取的情感分析值能够更准确地表示博主的真实情绪。

第十一章　深圳市民生幸福领域标杆案例（2012—2022）

优秀的案例经验可以为各大城市的民生幸福探索提供经验范式与参考借鉴，有利于民生幸福实践成果的广泛普及与应用，从而更大程度地造福民众。本章回顾了 2012—2022 年深圳市所进行的民生幸福实践案例，分别从幼有善育、学有优教、劳有厚得、病有良医、老有颐养、住有宜居、弱有众扶等"民生七优"角度选择其中的优秀范式进行经验回顾与分析总结。本章建立了一个案例质量评价框架，案例依据目标针对性、措施聚焦度、做法成熟性、推广借鉴性等四个维度进行选择与纳入。案例分析总结出了深圳市民生幸福建设的先进经验：（1）坚持党的全面领导和以人民为中心的发展思想；（2）处理好政府与市场的关系；（3）凝聚社会力量广泛参与社会民生治理；（4）持续推动民生领域的体系化探索和集成性创新；（5）不断学习与借鉴国内外民生幸福建设优秀经验和大胆尝试。

第一节　深圳市民生幸福的前提保障

可靠的配套制度保障是深圳市实现"民生七优"目标的基础前提，为民生幸福提供了强有力的行动支撑。正因如此，深圳市民生幸福建设工作才能够朝着既定的正确目标坚定前行，并最终取得过程性的良好成效（详见图 11-1）。

一　特区立法：经验探索到立法保障

享有特区立法权是深圳市民生福祉工程的一大特色。自 1992 年

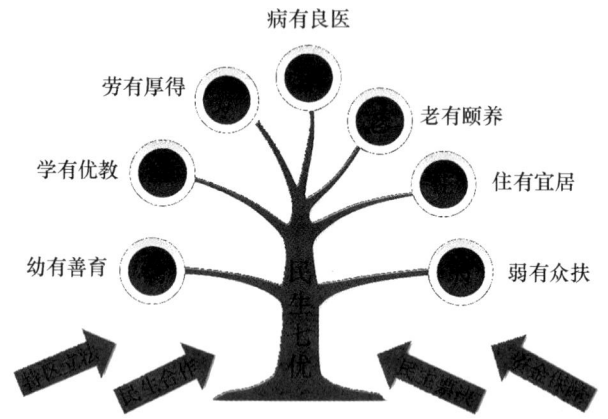

图 11-1　深圳市"民生七优"建设框架

深圳市取得特区立法权以来，深圳市便积极探索、奋进创新，进一步发挥特区立法的变通与创新优势，深植于本地经济社会发展的现实需求，围绕粤港澳大湾区和深圳先行示范区建设目标，加快推进在市场改革、保障民生、城市治理、环境保护等方面的立法工作。匹配我国法律体系、衔接国际惯例、适应自身经济社会发展水平的法规架构在深圳逐步建立[1]。

2019年与2020年，国家层面先后颁布《中共中央、国务院关于支持深圳建设中国特色社会主义先行示范区的意见》与《深圳建设中国特色社会主义先行示范区综合改革试点实施方案（2020—2025年）》，明确支持深圳根据授权对有关立法进行变通修订，赋予了深圳立法以巨大的可探索空间，为法制保障下的深圳先行示范发展注入了强大的动力[2]。

近年来，深圳一直秉承以人民为中心的发展理念，围绕关乎民生福祉的多个领域，制定与完善了特区突发性公共卫生事件、医疗服务、养老保险、职业教育、慈善事业等方面的法律条例，切实通

---

[1] 深法：《发挥立法引领和推动作用建设社会主义先行示范区》，《人民之声》2021年第5期。

[2] 任圳、李舒瑜：《深圳七成法规属先行先试，是全国地方立法最多的城市——200多项法规铺就繁荣发展路》，《人民之声》2020年第9期。

过高质量立法保障与推动城市民生的高效改善，着力形成优质均衡的公共民生服务体系，率先打造民生幸福标杆。

二 民生合作：孤立分散到协同合作

当前，粤港澳三地民生保障都面临一定挑战和问题，需要在推进粤港澳大湾区建设中逐步解决。2019年2月，中共中央、国务院公开发布了《粤港澳大湾区发展规划纲要》，开启了全面推进粤港澳大湾区建设的新篇章。《粤港澳大湾区发展规划纲要》中明确提出，要积极拓展与深化粤港澳大湾区在教育、文化、旅游、社会保障等领域的民生合作，合力建设服务优质、宜居宜业宜游的优质生活圈。

近年来，深圳市一直以积极的态度主动融入粤港澳大湾区的民生幸福建设工程，将服务港澳居民到大湾区内地发展作为工作重点，聚焦大湾区民众重点关心的民生幸福问题，进一步推进粤港澳三地的交流合作，切实增强人民群众的民生获得感、幸福感与安全感[1]。

三 民主票决："为民做主"到"由民做主"

早在2013年，深圳基层人大就率先探索民生实事项目由代表票决产生。2017年，深圳市福田区就在广东省率先实施了民生实事项目人大代表票决制改革，受到了省、市人大高度肯定。2018年，广东省人大常委会办公厅印发《关于确定2018年广东省县乡人大工作创新案例的通知》，确定深圳市福田区的民生实事票决制为全省"县乡人大工作创新案例"。2020年2月，深圳市印发了《深圳市人大常委会关于在深圳市开展民生实事项目人大代表票决制工作的实施意见》，提出了2022年市、区两级全面实施民主票决的工作目标。2021年，深圳市实现了区级人大民生实事票决制全覆盖。

2022年，民生实事票决制度推进至全深圳市范围。在全市人大

---

[1] 何立峰：《深化粤港澳合作推进大湾区建设》，《中国产经》2021年第11期。

代表的差额表决下,完善医疗卫生服务、加大住房保障力度、加强食品药品监督保障、增加优质学位供给、便利市民交通出行、强化少年儿童身心健康、优化供水供电供气服务、促进和扩大就业、提高应急处置能力、充实和丰富市民文体生活等 2022 年深圳市十大民生实事首次由民主票决产生。

以往的传统中,政府往往是民生实事的决定主体,而民生实事票决则是将这一决定权交予了人民群众,由人民群众通过人大决定要政府未来要办哪些实事。这一举措充分体现了"为民做主"向"由民做主"的转变,真正将人民群众对社会民生的所思、所想、所求反映到政府的工作任务中来,将更直接地造福于民。

四 资金保障:兜底供给到财政为民

2017 年,党的十九大报告在原来"民生五有"的基础上增加了"幼有所育""弱有所扶"两项内容,将民生的内涵拓展为"民生七有"。此后每一年,深圳财政围绕"民生七有"的目标均公布了九大类民生支出的数据。

表 11-1　　2017—2021 年深圳市民生支出与财政支出　　(单位:亿元)

年份	2017	2018	2019	2020	2021	5 年总计
财政支出	4593.8	4282.6	4552.7	4178.4	4570.2	22177.7
九大类民生支出	3198	2772	3013	2839	3197.3	15019.3
当年民生支出占财政支出比重	69.62%	64.73%	66.18%	67.94%	69.96%	67.72%

数据来源:深圳市统计局、深圳市财政局;课题组收集整理官方网站报告。

2017—2021 年,深圳九大类民生总支出达 15019.13 亿元,占 5 年深圳地方财政总支出的 67.72%,其间各年度民生支出占财政支出的比重也均在 60% 以上,全面体现了深圳市对民生幸福建设的足够重视,深刻阐述了"财政为民"的本义。

在真金白银的切实投入之下,深圳市凝心聚力,以体贴冷暖的真抓实干,实现了其在教育、医疗、生态等多层面的创新性蝶变,并最终不断地收获当地人民群众幸福的笑脸。

第二节 深圳市民生幸福案例纳入标准

在多重制度的推动保障之下,深圳市民生幸福各个领域取得了显著进展,也总结出了一系列优秀的案例做法。本章依据如下标准进行案例的选取与阐释:

一是目标针对性:案例可归类到"民生七优"中的某一类别,并且聚焦于该项中的某类问题的具体和可持续性的解决。

二是措施成熟度:案例所采取的多项措施是否依据问题进行,并且有相应的具体、系统化的建设思路与配套举措。

三是做法效果性:所涉及的社会民生领域是否因为该举措的实施产生了实质性的成效,例如民众满意度提升、设施服务量增长等。

四是推广借鉴性:案例的各项措施是否有广泛代表性,并值得全国城市在推进民生建设时进行参考学习。

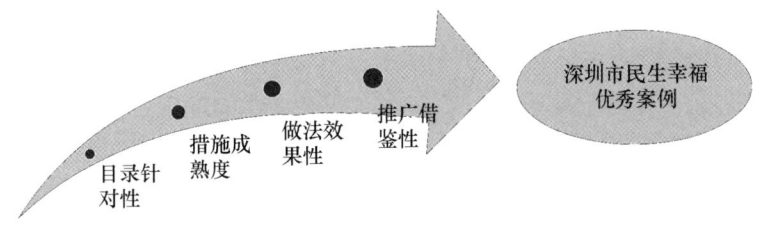

图 11-2 案例选取原则

基于四项标准,本章节选取了深圳在打造民生幸福标杆、构建优质均衡的公共服务体系方面的优秀案例,以期为我国城市民生幸福工程的建设提供参考范本(详见图 11-2)。

第三节 深圳的"幼有善育"

一 义务教育课后服务

开展义务教育阶段学校课后服务,是深入贯彻落实习近平新时代中国特色社会主义思想和党的十九大精神,进一步增强教育服务能力的民生工程,其能够有效缓解家长接送孩子困难问题,同时也可以减轻学生过重的作业负担与校外培训负担。2021年,教育部颁布了《教育部办公厅关于进一步做好义务教育课后服务工作的通知》,随即广东省教育厅也颁布了《广东省教育厅关于进一步做好义务教育校内课后服务工作的通知》,深圳市教育系统立刻开启全面落实义务教育阶段的课后服务工作。

2021年2月,深圳市教育局正式印发《深圳市义务教育阶段学校课后服务实施意见》,规定了学校可以根据各个年级、学段的实际情况,在常规上课日的每天下午放学后开展课后服务。各学校课后服务时段由各学校灵活安排,原则上在正常上课日的下午放学后,开展1—2课时的课后服务项目,其结束时间不超过下午6点。各学校在有效整合校内、外优质教育资源的基础上,开展学生自主作业、自主阅读、自主合作探究与教师答疑等学习活动,或是因地制宜组织到博物馆、少年宫、科技馆、高科技企业等进行参观、学习、训练与体验等活动[1]。此外,2021年深圳市区财政共安排课后服务资金7.39亿元,着力保障义务教育课后服务的有序推进。

在具体执行过程中,深圳市义务教育课后服务工作主要体现了五大亮点:第一,建立了一套市、区、校三级联动的工作制度,从而能够高效有序地推进课后服务工作的多元特色开展;第二,政府统筹、学校主责,将课后服务列入"我为群众办实事"任务清单并加以推进;第三,建立"完成作业+发展兴趣"的新模式,制定了课后服务课程建设与课程实施、流程指引;第四,建立课后服务全

---

[1] 《深圳正式推出中小学免费课后延时服务经费由政府保障》,广东省人民政府网,http://www.gd.gov.cn/gdywdt/dsdt/content/post_3229474.html,2022年8月8日。

流程管理机制，提出了"一无四有"的要求，即家校无缝对接、服务张弛有度、教师指导有方、市场监管有力、出入管理有序；第五，把住课后服务质量关，成立课后服务质量监督小组及公开招标制度，严把课程入口关、过程监管关、质量考核关[1]。

2021年秋季学期，深圳市全部义务教育阶段公、民办学校开展了课后服务，且课后服务时间全部达标，学生参与率达96.48%、教师参与率达91.77%。在对全市117万余名家长的调查中，课后服务工作的总体满意度平均得分为8.67分[2]。2021年6月，深圳市被教育部评选为"义务教育课后服务典型案例单位"。同年7月，深圳市作为全国典型受邀在教育部新闻通气会上分享义务教育课后服务的"深圳经验"[3]。

二 儿童友好城市建设

习近平总书记强调："全社会都要了解少年儿童、尊重少年儿童、关心保护少年儿童、服务少年儿童，为少年儿童提供良好社会环境。"[4] 当前，联合国儿童基金会在全球范围内认证了超过3千个儿童友好型城市和社区，然而其中尚未有中国的身影[5]。

深圳是国内建设儿童友好型城市的先行者。2016年，深圳率先提出了"建设中国第一个儿童友好型城市"的目标。2018年，很早出台了全国首部地方性建设儿童友好型城市行动纲领性文件《深圳市建设儿童友好型城市战略规划（2018—2035年）》，并在其中提出了"建立安全、公平、符合儿童需求、适应深圳城市未来发展目标、具有全球城市人本特征的儿童友好型

---

[1] 深圳市教育局：《城市，因教育更美好｜全国推广！深圳这样打造中小学课后"幸福时光"！》，http://szeb.sz.gov.cn/home/jyxw/jyxw/content/post_9764050.html，2022年8月8日。
[2] 数据来源：课题组收集整理深圳市教育局网站数据。
[3] 姚卓文：《深圳课后服务获教育部推介》，《深圳特区报》2021年7月15日。
[4] 中共中央文献研究室编：《习近平关于青少年和共青团工作论述摘编》，中央文献出版社2017年版，第101页。
[5] 邓辉林：《"儿童友好型城市"增进孩子幸福感》，《深圳特区报》2021年7月30日。

城市"的总目标①。2021年,深圳发布了《关于先行示范打造儿童友好型城市的意见(2021—2025年)》,成为全国首个关于建设儿童友好型城市的地方指导性意见。2022年,深圳发布了《儿童友好公共服务体系建设指南》,成为全国第一个儿童友好城市建设方面的地方标准。在建设过程中,深圳还提出了"从一米的高度看城市"这一理念,了解、尊重、关心与服务少年儿童②,用心、用情促进儿童的健康成长、全面发展。

一直以来,深圳市积极实施儿童优先发展战略。一是顶层设计上,市委多次将建设儿童友好型城市写入全会报告,并纳入市"十三五""十四五"规划纲要、先行示范区行动方案;市妇儿工委牵头统筹推进。二是标准化建设上,深圳出台了2018—2035年战略规划、2018—2020年行动计划、2021—2025年行动计划,儿童友好建设制度体系初步形成。三是实施层面,深圳市选取试点、以点带面、逐步拓展、全面铺开。四是参与层面,深圳撬动了党政部门、企事业单位、社会组织、媒体、公众包括儿童等多元共同参与③。

深圳对标国际先行示范,为全国儿童友好型城市的建设提供了可借鉴、可复制的生动样本。2019年6月,深圳"创建儿童友好型城市"获得"首届中国城市治理创新优胜奖"。2021年7月,"率先创建儿童友好城市"被国家发改委列为创新做法予以全国推广。

三 "三三制"关爱儿童

未成年人承载着祖国的未来和希望,保护未成年人的合法权益,让孩子们在阳光下健康成长是全社会共同的责任。为此,深圳市民政部门开创了"三级服务阵地+三类服务主体+三大服务场所"的"三三制"模式。其中,"三级服务阵地"是市、区未保中心和街道未保工作站三级工作阵地,"三类服务主体"是儿童督导员、儿童

---

① 姚龙华:《对儿童友好,就是对城市未来负责》,《深圳特区报》2019年11月20日。
② 宋璟:《如何建设城市 才能让儿童从一米的高度看到幸福?》,《中国经济导报》2021年11月19日第4版。
③ 深圳市人民政府发展研究中心:《深圳出台全国首个建设儿童友好型城市指导意见》,http://drc.sz.gov.cn/csfz/content/post_9040215.html,2022年8月8日。

主任和儿童社工所组成的基层儿童工作队伍,"三大服务场所"为家庭、学校与社区。

2020年,深圳市未成年人救助保护中心联合全市12个街道开展了深圳市首批"未成年人保护工作站"创建活动,并以此为契机进一步梳理工作机制,规范工作流程,重点打造了市、区未保中心和街道未保工作站三级未成年人保护的工作阵地;组建了"儿童督导员+儿童主任+儿童社工"的多元服务主体的基层儿童工作人员队伍,集中在家庭、学校、社区三大服务场所开展困境儿童的关爱与帮扶工作,主要内容包括家庭走访、信息更新、强制报告、政策链接、强化家庭监护主体责任及家庭教育等重点工作。此外,深圳市未成年人救助保护中心还及时为基层儿童工作队伍提供政策指导、技术支持、个案协助、资源链接和项目优先覆盖等全方位的服务,帮助其更好地履职尽责、关爱儿童[1]。

深圳市借助"三三制"模式,有效地协调了服务阵地、服务主体和服务切入点之间的关系,在加强基层儿童关爱服务体系建设支持力度的同时,亦提升了当地儿童福利的服务水平,打造了困境儿童关爱保护工作的深圳范式。

第四节 深圳的"学有优教"

一 集团化、联盟式办学

深圳市作为中国最大的移民城市,与近年来许多地方生源下降、学校数量减少的情况不同,其就学压力呈逐年增加之势。深圳的中小学校招生人数连年上升,基础教育规模已经先后超过北京、上海[2]。为切实促进教育的公平公正,深圳开展了其具有区域特色的

---

[1] 广东省人民政府:《深圳创建首批"未成年人保护工作站"创新"三三制"模式关爱保护困境儿童》,http://www.gd.gov.cn/zwgk/zdlyxxgkzl/mzxx/content/post_3136924.html,2022年8月8日。

[2] 深圳政府在线:《教育投入深圳全省第一 5年新增基础教育学位近40万座》,http://www.sz.gov.cn/cn/xxgk/zfxxgj/zwdt/content/post_8590962.html,2022年8月8日。

集团化办学之路。

深圳集团化办学之路始于2003年。之后的数年，其探索与实践的脚步从未停歇。2017年，深圳市对基础教育集团化作出了政策层面的引导和部署，明确了教育集团在编制、经费、管理、评价等方面的配套办法，并向各区推广集团化办学方案①。2019年，国家把教育集团化列入深圳先行示范区改革和发展的内容之中。2022年5月，深圳市出台了《深圳市公办中小学集团化办学实施方案》，明确至2025年，深圳市将培育80个优质公办中小学教育集团，集团化办学覆盖全市所有新建义务教育学校，促进全市基础教育的平衡与协调发展，提升基础教育的公平与质量②。

在2022年的《深圳市公办中小学集团化办学实施方案》之中，深圳市主要聚焦如下方面。第一，优化集团化办学布局，探索多种办学模式。鼓励高校和市、区教育科学研究院举办附属中小学，组建教育集团。原则上新建公办义务教育学校全部纳入集团化管理。第二，推动集团内部教师交流，强化集团干部培养。新纳入集团管理学校教师数量的15%以上应由集团从集团原成员校中选派。同时，集团需派出不少于5名干部至新增集团成员学校任职，并将1—2年的交流轮岗工作经历作为提任校级干部的重要因素。第三，健全集团资源共享机制，整体提升教育质量。统筹集团内场地设施设备资源，整合集团课程资源，积极推动集团教师共同开展教研活动。第四，加强集团化办学绩效考核，将参与集团共建及成效作为对成员校校长年度绩效考核的重要内容③。

深圳通过"名校+在办校""龙头校+新办校"的集团化办学和联盟式发展模式，使名校在管理和师资上支持新校，新校在办学水平上瞄准名校，提升了集团的整体教育水平，推进了优质教育资

---

① 广东省人民政府侨务办公室：《深圳市2017年改革计划出炉，涉及经济体制等七大领域》，http://www.qb.gd.gov.cn/jrqx/content/post_63400.html，2022年8月8日。

② 深圳市教育局：《深圳市公办中小学集团化办学实施方案》，http://szeb.sz.gov.cn/gkmlpt/content/9/9792/mpost_9792752.html#3329，2022年8月8日。

③ 深圳市教育局：《优化资源配置，促进优质均衡！〈深圳市公办中小学集团化办学实施方案〉发布》，http://szeb.sz.gov.cn/gkmlpt/content/9/9798/post_9798027.html#3328，2022年8月8日。

源的共享共创，努力实现学有优教。在2021年的《深圳经济特区创新举措和经验做法清单》之中，"集团化办学"作为优秀案例被予以全国推广。

二 高等教育跨越式发展

自1980年深圳经济特区成立以来，深圳的高等教育与经济总量、主导产业发展和人民群众的教育需求相比都较为落后。2008年深圳市发布《深圳市委市政府关于坚持改革开放推动科学发展努力建设中国特色社会主义示范市的若干意见》，第一次提出"跨越式发展高等教育"。2016年，深圳发布了《关于加快高等教育发展的若干意见》，为高等教育的发展注入了更强劲持久的动力。近年来，通过引进办学与自办高校并举，扩大规模与提升质量并重，深圳高等教育的发展逐步驶入快车道，也走出一条跨越式发展、创新发展之路[①]。

具体而言，深圳市发展高等教育主要有以下途径。第一种途径是自主创办，即由深圳独立新办高校，其有从头起步和整合资源两种方式。对于从头起步，最成功的案例为南方科技大学，其2022年成为国家"双一流"建设高校。对于整合资源，最具代表性的为深圳技术大学。第二种途径为引进合作，主要有国内高校异地校区、国内外合作办学、合作特色学院三种方式。其中，国内高校异地校区的代表为中山大学·深圳、哈尔滨工业大学（深圳）、清华大学深圳国际研究生院和北京大学深圳研究生院，国内外合作办学的代表有香港中文大学（深圳）、深圳北理莫斯科大学，合作特色学院的代表有天津大学佐治亚理工深圳学院、哈尔滨工业大学（深圳）国际设计学院。第三种途径为提高质量。比如深圳积极推动南方科技大学入选国家"双一流"建设名单，推动深圳大学、南方科技大学入选广东省高水平大学建设计划（重点建设高校），清华大学深圳国际研究生院、北京大学深圳研究生院、哈尔滨工业大学（深圳）、香港中文大学（深圳）、深圳北理莫斯科大学入选省高水

---

① 《深圳高等教育超常规跨越式发展》，深圳教育，http://szeb.sz.gov.cn/home/jy-fw/fwxsjz/gdjy/gxxx/content/post_7900800.html，2022年8月8日。

平大学建设计划（重点学科建设高校），深圳技术大学入选省特色高校提升计划①。

多年来，深圳办学规模大幅提升，人才培养数量逐年增多，截至2020年，深圳已有普通高等学校14所，普通高等学校在校生136184人②。同时，深圳办学质量稳步提升，南方科技大学成立10年即成为国家"双一流"建设高校。高等教育结构按照深圳发展需要，近年来重点发展紧缺的理工类、医学类高校，办学结构日益优化。整体而言，深圳高等教育近年的发展创新，既为深圳培养与输送了大批人才、提高了当地优质高等教育的供给，也为我国其他城市高等教育的体制机制改革提供了宝贵经验。

三 职业教育高质量发展

习近平总书记指出，"在全面建设社会主义现代化国家新征程中，职业教育前途广阔、大有可为"③。深圳始终把职业教育摆在教育改革创新和经济社会发展的突出位置，瞄准"高精尖缺"，初步形成了职业教育高质量发展的深圳模式。

2020年12月，教育部、广东省政府出台《教育部广东省人民政府关于推进深圳职业教育高端发展争创世界一流的实施意见》，支持深圳市"创建示范性产教融合型城市，打造世界湾区职教高地"，明确教育部支持政策清单、广东省支持政策清单以及深圳市工作任务清单，提出以招拍挂、重点产业项目遴选方式，为产教融合型企业或相关运营实体提供用地支持等。推动深圳职业院校与华为、比亚迪、平安科技、阿里巴巴等世界500强企业或其他行业龙头企业紧密合作，建设一批特色产业学院，深化推进产教融合、职普融合、理实融合、教育与生活融合、技术与文化融合、现代信息技术与教学融合"六融合"，校企共同建设高水平专业、共同开发

---

① 许建领：《地方高等教育跨越式发展研究——以深圳高等教育为例》，《中国高教研究》2022年第4期。
② 深圳市统计局：《深圳市统计年鉴（2021）》，中国统计出版社2021年版。
③ 国务院研究室编写组：《十三届全国人大五次会议〈政府工作报告〉辅导读本》，人民出版社、中国言实出版社2022年版，第288页。

课程标准、共同打造师资团队、共同设立研发中心、共同开发高端认证证书、共同"走出去",努力打破企业与学校割裂的桎梏,跨越产业与教育脱节的鸿沟,将人才培养的"锚"定在产业最前沿和企业最需要的地方,探索形成适合我国国情的"双元"育人模式。此外,为深化校企合作,促进产教融合,深圳市更是率先采用"政府出补贴、企业出场地、校企共建共享"的模式,鼓励职业院校与企业共建校外公共实训基地,对经认定的职业教育校外公共实训基地,以基地一次性容纳实习实训的学生数量为基数,按生均10000元的标准给予一次核拨建设经费[①]。

2021年,"率先建立职业教育产教深度融合模式"入选《深圳经济特区创新举措和经验做法清单》。

第五节 深圳的"劳有厚得"

一 破冰个人破产制度

深圳作为经济特区,市场经济体系更为完善和成熟,个人商事主体高度活跃,因此,深圳迫切需要法治化营商环境。深圳在国内首次尝试对个人破产进行立法,通过建立个人破产制度条例,引导市场主体有序退出,最大限度地解除了创业者的后顾之忧,激发了市场主体的创业热情。

2020年,深圳市出台了《深圳经济特区个人破产条例》,为个人破产提供了法制保障。一方面,深圳市借鉴先进国家和地区的破产立法经验,开展制度创新,对个人破产适用范围、破产申请主体、破产程序、豁免财产制度、破产免责制度作出明确规定,帮助诚实而不幸的债务人从债务危机中解脱出来,平衡保护债务人债权人权益;另一方面,深圳建立了配套责任制度和惩戒制度,明确债务人通过个人破产获得债务免责的同时,也将受到消费、职业资

---

① 广东省发展和改革委员会:《广东省发展改革委关于广东省十三届人大四次会议第1114号代表建议答复的函》,http://drc.gd.gov.cn/gkmlpt/content/3/3324/mpost_3324392.html#3377,2022年8月8日。

格、收入分配等相关行为的限制。通过免责考察期、发现遗漏财产追加分配等制度设计避免恶意逃避债务，杜绝"假破产，真逃债"的不法行为。此外，在个人破产条例实施的首月，深圳成立了全国首家个人破产事务管理机构——深圳市破产事务管理署，保障个人破产制度在深圳顺利落地实施[①]。

《深圳经济特区个人破产条例》的出台被评为深圳市 2020 年度"十大法治事件"，在 2021 年国家发改委发布的《国家发展改革委关于推广借鉴深圳经济特区创新举措和经验做法的通知》之中，"破冰个人破产制度"作为"促进诚信市场主体'经济再生'"中的部分被重点强调。2022 年，破产制度改革荣获首届"人民法院改革创新奖"。

二 全面产权保护机制

知识产权作为科技与经济结合的纽带与桥梁，一边连着创新，另一边连着市场。知识产权保护有利于鼓励发明创造，维护消费者与生产者的合法权益，促进社会主义市场经济的健康有序发展。深圳作为创新之城，高水平的知识产权保护是其能够实现持续创新发展的制度保障。

在知识产权保护的法律实践中，深圳共体现了四点特色。第一，严保护。针对赔偿低这一长期困扰我国知识产权司法保护的难题，2020 年修订后的《深圳经济特区知识产权保护条例》明确规定 6 种知识产权侵权情形可从重确定惩罚性赔偿数额。在此基础上，深圳又出台了《深圳中院：关于知识产权民事侵权纠纷适用惩罚性赔偿的指导意见（试行）》，为司法实践适用惩罚性赔偿提供具有可操作性的指引，使惩罚性赔偿制度得以在深圳率先落地。第二，快保护。深圳深入开展专利侵权纠纷行政裁决试点建设，行政裁决案件平时办理期限压缩至 65 天。各级法院建立"速裁+快审+精审"三梯次审判机制，审理周期由原来的至少半年缩

---

① 深法：《发挥立法引领和推动作用 建设社会主义先行示范区》，《人民之声》2021 年第 5 期。

短至最快两个半月①。第三，重调查。2020年9月，深圳法院尝试引入技术调查官制度，出台了《深圳市中级人民法院关于技术调查官参与知识产权案件诉讼活动的工作指引（试行）》和《深圳知识产权法庭技术调查官工作手册》，构建"1+2+3"多元化技术事实查明机制，首创技术调查官全流程嵌入式协助技术类案件审判工作模式，多措并举提升技术类知识产权案件审理效率。第四，跟时代。2022年4月，深圳中院发布"深圳法院数字经济知识产权保护创新案例"，涉及个人信息保护、集成电路布图设计、商业秘密、反垄断等。出台《深圳市中级人民法院关于加强数字经济知识产权司法保护的实施意见》，首次全面系统梳理与数字经济相关的知识产权权利，围绕"保护成果""规制行为""平台治理和反垄断"等方面，提出了30项司法举措②。

在法律的保驾护航之下，深圳知识产权创造水平不断提升。2021年，深圳市专利授权量27.92万件，PCT国际专利申请量1.74万件，商标注册量46.44万件，均列全国城市首位③。2021年的《国家发展改革委关于推广借鉴深圳经济特区创新举措和经验做法的通知》之中，"率先形成最严格的知识产权保护体系"榜上有名。

三 积极引导就业创业

青年人才是城市的未来和希望。深圳聚焦"双区"建设和"双城"联动，顺应新经济新业态蓬勃发展，完善促进就业创业的政策机制，全力促进多类群体就业创业工作。

2018年，深圳印发《深圳市进一步促进就业若干措施》，自主创业人员对象范围，由本市普通高校、职业学校、技工院校毕业学年的学生扩大到全部在校学生；取消毕业5年内普通高校、职业学

---

① 《广东深圳市人大常委会开展知识产权保护条例执法检查》，中国保护知识产权网，http://ipr.mofcom.gov.cn/article/gnxw/zfbm/zfbmdf/gd/202206/1970778.html，2022年8月8日。
② 李倩、张苏柳：《深圳：服务数字经济发展 打造知产保护高地》，《人民法院报》2022年4月25日第8版。
③ 深圳市市场监督管理局：《深圳市2021年知识产权白皮书》，http://amr.sz.gov.cn/xxgk/qt/ztlm/zscqcjybh/zscqbps/content/post_9765083.html，2022年8月8日。

校、技工院校毕业生以及毕业5年内留学回国人员的户籍要求。将法定劳动年龄内的港澳居民纳入本市自主创业人员范围。将初创企业创业带动就业补贴范围从户籍人员扩大至所有就业人员。将市外应届高校毕业生纳入市小微企业（含社会组织）招用高校毕业生社保补贴范围，期限从1年延长至2年①。

2020年，深圳印发《深圳市进一步稳定和促进就业若干政策措施》，将高校毕业生基层就业补贴、小微企业社会保险补贴、中小微企业招用补贴对象范围一并扩大至毕业2年内的高校毕业生；将求职创业补贴标准从2000元提高至3000元，将适用对象扩大至中职院校；将青年见习的适用对象调整扩大为市内外毕业2年内高校毕业生以及本市职业学校、技工院校毕业2年内毕业生和16—24岁本市户籍登记失业青年，见习期最长不超过12个月；鼓励企业吸纳港澳台青年来深实习，每接收1名港澳台青年，按每人每月1000元标准给予接收企业实习补助，补助最长不超过6个月②。

深圳重视就业，不断鼓励企业吸纳就业、扶持创业带动就业、稳定高校毕业生等重点群体就业，为年轻人搭建了就业逐梦的大舞台。据深圳市人力资源和社会保障局数据，2021年深圳新引进人才22.91万名，接受应届毕业生9.03万人。2021中国年度最佳雇主颁奖盛典上，深圳市荣获"最佳促进就业城市"奖项③。

第六节 深圳的"病有良医"

一 整合医疗卫生服务体系

为解决"看病难、看病贵"，居民疾病预防意识不强等问题，

---

① 《深圳初创企业补贴标准提高至1万元》，中国政府网，http://www.gov.cn/xinwen/2019-02/05/content_5364038.htm?_zbs_baidu_bk，2022年8月8日。
② 深圳市人力资源和社会保障局：《〈深圳市人民政府关于印发深圳市进一步稳定和促进就业若干政策措施的通知〉政策解读》，http://hrss.sz.gov.cn/ztfw/szsjybwdhcjjy/mindex.html?COLLCC=4287602661，2022年8月8日。
③ 《我市去年新引进人才近23万人》，深圳政府在线，http://www.sz.gov.cn/cn/xxgk/zfxxgj/zwdt/content/post_9509366.html，2022年8月8日。

深圳创新性地规划建设以"区域医疗中心+基层医疗集团"为主体的整合型医疗卫生服务体系，让市属医院与区属医院进行分工协作，以实现基层卫生服务走向体系化，实现优质、高效。

"区域医疗中心+基层医疗集团"的整合型健康服务体系即市属医院作为区域医疗中心的主体，负责"顶天"打造学科建设高地；集团化的区属医疗卫生机构负责"立地"促健康，让老百姓在家门口就能看上病、看好病。为此，2019年，深圳出台《关于深入推进优质高效的整合型医疗卫生服务体系建设的实施意见》，规划到2025年，深圳实现组建23个区域医疗中心、23家基层医疗集团的"顶天立地"医疗卫生新格局。

具体实践中，深圳主要着力于三方面。第一，基层医疗集团建设。深圳以"院办院管"的社康管理体制为纽带，促进医院及附属社康机构的集团化运作，逐步建立医院与社康机构融合发展的整体运作体制、医疗救治与预防服务融合发展的学科发展模式、全专科协同服务的分级诊疗体系。通过集团化运作，强化区属医院"强基层、促健康"的功能定位。第二，健康服务基础平台建设。2020年，深圳出台《深圳市社区健康服务管理办法》，全面提升社康服务水平，推进社康治理体系和治理能力现代化。2021年12月，深圳市出台《深圳市社区健康服务机构设置标准》，加大用房保障力度，推行社康服务扩容提质工程。第三，"强基层、促健康"激励引导机制。深圳医疗、医保、医药等部门协同发力，从财政、医保、价格、考核、薪酬等方面建立激励约束机制，引导资源下沉。社康中心的门诊补助标准提高到40元/人次以上，并实行动态调整，同时逐步降低或取消三级医院的门诊补助标准，但提高其住院补助标准。对家庭医生团队为本市社会医疗保险参保人提供的家庭医生服务，按每一签约参保人每年120元的标准。对通过公开招聘到社康中心工作、取得国家认可的住院医师或全科医师规范化培训合格证的毕业生，按照本科、硕士、博士学历，由社康中心同级财政分别给予25万元、30万元、35万元的一次性生活补助，分5年发放。在社康中心工作的全科医生或者其他类别执业医师，年薪原则上按不低于举办医院同级专科医生的薪酬核定。基层医疗集团的全科医生，高级职称聘用不受职数限制①。

深圳的整合医疗模型为群众提供预防、医疗、保健、康复、健康教育一体化的基本卫生健康服务，为全国医改提供了"深圳智慧"。2017年9月，深圳"基层医疗集团"模式被国家列为"医改典型"向全国推广，2018年12月，该案例再登上世卫组织通报，向全球展示。2019年，"整合型医疗服务体系建设"案例荣获"广东医改十大创新典型"。2020年，《构建整合型优质高效医疗卫生服务体系：深圳模式》获第三届"奇璞奖"特殊贡献奖。2020年6月，《中国基层医疗卫生服务质量的挑战与建议》在国际顶尖的医学杂志《柳叶刀》发表，其中，深圳从2015年起在各区探索建立的基层医疗集团模式获详细推介。2021年，"创新构建整合型医疗卫生服务体系"入选《深圳经济特区创新举措和经验做法清单》。

二 跨境医疗健康服务创新

近年来，粤港澳合作日益紧密，为带给深圳居民优质的医疗服务供给，深圳积极优化医疗服务领域支持政策和营商环境，进一步推进医疗服务的对外开放水平，全面深化粤港澳大湾区医疗服务跨境合作。

深圳在具体实践中，一是完善医疗服务行业管理体制。优化社会办医审批流程，全面取消社会办医选址距离、数量限制，率先实行医师多点执业网上备案制度，建立政府购买基本医疗服务机制，社会办医疗机构在设置准入、基本公共卫生服务补助、重点学科建设等方面与公立医疗机构享受同等待遇。创新港澳服务提供者来深办医审批服务，2021年出台《关于加快推动医疗服务跨境衔接的若干措施的通知》，推动医疗服务跨境衔接，优化港澳来深办医行医就医环境，精简申办材料、优化审批流程。二是探索行业进一步扩大对外开放。推动国际新药准入规范有序落地。2020年11月，国家市场监管总局等8部门印发《粤港澳大湾区药品医疗器械监管创

---

① 深圳市卫生健康委员会：《医疗卫生怎么"强基层"？深圳不说话，并向你扔来15条措施》，http://wjw.sz.gov.cn/xxgk/zcjd/content/post_3165806.html，2022年8月8日。

新发展工作方案》，先期以香港大学深圳医院为试点。使用临床急需、已在港澳上市的药品和医疗器械。三是大力发展中医药服务贸易。争取先行先试中医药跨境流通、审批认证等绿色通道，支持生物医药产业园区建设中医药产业集群。稳步扩大中医药产品、技术和服务出口，打造中医药文化海内外传播的示范区。四是推动人才培养、认证标准体系国际接轨。持续实施以引进和培育名医（名科）、名医院、名诊所的"医疗卫生三名工程"，加快引进国际优质医疗人才团队。推动制定与国际接轨的医学人才培养评价体系。与香港大学、香港医学专科学院合作共建深港医学专科培训中心，开展肿瘤科等5个专业专科医生试点培训。推动建立与国际接轨的医院评审认证标准体系。依托香港大学深圳医院注册成立"深圳市卫健医院评审评价研究中心"，编制《医院质量国际认证标准（2021版）》，在3家医院试点开展国际版三甲医院试评审[1]。

截至2021年年底，深圳累计引进高层次医学团队251个，建设国家临床重点专科14个，累计认定高层次人才超过1100人；37名港籍医生参加正高级职称认定试点，118名港澳医师在深依法执业；梳理上报首批10余类临床急需药品医疗器械清单，54个进口药品目录清单；港大深圳医院累计获批准使用9种临床急需进口药品和2种进口医疗器械；"港澳药械通"10类药械获批使用[2]。

2022年3月，"打造跨境医疗健康服务创新发展新高地"入选国家全面深化服务贸易创新发展试点第二批"最佳实践案例"。

三 现代医院管理制度建设

2017年，深圳被确定为公立医院综合改革国家首批示范城市，按照国家和省委、省政府决策部署，在广东省卫生健康委指导和支持下，积极推进公立医院财政、人事、药品、医保等综合改革，建

---

[1] 广东省人民政府港澳事务办公室：《港人跨境执业、探索"港澳药械通"，2项服务贸易"深圳经验"获全国推广》，http://hmo.gd.gov.cn/ygahz/content/post_3882827.html，2022年8月8日。

[2] 《推动跨境便利执业 完善跨境医疗服务 又有两项深圳经验获全国推广》，深圳新闻网，https://www.sznews.com/news/content/2022-03/11/content_24985649.htm，2022年8月8日。

立维护公益性、调动积极性、保障可持续的公立医院运行机制。

深圳在实践中主要分为三个层面。第一，建立权责清晰、运行高效、监督有力的现代医院管理制度。强化政府对公立医院的领导责任，卫生健康部门代表政府履行公立医院出资人职责。在区属公立医院推进集团化改革，推行管办分开。健全医院纪检监察组织，完善公立医院运营监管制度，引入第三方评审评价机构，提高行业评价公信力。第二，建立维护公益性、调动积极性、保障可持续的公立医院运行机制。落实国家规定的公立医院政府投入政策，增加科研教学、基本运营补助等项目，改革财政补助方式。推进医药分开、营利性与非营利性分开，启动药品集团化采购改革，每年节约药品耗材费用约15亿元。推动公立医院人事薪酬改革，加强成本核算与控制。推进医保支付制度改革。9家试点医院住院按DRG医保付费，其余医院全部实施按病种分值付费改革。第三，构建分工明确、功能互补、密切协作的医疗卫生服务体系。区域医疗中心以市属医院为主体组建，通过专科医疗联盟等方式，为基层医疗集团建设提供人才和技术支持。基层医疗集团以区属医疗卫生机构为主体组建，以社康机构"院办院管"体制为纽带，推动区属医院与其举办的社康中心集团化运作。组建重大疾病防治联盟，引导区属医院工作重心下移、资源下沉，推动智慧医院建设[1]。

此外，香港大学深圳医院作为深圳市公立医院综合改革试点单位，其亦率先实行了较多积极的探索。为坚持公立医院公益性，2012年医院在全国首推"打包收费"，并通过调整医疗服务收入结构，控制医疗服务成本。2019年，其门急诊次均费用较同级市属综合医院低10%，住院病人次均费用较同级市属综合医院低30%，有效遏制过度医疗，实现患者、医院、政府多赢。同时，医院在全国率先推行去编制化，建立以固定薪酬为主的分配制度，其中固定薪酬占70%，绩效薪酬占30%，从制度上实现人员能进能出、岗位能上能下、收入能升能降，有效调动医务人员积极性，为医院可持续发展注入强劲动力。除此以外，医院还率先取消门诊输液，实行中

---

[1] 《喜讯！中央深改委肯定深圳现代医院管理制度建设》，广东卫生在线，https://mp.weixin.qq.com/s/HIocSb45ckk9mytjER7OdA，2022年8月8日。

西药分开管理;推行绿色行医、循证医学,严控药品、耗材和抗生素使用;设置病人关系科,树立医患互信的医院文化等①。

2020年10月,国家卫生健康委体改司在深圳市举办推进建立健全现代医院管理制度试点工作培训班,向全国推广香港大学深圳医院的改革做法和经验。

第七节 深圳的"老有颐养"

一 社会力量参与养老供给

2022年2月11日,国务院印发《"十四五"国家老龄事业发展和养老服务体系规划》,其中提出,要充分调动社会力量的积极性,为人民群众提供方便可及、价格可负担、质量有保障的养老服务。2022年3月5日,国务院总理李克强作政府工作报告时指出,要优化城乡养老服务供给,支持社会力量提供日间照料、助餐助洁、康复护理等服务,推动老龄事业和产业高质量发展。

广泛动员社会力量参与养老一直以来就是深圳市在养老服务领域的积极探索。2018年,深圳市发布的《关于全面放开养老服务市场提升养老服务质量的若干措施》就指出要吸纳社会力量进入养老服务市场。在深圳的具体实践中,一是优化养老服务机构营商环境。市民政局联合市发展改革委、市财政局、市税务局等10个部门出台《深圳市养老服务投资扶持政策措施清单》,涉及用地、规划建设、税费优惠、医养结合、运营资助等养老服务投资扶持政策51条;发挥金融活水作用,联合中国银行深圳市分行设立50亿元专项养老信贷额度,为全市从事养老等服务的企业和社会服务机构,提供全产品融资服务。二是大力引进和培育市场化运作的优质养老服务运营机构和企业。深圳市积极引导招商银行、华润、万科、人寿、深业等大型企业布局养老领域,鼓励机构和企业跨街道承接多家长者服务中心、站、点,支持养老服务连锁化经营和品牌化发

---

① 《喜讯!中央深改委肯定深圳现代医院管理制度建设》,广东卫生在线,https://mp.weixin.qq.com/s/HIocSb45ckk9mytjER7OdA,2022年8月8日。

展。三是积极培育本土连锁化社区养老服务机构。截至2020年，深圳市老年人日间照料中心98%以上由社会力量运营，符合条件的按相关政策享受民水、民电等价格优惠，可获得50元到100万元不等的一次性运营资助。培育出深圳市福田区福安养老事业发展中心、深圳创乐福集团等品牌机构。四是积极引入志愿服务资源和力量。深圳市共有近4万名老年志愿者、600多支社区老年志愿服务队，在参与社区建设、以老助老、公益活动等方面发挥了积极作用。五是面向社会广泛征集养老项目。2022年8月3日，深圳2022年乐龄服务项目大赛正式启动，其致力于打造全国养老服务领域优质项目遴选平台，同时提高大众对深圳养老政策福利的知晓度。

深圳市在养老资源供给主体上不断创新，总体以"充分调动各级政府和社会各方面积极性""吸引社会各界力量广泛参与""投资主体多元化""运作机制市场化"等养老服务发展为总体思路和基本原则。同时，通过全方位的扶持政策为各种社会力量进入养老服务领域提供经济激励和初始动力，进一步增进了民生福祉。

二 医养结合的一体化养老

深圳正面临老龄化问题，医养"两张皮"问题日益凸显。在罗湖，60岁以上的常住人口已经达到了10万多人。2014年，罗湖区率先起步进行"医养结合"的探索，6年来不断加大政策扶持，打破行政壁垒，已经创新六类"医养结合"健康养老模式——医中有养、养中有医、机构支撑、社区示范、居家签约、"互联网+"，结合"健康宣教、预防保健、疾病诊治、康复护理、长期照护、安宁疗护"六大服务体系，形成了"两个六"管理服务机制，有效化解"养老院里看不了病，医院里不能养老"的矛盾，形成良性和多赢的格局[1]。

第一，医中有养，鼓励医疗机构开展养老服务。罗湖将整合形成由区人民医院、中医院、医养融合老年病医院、康馨养老院组成的专科联盟，建成国家或省级重点专科——老年病科，形成集"医

---

[1] 宫芳芳、孙喜琢、李亚男：《中国养老的"罗湖模式"实践与展望》，《卫生软科学》2020年第3期。

养护"于一体的深圳医养融合新名片。第二，养中有医，社康中心融入日照中心开展服务。2014年，罗湖渔邨社区率先启动"养中有医"模式。现今，罗湖区日间照料中心大都与附近社康中心签订合作协议，社康中心利用技术和设备优势为日照中心老人提供便捷的医疗康复服务，对现有养老资源进行优化和补充。第三，机构支撑，医院搬进养老院。罗湖医院集团陆续派遣了100多名与老年病相关专业人员充实到老年病医院中，设置了老年病科、认知障碍科、康复医学科、临终关怀科等专科，并引入日本、澳大利亚等国养老经验。第四，社区示范，社会出资建成"医养结合"新样板。罗湖区黄贝岭村股份公司自筹资金两千多万元，在村里建起了楼高10层的医养融合服务中心，实现了社康和养老一体化。楼下设有社康中心、老人日间照料中心和长者饭堂，楼上设有失智失能老人病房和媲美高档住宅的亲情公寓。第五，居家养老，失能老人家中设病床。依托各社康中心，为社区失能老年人在家中开设社区家庭病床，提供医疗、康复、护理和临终关怀等服务。第六，"互联网+"，打造"信息服务+居家养老上门服务"平台。罗湖区开发了"互联网+护理服务"平台，平台用户可通过客户端发布需求即有护士接单上门提供护理服务，在居家护理、康复护理、心理护理、中医适宜技术等方面为服务对象提供科学、合理、客观、符合规范的服务。其中医养结合服务内容纳入此网约服务平台，居家养老的长者可通过App按需预约上门护理服务[1]。

深圳罗湖区作为全国老龄健康能力建设示范区的试点，持续推进"医养融合"一体化服务。2017年，深圳罗湖入选全国医养结合工作典型案例。2019年，"探索'两个六'管理服务机制，全面推进医养结合工作"再次入选全国医养结合典型经验案例。

三 创新养老人才培养机制

人才是高质量发展的"第一资源"。养老护理人员缺口大、招

---

[1] 《罗湖医养结合探索"两个六"管理服务机制破解"看病不能养老、养老不能看病"难题》，罗湖政府在线，http://www.szlh.gov.cn/ggfw/ztzl/lhylzt/ygdt/yyrh/content/post_7264774.html，2022年8月8日。

工难、入职者年龄偏大已经成为全国多地的常态问题。为有效破解养老服务人才专业性不强、流动性大、结构不合理等发展"瓶颈",深圳市创新了养老人才的培养模式。

具体而言,深圳市养老人才的创新主要有五点。第一,建立养老服务人才培养和激励机制,以人才驱动养老服务高质量发展。以政校合作共建养老学院、在全省率先发布行业薪酬指导价、起草养老服务人才专项扶持政策等方式,加强人才培养,吸引并留住人才。第二,开展家庭护老者能力提升项目,构建社区居家养老服务人才网络。深圳将"家庭护老者能力提升与关爱计划"列为2020年、2021年深圳市政府民生实事项目,每年为10000名家庭护老者提供能力提升与精神支持培训。在培训过程中,深圳不但顺应疫情防控需要建立"师资库",还开发了线上微课实现学习"零距离"。第三,打造养老高端人才培训品牌,构建居家社区养老人才"新生态"。深圳大力发展"慈善助老",支持深圳健康养老学院联合招商局慈善基金会共同发起"乐龄伙伴"中国养老创新家项目。第四,校企合作共建老年服务与管理专业,推动社区居家养老服务人才专业化发展。探索"双元制"人才培养模式和从业人员专业化发展新路径,并开展"1+X"职业技能等级培训和考评。第五,全面推动"南粤家政"工程,搭建养老服务人才技能提升与风采展示平台[①]。

深圳按照"政校行企四方联动、产学研用立体推进"的双元制人才培养模式,通过"学历教育+社会培训",逐步走出了一条"慈善助力、校企合作、行业共建、以赛促教"的产学研一体化人才培养道路,为构建高水平养老服务体系、实现"老有颐养"提供了人才支撑。2022年,该案例入选民政部办公厅、财政部办公厅公布的"居家和社区养老服务改革试点工作优秀案例"。

四 公办养老机构创新改革

深圳市养护院是深圳市政府投资兴建的首家公办市属护理型养老院,拥有800张养老床位,自2018年12月运营以来就担负着养

---

① 广东省民政厅:《深圳市:创新人才培养机制,破解社区居家养老服务人才"瓶颈"》,http://smzt.gd.gov.cn/mzzx/sxdt/content/post_3884110.html,2022年8月8日。

第十一章　深圳市民生幸福领域标杆案例（2012—2022）　289

老机构改革探索的重任。其配备了先进设施，组建了专业化运营和服务团队，为长者提供规范优质的生活照料、医疗、护理、康复、社工等服务[①]。

　　第一，提供专业生活照顾及监护服务，同时由专业医生开展常见病的诊疗服务及慢病管理服务，并跟进长者健康状态，解决了长者生病跑医院的难题。养护院与深圳大学总医院等三甲医院建立了绿色就医通道及双向转诊服务；与国内知名医院开展远程医疗合作，提供在线看诊、远程医嘱、疑难杂症会诊等服务，保障长者的大病小病都得到及时照护。第二，为长者制订个性化康复计划，提供物理治疗、作业治疗、言语治疗等康复治疗技术，配备多种智能康复设备，几百种康复方法为长者提供个案治疗，可以舒缓疼痛、改善长者病后术后功能障碍、增强自理能力，减缓功能衰退。第三，打造社区照顾模式，满足长者社交需求，注重培养长者多元兴趣爱好，并由专业社工联合义工及公益机构，定期组织兴趣小组活动、康乐活动、传统节庆活动等。为长者提供心理健康辅导，协助长者重建健康生活方式及培养个人自信。第四，养护院坚持公益属性，优先收住特困老年人、低保、低收入困难家庭的失能、高龄老年人，同时探索公益社会化养老的新路径，为有效提升养老空置床位利用率，经市政府批准，从2020年开始，深圳市养护院面向社会开放100个市场化床位，以全成本定价，面向社会满足普通家庭养老需求，这是涉入市场化运营和良性竞争的开创性尝试。第五，积极拓宽服务渠道，将推出认知障碍专区服务、临终关怀专区服务、中西医特色康复服务等，为实现养老需求多样化供给提供全方位解决方案。并加速探索"智慧养老"创新模式，展示出新时代养老的全新形象，如依托腾讯智慧安防技术开发的防摔跤跌倒智能监测系统，可提供跌倒报警、火灾报警、隐形围栏、危险区域禁入等功能，全天候全方位保障院内老人安全；与腾讯眼动游戏室等合作提供的眼动康复训练游戏；搭建起基于腾讯云架构的信息化平台，借助智能化设备，为老人提供生命体征监测及照

---

① 《深圳市第十三届老年欢乐节开幕》，深圳政府在线，http：//www.sz.gov.cn/cn/xxgk/zfxxgj/zwdt/content/post_8197998.html，2022年8月8日。

护、运营等服务①。

深圳市养老护理院的改革从多维度呈现了"老有颐养"服务，不断增强长者的获得感与幸福感。2020年，深圳市养老护理院入选"全国公办养老机构改革优秀案例"和"深圳治理现代化年度十大优秀案例"。

第八节 深圳的"住有宜居"

一 公共住房基准租金制度

住房问题关系到千家万户的切身利益，关系到人民群众的安居乐业，关系到社会的和谐稳定。公共住房建设更是党和政府为解决困难家庭住房问题而实施的一项惠民政策，是意义重大的民生工程。

2010年以来，深圳市商品住房市场租金总体呈上涨趋势，尤其是2015年之后上涨较快；2018年以来，由于采取多项稳租金的有力举措，市场租金水平保持稳定，但仍处于历史高位。传统的租金定价模式下，公共住房租金与商品住房市场租金直接挂钩，按照商品住房市场租金一定比例下沉来确定，随着商品住房市场租金的不断上涨，这一做法容易导致公共住房租金随商品住房市场租金"水涨船高"，既不利于体现公共住房的民生保障属性，也不利于稳租金、稳市场、稳预期。

为此，深圳市于2018年8月发布《深圳市人民政府关于深化住房制度改革加快建立多主体供给多渠道保障租购并举的住房供应与保障体系的意见》，在国内首创公共住房基准租金制度，即公共住房租金定价不再与短期商品住房市场租金简单直接挂钩，而是综合考虑经济社会发展状况、物价变动水平、房地产市场发展状况等因素，结合保障对象的家庭经济承受能力确定公共住房基准租金。按照范围大小，将基准租金分为片区基准租金、项目基准租金和单套

---

① 《深圳市养老护理院改革探索经验在全国推广》，深圳新闻网，https://www.sznews.com/news/content/2020-10/21/content_23650773.htm，2022年8月8日。

基准租金，依次解决深圳市440个标准片区之间、公共住房项目之间以及项目单套住房之间的租金差异问题。基准租金定期评估、适时调整、限制涨幅。在此基础上，公共住房再按规定的优惠比例面向不同群体配租，从而构建相对独立的公共住房租金定价体系[1]。

国内首创的基准租金制度的设立，使公共住房租金定价更加凸显公共住房民生保障属性，公共住房租金水平也更加稳定，利于增进民众"住有宜居"的获得感、幸福感。

二 生态文明建设示范区

习近平总书记强调，绿水青山就是金山银山，保护环境就是保护生产力的新经济发展观[2]。深圳始终坚持以习近平生态文明思想为指导，用最严格制度、最严密法治保护生态环境，创新构建生态文明制度体系成为首个成功创建国家生态文明建设示范区的副省级城市。

首先，深圳始终坚持全面系统统筹推进，持续优化生态空间，不断增强生态环境亮丽底色。牢固树立"绿水青山就是金山银山"的发展理念，全面系统统筹布局，把生态文明建设融入经济社会发展全方位、各领域，持之以恒打造集约高效的生产空间、宜居适度的生活空间、山清水秀的生态空间。一是高质量完成产业结构优化升级，较早开始淘汰低端落后产能、推进产业优化升级，目前"高新技术产业发展成为全国的一面旗帜"，成为经济增长的主要动力，构建起了更具竞争力的绿色现代产业体系。二是高标准构建绿色空间格局。在国土开发空间极度紧张的情况下，将市域面积近50%纳入控制保护范围，布设生态资源保护安全网[3]。

其次，深圳始终坚持以持续改善环境质量为导向，超常规推进污染治理，坚决打好打赢污染防治攻坚战，以最高规格、最大力

---

[1] 深圳市住房和建设局课题组：《深圳市公共住房租金定价机制研究》，载《深圳社会治理与发展报告》（2021），社会科学文献出版社2021年版。

[2] 习近平：《习近平谈"一带一路"》，中央文献出版社2018年版，第122页。

[3] 深圳市生态环境局：《深圳荣获"国家生态文明建设示范市"实现经济社会高质量发展和生态环境高水平保护》，http：//meeb.sz.gov.cn/xxgk/qt/hbxw/content/post_8348578.html，2022年8月8日。

度、最强举措推进蓝天、碧水、净土保卫战。将治水作为"一号民生工程"和"一把手工程",要求"一切工程为治水让路",举全市之力,推行"大兵团作战,全流域治理"。持续擦亮"深圳蓝"品牌。深入实施"深圳蓝"可持续行动计划,2019年PM2.5平均浓度降至24微克/立方米,2020年重点推动PM2.5和臭氧协同减排。率先试点建设国家"无废城市",围绕生活垃圾等六类固体废物和制度、技术等四大体系提出58项建设指标,推进100项任务,以创建带动治理能力提升成效初显,逐步形成超大型城市固体废物污染治理的"深圳经验"[1]。

2021年,深圳市印发了《深圳率先打造美丽中国典范规划纲要(2020—2035年)》和《深圳市生态环境保护"十四五"规划》,其中多项举措都表明了深圳市未来将持续建设美好生态文明城市的决心。2021年,"创建国家生态文明建设示范区"入选《国家发展改革委关于推广借鉴深圳经济特区创新举措和经验做法的通知》。

三 全民阅读图书馆之城

全民阅读,已经成为改革之城深圳的又一张亮丽名片。早在2000年11月首届深圳读书月上,深圳就提出了"文化权利"的理念。2010年,深圳市委出台了《关于深入开展全民阅读活动加快学习型城市建设的若干意见》,率先在全国推动全民阅读工作。2013年,深圳市被联合国教科文组织授予"全球全民阅读典范城市"称号,是该组织在全球城市推行全民阅读颁发的最高奖项。2016年,《深圳经济特区全民阅读促进条例》正式实施[2]。

如今,深圳市基本构建了"一个平台、二层架构、三级垂直、四方联动"的特大城市图书馆总分馆体系。"一个平台",即以深圳图书馆为中心,联合全市各级图书馆(室)共同构建"图书馆之

---

[1] 深圳市生态环境局:《深圳荣获"国家生态文明建设示范市"实现经济社会高质量发展和生态环境高水平保护》,http://meeb.sz.gov.cn/xxgk/qt/hbxw/content/post_8348578.html,2022年8月8日。

[2] 《〈深圳经济特区全民阅读促进条例〉正式实施》,中国文明网,http://www.wenming.cn/syjj/dfcz/gd/201604/t20160401_3254760.shtml,2022年8月8日。

城"统一服务平台，推进全市一证通行、通借通还和联合采编，为居住在不同片区的市民提供标准化服务。"二层架构"，即市级、区级图书馆分别建立总分馆体系。"三级垂直"，即探索区、街道、社区三级图书馆实行人财物垂直管理，大幅提升服务效能。"四方联动"，即在政府主导的区、街道、社区图书馆外，引入社会力量广泛参与图书馆服务建设，形成四方联动，成为总分馆体系的有益补充。

此外，深圳还建立了"云上图书馆"。各市、区公共图书馆均在其网站、微信公众号、小程序等提供了数据库在线访问服务，并开展各类专题推荐服务，提供诸如在线听书、数字音乐馆、数字阅读馆、在线展览、在线培训等丰富多样的数字资源服务，既满足读者的学术研究需求，也满足读者碎片化阅读、娱乐等需要。

截至2021年底，深圳"图书馆之城"共有各类公共图书馆（室）、自助图书馆1043个，遍布全市的各类自助图书馆设备306台。2021年，全市公共图书馆年新增注册读者64.61万人，累积注册读者358.58万人，同比增长29.84%，首次超过300万人。常住人口（不含深汕特别合作区）中注册读者率20.36%，相当于每5个常住人口中就有1名公共图书馆注册读者[①]。2021年的《国家发展改革委关于推广借鉴深圳经济特区创新举措和经验做法的通知》之中，"推进'图书馆之城'建设"名列其中。

第九节　深圳的"弱有众扶"

一　志愿服务优化社会治理

"来了就是深圳人，来了就当志愿者。"深圳是全国志愿服务的发源地之一，我国内地第一个法人义工组织、第一批国际志愿者、第一部义工法规等都诞生在这里。

[①] 《"千馆之城"深圳各类公共图书馆增至1043个，电子文献藏量首超纸质文献　数字化馆藏　同比增五成》，深圳新闻网，https://www.sznews.com/news/content/2022-06/02/content_25166265.htm，2022年8月8日。

2011年底，深圳在全国首次系统性提出建设"志愿者之城"，其发展经历了1.0、2.0、3.0三个阶段。1.0阶段的特征是志愿服务的社会化、项目化、活动化，其经验是闯出了社会动员的"深圳模式"，并通过提供社会服务的形式，使得志愿服务被社会广泛接受并普及。2.0阶段的特征是志愿服务的制度化、岗位化、信息化，通过成功总结志愿服务U站的岗位化服务模式，推动U站的连锁品牌运作，打造"志愿深圳"信息管理平台，形成线上线下志愿服务立体发展格局。当前，深圳正推动"志愿者之城"建设进入3.0阶段，即以制度化、专业化为引领，推动志愿服务从提供社会服务，向参与社会治理、凝聚社会共识跨越，发挥志愿服务在参与社会治理、推动可持续发展中的重要作用①。

实践中，深圳建立了"社工引领志愿者，志愿者协助社工"的社会工作服务新形式，发挥社工专业技能优势和志愿者人力资源优势，依托社区党群服务中心平台，组建社区志愿者组织，进行志愿者的招募、管理，联动社区社会组织、社区公益慈善资源，在心理卫生、禁毒、民政等领域共同开展综合性服务，引导志愿者有序参与社会治理。截至2022年7月，深圳市共有正式志愿者2216323名，服务时长超过88083874小时②。

同时，为保障志愿者权益，2022年4月深圳市推出了志愿者礼遇计划。在保险方面，为注册志愿者提供人身意外险。在征信方面，将志愿服务列为个人信用积分加分项。在交通方面，为历届"百优"志愿者提供优先安检、优先候车服务。在学习方面，为志愿者提供购书优惠福利，并将青年志愿者纳入"圆梦计划"资助范围，联合中国人民大学等21所国内重点高校，为青年志愿者提供高质量、低成本的学历继续教育③。

2021年的《国家发展改革委关于推广借鉴深圳经济特区创新举措和经验做法的通知》之中，"'红马甲'扮靓志愿者之城"被列

---

① 《深圳义工联30岁了》，《深圳特区报》2022年8月8日。
② 数据来源："志愿深圳"门户网站。
③ 《深圳市志愿者礼遇计划首批20项清单发布》，深圳文明网，http://gdsz.wenming.cn/wmfs/zyfwb/202204/t20220418_7575413.html，2022年8月8日。

入深圳的创新经验做法。

二 分层分类救助制度体系

习近平总书记强调，对困难群众，我们要格外关注、格外关爱、格外关心，千方百计帮助他们排忧解难，把群众的安危冷暖时刻放在心上，把党和政府的温暖送到千家万户。[①] 近年来，深圳市不断提升社会救助保障水平，建立起了以基本生活救助、专项社会救助、急难社会救助为主体，社会力量参与为补充的分层分类救助制度体系。

第一，持续完善社会救助工作体制机制，于2021年修订《深圳市最低生活保障办法》，在救助范围上突破户籍限制，从原来的户籍人群适度扩大到部分符合条件的非深户籍人群；在救助待遇上突破补差限制，适度提高60周岁以上老年人、未成年人和部分残疾人等的最低生活保障待遇，在按月发放最低生活保障金的基础上，可额外领取生活扶助金；在救助单位上突破家庭限制，将最低生活保障申请对象从以"家庭"为单位优化为"家庭+个人"；在救助审批上突破层级限制，授权各区政府根据实际情况将最低生活保障审批权通过委托的方式，从区民政部门下放到街道办事处。第二，于2022年5月修订《深圳市临时救助办法》，将救助类型分为急难型和支出型，推动急难型救助覆盖在深圳遭遇困难的群众，突出救急难，解决群众突发性、紧迫性、临时性的基本生活困难。第三，于2019年7月出台《深圳市特困人员供养实施办法》，将符合无劳动能力、无生活来源且无法定赡养、抚养、扶养义务人等条件的困难群众纳入特困人员供养范围，发放基本生活供养金和照料护理金，对不能自理的特困人员实行集中供养。第四，深圳市财政局印发《关于发布2022年最低生活保障标准的通知》，低保标准提高至每人每月1365元。第五，实施低收入人口动态监测，充分发挥"双百社工"、网格员、志愿者等力量作用，主动排查发现救助对象，通过入户走访、积极宣传、主动发现，及时将符合条件的人员

[①] 习近平：《在河北省阜平县考察扶贫开发工作时的讲话》，《共产党人（河北）》2021年第4期。

纳入救助范围①。

一项项惠民政策，一笔笔救助资金，深圳市把兜底保障网织得更密、编得更牢，为困难群众托起了稳稳的幸福。

三 多元社会力量救助模式

社会力量在慈善事业和社会救助工作中发挥着重要的作用。深圳市罗湖区抢抓粤港澳大湾区、先行示范区建设"双区驱动"机遇，通过党建引领，打造"慈善+社工+社会组织"多元社会救助模式。

2020年起，罗湖区先后制定了"2+2+3"制度文件，即《罗湖区民生幸福标杆建设改革实施方案（2020—2022年）》《罗湖区打造"慈善+社工+社会组织"多元社会救助模式工作方案》2个主文件，罗湖区社会福利和社会救助工作联席会议、罗湖区打造多元社会救助模式工作领导小组2个工作制度，开展"一对一"帮扶、民生微实事、慈善资金平台3个目标做法，推动健全多元社会救助机制②。在打造慈善救助平台方面，组织区慈善会通过"大爱罗湖"慈善项目，聚焦帮扶特殊群体800多人次，发放资助金270多万元；全面推广"桂园街道社区慈善基金"经验，推进了7个街道筹集注册基金累计484.55万元成立街道（社区）慈善基金，开展扶危济困、奖优助学、激励先进、援建社区等活动。在聚合社工服务资源方面，按照"街道社工站点+社区党群服务中心"的形式配置，整合辖区社工服务资源，面向全区在册约400户900名困难群众和特殊群体，开展基层社工"一对一"结对帮扶，建立一对一服务管理档案，持续跟进提供心理抚慰、探访等服务。在发挥社会组织专业优势方面，积极推进专业社会组织承接社区服务，以困难群体需求为导向链接社会资源，提供精准帮扶服务。此外，探索粤港澳大湾区多元化社会救助，关注辖区内港澳困难群体，在罗湖区

---

① 中华人民共和国民政部：《"弱有众扶"让深圳民生保障有力度有温度》，https：//www.mca.gov.cn/article/xw/mtbd/202207/20220700042908.shtml，2022年8月8日。
② 中华人民共和国民政部：《多元救助，让困难群众"弱有众扶"》，https：//www.mca.gov.cn/article/xw/mtbd/202111/20211100037589.shtml，2022年8月8日。

渔邨社区试点成立第一支港人志愿者队伍"渔邨社区港逸志愿服务队",带动更多港籍居民融入社区治理;设立港人服务专窗提供生活、就学、就业、就医等服务;设立"港人服务"功能室;组织社区港籍儿童成立儿童议事会,多渠道组织港人居民参与社区共建共治共享[1]。

2020年以来,罗湖区通过盘活社区慈善、社工、社会组织资源,着力打造多元社会救助模式,让困难群众"弱有众扶"。2021年,该案例获评"深圳市2021年度治理创新示范项目"和"2021年度广东省社会救助领域创新实践优秀案例"。

小　结

近年来,深圳市坚决落实"用政府'紧日子'换取百姓'好日子'"的工作理念,九大类民生投入占财政支出已超70%,基础学位建设、医院建设、住房建设、公建配套设施建设等民生领域建设热潮迭起,为人民群众带来了"看得见、摸得着"的真切实惠,民生暖流如当地气候一般四季流淌[2]。

"民之所忧,我必念之;民之所盼,我必行之。"深圳市不断以"民生七优"作为发展目标,持续加大顶层设计,推动在社会保障、民生服务方面高质量、可持续发展,为全国提供了高质量社会民生建设的深圳模式,更向国际社会展示了中国特色社会主义制度的优越性。

深圳市不断出台政策,始终坚持"民生七优"的为民发展道路,集结合力共同促进市民民生幸福的保障,在民生幸福领域走出了独特的深圳道路,其所体现出的民生建设经验亦值得全国城市的推广与借鉴。

---

[1] 《广东公布2021年度社会救助领域创新实践活动优秀案例》,南方网,https://economy.southcn.com/node_f3202550a3/877f89ce94.shtml,2022年8月8日。
[2] 《深圳特区报》评论员:《率先形成共建共治共享共同富裕的民生发展格局》,《深圳特区报》2021年11月17日第A06版。

第一,坚持党的全面领导这一根本优势和最大保障,始终坚持以人民为中心的发展思想,各项工作均着力于民生诉求。

第二,处理好政府与市场的关系,在有为政府与有效市场上深化探索,加强法治在民生幸福建设中的支撑保障作用。

第三,凝聚社会力量广泛参与民生幸福工程建设,通过多项措施汇聚政府、企业、社区、志愿者等多方合力,创造出了广泛参与、包容多元、共建共治共享的民生幸福建设模式。

第四,持续推动探索和创新,敢于尝试、敢于突破,在保持与国家政策、法律法规等总体协调的基础上,根据本地实际情况和特殊需求进行灵活调整,使各项制度更加契合本地发展愿景。

第五,借鉴国内外民生幸福建设有益经验和做法,在重点领域或薄弱环节积极引进各方资源进行有效利用,使其发挥对当地民生增益的有效影响,进而持续提升城市的民生幸福建设效能。例如,住房优先(Housing First,HF)模式是一种旨在消除整个欧洲和北美无家可归者的政策,它提供了快速的稳定的永久性住房,在获得支持之前不向他们施加要求。众所周知,无家可归者的身心健康结果非常差,在欧美地区他们是酒精或其他物质成瘾的高发群体。

附 表

深圳市民生幸福标杆城市指标体系一览

一级指标	二级指标	指标来源
幼有善育	1. 3岁以下儿童系统管理率	《深圳市儿童发展规划（2011—2020年）》
	2. 每千常住人口3岁以下婴幼儿托位数	《深圳市卫生健康事业发展"十四五"规划》
	3. 适龄儿童免疫规划疫苗接种率	《深圳市儿童发展规划（2011—2020年）》
	4. 普惠性托育点覆盖率	《深圳市教育局2020年工作总结》
学有优教	5. 义务教育阶段生师比	自拟
	6. 学生体质健康达标率	《深圳市儿童发展规划（2011—2020年）》
	7. 高校学科排名进入世界ESI排名前1%的学科数量	《深圳市教育局2020年工作总结》
	8. 15岁及以上人口的平均受教育年限	《深圳市第七次全国人口普查公报》
	9. 九年义务教育巩固率	《深圳市儿童发展规划（2011—2020年）》
劳有厚得	10. 人均可支配收入	《深圳统计年鉴》
	11. 城镇居民登记失业率	《深圳市社会性别统计报告》
	12. 灵活就业人员社保参保率	自拟
	13. 就业人员平均实际工资指数	《深圳统计年鉴》
	14. 劳动人事争议仲裁结案率	《人力资源和社会保障事业发展十四五规划》
病有良医	15. 每千常住人口床位数	《2021年深圳市卫生健康统计提要》
	16. 每千人口执业（助理）医师数	《2021年深圳市卫生健康统计提要》
	17. 每万人口全科医生数	《2021年全市卫生健康工作会议报告》
	18. 人均预期寿命	《2021年深圳市人民政府工作报告》
	19. 医疗费用个人自付比	《2020年深圳市卫生健康统计提要》

续表

一级指标	二级指标	指标来源
老有颐养	20. 每千名老年人拥有养老床位数	《深圳市养老服务业发展"十三五"规划》
	21. 街道综合性养老服务中心覆盖率	《深圳市民政事业发展"十四五"规划》
	22. 老年志愿者占老年人比重	自拟
	23. 养老保险参保率	《2019年度深圳市社会保险信息披露通告》
	24. 养老金替代率	《社会保障最低标准公约》
住有宜居	25. 保障性住房覆盖率	《深圳市住房发展"十四五"规划》
	26. 轨道交通线密度	《2020年度深圳市城市轨道交通服务质量评价结果》
	27. 建成区绿化覆盖率	《深圳统计年鉴》
	28. 环境空气质量优良天数比例	《深圳统计年鉴》
	29. 生活垃圾回收利用率	《深圳市政府工作报告》
	30. 城市饮用水源水质达标率	《深圳统计年鉴》
弱有众扶	31. 城市最低生活保障标准占当地上年度常住居民人均可支配收入的比例	《深圳统计年鉴》
	32. 每万人注册志愿者人数	《深圳志愿服务发展报告（2020）》
	33. 残疾适龄儿童入学安置率	《深圳市儿童发展规划（2011—2020年）》
	34. 最低工资标准	《深圳市人力资源和社会保障局关于本市2020年最低工资标准维持不变的通知》
	35. 每万人持证社会工作者数量	《深圳社会工作持证人数突破2万人》

指标解释如下。

1.3 岁以下儿童系统管理率——（1）含义：3 岁以下儿童在统计年度内接受 1 次及以上体格检查（身高和体重等）的总人数占同期 3 岁以下儿童总人数的比例。（2）计算公式：3 岁以下儿童系统管理率＝3 岁以下儿童系统管理人数÷同期 3 岁以下儿童总人数×

100%，其中 3 岁以下儿童系统管理人数是指该地区 3 岁以下儿童在统计年度内接受 1 次及以上体格检查（身高和体重等）的总人数。

2. 每千常住人口 3 岁以下婴幼儿托位数——计算公式：每千常住人口 3 岁以下婴幼儿托位数 = 3 岁以下婴幼儿托位数 ÷ 年末常住人口 × 1000。

3. 适龄儿童免疫规划疫苗接种率——计算公式：适龄儿童免疫规划疫苗接种率 = 适龄儿童接受免疫规划疫苗接种的总人数 ÷ 适龄儿童总人数 × 1000。

4. 普惠性托育点覆盖率——计算公式：普惠性托育点覆盖率 = 普惠性托育点数量 ÷ 托育点总数 × 100%。

5. 义务教育阶段生师比——（1）含义：义务教育阶段某学年内每位专任教师平均所教的学生数。（2）计算公式：义务教育阶段生师比 = 义务教育阶段在校生总数 ÷ 义务教育阶段专任教师总数。

6. 学生体质健康达标率——（1）含义：中小学生体质健康符合《国家学生体质健康标准》达标的比例。（2）计算公式：学生体质健康达标率 = 中小学生体质健康达到标准的人数 ÷ 中小学生总数 × 100%。

7. 高校学科排名进入世界 ESI 排名前 1% 的学科数量——计算公式：深圳市各高校学科排名进入世界 ESI 排名前 1% 的学科的数量相加。

8. 15 岁及以上人口的平均受教育年限——计算公式：深圳市 15 岁及以上人口受教育年限的总和 ÷ 深圳市 15 岁及以上人口。

9. 九年义务教育巩固率——（1）含义：初中毕业班学生数占该年级入小学一年级时学生数的百分比。（2）计算公式：九年义务教育巩固率 = 初中毕业班学生数 ÷ 该年级入小学一年级时学生数 × 100%。

10. 人均可支配收入——（1）含义：人均可支配收入是深圳市家庭常住人口平均的可支配收入。（2）计算公式：人均可支配收入 = 居民家庭可支配收入 ÷ 家庭常住人口，其中居民家庭可支配收入 = 家庭总收入－缴纳个人所得税－个人缴纳的社会保障支出－记账补贴，是指可用于最终消费支出和其他非义务性支出以及储蓄的总和。

11. 城镇居民登记失业率——（1）含义：通过城镇劳动力情况登记所取得的城镇就业与失业汇总数据进行计算的，是反映城镇常住经济活动人口中，符合失业条件的人数占全部城镇常住经济活动人口的比例。（2）计算公式：城镇居民登记失业率＝城镇登记失业人数÷（城镇登记从业人数＋城镇登记失业人数）×100%。

12. 灵活就业人员社保参保率——（1）含义：灵活就业人员参加社保的人数占应参社保总人数的比例。灵活就业是指在劳动时间、收入报酬、工作场所、保险福利、劳动关系等方面不同于建立在工商业制度和现代企业制度基础上的传统主流就业方式的各种就业形式的总称。（2）计算公式：灵活就业人员社保参保率＝灵活就业人员实际参加社会保险的人数÷该地区应参加社会保险的人口总数×100%。

13. 就业人员平均实际工资指数——（1）含义：就业人员平均实际工资指数指报告期就业人员平均工资指数与报告期城镇居民消费价格指数的比率。（2）计算公式：就业人员平均实际工资指数＝报告期就业人员平均工资指数÷报告期城镇居民消费价格指数×100%。

14. 劳动人事争议仲裁结案率——计算公式：劳动人事争议仲裁结案率＝劳动人事争议仲裁结案数量÷劳动人事争议仲裁立案数量×100%。

15. 每千常住人口床位数——（1）含义：床位数指年底固定实有床位（非编制床位），包括正规床、简易床、监护床、超过半年加床、正在消毒和修理床位、因扩建或大修而停用的床位，不包括产科新生儿床、接产室待产床、库存床、观察床、临时加床和病人家属陪侍床。（2）计算公式：每千常住人口床位数＝床位数÷年末常住人口×1000。

16. 每千人口执业（助理）医师数——计算公式：每千人口执业（助理）医师＝（执业医师数＋执业助理医师数）÷年末常住人口×1000。

17. 每万人口全科医生数——计算公式：每万人口全科医生数＝全科医生数÷年末常住人口×10000。

18. 人均预期寿命——（1）含义：人均预期寿命是指假若当前的分年龄死亡率保持不变，同一时期出生的人预期能继续生存的平均年数，它是衡量一个国家、民族和地区居民健康水平的一个指标。（2）计算方法：对同时出生的一批人进行追踪调查，分别记下他们在各年龄段的死亡人数直至最后一个人的寿命结束，然后根据这一批人活到各种不同年龄的人数来计算人口的平均寿命。用这批人的平均寿命来假设一代人的平均寿命即为平均预期寿命。由于事实上要跟踪同时出生的一批人的整个完整的生命过程有很大的困难，在实际计算时，往往可以利用同一年各年龄人口的死亡率水平，来代替同一代人在不同年龄的死亡率水平，然后计算出各年龄人口的平均生存人数，由此推算出这一年的人均预期寿命。

19. 医疗费用个人自付比——计算公式：医疗费用个人自付比＝个人自付医疗费用÷医疗总费用×100%。

20. 每千名老年人拥有养老床位数——计算公式：每千名老年人拥有养老床位数＝各类养老床位数÷年末60周岁以上的常住人口数×1000。

21. 街道综合性养老服务中心覆盖率——计算公式：街道综合性养老服务中心覆盖率＝拥有综合性养老服务中心的街道数量÷城市街道总数×100%。

22. 老年志愿者占老年人比重——计算公式：老年志愿者占老年人比重＝老年志愿者的数量÷老年人总数×100%。

23. 养老保险参保率——（1）含义：实际参加养老保险的人数占该地区应参加养老保险的人口总数的百分比。（2）计算公式：养老保险参保率＝实际参加养老保险的人数÷该地区应参加养老保险的人口总数×100%。

24. 养老金替代率——（1）含义：养老金替代率是指劳动者退休时的养老金领取水平与退休前工资收入水平之间的比率。（2）计算公式：养老金替代率＝某年度新退休人员的平均养老金÷同一年度在职职工的平均工资收入×100%。

25. 保障性住房覆盖率——（1）含义：保障性住房覆盖面的大小，反映了一个国家或地区社会保障的范围及程度，也从侧面反映出一个国家或地区的经济发展水平和社会文明程度。（2）计算公式：保障性住房覆盖率＝（享受保障性住房的家庭户＋通过棚户区改造改善住房条件的家庭户）÷深圳市常住家庭户数×100%。

26. 轨道交通线密度——（1）含义：轨道交通线密度是指一定

区域内的城市轨道交通线网长度与该区域面积之比。（2）计算公式：轨道交通线密度=轨道交通线网长度÷该区域面积。

27. 建成区绿化覆盖率——（1）含义：城市建成区绿地面积和城市建成区面积的比率。其中城市绿地面积指报告期末用作园林和绿化的各种绿地面积，包括公园绿地、生产绿地、防护绿地、附属绿地和其他绿地的面积。（2）计算公式：城市建成区绿地面积÷城市建成区面积×100%。

28. 环境空气质量优良天数比例——计算公式：环境空气质量优良天数比例=环境空气质量优良天数÷总天数×100%。

29. 生活垃圾回收利用率——（1）含义：生活垃圾回收利用量与生活垃圾总量的比率，其中生活垃圾是指在日常生活中或者为日常生活提供服务的活动中产生的固体废物以及依照法律、法规规定视为生活垃圾的固体废物，分为可回收物、厨余垃圾、有害垃圾、其他垃圾。（2）计算公式：生活垃圾回收利用率=生活垃圾回收利用量÷生活垃圾总量×100%。

30. 城市饮用水源水质达标率——计算公式：城市饮用水源水质达标率=城市饮用水源地取水水质达标量之和÷城市饮用水源地取水量之和×100%。

31. 城市最低生活保障标准占当地上年度常住居民人均可支配收入的比例——（1）含义：城市居民最低生活保障标准是国家为救济社会成员收入难以维持其基本生活需求的人口而制定的一种社会救济标准。（2）计算公式：城市最低生活保障标准占当地上年度常住居民人均可支配收入的比例=城市最低生活保障标准÷当地上年度常住居民人均可支配收入的比例×100%。

32. 每万人注册志愿者人数——计算公式：每万人注册志愿者人数=注册志愿者人数÷年末常住人口×10000。

33. 残疾适龄儿童入学安置率——计算公式：残疾适龄儿童入学安置的数量÷残疾适龄儿童总数×100%。

34. 最低工资标准——（1）含义：劳动者在法定工作时间内或依法签订的劳动合同约定的工作时间内提供了正常劳动的前提下，用人单位依法应当支付的最低劳动报酬，其组成不包含延长工作时间工资，劳动者在夜班、高温、低温、井下等特殊工作环境、条件下的津贴，以及法律、法规和国家规定的劳动者福利待遇等。

（2）计算公式：最低工资标准＝低收入户的人均消费支出×人均赡养系数调整因素a，其中调整因素a主要包括职工个人缴纳社会保障费、住房公积金、职工平均工资水平、社会救济金和失业保险金标准、就业状况、经济发展水平等对最低工资标准的影响因素。

35.每万人持证社会工作者数量——计算公式：每万人持证社会工作者数量＝持证社会工作者数量÷年末常住人口×10000。

附 录

一 政策编码示例

附表1-1展示了深圳市2022年政府工作报告的编码示例（限于篇幅，仅展示了第4章政策文件部分编码）。

附表1-1　深圳市2022年政府工作报告部分编码
（政策文件编号：SZ11）

政策单元内容	政策编号	政策领域	政策工具	政策主体
建设一流的宜居城市。高标准编制实施面向2035年的国土空间总体规划，统筹生产、生活、生态三大布局，完善城市体检评估机制，加强生物多样性保护。	SZ11-2-5-1	16	231	31
深入开展国土空间提质增效计划，提高土地集约节约利用水平，整备土地9平方千米。建设公园城市，实施"山海连城"计划，贯通"一脊一带二十廊"城市生态脉络，新建改造公园20个、碧道270千米。	SZ11-2-5-2	16	213	31
深刻吸取广州市大规模迁移砍伐城市树木问题教训，敬畏历史、敬畏文化、敬畏生态，推进城市有机更新和科学绿化，加强历史文化街区和历史建筑保护，全面推行林长制，加强古树名木保护。	SZ11-2-5-3	28	214 234	31 33 34
建设一流的枢纽城市。优化深港跨境运输方式，在确保疫情防控安全的前提下，有序扩大深港水路、陆路货物运输量；优化医院、公园等重点区域停车管理。	SZ11-2-5-4	16	213 214	31 32

续表

政策单元内容	政策编号	政策领域	政策工具	政策主体
推进珠三角水资源配置工程，开工罗田水库—铁岗水库输水隧洞、公明水库—清林径水库连通、西丽水库—南山水库原水管、沙湾河深圳水库截排、深汕特别合作区供水工程等项目；推进自来水厂优化整合和深度处理改造，完成500个居民小区优质饮用水入户工程，改造老旧市政供水管网65千米。	SZ11-2-5-5	16 18	213 214	31 32
实施老旧城市燃气管道改造提升工程，全面推进"瓶改管"，清除液化气瓶60万个，实现福田、罗湖、盐田、南山"清瓶"，新增管道天然气用户40万户，管道燃气普及率提高到75%。	SZ11-2-5-6	16	213 214	31 32
强化初级产品供给保障，落实最严格的耕地保护制度，建设海吉星"菜篮子"小镇和国际食品谷，推进粮食储备库建设。	SZ11-2-5-7	16	214 234	31 32
以"新城建"对接"新基建"，打造"双千兆"、全光网标杆城市和全频段、全制式无线宽带城市，逐步建成数字孪生城市和鹏城自进化智能体。	SZ11-2-5-8	16	213 223	31 32
上线城市信息模型基础平台，建立基于建筑信息模型的投资项目审批平台，制定应用标准体系，开展多场景智能化深度应用；推进数字政府改革建设，深化政务服务"一网通办"、政府治理"一网统管"、政府运行"一网协同"，拓展"i深圳""深i企""深治慧""深政易"平台功能，完善民生诉求服务平台，推动更多政务服务"免证办"、更多惠企政策"免申即享"，实现政务服务事项80%以上"全市域通办"、90%以上"掌上办"，推进健康码、乘车码等"多码合一"。	SZ11-2-5-9	16 18	213 214	31
加强细颗粒物和臭氧协同控制，强化挥发性有机物和氮氧化物协同减排，完成天然气锅炉低氮改造，有序推进港口作业机械、泥头车、环卫车辆等新能源化，新增新能源汽车11.5万辆，PM2.5年平均浓度18微克/立方米、力争更好。	SZ11-2-6-1	16	213 214	31 32

续表

政策单元内容	政策编号	政策领域	政策工具	政策主体
推动水环境治理向"全面达优"迈进，完善河湖长制，推进污水集中收集率和进厂生化需氧量浓度"双提升"，修复改造破损管网，建成投产5座水质净化厂，新增污水处理能力62.8万吨/日，污水集中收集率提高到85.0%以上；开展重点海域综合治理攻坚，推动西部海域水质逐步消除劣四类。	SZ11-2-6-2	16	213 214	31 32
实施"宁静行动"，加大噪声综合治理力度。全面推进生态环境领域"一网统管"建设，不断提升监测、执法能力。	SZ11-2-6-3	16	214	31
出台碳达峰实施方案，实施重点行业领域降碳行动，推动能耗"双控"向碳排放总量和强度"双控"转变，打造一批近零碳排放试点工程，提升深圳国际低碳城发展。	SZ11-2-6-4	16	234	31 32
推进固体废弃物减量化、无害化、资源化处理，开工建设龙华、光明能源生态园，完成平湖能源生态园二期提升改造，推进深汕生态环境科技产业园建设。	SZ11-2-6-5	16	213	31
出台推动城市建设绿色发展、建筑业高质量发展的政策措施，打造现代建筑业生态智谷，新增装配式建筑面积1500万平方米、绿色建筑面积1600万平方米。	SZ11-2-6-6	16	213 231	31
倡导简约适度、绿色低碳的生活方式，推进节水、节地、节材、节能，健全水电气和垃圾处理等公用事业价格机制，加强生活垃圾分类，坚决纠治餐饮浪费行为。	SZ11-2-6-7	16	222 223	31/32 33/34
完善教育经费保障、校长教师发展、教育教学研究、监测评价督导4个体系，创建全国义务教育优质均衡发展区，推进集团化办学	SZ11-2-7-1	12	214 234	31
完善标准规范，新改扩建幼儿园、中小学校178所，建成坪山、光明、龙岗高中园，加快深汕高中园建设，新增基础教育学位20万个。	SZ11-2-7-2	11 12	213 214	31

续表

政策单元内容	政策编号	政策领域	政策工具	政策主体
加大名校长、名园长、骨干教师培养引进力度。	SZ11-2-7-3	12	212	31
促进民办教育优质特色转型发展、国际教育规范发展。	SZ11-2-7-4	12	223	31
深入开展"双减"工作,推动体教融合、卫教融合、艺教融合,加大科普力度,加强卫生健康和心理健康教育。	SZ11-2-7-5	12	214 223	31 33
出台高等教育学科发展指导意见,推进高等教育高水平有特色发展。	SZ11-2-7-6	12	231	31
推动深圳职业技术学院、深圳信息职业技术学院建成本科层次职业院校。	SZ11-2-7-7	12	214	31
坚持医疗、医保、医药、医教联动,健全公共卫生、医疗服务、医护人员发展、卫生健康经费保障4个体系。	SZ11-2-7-8	13	214 231	31 33
推进市新华医院、中山大学附属七院二期、市第二儿童医院、大鹏新区人民医院、质子肿瘤治疗中心、全新机制医学科学院等在建项目建设,新增三甲医院2家,新增床位1200张。	SZ11-2-7-9	13	213 131	31
推进社康服务扩容提质,新增社康机构35家、全科医生800名。	SZ11-2-7-10	13	214 212	31
新引进高层次医学团队20个以上。	SZ11-2-7-11	13	212	33
推进国家感染性疾病临床医学研究中心、深圳大学医学部、中山大学医学院等建设。	SZ11-2-7-12	13	213	31
深化疾病预防控制体系改革,提高应对突发公共卫生事件能力。	SZ11-2-7-13	13	234	31
推进国家中医药综合改革试验区建设。	SZ11-2-7-14	13	213	31

续表

政策单元内容	政策编号	政策领域	政策工具	政策主体
健全重特大疾病医疗保障制度，探索罕见病用药保障机制。	SZ11-2-7-15	13	234	31
全面推进三级公立医院检查检验结果共享互认。	SZ11-2-7-16	13	214	31/33
坚持房子是用来住的、不是用来炒的定位，稳地价、稳房价、稳预期，出台发展公租房、保障性租赁住房和共有产权住房的政策措施，加强房地产市场监管，整顿规范房地产市场秩序，促进房地产业健康发展和良性循环。	SZ11-2-7-17	16	214 234	31 32
加大土地供应力度，供应居住用地3.65平方公里；公共住房投资390亿元，新开工住房面积1500万平方米，建设筹集公共住房11万套（间）、供应分配5.5万套（间）。	SZ11-2-7-18	16	211 231	31 32
完成老旧小区改造300个，深入推进城中村治理，整治燃气等不合理加价行为。	SZ11-2-7-19	16	213	31
健全养老服务体系，加强普惠性养老服务供给，新增长者服务中心10个以上。	SZ11-2-7-20	15	223	31
制定三孩生育政策配套措施，实现普惠性托育机构街道全覆盖，建设儿童友好城市。	SZ11-2-7-21	11	223 234	31 32

二 深圳市群众满意度调查指标体系（2013—2018）

群众满意度调查是指社会治理创新的群众获得感幸福感安全感调查。在2013—2018年的深圳社会建设实绩考核方案中，权重为20%。

附表2-1　　　　　深圳市群众满意度调查指标体系

序号	指标名称	具体测量指标	分值
1	获得感	民生获得感	3
2		经济获得感	4
3		政治获得感	1
4	幸福感	个体幸福感	3
5		社会幸福感	3
6	安全感	客观安全感	3
7		心理安全感	3

指标解释：

1. 群众获得感是经济社会发展成果的客观享有与主观感受的综合衡量，具体通过民生获得感、经济获得感和政治获得感三个二级维度测量。其中：

（1）民生获得感由生存保障获得感、发展保障获得感和基本公共服务状况满意度等测量维度构成；

（2）经济获得感由宏观经济获得感、个人经济获得感和分配公平获得感等测量维度构成；

（3）政治获得感由政治参与获得感和反腐倡廉获得感等测量维度构成。

2. 群众幸福感是对个体和社会有积极生命意义的长久快乐程度。具体通过个体幸福感和社会幸福感等二级维度测量。

（1）个体幸福感是生活满意度和个体情绪状态的综合评价，包含了认知成分和情感成分。采用生活满意度量表（Satisfaction With Life Scale，SWLS）和积极消极情感量表（Positive Affect and Negative Affect Schedule，PANAS）分别评估个体幸福感的认知成分和情感成分。

（2）社会幸福感从社会功能维度评价幸福感，由社会接纳、社会参与和社会融合等测量维度构成。采用简版心理健康连续体量表（Mental Health Continuum Short Form，MHC-SF）子量表来测量。

3. 群众安全感是对社会安全程度的实际感受，具体通过客观安全感、心理安全感等二级维度测量。其中：

（1）客观安全感由社会治安状况满意安全度等测量维度构成；

（2）心理安全感由人际安全感和确定控制感等测量维度构成。

三 深圳市社会治理创新工作群众满意度调查问卷*

尊敬的先生/女士：

您好！我是深圳市委政法委委托清华大学深圳研究生院课题组调查员。为向政府相关部门提供决策依据，我们组织了此次调查，希望得到您的支持和协助。调查需要耽误您一些时间，请把您的真实情况和想法告诉我们。调查资料仅供研究使用，我们将严格遵照《统计法》为您的个人信息保密。衷心感谢您！

清华大学深圳研究生院课题组
2018 年 10 月

A 基本情况

A1 您的年龄_____

1. 18—25 岁　　　　　　　　2. 26—35 岁

3. 36—45 岁　　　　　　　　4. 46—60 岁

5. 61—70 岁

A2 您在本区居住时间_____

1. 半年—3 年　　　　　　　　2. 4—6 年

3. 7—9 年　　　　　　　　　4. 10 年以上

A3 您的性别_____

1. 男　　　　　　　　　　　　2. 女

A4 您的户籍_____

1. 深圳户籍　　　　　　　　　2. 非深圳户籍

A5 您的受教育程度_____

---

* 注：调查对象：本市 18—70 周岁的常住人口。《中华人民共和国统计法》第三章第二十五条规定：统计调查中获得的能够识别或者推断单个统计调查对象身份的资料，任何单位和个人不得对外提供、泄露，不得用于统计以外的目的。

1. 初中及以下
2. 高中（含中专）
3. 大专/高职
4. 大学本科
5. 硕士研究生及以上

A6 您的职业_____

1. 公务员
2. 事业单位人员
3. 企业人员
4. 个体工商户
5. 自由职业者
6. 学生
7. 离退休人员
8. 无业（失业）
9. 其他

A7 您的婚姻状况_____

1. 未婚
2. 已婚
3. 丧偶
4. 离婚
5. 再婚

A8 在深圳您拥有的住房套数_____

1. 0 套
2. 1 套
3. 2 套或以上

A9 下图呈现的是一个 10 级阶梯，每一级代表了具有不同收入水平、受教育程度和职业声望的人在社会中所处的位置，10 级表示最高，1 级表示最低。【主观社会经济地位】

你认为自己目前在社会中的位置是_____（请填写梯子右边的数字）

你认为自己 5 年前在社会中的位置是_____（请填写梯子右边的数字）

你认为自己 5 年后在社会中的位置是_____（请填写梯子右边的数字）

B 调查评价内容

（一）生活满意度。以下有一些说法，请问是否符合您的真实想法？【幸福感之个体幸福感】

项目	同意程度
B11 我在深圳的生活大致符合我的理想	1 非常不符合 2 不符合 3 不确定 4 符合 5 非常符合
B12 我在深圳的生活状况非常圆满	1 非常不符合 2 不符合 3 不确定 4 符合 5 非常符合
B13 我满意自己在深圳的生活	1 非常不符合 2 不符合 3 不确定 4 符合 5 非常符合
B14 直到现在为止,我都能够得到我在生活上希望拥有的重要东西	1 非常不符合 2 不符合 3 不确定 4 符合 5 非常符合
B15 如果我能重新活过,差不多没有东西我想改变	1 非常不符合 2 不符合 3 不确定 4 符合 5 非常符合

(二)公共服务状况满意度【获得感之民生获得感】

B21 以下是关于当前本区公共教育服务的一些项目,请问您的满意度评价是?

项目	满意程度
B211 公共教育(普惠性幼儿园、九年义务教育等)质量	1 非常不满意 2 不满意 3 不确定 4 满意 5 非常满意
B212 教师队伍的素质	1 非常不满意 2 不满意 3 不确定 4 满意 5 非常满意
B213 非户籍人员子女义务教育惠及率	1 非常不满意 2 不满意 3 不确定 4 满意 5 非常满意

B22 以下是关于当前本区医疗服务的一些项目,请问您的评价是?

项目	评价等级
B221 基本医疗服务的可获得性	1 非常难获得 2 难获得 3 不确定 4 易获得 5 非常易获得
B222 您对医疗机构及医生的总体信任	1 非常不信任 2 不信任 3 不确定 4 信任 5 非常信任

续表

项目	评价等级
B223 首诊在基层卫生机构（社康中心）的意愿	1 非常不愿意　2 不愿意　3 不确定　4 愿意　5 非常愿意
B224 基本社会保险（五险）的保障情况	1 非常不满意　2 不满意　3 不确定　4 满意　5 非常满意

B23 以下是关于当前本区住房、交通的项目，请问您的满意度评价是？

项目	满意程度
B231 安居工程（人才住房和保障性住房）	1 非常不满意　2 不满意　3 不确定　4 满意　5 非常满意
B232 选择公共交通工具（公交车、地铁）出行意愿	1 非常不愿意　2 不愿意　3 不确定　4 愿意　5 非常愿意

B24 以下是关于当前本区公共文化设施的一些项目，请问您的满意度评价是？

项目	满意程度
B241 公共文化设施的数量	1 非常不满意　2 不满意　3 不确定　4 满意　5 非常满意
B242 公共文化设施的种类	1 非常不满意　2 不满意　3 不确定　4 满意　5 非常满意
B243 公共文化设施的质量	1 非常不满意　2 不满意　3 不确定　4 满意　5 非常满意

B25 以下是关于当前本区就业方面的一些服务项目，请问您的满意度评价是？

项目	满意程度
B251 就业服务及就业援助	1 非常不满意 2 不满意 3 不确定 4 满意 5 非常满意
B252 创业扶持力度	1 非常不满意 2 不满意 3 不确定 4 满意 5 非常满意

（三）经济获得感【获得感之经济获得感】

项目	满意程度
B31 您觉得深圳目前整体经济状况怎么样	1 非常不好 2 不好 3 不确定 4 好 5 非常好
B32 您家目前的经济情况怎么样	1 非常不好 2 不好 3 不确定 4 好 5 非常好
B33 您认为目前深圳经济状况与五年前相比有什么变化	1 非常不好 2 不好 3 不确定 4 好 5 非常好
B34 您家的经济情况与五年前相比有什么变化	1 非常不好 2 不好 3 不确定 4 好 5 非常好
B35 您认为五年后深圳的经济状况会有什么变化	1 非常不好 2 不好 3 不确定 4 好 5 非常好
B36 您家的经济情况五年后会有什么变化	1 非常不好 2 不好 3 不确定 4 好 5 非常好
B37 您觉得深圳目前贫富差距的状况如何	1 非常不好 2 不好 3 不确定 4 好 5 非常好

（四）下面是一些关于您最近心理状态的描述，请回答过去两周到一个月内，您感受到以下问题的次数。请仔细阅读并根据你的实际感受回答。【幸福感之社会幸福感】

项目	从来没有	1次或2次	每周1次	每周2次或3次	几乎每天	每天
B41 对社会有贡献	0	1	2	3	4	5
B42 属于一个团体（比如单位或邻居群体）	0	1	2	3	4	5

续表

项目	从来没有	1次或2次	每周1次	每周2次或3次	几乎每天	每天
B43 对我这样的人来说，社会正在变得越来越好	0	1	2	3	4	5
B44 大多数人是好的	0	1	2	3	4	5
B45 我认为这个社会运行的模式是合理的	0	1	2	3	4	5

（五）下面共有18个描述情绪的形容词，请阅读每一个词语并根据自己最近1周的情绪状态，在相应的答案上画圈。【幸福感之个体幸福感】

项目	几乎没有	比较少	适中	比较多	极其多
B51 活跃的	1	2	3	4	5
B52 羞愧的	0	1	2	3	4
B53 充满热情的	0	1	2	3	4
B54 难过的	0	1	2	3	4
B55 快乐的	0	1	2	3	4
B56 害怕的	0	1	2	3	4
B57 兴高采烈的	0	1	2	3	4
B58 紧张的	0	1	2	3	4
B59 兴奋的	0	1	2	3	4
B510 惊恐的	0	1	2	3	4
B511 自豪的	0	1	2	3	4
B512 易怒的	0	1	2	3	4
B513 欣喜的	0	1	2	3	4
B514 战战兢兢的	0	1	2	3	4
B515 精神充沛的	0	1	2	3	4
B516 内疚的	0	1	2	3	4
B517 感激的	0	1	2	3	4
B518 恼怒的	0	1	2	3	4

（六）心理安全感。个体在人际交往过程中的安全体验，以及对于生活工作的预测和控制感。【安全感之心理安全感】

	非常符合	基本符合	不确定	基本不符合	非常不符合
B61 人们说我是一个害羞和退缩的人	1	2	3	4	5
B62 我从来不敢主动说出自己的看法	1	2	3	4	5
B63 遇到不开心的事，我总是独自生闷气或者痛哭	1	2	3	4	5
B64 我总是担心自己的生活会变得一团糟	1	2	3	4	5
B65 我常常担心自己的思维或情感会失去控制	1	2	3	4	5
B66 我总是担心太好的朋友关系以后会变坏	1	2	3	4	5

（七）民众参与获得感。民众参与社会治理的程度。民众参与政府决策程度。【获得感之政治获得感】

项目	满意程度
B71 您在社区居委会的选举中，去投票了吗？	1 投了　2 不确定　3 没投
B72 总体而言，您觉得您所在社区上次的选举公平吗？	1 非常不公平　2 不公平　3 不确定　4 公平　5 非常公平

（八）公共安全感。以下项目是关于公共安全环境的描述，请问您的满意度评价是？【安全感之客观安全感】

项目	满意程度
B81 食品、药品安全放心程度	1 非常不满意 2 不满意 3 不确定 4 满意 5 非常满意
B82 交通安全程度	1 非常不满意 2 不满意 3 不确定 4 满意 5 非常满意
B83 消防保障满意度	1 非常不满意 2 不满意 3 不确定 4 满意 5 非常满意
B84 预防和打击违法犯罪（扫黑除恶）	1 非常不满意 2 不满意 3 不确定 4 满意 5 非常满意
B85 城市空气质量评价	1 非常不满意 2 不满意 3 不确定 4 满意 5 非常满意
B86 城市水污染治理力度	1 非常不满意 2 不满意 3 不确定 4 满意 5 非常满意

B9 请问您对深圳市今后加强社会治理创新工作有什么意见和建议？

访问结束。谢谢您的合作，祝您生活愉快！

调查完成日期：＿＿月＿＿日　调查员签名：＿＿＿＿＿＿＿调查员编码□□□

四　深圳市民生发展问卷

尊敬的市民：

您好！

为了深入了解深圳市民生发展情况，深圳市社科院和清华大学深圳国际研究生院联合课题组组织了这次调查，期盼您的支持和协助。这是一次匿名问卷调查，您只需在电子问卷上点击选项或者在纸质问卷上对所选答案打钩即可。我们会妥善处理收集到的资料，并保证资料的保密性。您的回答将代表众多和您一样的市民，并将对我市民生幸福的高质量建设提供帮助。

衷心感谢您的参与和配合！

深圳市社科院、清华大学深圳国际研究生院联合课题组

2021 年 8 月

（纸质卷）请在所选答案的序号上打"√"，如果是多选题请在多个答案的序号上打"√"。

（电子卷）请点击您所选中的选项。

1. 性别
①男 ②女
2. 年龄
①12—17 岁 ②18—29 岁
③30—39 岁 ④40—49 岁
⑤50—59 岁 ⑥60 岁及以上
3. 婚姻状况
①未婚 ②已婚
③离婚 ④丧偶
4. 受教育程度
①初中及以下 ②高中、技校及中专
③大专 ④大学本科
⑤硕士及以上
5. 您的户籍
①深圳户籍 ②省内非深户籍
③内地其他省市 ④港澳台地区
⑤其他国籍
6. 您目前居住的区域
①福田 ②罗湖
③南山 ④盐田
⑤宝安 ⑥龙岗
⑦光明 ⑧坪山
⑨龙华 ⑩大鹏
7. 居住房屋
①自购商品房/政策性住房 ②自建住房
③租住商品房 ④租住自建房
⑤租住政策性住房或集体宿舍 ⑥住在亲友家

⑦其他_____

8. 请问您的工作类型

①机关事业单位工作人员

②科研机构科研人员

③企业中高级管理人员

④私营企业主

⑤企业专业技术人员

⑥自雇用者（指不受雇于人的自由职业者）

⑦办事员（包括党政部门中不具有公务员身份的职工、事业单位临时聘用的办事人员、企业一般管理人员和办事员）

⑧个体工商户

⑨服务行业普通员工

⑩工人（包括技术工人、体力工人）

⑪学生

⑫其他_____（请注明）

9. 您的月均收入（包括工资性、经营性、财产性及转移性收入等）

①3000 元及以下　　　　②3001—5000 元

③5001—10000　　　　　④10001—20000 元

⑤20001—50000 元　　　⑥50000 元以上

10. 您在深圳的居住年限

①半年以内　　　　　　②半年到 1 年

③1 年（含）至 5 年　　④5 年（含）至 10 年

⑤10 年（含）以上

11. 您的生育状况

①未生育　　　　　　　②生育 1 个孩子

③生育 2 个孩子　　　　④生育 3 个孩子及以上

12. 总的来说，您对深圳的民生福祉情况满意吗？

①非常满意　　　　　　②比较满意

③一般　　　　　　　　④不太满意

⑤非常不满意

13. 您对深圳市的幼托服务（0—6岁，下同）满意吗？
①非常满意　　　　　　　　②比较满意
③一般　　　　　　　　　　④不太满意
⑤非常不满意　　　　　　　⑥不清楚

14. 您觉得深圳的幼托服务，比较满意的有哪些？（可多选）
①母婴室建设比较完善　　　②科学育儿指导较好
③婴幼儿卫生保健服务好　　④托幼机构选择多
⑤儿童户外活动场所多　　　⑥其他_____
⑦不清楚

15. 您觉得深圳的幼托服务，不满意的有哪些？（可多选）
①缺少普惠性幼托机构，多是高收费的早教机构
②幼儿园入园难
③幼儿园费用高
④幼儿园师资条件差
⑤产假、陪护假等假期较少
⑥其他_____
⑦不清楚

16. 您对于深圳市的幼托服务有哪些建议？（可多选）
①在街道、社区建设普惠性托幼机构
②支持用人单位提供婴幼儿照护服务
③加大公办或普惠性幼儿园建设
④支持幼儿园开设2—3岁幼儿托班
⑤给生育孩子家庭提供补贴和育儿指导
⑥落实产假、哺乳假等休假政策，探索育儿假
⑦提高幼托机构、幼儿园教师的整体素质
⑧其他_____
⑨不了解，无建议

17. 您对目前深圳的基础教育状况满意吗？
①非常满意　　　　　　　　②比较满意
③一般　　　　　　　　　　④不太满意
⑤非常不满意

18. 您觉得深圳的基础教育，比较满意的有哪些？（可多选）
①教育质量高　　　　　　②老师素质高
③升学率高　　　　　　　④学校硬件条件好
⑤政府投入大　　　　　　⑥教学理念先进
⑦午托和课后延时服务解决较好　⑧其他_____
⑨说不清

19. 您觉得深圳的基础教育，不满意的有哪些？（可多选）
①学位紧张，入学难
②课程内学业负担重
③课外负担压力大
④教育资源不均衡，名校和普通学校差距大
⑤教学水平不高
⑥普高录取率低
⑦午托和校外延时服务不完善
⑧大班额问题
⑨其他_____
⑩说不清

20. 您对于深圳的基础教育有哪些建议？（可多选）
①加大义务教育学位供给
②加大普通高中学位供给
③减轻中小学学业负担
④义务教育阶段实施大学区政策
⑤更加重视素质教育
⑥多引进国内外优质学校
⑦实施均衡发展，缩小学校之间差距
⑧减少大班额现象
⑨其他_____
⑩说不清

21. 您对您目前的劳动就业状况满意吗？
①非常满意　　　　　　　②比较满意
③一般　　　　　　　　　④不太满意

⑤非常不满意　　　　　　⑥退休
⑦未工作

22. 您觉得深圳市在劳动就业方面，有哪些比较满意的？（可多选）

①就业机会多　　　　　　②工资水平相对较高
③公共就业服务政策好　　④创业环境好
⑤发展空间大　　　　　　⑥自我提升快
⑦其他_____　　　　　⑧说不清

23. 您觉得深圳市在劳动就业方面，有哪些不满意的？（可多选）

①就业机会少　　　　　　②工资水平低
③工资节奏快　　　　　　④生活成本高
⑤劳动合同签订不规范　　⑥五险一金保障不规范
⑦缺少在职培训　　　　　⑧劳动环境差
⑨其他_____　　　　　⑩说不清

24. 您对于深圳市劳动就业有什么建议？（可多选）

①多发展吸纳就业能力强的产业和企业
②积极发展新兴产业新兴业态
③通过贷款、孵化等方式，扶持创业带动就业
④加大在职员工职业技能培训
⑤帮助就业困难群体就业
⑥多开发公益性岗位
⑦其他_____
⑧不了解，无建议

25. 您对目前深圳的医疗服务满意吗？

①非常满意　　　　　　　②比较满意
③一般　　　　　　　　　④不太满意
⑤非常不满意

26. 您觉得深圳的医疗服务，比较满意的有哪些？（可多选）

①医院设备好　　　　　　②医疗技术好
③医保报销比较完善　　　④就医便利度高

⑤医疗机构服务态度好　　　⑥医风医德好
⑦其他_____　　　　　⑧医疗智能化、数字化程度高

27. 您觉得深圳的医疗服务，不满意的有哪些？（可多选）
①大病还需要到外地治疗
②社康中心缺医少药
③看病等候时间长，就诊流程费时耗力
④看病价格较贵
⑤医生服务态度差，医患沟通不到位
⑥乱开药，过度检查、诊疗问题
⑦医保报销不方便
⑧其他_____

28. 您对于深圳的医疗服务有哪些建议？（可多选）
①多建高水平医院　　　　②引进或培养更多高水平医生
③提高社康中心医疗水平　④增加医学院数量
⑤改善医患关系　　　　　⑥解决看病贵问题
⑦改善就医环境　　　　　⑧改善医生服务态度问题
⑨完善医疗异地报销制度　⑩其他_____

29. 您对深圳的养老服务满意吗？
①非常满意　　　　　　　②比较满意
③一般　　　　　　　　　④不太满意
⑤非常不满意　　　　　　⑥不清楚

30. 您觉得深圳市在养老方面，比较满意的有哪些？（可多选）
①敬老优待政策比较优惠　②老年人免费体检
③养老院入住比较容易　　④高龄津贴标准较高
⑤老年人文体活动比较丰富　⑥医养结合比较完善
⑦其他_____　　　　　⑧不清楚

31. 您觉得深圳市在养老方面，有哪些不满意的？（可多选）
①居家养老专业化水平低
②社区养老设施和服务内容不完善
③养老院收费高
④缺少家庭养老服务

⑤养老服务人员素质不高

⑥缺少高端养老公寓

⑦其他_____

⑧说不清

32. 您对于深圳市的养老服务有哪些建议？（可多选）

①提高居家养老专业化水平

②加大社区养老设施建设

③加大养老院建设

④提供家庭养老床位服务

⑤实施家庭适老化改造

⑥大力推进医养融合养老模式

⑦创新发展智慧养老服

⑧提供面向照料者的临时替代服务（喘息服务）

⑨提高养老服务队伍专业化水平

⑩其他_____

⑪不了解，无建议

33. 您对您目前在深圳的居住状况满意吗？

①非常满意　　　　　　　②比较满意

③一般　　　　　　　　　④不太满意

⑤非常不满意

34. 您觉得深圳市在住房建设和保障方面，比较满意的有哪些？（可多选）

①住房配套设施较好

②住房建筑质量较高

③保障房申请比较便捷

④居住生态环境较好（空气、绿化、水等）

⑤其他_____

35. 您觉得深圳市在住房建设和保障方面，不满意的有哪些？（可多选）

①房价过高

②房租过高

③保障性住房申请较难

④交通、商业服务等配套设施需要加强

⑤职住分离问题严重

⑥其他_____

36. 您对于深圳市的住房建设和保障有哪些建议？（可多选）

①控制房地产价格

②控制房租水平

③多建保障性住房，保障更多人群

④给中低收入者一定住房补贴

⑤完善配套设施，改善居住环境

⑥妥善解决职住分离问题

⑦其他_____

⑧说不清

37. 您对深圳的社会福利和社会救助满意吗？

①非常满意　　　　　　②比较满意

③一般　　　　　　　　④不太满意

⑤非常不满意　　　　　⑥不清楚

38. 您对深圳市社会福利和社会救助，比较满意的有哪些？（可多选）

①最低生活保障标准高

②社会救助申请比较便利

③综合社会救助水平高（含教育、住房、医疗等救助）

④社会保险体系比较完善

⑤有很强的志愿精神

⑥社会组织较为发达

⑦儿童友好型保障较好

⑧其他_____

39. 您觉得深圳的社会福利和社会救助，不满意的有哪些？（可多选）

①无障碍设施不完善　　　②社会救助的受惠面较少

③自闭症等特殊群体救助不完善　　④缺乏心理救助

⑤社会救助的专业化水平不高　⑥残疾人就业难

⑦大病等支出型贫困救助不完善　⑧其他＿＿＿＿＿＿

⑨说不清

40. 您对于深圳市社会福利和社会救助有哪些建议？（可多选）

①提高最低生活保障标准

②完善住房、教育、医疗等专项救助

③适当扩大社会福利和救助范围，实施更加普惠性的社会福利和救助政策

④增加心理服务

⑤实施更为精准的救助

⑥保护受助者的隐私

⑦提高社会救助专业化水平

⑧其他＿＿＿＿＿＿＿＿

⑨说不清

41. 您对深圳的城市安全满意吗？

①非常满意　　　　　　　　②比较满意

③一般　　　　　　　　　　④不太满意

⑤非常不满意

42. 以下几个城市安全领域中，您觉得最满意的是哪些？（可多选）

①社会治安　　　　　　　　②食品安全

③交通安全　　　　　　　　④供水供电安全

⑤公共卫生安全　　　　　　⑥灾害防御安全

⑦消防安全　　　　　　　　⑧信息安全

⑨其他＿＿＿＿＿＿＿＿

43. 以下几个城市安全领域中，您觉得最需要改善的是哪些？（可多选）

①社会治安　　　　　　　　②食品安全

③交通安全　　　　　　　　④供水供电安全

⑤公共卫生安全　　　　　　⑥灾害防御安全

⑦消防安全　　　　　　　　⑧信息安全

⑨其他＿＿＿＿＿＿＿

44. 您对于深圳的城市安全有哪些建议？（可多选）

①持续推动"扫黑除恶"专项行动

②加大电信诈骗的防范和治理

③加大消防安全整治

④加大交通安全整治

⑤提高食品药品安全水平

⑥保护信息安全和个人隐私

⑦提高市民公共安全意识

⑧加大公共卫生安全

⑨其他＿＿＿＿＿＿＿＿＿＿

45. 下面共有18个描述情绪的形容词，请阅读每一个词语并根据自己最近1周的情绪状态，在相应的答案上画圈。

项目	比较少	适中	比较多	极其多
C51 活跃的	1	2	3	4
C52 羞愧的	1	2	3	4
C53 充满热情的	1	2	3	4
C54 难过的	1	2	3	4
C55 快乐的	1	2	3	4
C56 害怕的	1	2	3	4
C57 兴高采烈的	1	2	3	4
C58 紧张的	1	2	3	4
C59 兴奋的	1	2	3	4
C510 惊恐的	1	2	3	4
C511 自豪的	1	2	3	4
C512 易怒的	1	2	3	4
C513 欣喜的	1	2	3	4
C514 战战兢兢的	1	2	3	4
C515 精神充沛的	1	2	3	4
C516 内疚的	1	2	3	4
C517 感激的	1	2	3	4
C518 恼怒的	1	2	3	4

46. 生活满意度。以下有一些说法，请问是否符合您的真实

想法？

项目	同意程度				
	非常不符合	不符合	不确定	符合	非常符合
C61 我在深圳的生活大致符合我的理想	1	2	3	4	5
C62 我在深圳的生活状况非常圆满	1	2	3	4	5
C63 我满意自己在深圳的生活	1	2	3	4	5
C64 直到现在为止，我都能够得到我在生活上希望拥有的重要东西	1	2	3	4	5
C65 如果我能重新活过，差不多没有东西我想改变	1	2	3	4	5

47. 下图呈现的是一个10级阶梯，每一级代表了具有不同收入水平、受教育程度和职业声望的人在社会中所处的位置，10级表示最高，1级表示最低。

你认为自己目前在社会中的位置是_____（请填写梯子右边的数字）

你认为自己5年前在社会中的位置是_____（请填写梯子右边的数字）

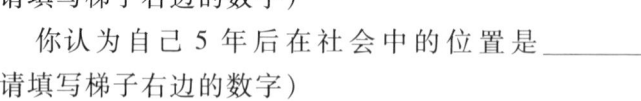

你认为自己5年后在社会中的位置是_____（请填写梯子右边的数字）

感谢您的合作，谢谢！

五　深圳市民生发展调研抽样方案

深圳市民生幸福标杆城市建设调查2021年抽样方案

（一）研究对象

调研对象为深圳市12岁以上的常住人口（深圳户籍和非深户籍）。

（二）抽样方法

1. 方法

分层抽样。

2. 样本量

有效样本量为6000份。按照10%的无效样本量计算，应收集问卷6600份。

3. 样本分配

根据《深圳统计年鉴（2020）》中各区常住人口数量的比例，本研究将总样本量6600份分配如下。

附表5-1　　　　　　　　本研究的抽样框

地区	常住人口	比例	样本量	备注
全市	1334.55	100%	6600	样本应包含小区、城中村、工厂宿舍等人口
福田区	166.29	12.46%	822	
罗湖区	105.66	7.92%	523	
盐田区	24.36	1.83%	120	
南山区	154.58	11.58%	764	
宝安区	334.25	25.05%	1653	
龙岗区	250.86	18.80%	1241	
龙华区	170.63	12.79%	844	
坪山区	46.3	3.47%	229	
光明区	65.8	4.93%	325	
大鹏新区	15.82	1.19%	78	

（三）注意细节

1. 问卷将采取线上和线下的模式进行收集；

2. 每一个区将会建立一个独立的问卷星链接；

3. 问卷里面设置了测谎题，如果错误将会删除数据。

清华大学深圳国际研究生院课题组

2021年6月

六 深圳市民生幸福标杆城市指数的编制方法

1. 深圳市民生幸福标杆城市发展指数体系的架构

深圳市民生幸福标杆城市发展指数体系架构的确立，既参考了已有的民生幸福体系建设的经验，又结合了自身的特点和实践成果。该指数体系以建设"民生幸福标杆"城市为总目标，分解幼有善育、学有优教、劳有厚得、病有良医、老有颐养、住有宜居、弱有众扶七个维度作为客观指标体系，共由 7 个一级指标、35 个二级指标组成。在指标设置上采用专家咨询法和主成分分析法，专家咨询法即德尔菲法：依据系统的程序，采用匿名发表意见的方式，即团队成员之间不互相讨论，不发生横向联系，只能与调查人员发生关系，反复地填写问卷，以集结问卷填写人的共识及搜集各方意见。主成分分析法也称主分量分析，是充分利用降维方法，把多个指标转化为少数几个综合指标，即主成分，其中每个主成分都能够反映原始变量的大部分信息，且所含信息互不重复，可使问题简单化，具有信息聚合功能，也具有指标筛选功能。

在数据采集方面，共采集了从 2012 年至 2022 年十年的数据。

2. 评价方法

根据确定的指标体系，本章采用层次分析法对深圳市民生幸福标杆城市发展进行测定及评价，即将一个复杂的多目标决策问题作为一个系统，将目标分解为多个目标或准则，进而分解为多指标的若干层次，通过定性指标模糊量化方法算出层次单排序（权数）和总排序，以作为目标（多指标）、多方案优化决策的系统方法。主要步骤为权数的确定、指标指数化、综合指数的合成。

（1）基准年

深圳市民生幸福标杆城市发展指数是一个相对指数，深圳市民生幸福标杆城市建设的成绩为相对一个过去的参考年来度量。经过认真的研究，采纳了相关专家学者的意见，并根据深圳市民生幸福标杆城市建设的实际情况，最终以 2012 年作为基准年，以 2012 年的数据作为基期数据。因此，2012 年深圳市民生幸福标杆城市发展指数为 100.00 点。

(2) 权重

权重的确定是综合评价的重要问题之一，本章采用专家小组法，具体方法为向民生领域相关专家发放问卷，对 7 个一级指标以及各一级指标下的二级指标的重要程度进行打分，最后根据结果进行汇总，对 7 个一级指标以及各一级指标下的二级指标赋予不同的权重。其中幼有善育为 6.4%、学有优教 13.5%、劳有厚得 11.4%、病有良医 23.6%、老有颐养 13.5%、住有宜居 11.7%、弱有众扶 19.9%。

(3) 指数化方法

本章采用指数法对指标进行无量纲处理。指数法在处理数据的过程中含义直观明确，约束条件较少，便于比较，可操作性较强。深圳市民生幸福标杆城市指标体系既有正指标，又有逆指标，所以无量纲化处理的具体方法有所不同。

①正指标的无量纲化

$$z_i = \frac{x_i}{x_{il}} \times 100\%$$

其中 z_i 为 x_i 的无量纲化值，x_i 为实际值，x_{il} 为目标值。

②逆指标的无量纲化

$$z_i = \frac{x_{il} + A}{x_i + A} \times 100\%$$

其中 z_i 为 x_i 的无量纲化值，x_i 为实际值，x_{il} 为目标值，A 根据需要可取 50 左右的数值。

(4) 总指数的合成

采用线性加权方法，先由二级指标合成一级指标，再将一级指标合成总指数，其一般形式为：

$$f = \sum w_i z_i$$

其中 z_i 为 x_i 的无量纲化值，w_i 是 z_i 的权数。

参考文献

一 中文

（一）专著

习近平：《习近平谈"一带一路"》，中央文献出版社2018年版。

《习近平谈治国理政》第4卷，外文出版社2022年版。

习近平：《在浦东开发开放30周年庆祝大会上的讲话》，人民出版社2020年版。

范伟军、方映灵：《深圳蓝皮书：深圳社会治理与发展报告（2021）》，社会科学文献出版社2021年版。

国务院研究室编写组：《十三届全国人大五次会议〈政府工作报告〉辅导读本》，人民出版社、中国言实出版社2022年版。

黄希庭：《城市幸福指数研究》，重庆出版社2020年版。

经济合作与发展组织：《民生问题：衡量社会幸福的11个指标》，新华出版社2012年版。

乐正：《2007年：中国深圳发展报告》，社会科学文献出版社2007年版。

罗建文：《社会发展理念与民生幸福研究》，中国社会科学出版社2012年版。

彭凯平、孙沛、倪士光：《中国积极心理测评手册》，清华大学出版社2022年版。

邱志强：《走向幸福共享——江苏民生幸福建设研究》，南京大学出版社2015年版。

《十八大以来治国理政新成就》编写组编：《十八大以来治国理政新成就》，人民出版社2017年版。

谢志岿、方映灵主编：《深圳社会治理和发展报告（2020）》，社会科学文献出版社2020年版。

中共中央文献研究室编：《习近平关于青少年和共青团工作论述摘编》，中央文献出版社2017年版。

［美］戴维·吕肯：《幸福的心理学》，黄敏儿译，北京大学出版社2008年版。

［美］马丁·塞利格曼：《持续的幸福》，赵昱鲲译，浙江人民出版社2012年版。

（二）期刊

《习近平：改革既要往增添发展新动力方向前进也要往维护社会公平正义方向前进》，《共产党员》2016年第10期。

习近平：《切实把思想统一到党的十八届三中全会精神上来》，《求是》2014年第1期。

习近平：《在河北省阜平县考察扶贫开发工作时的讲话》，《共产党人（河北）》2021年第4期。

朝克、何浩、李佳钰：《国民幸福指数评价体系构建及实证》，《统计与决策》2016年第4期。

陈惠雄：《"快乐经济学"的质疑与释疑》，《学术月刊》2010年第3期。

陈惠雄：《社会幸福：基于学说史的视角》，《社会科学战线》2014年第2期。

陈如平、安雪慧、张琨：《构建优质均等的基本公共特殊教育服务体系》，《中国特殊教育》2022年第5期。

陈盛兰：《共建共治共享视域下推进市域社会治理现代化的逻辑理路》，《中共福建省委党校（福建行政学院）学报》2022年第2期。

陈雪峰：《社会心理服务体系建设的研究与实践》，《中国科学院院刊》2018年第3期。

陈志霞、徐杰：《基于TOPSIS与灰色关联分析的城市幸福指数评价》，《统计与决策》2021年第9期。

单孝虹：《中国共产党民生观演进探析》，《毛泽东思想研究》2008年第5期。

范如国、张宏娟:《民生福祉评价模型及增进策略——基于信度、结构效度分析和结构方程模型》,《经济管理》2012 年第 9 期。

高琳:《分权与民生:财政自主权影响公共服务满意度的经验研究》,《经济研究》2012 年第 7 期。

关信平:《全面建成小康社会条件下我国普惠性民生建设的方向与重点》,《经济社会体制比较》2020 年第 5 期。

何建华:《公平正义:民生幸福的伦理基础》,《浙江社会科学》2014 年第 5 期。

胡平等:《心理学在社会服务体系中作用的思考——以复原力建设为例》,《心理科学进展》2020 年第 1 期。

黄欢欢、肖明朝、童立纺、曹松梅、赵庆华:《基于复杂适应系统理论构建韧性养老机构的研究进展》,《中华现代护理杂志》2021 年第 19 期。

黄建军:《民生幸福:政府善治的价值导向》,《湖北社会科学》2012 年第 11 期。

金戈、史晋川:《多种类型公共支出与经济增长》,《经济研究》2010 年第 7 期。

李梅、彭国胜:《民生是如何影响民主的——基于政治与经济绩效感知的中介效应》,《领导科学》2022 年第 2 期。

李淑芳、熊傲然、刘欣:《推进基本公共服务均等化的三重困境与破解之道》,《财会月刊》2022 年第 8 期。

刘建华、王智慧、梁海源:《后奥运时期北京市女性居民幸福指数及生活满意度状况研究》,《成都体育学院学报》2009 年第 10 期。

刘小钧:《城市社会治理重心下移:内涵、动因和路径》,《江汉论坛》2022 年第 7 期。

刘歆、吕敏、苏百义:《幸福的理论渊源、科学内涵及实践向度——基于马克思主义的视角》,《社科纵横》2019 年第 12 期。

刘学程、宋大强:《公共服务影响民生幸福的机制与路径》,《经贸实践》2016 年第 10 期。

苗振国、王贵忠:《公共幸福:我国公共政策的终极价值取向》,《甘肃行政学院学报》2007 年第 2 期。

乔军华、刘远、俞明传:《社会治理水平提升居民幸福感的门槛效应》,《上海师范大学学报》(哲学社会科学版) 2021 年第 4 期。

邱林、郑雪、王雁飞:《积极情感消极情感量表 (PANAS) 的修订》,《应用心理学》2008 年第 3 期。

邱伟国、袁威、关文晋:《农村居民民生保障获得感:影响因素、水平测度及其优化》,《财经科学》2019 年第 5 期。

孙钰等:《京津冀城市群基本公共文化服务水平的时空演变、溢出效应与驱动因素研究》,《北京联合大学学报》(人文社会科学版) 2022 年第 2 期。

檀学文、吴国宝:《福祉测量理论与实践的新进展——"加速城镇化背景下福祉测量及其政策应用"国际论坛综述》,《中国农村经济》2014 年第 9 期。

汤黎明:《北京和维也纳居民生活幸福感的比较研究》,《价格理论与实践》2012 年第 3 期。

唐建兵:《"不丹模式"对国民幸福构建的借鉴与启示》,《理论与改革》2011 年第 6 期。

唐任伍:《新中国民生发展 70 年:成就、理念及对世界的贡献》,《人民论坛·学术前沿》2020 年第 24 期。

田红娟:《幸福民生的意蕴及践行路径——基于马克思主义幸福观的视角》,《人民论坛:中旬刊》2013 年第 11 期。

王汉林:《幸福学研究及其对建设幸福城市的启示》,《科学经济社会》2012 年第 2 期。

王慧慧:《民生因素与城乡居民幸福感——基于 CGSS 数据的实证分析》,《中南财经政法大学学报》2014 年第 5 期。

王英家、贾晓俊:《清单制、分类转移支付与国家治理转型》,《西北民族大学学报》(哲学社会科学版) 2021 年第 6 期。

王俊秀:《社会心理服务体系建设与应急管理创新》,《人民论坛·学术前沿》2019 年第 5 期。

王秋芳、李婷、倪士光:《软韧性视角下积极韧性医院模型构建研究》,《中国医院管理》2022 年第 1 期。

谢志岿、李卓:《论共建共治共享的民生发展格局的内涵与路径——

对先行示范区民生幸福标杆战略定位的理论探讨》,《深圳社会科学》2020年第1期。

邢占军:《居民文化福祉的研究与提升对策》,《人文天下》2017年第9期。

徐世清、张宝龄、倪士光:《深圳市流动人口城市公平感和社会支持在生活压力源与抑郁间的作用》,《医学与社会》2021年第6期。

尤莉莉等:《国家基本公共卫生服务项目实施十年:挑战与建议》,《中国全科医学》2022年第26期。

俞国良:《社会转型:社会心理服务与社会心理建设》,《心理与行为研究》2017年第4期。

张慧芳、牛芳:《中国发展的终极目标是什么?——一个基于幸福悖论的视域》,《人文杂志》2013年第7期。

张弥:《民生幸福指标体系的构建:一个初步框架》,《科学社会主义》2014年第3期。

张远新、吴素霞:《习近平治国理政的民生逻辑》,《思想理论教育导刊》2017年第11期。

张占斌:《以制度系统集成创新扎实推动共同富裕》,《马克思主义与现实》2022年第2期。

郑功成:《中国民生保障制度:实践路径与理论逻辑》,《学术界》2019年第11期。

周静、高颖:《国内基本公共服务供给的测度及其对民生福祉的影响:一个文献综述》,《当代经济管理》2022年第3期。

周绍杰、王洪川、苏杨:《中国人如何能有更高水平的幸福感——基于中国民生指数调查》,《管理世界》2015年第6期。

周奕、陈惠雄:《职业、收入、社会满意度:多阶层收入—幸福关系比较分析》,《生产力研究》2014年第7期。

朱民阳:《以人民幸福评估发展——幸福江阴综合评价指标体系构建的实践与思考》,《行政管理改革》2011年第3期。

朱德玉、孙瑞红、叶欣梁:《基于Citespace的国内旅游供应链研究分析》,《物流科技》2021年第4期。

(三) 学位论文

胡俊:《公共财政支出对民生幸福指数的影响及其效益分析——基于

云南省数据的实证研究》，硕士学位论文，云南财经大学，2012年。

柳李仙：《民生问题的伦理探析》，硕士学位论文，长沙理工大学，2012年。

苗元江：《心理学视野中的幸福——幸福感理论与测评研究》，博士学位论文，南京师范大学，2003年。

邢占军：《中国城市居民主观幸福感量表的编制研究》，博士学位论文，华东师范大学，2003年。

徐小芳：《中国民生财政支出的国民幸福效应研究》，博士学位论文，华东师范大学，2020年。

（四）报纸

胡锦涛：《高举中国特色社会主义伟大旗帜 为夺取全面建设小康社会新胜利而奋斗——在中国共产党第十七次全国代表大会上的报告》，《人民日报》2007年10月25日第1版。

习近平：《决胜全面建成小康社会 夺取新时代中国特色社会主义伟大胜利——在中国共产党第十九次全国代表大会上的报告》，《人民日报》2017年10月18日第1版。

习近平：《在深圳经济特区建立40周年庆祝大会上的讲话》，《人民日报》2020年10月15日第2版。

任理轩：《坚持共享发展》，《人民日报》2015年12月24日。

《中共中央关于坚持和完善中国特色社会主义制度 推进国家治理体系和治理能力现代化若干重大问题的决定》，《人民日报》2019年11月6日第1版。

《中共中央关于制定国民经济和社会发展第十三个五年规划的建议》，《人民日报》2015年11月4日第1版。

《中共中央国务院关于支持深圳建设中国特色社会主义先行示范区的意见》，《人民日报》2019年8月19日第1版。

《中华人民共和国国民经济和社会发展第十二个五年规划纲要》，《人民日报》2011年3月17日第1版。

《中华人民共和国国民经济和社会发展第十四个五年规划和2035年远景目标纲要》，《人民日报》2021年3月13日第1版。

二 外文

Adler, N. E., Epel, E. S., Castellazzo, G., & Ickovics, J. R., "Relationship of Subjective and Objective Social Status with Psychological and Physiological Functioning: Preliminary Data in Healthy, White Women", *Health Psychology*, Vol. 19, No. 6, 2000.

Ai-Thu, Dan., "Amartya Sen's Capability Approach: A Framework for Well-Being Evaluation and Policy Analysis?", *Review of Social Economy*, Taylor & Francis Journals, Vol. 72, No. 4, October 2014, pp. 460 – 484.

Alfonso, V. C., Allison, D. B., and Gorman, R. B. S., "The Extended Satisfaction with Life Scale: Development and Psychometric Properties", *Social Indicators Research*, Vol. 38, No. 3, 1996, pp. 275 – 301.

Algan, Y. et al., "Big Data Measures of Well-Being: Evidence from A Google Well-Being Index in the United States", *OECD Statistics Working Papers*, No. 3, 2016, pp. 6 – 36.

Andres, L., Bryson, J. R. and Moawad, P., "Temporary Urbanisms as Policy Alternatives to Enhance Health and Well-Being in the Post-Pandemic City", *Current Environmental Health Reports*, Vol. 8, No. 2, 2021, pp. 167 – 176.

Andrews, F. M., and Withey, S. B., "Social Indicators of Well-being: America's Perception of Life Quality", *Springer US*, 1976.

Baker, L. D., Berghoff, C. R. Kuo, J. L. and Quevillon, R. P., "Associations of Police Officer Health Behaviors and Subjective Well-Being: The Role of Psychological Flexibility", *European Journal of Health Psychology*, Vol. 27, No. 3, 2020, pp. 98 – 108.

Bethell, C. D., Carle A., Hudziak J., Gombojav N. Powers, K. Wade, R. and Braveman, P., "Methods to Assess Adverse Childhood Experiences of Children and Families: Toward Approaches to Promote Child Well-being in Policy and Practice", *Academic Pediatrics*, Vol. 17, No. 7, 2017, pp. S51 – S69.

Biswas-Diener, R., Vitters, J., and Diener, E., "The Danish Effect: Beginning to Explain High Well-Being in Denmark", *Social Indicators Research*, Vol. 97, No. 2, 2010, pp. 229 – 246.

Blanchflower, D. G., & Oswald, A., "Is well-being U-shaped Over the Life Cycle?" *Social Science & Medicine*, Vol. 66, No. 8, 2007.

Busseri, M. A., Sadava, S. W., "A Review of the Tripartite Structure of Subjective Well-Being: Implications for Conceptualization, Operationalization, Analysis, and Synthesis", *Personality and Social Psychology Review*, Vol. 15, No. 3, 2011.

Campbell, A., Converse, P. E., and Rodgers, W. L., "The Quality of American Life: Perceptions, Evaluations, and Satisfactions", *Academy of Management Review*, Vol. 2, No. 4, 1976, pp. 694.

Canvin, K., Marttila, A., Burstrom, B., & Whitehead, M., "Tales of the Unexpected? Hidden Resilience in Poor Households in Britain", *Social Science & Medicine*, Vol. 69, No. 2, 2009, pp. 238 – 245.

Coote, A., "Universal Basic Services and Sustainable Consumption", *Sustainability: Science, Practice and Policy*, Vol. 17, No. 1, 2021.

Cox, R. S., & Perry, K. M., "Like a Fish Out of Water: Reconsidering Disaster Recovery and the Role of Place and Social Capital in Community Disaster Resilience", *American Journal of Community Psychology*, Vol. 48, No. 3 – 4, 2011, pp. 395 – 411.

Davis, R., Cook, D., & Cohen, L., "A Community Resilience Approach to Reducing Ethnic and Racial Disparities in Health", *American Journal of Community Psychology*, Vol. 95, No. 12, 2005, pp. 2168 – 2173.

Demakakos, P., Nazroo, J., Breeze, E., et al., "Socioeconomic Status and Health: The Role of Subjective Social Status", *Social Science and Medicine*, Vol. 67, No. 2, 2008.

Diener, E. et al., "The Satisfactionwith Life Scale", *Journal of Personality Assessment*, Vol. 49, No. 1, 1985, pp. 71 – 75.

Diener, E., Suh, E. M., Lucas, R. E., & Smith, H. L., "Subjective Well-being: Three Decades of Progress", *Psychological Bulletin*,

Vol. 125, No. 2, 1999, pp. 276 – 302.

Dreby, J., "US Immigration Policy and Family Separation: The Consequences for Children's Well-being", *Social Science & Medicine*, Vol. 132, pp. 245 – 251.

Easterlin, R. A., "Does Economic Growth Improve the Human Lot? Some Empirical Evidence", in Davi, P. A. & Reder, M. W., eds., *Nations and Household sin Economic Growth: Essays in Honor of Moses Abramovitz*, NewYork: Academic Press, 1974.

Ferreri, M., "1. Temporary Urbanism: A Situated Approach", *The Permanence of Temporary Urbanism: Normalising Precarity in Austerity London*, Amsterdam: Amsterdam University Press, 2021, pp. 9 – 28.

Finkelstein, N., Rechberger, E., Russell, L. A., Van DeMark, N. R., Noether, C. D., O'Keefe, M., Rael, M., "Building Resilience in Children of Mothers who Have Co-occurring Disordersand Histories of Violence-Intervention Model and Implementation Issues", *Journal of Behavioral Health Services & Research*, Vol. 32, No. 2, 2005, pp. 141 – 154.

Forgeard, M. J. C., Jayawickreme, E., Kern, M. L., Seligman, M. E. P., "Doing the Right Thing: Measuring Well-being for Public Policy", *International Journal of Wellbeing*, Vol. 1, No. 1, 2011.

Frey, B. S., Stutzer, A., "Happiness Research: State and Prospects", *Review of Social Economy*, Vol. 63, No. 2, 2005.

Graham, C., Laffan, K., and Pinto, S., "Well-being in metrics and Policy", *Science*, Vol. 362, No. 6412, 2018, pp. 287 – 288.

Grigorenko, E. L., Jarvin, L., Kaani, B., Kapungulya, P. P., Kwiatkowski, J., & Sternberg, R. J., "Risk Factors and Resilience in the Developing World: one of Many Lessons to Learn", *Development and Psychopathology*, Vol. 19, No. 3, 2007, pp. 747 – 765.

Harnett, P. H., Kelly, M. C. and Gullo, M. J., "The Impact of Posttraumatic Stress Disorder on the Psychological Distress, Positivity, and Well-Being of Australian Police Officers", *Psychological Trauma-Theo-*

ry Research Practice and Policy, 2021.

Helliwell, J. F., Huang, H., "How's your Government? International Evidence Linking Good Government and Well-being", *British Journal of Political Science*, Vol. 38, No. 4, 2008.

Hills, P., and Argyle, M., "The Oxford Happiness Questionnaire: A Compact Scale for the Measurement of Psychological Well-being", *Personality & Individual Differences*, Vol. 33, No. 7, 2002, pp. 1073 – 1082.

Ingeborg, F. V., and Kai, R., "Setting National Policy Agendas in Light of the Denmark Results for Well-being", *JAMA Psychiatry*, Vol. 74, No. 8, 2017, pp. 1 – 2.

Jency, M., " 'Happiness Index' -The Footsteps Towards Sustainable Development", *International Research Journal of Engineering and Technology (IRJET)*, Vol. 6, No. 12, 2019, pp. 615 – 619.

Jiang, J., Song, Y., Ke, Y., et al., "Is Disciplinary Culture A Moderator between Materialism and Subjective Well-being? A Three-wave Longitudinal Study", *Journal of Happiness Studies*, Vol. 17, No. 4, 2016.

Keyes, C. L., & Simoes, E. J. J., "To Flourish or Not: Positive Mental Health and All-cause Mortality", *American Journal of Public Health*, Vol. 102, No. 11, 2012, pp. 2164 – 2172.

Keyes, C., "Social Well-Being", *Social Psychology Quarterly*, Vol. 61, No. 2, 1998, pp. 121 – 140.

Keyes, C., Shmotkin, D., and Ryff, C. D., "Optimizing Well-being: The Empirical Encounter of Two Traditions", *Journal of Personality and Social Psychology*, Vol. 82, No. 6, 2002, pp. 1007 – 1022.

Kipo-Sunyehzi, D. D., "Global Social Welfare and Social Policy Debates: Ghana's Health Insurance Scheme Promotion of the Well-Being of Vulnerable Groups", *Journal of Social Service Research*, Vol. 47, No. 1, 2021, pp. 73 – 87.

Knight, C., "A Resilience Framework: Perspectives for Educators", *Health Education*, Vol. 107, No. 6, 2007, p. 543.

Masnavi, M., et al., "Exploring Urban Resilience Thinking for Its Application in Urban Planning: A Review of Literature", *International Journal of Environmental Science and Technology*, Vol. 16, No. 1, 2019, pp. 567 – 582.

Meyer, A. L. , and Farrell, A. D. , "Social Skills Training to Promote Resilience in Urban Sixth-grade Students: One Product of An Action Research Strategy to Prevent Youth Violence in High-risk Environments", *Education and Treatment of Children*, No. 21, 1998, pp. 461 – 488.

Michaelson, J. , "Two Approaches to Alternative Measures of Progress: The Happy Planet Index and National Accounts of Well-being", *International Journal of Computer Applications*, Vol. 98, No. 17, 2010, pp. 30 – 36.

Nickolite, A. , & Doll, B. , "Resilience Applied in School Strengthening Classroom Environments for Learning", *Canadian Journal of School Psychology*, Vol. 23, No. 1, 2008, pp. 94 – 113.

Nussbaum, M. C. , "Women and Human Development: The Capabilities Approach", Cambridge: Cambridge University Press, 2001.

Ott, J. C. , "Good Governance and Happiness in Nations: Technical Quality Precedes Democracy and Quality Beats Size", *Journal of Happiness Studies*, Vol. 11, No. 3, 2010.

Pacek, A. , Radcliff, B. , "Assessing the Welfare State: The Politics of Happiness", *Perspectives on Politics*, Vol. 6, No. 2, 2008.

Pavot, W. , and Diener, E. , "Review of the Satisfaction with Life Scale", *Psychological Assessment*, Vol. 5, No. 2, 1993, pp. 164 – 172.

Pawelski, J. O. , "Defining the 'Positive' in Positive Psychology: Part I. A Descriptive Analysis", *The Journal of Positive Psychology*, Vol. 11, No. 4, 2016, pp. 339 – 356.

Richardson, J. A. , "How Does Gross National Happiness Offer an Integrated Perspective Linked with Health, Economics, Correction Example, and Nature?", *Journal of Ayurveda and integrative medicine*, 2022.

Roberts, R., Wong, A. Jenkins, S. Neher, A. Sutton, C. O'Meara, P., Frost, M. Bamberry, L. and Dwivedi, A., "Mental Health and Well-being Impacts of COVID-19 on Rural Paramedics, Police, Community Nurses and Child Protection Workers", *Australian Journal of Rural Health*, Vol. 29, No. 5, 2021, pp. 753-767.

Robeyns, I., "The Capability Approach: A Theoretical Survey", *Journal of Human Development*, Vol. 6, No. 1, 2005, pp. 93-117.

Rodríguez-Pose, A., Maslauskaite, K., "Can Policy Make Us Happier? Individual Characteristics, Socio-economic Factors and Life Satisfaction in Central and Eastern Europe", *Cambridge Journal of Regions, Economy and Society*, Vol. 5, No. 1, 2011.

Ryan, R. M., Huta, V., & Deci, E. L., "Living Well: A Self-determination Theory Perspective on Eudaimonia", *Journal of Happiness Studies*, Vol. 9, No. 1, 2008, pp. 139-170.

Ryff, C. D., and Keyes, C., "The Structure of Psychological Well-being Revisited", *Journal of personality and social psychology*, Vol. 69, No. 4, 1995, pp. 719-727.

Ryff, C. D., "Happiness is Everything, or Is It? Explorations on The Meaning of Psychological Well-being", *Journal of Personality & Social Psychology*, Vol. 57, No. 6, 1989, pp. 1069-1081.

Ryff, C. D., & Singer, B. H., "Know Thyself and Become What You Are: A Eudaimonic Approach to Psychological Well-being", *Journal of Happiness Studies*, Vol. 9, No. 1, 2008, pp. 13-39.

Sage, D., "Do Active Labour Market Policies Promote the Subjective Well-Being of the Unemployed? Evidence from the UK National Well-Being Programme", *Journal of Happiness Studies*, Vol. 16, No. 5, 2015, pp. 1281-1298.

Seligman, M., "PERMA and the Building Blocks of Well-being", *Journal of Positive Psychology*, Vol. 13, No. 4, 2018, pp. 333-335.

Senasu, K., "Sustainable Happiness of Thai People: Monitoring the Thai Happiness Index", *Journal of Human Behavior in The Social Envi-

ronment, Vol. 30, No. 5, 2020, pp. 541 – 558.

Sharifi, A. and Yamagata, Y., "On the Suitability of Assessment Tools for Guiding Communities towards Disaster Resilience", *International Journal of Disaster Risk Reduction*, Vol. 18, 2016, pp. 115 – 124.

Sherrieb, K., Norris, F. H., & Galea, S., "Measuring Capacities for Community Resilience", *Social Indicators Research*, Vol. 99, No. 2, 2010, pp. 227 – 247.

Silin, H., Jiawei, H., Ling, S., et al., "The Effects of Objective and Subjective Socioeconomic Status on Subjective Well-being among Rural-to-urban Migrants in China: The Moderating Role of Subjective Social Mobility", *Frontiers in Psychology*, Vol. 8, 2017.

Sujarwoto, S., Tampubolon, G., "Decentralisation and Citizen Happiness: A Multilevel Analysis of Self-rated Happiness in Indonesia", *Journal of Happiness Studies*, Vol. 16, No. 2, 2015.

Van Thielen, T., Bauwens, R. Audenaert, M. Waeyenberg, T. Van and Decramer, A., "How to Foster the Well-being of Police Officers: The Role of the Employee Performance Management System", *Evaluation and Program Planning*, Vol. 70, 2018, pp. 90 – 98.

Vetter, S., Dulaev, I., Mueller, M., Henley, R. R., Gallo, W. T., & Kanukova, Z., "Impact of Resilience Enhancing Programs on Youth Surviving the Beslan School Siege", *Child Adolescent Psychiatry Mental Health*, Vol. 4, No. 1, 2010, pp. 1 – 11.

Vik, M. H., and Carlquist, E., "Measuring Subjective Well-being for Policy Purposes: The Example of Well-being Indicators in the WHO 'Health 2020' Framework", *Scandinavian Journal of Public Health*, Vol. 46, No. 2SI, 2018, pp. 279 – 286.

Waterman, A. S., "Two Conceptions of Happiness: Contrasts of Personal Expressiveness (Eudaimonia) and Hedonic Enjoyment", *Journal of Personality & Social Psychology*, Vol. 64, No. 4, 1993.

Waterman, A. S., Schwartz, S. J., Zamboanga, B. L., Ravert, R. D., Williams, M. K., Agocha, V. B., … Donnellan, M. B.,

"The Questionnaire for Eudaimonic Well-Being: Psychometric properties, Demographic Comparisons, and Evidence of Validity", *Journal of Positive Psychology*, Vol. 5, No. 1, 2010, pp. 41 – 61.

Watson, D., Clark, L. A., and Tellegen, A., "Development and Validation of Brief Measures of Positive and Negative Affect: The PANAS scales", *Journal of Personality and Social Psychology*, Vol. 54, No. 6, 1988, pp. 1063 – 1070.

Cheema, G. S., *Democratic Local Governance: Reforms and Innovations in Asia*, United Nations University Press, 2013.

Diener, E., Lucas, R., Schimmack, U., Helliwell, I., *Well-beingfor Public Policy*, Oxford: Oxford University Press, 2009.

Helliwell, J. F., Layard, R., and Sachs, J. D., "World Happiness Report 2018", Working Papers, 2018.

后　　记

　　党的十八大以来，深圳民生福祉建设取得了巨大成就，走出了一条"以人民幸福为中心"的民生福祉创新发展之路。在当前粤港澳大湾区和深圳社会主义先行示范区建设的新时代背景下，科学地研究深圳市民生福祉发展的理论、政策与实践，意义重大。

　　民生幸福标杆，即设定了市民可获得一座"全域、全员、全时和全球"的幸福之城目标，而建设和治理工具的价值体系、效率体系和效果体系均需要标杆性的深圳探索。从空间维度来看，深圳需要率先建立物理空间、心理空间和移动互联网空间的全域民生福祉的设施体系，以民众感知服务满意度和幸福度为导向的完全布局；从人群维度来看，深圳需要率先建立全体市民的全员韧性服务体系，为弱势群体、部分群体与全体民众建立精准个性化的民生福祉服务；从时间维度来看，深圳需要率先在全国建设彰显社会主义制度优越性的民生福祉机制与体系，市民能够全天候获得实时的民生福祉服务。从全球维度来看，深圳全力投入"双区"建设，以积极开放的改革视野对标和学习纽约、东京和新加坡的经验，建设全球民生幸福标杆城市，进一步细化和完善向全球标杆城市跃升的行动方案。

　　本书基于习近平关于民生幸福的重要论述，围绕"深圳市率先建成民生幸福标杆城市"的超大型城市民生幸福标杆治理，贯彻循证社会科学范式，提出了深圳民生风车模型，围绕问题层—理论层—动力机制层—评估层—案例层的思维逻辑，建立了一个幸福政策体系的"13331"的全面质量分析框架：一个问题研究（现实、政策和理论问题）；三个理论研究（学科比较、学术文献综述和政策文本分析研究）；三个民生幸福动力机制研究（经济发展、公共服务和社会治理研究）；三个评估评价研究（民生幸福标杆指数、民生幸福满意度评价和心理与行为大数据研究）；一个案例分析研究。通过多中心的证据获取，系统地描述、分析和评价了近十年深圳市民生幸福标杆建设的过程，提出了深圳未来幸福之城的组织诊断。

本书是深圳人文社科重点研究基地清华大学深圳国际研究生院民生幸福标杆研究中心研究团队的学术成果，获得了深圳市社会科学院"深圳这十年"委托课题专项资助，也是国家社科基金重点课题"习近平新时代积极社会心理建设思想研究"（项目批准号：20AZD085）的深圳案例研究。本书由倪士光提出和完成了全书研究观点、写作框架和全文通稿。具体分工为第一章：倪士光[*]、顾珈铭、吴晟；第二章：于永菊、杨瑞东、倪士光[*]；第三章：顾珈铭、倪士光[*]；第四章：熊维清、吴晟、倪士光[*]；第五章：古德彬、倪士光[*]；第六章：高阳、倪士光[*]；第七章：倪士光[*]、高阳；第八章：邵小钰、倪士光[*]；第九章：谢志岢[*]、倪士光[*]、倪晓锋、吕艺芝；第十章：沙晨、朱依、胡子卉、莫思峰、倪士光[*]；第十一章：肖一鸣、杨瑞东、倪士光[*]。顾珈铭、党信然为本书的行政秘书工作做出了杰出贡献。[*]

这十年是深圳民生幸福标杆之城建设的关键十年。拙著力求从学术研究的角度进行科学的洞察，虽然已经倾尽全力，但是本人才疏学浅，全文可能存在着笔误、纰漏甚至错误等不足之处，请多多包涵。恳请读者多多批评指正，亦可邮件至 ni.shiguang@sz.tsinghua.edu.cn，我将及时回复。

倪士光

于清华大学深圳国际研究生院信息大楼403

2022年8月1日

---

[*] 是指该章节的通讯作者。